Civil Law Youth Forum 2025 VOL.2

于 飞 袁 方 梅向荣 主 编

戴孟勇 易明群 李 华 执行主编

中国民法青年论坛

（二）

违反强制性规定的合同效力

法律出版社
LAW PRESS·CHINA
北京

图书在版编目（CIP）数据

中国民法青年论坛 . 二 , 违反强制性规定的合同效力 / 于飞 , 袁方 , 梅向荣主编 . -- 北京 : 法律出版社 , 2025. -- ISBN 978-7-5244-0679-2

Ⅰ. D923.04-53

中国国家版本馆 CIP 数据核字第 20258UB790 号

中国民法青年论坛（二）

——违反强制性规定的合同效力

ZHONGGUO MINFA QINGNIAN LUNTAN（ER）

—WEIFAN QIANGZHIXING GUIDING DE HETONG XIAOLI

于　飞
袁　方　主编
梅向荣

策划编辑 冯雨春 朱海波
责任编辑 朱海波 杨雨晴
装帧设计 贾丹丹

出版发行 法律出版社
编辑统筹 法律应用出版分社
责任校对 蒋　橙
责任印制 刘晓伟
经　　销 新华书店

开本 710 毫米 ×1000 毫米　1/16
印张 26.25　　**字数** 450 千
版本 2025 年 9 月第 1 版
印次 2025 年 9 月第 1 次印刷
印刷 三河市兴达印务有限公司

地址：北京市丰台区莲花池西里 7 号（100073）
网址：www.lawpress.com.cn
投稿邮箱：info@lawpress.com.cn
举报盗版邮箱：jbwq@lawpress.com.cn

销售电话：010-83938349
客服电话：010-83938350
咨询电话：010-63939796

书号： ISBN 978-7-5244-0679-2　　**定价：** 110.00 元

凡购买本社图书，如有印装错误，我社负责退换。电话：010-83938349

主编简介

于　飞

民商法学博士，中国政法大学副校长兼研究生院院长，二级教授、博士生导师。曾获得教育部高层次人才青年项目称号、教育部“新世纪优秀人才支持计划”、教育部“宝钢优秀教师奖”、第三届“首都十大杰出青年法学家”、“北京市先进工作者”、“北京青年五四奖章”等荣誉。主讲课程入选教育部首批“课程思政示范课程、教学名师和团队”。在《中国社会科学》《法学研究》《中国法学》发表权威期刊论文9篇。研究成果获得教育部第八届“高等学校科学研究优秀成果奖（人文社会科学）”青年成果奖、第九届“钱端升法学研究成果奖”二等奖等奖项。担任国家社科基金重大项目首席专家。兼任中国法学会理事、中国法学会民法学研究会常务理事、北京市债法学研究会副会长、北京市政府立法工作法律专家委员会委员、国家市场监督管理总局法律顾问、国家药品监督管理局法律顾问等。

袁　方

《中国法律评论》常务副主编，编辑部主任，编审，法学博士。兼任中国法学会法学期刊研究会常务理事、中国法学会案例法学研究会常务理事、中国法学会法理学研究会理事、中国法学会银行法学研究会理事。曾翻译出版多本译著，发表多篇学术论文。

梅向荣

盈科律师事务所党委书记、主任、全球董事会主任。清华大学法学院法硕联合导师，中国人民大学兼职教授，中国政法大学客座教授，鲁东大学盈科法学院院长，全国工商联中国民营经济国际合作商会常务会长，中华慈善总会第五届理事会名誉副会长，最高人民检察院“民事行政检察专家咨询网”专家，国际商会中国国家委员会（ICC China）竞争委员会副主席，中国法律援助基金会理事。荣获第五届“一带一路”法律服务特别贡献人物奖，2021、2022年度LEGALBAND风云榜：管理合伙人15强。出版专著《律师事务所战略与发展》《如何做中国最好的律师事务所》等10余部。

执行主编简介

戴孟勇

民商法学博士，中国政法大学民商经济法学院副院长、教授、博士生导师。出版专著2部、译著1部，参编著作6部，发表学术论文50余篇。兼任中国法学会民法学研究会理事、北京市法学会物权法研究会监事长。

易明群

《中国法律评论》执行主编，编辑部副主任。本硕毕业于北京大学法学院，在法律出版社工作20余年，专注于图书和期刊出版，所策划图书多次获得省部级奖项，参与创办《中国法律评论》期刊。兼任中国法学会法学期刊研究会理事、中国法学会宪法学研究会理事、海峡两岸法学交流促进会理事等职。

李 华

盈科律师事务所创始合伙人、副主任、盈科全国业务指导委员会主任。最高人民检察院“民事行政检察专家咨询网”专家、最高人民法院诉讼服务志愿律师，《盈科全国业务指导委员会系列丛书》总主编。《钱伯斯大中华区指南2025》TMT：科技与通信领域上榜律师，《钱伯斯大中华区指南2024/2023》TMT：数据保护&隐私领域上榜律师。2025/2024 The Legal 500亚太中华区榜单金融科技领域推荐律师。2025年度LEGALBAND客户首选：中国女律师15强。荣获全国律师行业优秀党员律师、北京市优秀律师、北京市律师行业优秀党务工作者等称号。

违反强制性规定的合同效力（代前言）

违反强制性规定的合同效力问题是民法中的经典疑难问题，也是《最高人民法院关于适用〈中华人民共和国民法典〉合同编通则若干问题的解释》制定过程中争议最大的问题之一。在起草该司法解释的过程中，数个草案曾经规定了违反强制性规定的合同绝对无效的情形、不影响合同效力的情形以及公法责任对合同效力的影响等问题。由于对这些问题难以达成共识，最终该司法解释仅在第 16 条规定了违反强制性规定不影响合同效力的若干情形。

为了尽可能减少分歧、凝聚共识，推动我国民法的理论发展与实践进步，2024 年 8 月 24 ~ 25 日，以“违反强制性规定的合同效力”为主题,《中国法律评论》编辑部与中国政法大学民商经济法学院共同主办第二届“中国民法青年论坛”，并陆续刊发了六篇论坛主题报告，以期对我国法上违反强制性规定的合同效力的争议问题从不同角度进行解读与回应。

西南政法大学民商法学院教授黄忠的《〈民法典〉第 153 条的逻辑与续造》一文，针对《民法典》第 153 条两款之间的关系，从逻辑语言、规范性质、价值判断、本国国情等角度进行了详尽分析，并运用比例原则对法条的具体含义进行了解读。中国社会科学院法学研究所助理研究员蔡睿的《论〈民法典〉第 153 条第 1 款中的“强制性规定”》一文，围绕“强制性规定”这一概念，引介德国相关民法学说，并就其学说史、立法史以及能否被我国民法借鉴进行了评述。浙江大学光华法学院副教授章程的《行政处罚与违法合同无效判断》一文，以违反行政法上的强制性规定为线索，从不利益处分类型化的角度探讨违法合同无效的认定，试图为违法合同无效的认定提供实体法依据和寻求程序法规则，具有很强的理论价值与实践意义。中南财经政法大学法学院副教授夏昊晗的《刑民交叉案件中合同效力的认定》一文，主张刑事上构成犯罪不足以说明合同仅于例外情形方可有效，应授权法官在具体个案中结合刑法的规范目的、犯罪主体、犯罪时点、保护受害人等因素进行综合权衡。中国政法大学民商经济法学院副教授于程远的《论违反强制性规定的合同效力》一文，从整体框架性的视角出发，跳出既有的“要么无效、要么有效”的二分法解释路径，从动态系统论入手，构建起违反强制性规定的合同的多元效力规制体系，并提出该种规制体系是以民法为本位对公法强制性规定的目的进行再评价的结果。华东政法大学法律学院教授姚明斌的《违法合同无效规范实务疑点之新展开》一文，以 2021 年《民法典》施行以来涉及“效力性强制性规定”的裁判实践为中心，展示出了抽象法条与具体裁判间的互动关系，对相关疑点展开更新考察，具有重要的理论和实践价值。

本书收录了《中国法律评论》发表的六篇论坛主题报告和与会专家学者所作的二十四篇评论文章。我们希望借由这些主题报告和评论文章的出版，能够解决理论与实务争议，促进司法裁判的统一，发掘与培养既立足于中国、又放眼于世界、理论功底扎实、问题意识强烈的民法青年学者。

目录 content

《民法典》第153条的逻辑与续造*

黄　忠**

内容摘要：《民法典》第153条第1款并不蕴含"原则无效、例外有效"的结论。在违法民事法律行为效力的判断中，应接受比例原则的指引，而不宜将第153条第1款第1句中的"强制性规定"限定在"法律、行政法规"和公法的强制性规定中。从根本上讲，公序良俗（社会公共利益）才是导致民事法律行为无效的终局理由，故《民法典》第153条第1款的适用应受第2款的指导。个案中，法官既要妥当运用《民法典》第153条第1款第2句，尽量缓和不当干预，充分发挥市场在资源配置中的决定性作用；又要担负维护法秩序统一的重任，更好维护市场秩序、纠正市场失灵，避免私人行为对社会公共利益的不当损害，从而切实平衡好自由与强制之间的关系。

关 键 词：《民法典》第153条　无效　私法自治　强制性规定　公序良俗

* 本文系2024年司法部法治建设与法学理论研究部级科研项目"构建中国自主民法学知识体系的方略研究"（24SFB2016）的阶段性成果。感谢评议人的意见和建议。

** 西南政法大学创新型国家建设法治研究院研究员，西南政法大学教授。

在弹奏自由与强制的民法协奏曲中，《民法典》第153条扮演着极为重要的角色。[1]自历史以言，《民法典》第153条源于《合同法》第52条及其解释。相较《合同法》第52条及其解释，《民法典》第153条虽维持了所谓的位阶限制论，但却已有两点重大修正：一是未沿用既有司法解释中区分效力性强制性规定与管理性强制性规定的路径；[2]二是将不法与背俗分置于两款中分别规定。[3]

民法典的上述坚持与改变，旨在构建更为科学妥当的民事法律行为效力评价规范，此番努力在总体上值得肯定。但就司法而言，却仍面临如下后续解释难题：首先，如何看待《民法典》第153条第1款第1句与第2句的关系？特别是二者是否构成原则与例外的关系？此问题的现实意义在于，如果认为第153条第1款第1句构成一项原则，第2句仅为该原则之例外，那么在司法实践中，当出现民事法律行为违反法律、行政法规的强制性规定时，就应先推定为无效，唯有在能够证明该强制性规定不导致该民事法律行为无效时，才能作出例外有效的裁判。其次，如何识别第153条第1款第2句，即在何种情形下会出现强制性规定不导致该民事法律行为无效的结果？众所周知，《合同法》第52条及其解释采取了规范类型的区分思路，认为如果违反的是效力性强制性规定，则会导致无效之结果；相反，如果违反的是管理性强制性规定，就不导致无效后果。然而，民法典并未采用效力性强制性规定与管理性强制性规定的二分方案，因此，有必要探究一种识别第153条第1款第2句情形的方法。《最高人民法院关于适用〈中华人民共和国民法典〉合同编通则若干问题的解释》（以下简称《合同编通则司法解释》）第16条对此问题作了回应。这一尝试应该作何认识，或者给予如何的评价？最后则涉及《民法典》第153条第1款与第2款的关系问题。《民法典》第153条在形式上区

〔1〕《民法典》第153条：违反法律、行政法规的强制性规定的民事法律行为无效（第1款第1句）。但是，该强制性规定不导致该民事法律行为无效的除外（第1款第2句）。违背公序良俗的民事法律行为无效（第2款）。

〔2〕参见王利明：《论效力性和非效力性强制性规定的区分——以〈民法典〉第153条为中心》，载《法学评论》2023年第2期；王利明：《论依规范目的认定合同无效：以〈合同编通则解释〉第16条为中心》，载《中国法学》2024年第6期。

〔3〕参见陈甦主编：《民法总则评注》（下册），法律出版社2017年版，第1092页。

分了不法与背俗，将二者分置于不同款项，但二者的关系是否如此泾渭分明，却不无疑问。实际上，虽然《民法典》第 153 条第 1 款继承了《合同法》第 52 条的位阶限制做法，但此种限制在比较法上却非常特殊，[1] 因此，如何认识这种限制的意义及其风险也值得关注。尤其是，《合同编通则司法解释》第 17 条规定，合同虽然不违反法律、行政法规的强制性规定，但在某些情形中，人民法院仍应依据《民法典》第 153 条第 2 款的规定认定合同无效。本条规定似乎意味着，在面对违反法律、行政法规以外的其他强制性规定时，又将违法纳入了背俗的逻辑进行处理。因此，如何看待《民法典》第 153 条第 1 款与第 2 款的关系尚值得关注。

一、原则与例外:《民法典》第 153 条第 1 款第 1 句与第 2 句的关系辨

《民法典》第 153 条第 1 款规定:“违反法律、行政法规的强制性规定的民事法律行为无效。但是，该强制性规定不导致该民事法律行为无效的除外。”从文义上看，本款规定似乎采用了“无效为原则、有效为例外”的表述，因而，理论上有见解认为，该款的第 1 句与第 2 句之间存在原则与例外的关系。违反强制性法律规定的民事法律行为原则上无效，例外有效。[2] 所谓例外，即民事法律行为有效并不明显违背相关强制性法律规定之目的，[3] 但基于法秩序统一原则，无效才是原则，有效则是例外。[4]

---

〔1〕 参见谢鸿飞、蔡睿等:《中华人民共和国民法典合同编通则司法解释释义》(社科院版)，中国法制出版社 2023 年版，第 155 页。

〔2〕 参见崔建远:《合同编通则解释之再解释》，载《当代法学》2024 年第 5 期；谭佐财:《论公法责任承担对合同无效的阻却》，载《法学》2024 年第 8 期；张莹莹:《论行政立法权作用于民事活动的规则》，载《浙江学刊》2024 年第 3 期。

〔3〕 参见杨代雄:《〈民法典〉第 153 条第 1 款评注》，载《法治研究》2020 年第 5 期；张婉婷:《〈民法典〉“强制性规定”条款解释困境的出路——以宪法基本权利保护为基础》，载《华东政法大学学报》2023 年第 2 期。

〔4〕 参见贺小荣:《意思自治与公共秩序——公共秩序对合同效力的影响及其限度》，载《法律适用》2021 年第 2 期；吴光荣:《违反强制性规定的合同效力——以〈民法典合同编通则解释〉的相关规定为中心》，载《法律适用》2023 年第 12 期；杨巍:《合同法通则：原理与案例》，中国民主法制出版社 2024 年版，第 259 ~ 260 页。

然而，也有学者对前述认识表达了异议，认为本款中的但书，应属于“类型区分型”但书，只是意在指示法官“须将强制性规定区分为不同类型”，进而据此认定违法行为的效力，并无“一般无效、例外有效”之意。[1] 因此，在适用《民法典》第 153 条第 1 款时，必须首先解释所违反的强制性规定之效果，不能直接推定违反强制性规定的民事法律行为无效。[2] 甚至还有学者指出，为了尽可能地尊重和鼓励市场主体的意思自治、保护交易安全，避免违反诚信原则、浪费社会资源，在强制性规定是否影响民事法律行为的效力存有疑义时，应将该条解释为“原则有效”，[3] 而仅在该强制性规定导致其违反后果为无效时，方为无效。[4]

（一）逻辑结构的分析

笔者认为,《民法典》第 153 条第 1 款第 2 句中的“但是……除外”表达并不必然意味着其已确立了何为原则、何为例外的逻辑结构。因为在逻辑学上，但书与主文的关系至少存在两种可能性。一是“但是”属于对主文的一般规定所作的特别规定，与主文之间呈现特殊与一般的关系；二是“但是”与主文结合，构成相反相成的统一整体。[5] 前述两种关系可概括为“对比性转折关系”与“非对比性转折关系”。在“非对比性转折关系”的情形下，但书并无转折、例外或限制之意，而只是意味着通过“但是……除外”的内容对前文进行语义上的补充或限制。故此时的“但是……除外”也可以替换为“并且 / 而且”或者“和”等联结词。[6] 若据此而论，那《民法典》第 153 条第 1 款第 1、2 句之间就并不必然蕴含原则与例外的结论。

更为重要的是，即使认为《民法典》第 153 条第 1 款第 2 句中的“但

---

〔1〕 参见最高人民法院民事审判第二庭、研究室编著:《最高人民法院民法典合同编通则司法解释理解与适用》，人民法院出版社 2023 年版，第 195 页。

〔2〕 参见李宇:《民法总则要义：规范释论与判解集注》，法律出版社 2017 年版，第 636 ~ 639 页。

〔3〕 参见冉克平:《论效力性强制规范与私法自治——兼析〈民法总则〉第 153 条第 1 款》，载《山东大学学报（哲学社会科学版）》2019 年第 1 期。

〔4〕 参见石佳友:《民法典的立法技术：关于〈民法总则〉的批判性解读》，载《比较法研究》2017 年第 4 期。

〔5〕 参见周旺生:《论法律但书》，载《中国法学》1991 年第 4 期。

〔6〕 参见卢岳:《但书条款的逻辑分析》，中国政法大学 2022 年硕士学位论文，第 5 ~ 6 页。

是……除外”内涵有转折的意思，我们也无法据此就断言何为原则、何为例外。因为“但是”即使表示有转折的意思，也仅意味着引出与上文相对立的意思或限制、补充上文的意思，[1]而并不必然蕴含着何为多数、何为少数的事实判断以及何为好、何为坏的价值判断。例如，某老师说：放学后请全体学生都留下，但是报名参加了足球赛的学生除外。此时，我们显然不仅单凭“但是……除外”表述就断言报名参加足球赛的学生占多数抑或是占少数，也无法基于此就作出哪些同学更好的价值判断。实际上，前述老师的话语完全可以改写为：放学后请参加了足球赛的学生留下，但是其他学生除外。同理，《民法典》第 153 条第 1 款也能转换为如下表达，即民事法律行为违反法律、行政法规的强制性规定，在该强制性规定不导致该民事法律行为无效时有效，但是，该强制性规定须导致该民事法律行为无效的除外。[2]很明显，如果认为“但是……除外”的表述蕴含有原则与例外的关系，那我们是否会认为此时有效是原则，无效是例外呢？

上述分析表明，就民法典的规范逻辑而言，《民法典》第 153 条第 1 款中“但是……除外”所表达的即使有前后转折的含义，但究竟“但是……除外”之前的内容与“但是……除外”指向的内容何为原则、何为例外还须作个别讨论。实际上，在民法典中就有一些以“但是……除外”的形式出现，却并不必然意味着“但是……除外”所示仅为例外情形的规范。比如，《民法典》第 166、320、369、604 条等有关“但是当事人另有约定的除外”的规范显然就不能理解为是对例外情形的示例条款。基于私法自治的逻辑，如果当事人另有约定就应当优先尊重当事人的约定，因此，《民法典》第 166、320、369、604 条中的“但是……除外”规定在很多时候其实形成的是一项常态的原则情形。由此可见，对《民法典》第 153 条第 1 款第 2 句中的“但是……除外”的分析不能停留于文义逻辑，而应从规范的设立目的进行实质考察，否则就难以准确把握该条的规范意旨。[3]

---

〔1〕 参见吕叔湘主编：《现代汉语八百词》（增订本），商务印书馆 1999 年版，第 147 页。

〔2〕《瑞士债务法》第 19 条第 2 款规定：背离法律规定的约定，仅在该法律规定非为强制性规定，或者其约定不违反公序良俗及不侵害人格权时，始被准许。

〔3〕 参见王利明：《论效力性和非效力性强制性规定的区分——以〈民法典〉第 153 条为中心》，载《法学评论》2023 年第 2 期。

（二）规范性质的分析

事实上，从法律适用的角度而言，《民法典》第153条第1款本身并不存在被违反的问题，其旨在将法官指向某一具体的强制规范。[1]在德国，与我国《民法典》第153条第1款具有功能相似性的规范是《德国民法典》第134条。对于《德国民法典》第134条，德国学界曾出现过引致规范说（Verweisungsnorm）、解释规范说（Auslegungsregel）和概括条款说（Generalklausel）三种不同的认识，[2]而目前占据通说地位的则是概括条款说。[3]概况条款说认为，第134条只是说明了，如果违反禁止规范的行为属于禁止条款规定的意义和目的所要求的，则违反禁止规范的行为完全无效，但该条款并没有具体规定什么情况属于完全无效。因此，《德国民法典》第134条既不是一个单纯的引致规范，也不是一个简单的解释规则，而是具有对法官授权性质、需要价值补充的概括条款，[4]需要对照法律的每一个具体禁止规范，看它所规定的具体情况有什么样的法律后果。[5]按照概况条款说的见解，第134条并未表明何为原则、何为例外的结论，法官在认定违法行为效力时必须用自己的智慧对具体法律作价值补充。弗卢梅（Werner Hume）甚至直言：第134条的条文实际上什么也没说。第134条并未给禁止性法律设立内容为“有疑义时”，违反禁令的法律行为无效的推定或解释规则。至于无效的问题，完全取决于该具体的禁止性法律。[6]

与此类似，易军也强调，《民法典》第153条第1款但书规定的意旨不是指，违反强制性规定的民事法律行为原则上无效，例外情形下有效；而是指，违反强制性规定的民事法律行为可能会产生无效之后果，也可能产生不使民

〔1〕参见易军：《论合同违反强制性规定无效的判断标准——以〈民法典合同编通则解释〉第16条为中心》，载《清华法学》2024年第1期。

〔2〕参见耿林：《强制规范与合同效力——以合同法第52条第5项为中心》，中国民主法制出版社2009年版，第25～28页。

〔3〕参见苏永钦：《私法自治中的经济理性》，中国人民大学出版社2004年版，第35页。

〔4〕参见耿林：《强制规范与合同效力——以合同法第52条第5项为中心》，中国民主法制出版社2009年版，第28页。

〔5〕参见［德］卡尔·拉伦茨：《德国民法通论》，王晓晔等译，法律出版社2003年版，第588页。

〔6〕参见［德］克劳斯－威廉·卡纳里斯：《法律禁令和法律行为》，赵文杰译，载王洪亮等主编：《中德私法研究：合同因违法而无效》（第13卷），北京大学出版社2016年版，第59页。

事法律行为无效的其他后果。至于民事法律行为到底是无效还是无效之外的其他效果（效力待定、可变更、可撤销等），取决于对民事法律行为所违反的强制性规定的具体解释。[1]孟勤国则更为详细地指出，《民法典》第 153 条只表达了两点原则性的立法旨意：一是违反强制性规定的合同行为无效；二是有些违反强制性规定的合同行为可以有效。至于合同行为哪些无效哪些有效，立法者客观上不能或暂时不想提供具体指引。就整个词句结构而言，《民法典》第 153 条第 1 款其实可以转换为“违反强制性规定的民事行为有效或无效”，二者不构成普遍性与特殊性的主次关系，而是并列关系。而且，就“除外”词句的语义而言，并无特殊情形限制，不排除该强制性规定呈现普遍有效、特殊无效的可能。因而，《民法典》第 153 条的无效和有效均可能是原则。[2]可见，两位教授都对“原则无效，例外有效”的见解表达了异议，并且都将违法行为的后果归结到个案的具体解释。很明显，此时的个案解释必然需要法官进行个别化的价值判断。既然在适用《民法典》第 153 条第 1 款时需要法官的价值补充，那此时的价值选择就至关重要了。

（三）价值判断的分析

从理论上讲，《民法典》第 153 条第 1 款是民法规范，其功能并不是百分之百地贯彻公法规范或“实现公法的目的”，而是平衡自治与管制。[3]质言之，《民法典》第 153 条第 1 款所涉的是自治与强制的关系协调问题。一旦我们能从价值层面观察《民法典》第 153 条第 1 款，那就能在何为原则、何为例外的问题上达成初步共识。就法律解释的逻辑而言，无论是从例外规定必须从严解释，抑或是从“例外不应扩张”的角度，一个基本的共识就是我们应当遵循“从宽解释原则性规定、从严解释例外性规定”的规律。[4]基于此，若我们认为《民法典》第 153 条第 1 款构成了原则与例外的关系，那么基于例

---

〔1〕 参见易军：《论合同违反强制性规定无效的判断标准——以〈民法典合同编通则解释〉第 16 条为中心》，载《清华法学》2024 年第 1 期。

〔2〕 参见孟勤国：《民事司法解释的历史性进步——最高人民法院〈合同编通则司法解释〉亮点评述》，载《上海政法学院学报（法治论丛）》2024 年第 2 期。

〔3〕 参见许德风：《合同效力的类型界分》，载《中国法律评论》2023 年第 6 期。

〔4〕 参见曾品杰：《法律解释学之原理》，载《月旦法学教室》2013 年第 130 期。

外规定必须从严解释的原理，就可能会在价值上形成与民法典所确立的既有价值的冲突，从而形成价值上的评价矛盾。

众所周知，就民法的价值目标而言，自由显然占据着基础性的地位。在漫长的历史发展过程中，私法自治逐步占据了民法制度的核心位置，是私法的最高原则。因为“私法最重要的特点莫过于个人自治或其自我发展的权利。……因此，契约自由在整个私法领域具有重要的核心地位”。[1]虽然法律上的自治并非恣意，也必然伴随相应的限制，但由于民法的基本价值就是私法自治，因此，在自治与强制的逻辑上应认为自治占据原则地位，而强制居于例外地位。正如鲁斯特贝格（Benjamin Rusteberg）所言，自由与自由的法定界限居于一种原则 / 例外关系。[2]德国学者迈斯特（Moritz Meister）还进一步指出：“消极自由原则的观念建立了自由及其限制之间的原则 / 例外关系：只要所涉及的行为未例外地被禁止，则自由应占据主导地位。[3]在《合同法》之后，我国民法学说也多采取这一观念认识。“法典就是人民自由的圣经。”[4]民法典虽然确立了多元的价值理念，但也仍然在第 4、5 条中将平等、自愿确立为了民法典的基本原则。并且仅就法条先后顺序而言，相较于第 8 条中的合法性原则，第 4、5 条的平等自愿原则其实更具优先性。如果我们接受自由之于民法的价值优越性，那么在解释《民法典》第 153 条第 1 款时就不能得出原则无效、例外有效的结论。因为私法自治的最直接载体就是以民事法律行为为核心的权利体系。因此，如果我们坚信私法自治的原则，即认为民法应当以保障自治为原则，以限制自治为例外，那就应当相应地认为民事法律行为成立即推定有效，除非存在法定有效障碍事由。[5]很明显，此时如果我们认为《民法典》第 153 条第 1 款蕴含有原则

〔1〕［德］罗伯特 · 霍恩、［德］海因 · 科茨、［德］汉斯 · G. 莱塞：《德国民商法导论》，楚建译，中国大百科全书出版社 1996 年版，第 90 页。

〔2〕Benjamin Rusteberg，Dergrundrechtliche Gewährleistungsgehalt，Tübingen：Mohr Siebeck，2009，S.146-147，转引自易军：《原则 / 例外关系的民法阐释》，载《中国社会科学》2019 年第 9 期。

〔3〕Moritz Meister，Das System des Freiheitsschutzes im Grundgesetz，First Edition，Berlin：Duncker & Humblot，2011，S.54，转引自易军：《原则 / 例外关系的民法阐释》，载《中国社会科学》2019 年第 9 期。

〔4〕《马克思恩格斯全集》（第 1 卷），人民出版社 1964 年版，第 71 页。

〔5〕参见易军：《原则 / 例外关系的民法阐释》，载《中国社会科学》2019 年第 9 期。

无效，例外有效的结论，则会与前述基于私法自治原则下的民事法律行为有效推定观念形成矛盾，最终构成对《民法典》第 4 条自愿（自由）原则的否定。应当承认，民事法律行为制度并非实现法秩序总体正义的主要途径，其首要任务始终是实现以保护消极自由为基础的民事法律行为的内在正义。[1]

还须指出的是，法秩序的统一当然重要，但基于法秩序统一是否必然得出原则无效、例外有效的结论却值得商榷。法秩序一体性是法治的应然状态，其是指法秩序自身不应相互矛盾，而应具有内部一致性和逻辑性，从而形成一个体系。[2]然而，法秩序统一不能做机械的理解，而应基于宪法价值的原点，从实质法秩序的角度进行把握。质言之，是“法之目的”赋予了法秩序以统一性。这一要求就意味着法秩序统一所强调的是价值与目的的统一，而非具体判决结论上的完全一致。实际上，无矛盾性并不是简单要求不同法律部门之间的法律后果都完全一致。相反，只要达到各自部门法律规范所调整的目的，在内容上和实质上就不违反一致性的要求。恩吉施（Karl Engisch）在其经典的《法律制度的统一性》中就明确指出，目的和价值上的矛盾才是最根本的。[3]一如前述，就价值层面而言，由《民法典》第 153 条第 1 款得出违法的民事法律行为以无效为原则的结论显然会冲击民法典所确立的自由价值。因此，单从《民法典》第 5 条所确立的自愿（自由）原则而言，我们就不能认为《民法典》第153条蕴含有原则无效的结论，否则就会形成对《民法典》第 5 条之价值目标的冲突。

进一步观察还可以发现，与民事法律行为效力问题相关的不仅有自治的价值，还有安全、秩序、公平等价值。比德林斯基（Franz Bydlinski）曾总结认为，判定民事法律行为效力时的四项基本法原理为个人有意识地自我决定

〔1〕参见杨代雄:《法律行为的内在正义与外在正义》，载《中国社会科学》2024 年第 5 期。

〔2〕参见［瑞士］贝蒂娜·许莉蔓－高朴、［瑞士］耶尔格·施密特:《瑞士民法：基本原则与人法》（第 2 版），纪海龙译，中国政法大学出版社 2015 年版，第 50 页。

〔3〕Karl Engisch, Die Einheit der Rechtsordnung, Heidelberg 1935, S.59ff. 转引自耿林:《强制规范与合同效力——以合同法第 52 条第 5 项为中心》，中国民主法制出版社 2009 年版，第 178 页。

的思想、交易安全、合同给付与法律地位的内容等价、信守诺言。[1]据此而言，若一律将违法的行为认定为无效，不仅有损于自治的价值目标，而且也可能会危及交易安全、诚实信用、社会秩序和公平正义。比如，英国法律改革委员会之所以建议应当推定所有受不法影响的合同在表面上都是有效和可强制执行的，就是为了避免1970年新西兰《不法合同法》所采纳的“所有不法合同”以及相关的财产处分在法院授予救济以前均属“无效”的规定所导致的不确定性。[2]实际上，将违法行为推定为无效的结论不仅妨害交易安全——结果成了承认主张自己签订的契约无效，免除义务者的主张——而且会构成违反当事人的信用，损害公正的结果。[3]相反，维持合同的强制执行力，确保合同的履行，对于交易安全、市场效率的维持则是必要的。例如，欺诈行为在民法和刑法上都有规制，但从立法目的来看，民法之所以在民事法律行为中规定欺诈，其目的并不在于制裁欺诈人，而在于通过确认其行为效力，保护被欺诈人；而刑法的目的在于对欺诈行为施以惩罚性制裁，从而规制欺诈行为人。因此，我们不能简单地以行为涉嫌诈骗罪就武断否定合同效力，否则就会因为追求打击欺诈的刑法目的而损害民法上所强调的维护交易安全、保护相对人权益的立法目的。所以，合同诈骗罪名的成立并不意味着犯罪所涉合同的当然无效。从民事审判角度看，涉合同诈骗本质上是对合同正义的破坏，故所涉合同仍应定性为可撤销合同。尤其当所涉合同附有担保时，如此定性更能保护被欺诈人利益和交易安全。最高人民法院也曾在相关的判决中表达了类似立场，即不能支持当事人违反诚实信用原则恶意主张合同无效的抗辩。[4]

上述分析无不表明，不能单从《民法典》第153条第1款就得出违法民事法律行为原则无效、例外有效的结论。对于第153条第1款的性质，更妥

〔1〕 参见［奥］弗朗茨·比德林斯基：《私法的体系与原则》，曾见等译，中国人民大学出版社2023年版，第124页。

〔2〕 参见黄忠：《契约自由与国家干预——普通法上违法合同处理规则之改革》，载《华东政法大学学报》2010年第5期。

〔3〕 参见［日］我妻荣：《我妻荣民法讲义Ⅰ：新订民法总则》，于敏译，中国法制出版社2008年版，第247页。

〔4〕 参见最高人民法院（2019）最高法民终347号民事判决书。

当的描述是，该款为民商事争议的裁判者探究强制规范的目的及影响提供了依据，用于决定有关强制规范“是否需要以影响私法上法律行为某种效果作为必要的配合”，以实现规范目的与私法自治的妥当平衡。[1]

（四）本土国情的分析

从理论上讲，司法在对自由与强制进行平衡时要特别关注一国之国情。因为强制规定在不同国家、不同时期的表现是存在差异的。[2]通常而言，在一个强管制的时代或国家，强制规定就会较多；反之亦然。比如，在欧洲，随着自由市场思想的兴起，管制疲软就成为一个现实。在此背景下，当然有必要通过否定民事法律行为的效力等方式来强化管制。卡纳里斯（Claus-Wilhelm Canaris）就认为《德国民法典》第 134 条的表述“除基于法律发生其他效果外……无效”，清晰地表明了原则—例外的关系。[3]卡纳里斯之所以采取了与联邦最高法院及通说观点不同的认识就是因为在其看来，私法是服务于公法的，国家经济秩序和经济控制原则上优先于私法自治的基本决定。[4]因此，如果不采取原则无效、例外有效的立场来认识《德国民法典》第 134 条，那不仅和保持法秩序统一性的思想不合，也和《德国民法典》第 134 条表达的私法尊重公法禁令的原则不合。[5]

然而，与此不同，我国当前所面临的仍然是管制过度的总体环境。一如谢鸿飞所言：发展中的中国亟须在商业领域建构释放个人能量的法律环境，而不是禁锢自由的法网。[6]不难发现，无论是彩票代售店的转让，[7]还是网

〔1〕 参见许德风:《合同效力的类型界分》，载《中国法律评论》2023 年第 6 期。
〔2〕 参见黄忠:《论中国民法本土化的理论逻辑》，载《东方法学》2024 年第 6 期。
〔3〕 参见［德］克劳斯 - 威廉 · 卡纳里斯:《法律禁令和法律行为》，赵文杰译，载王洪亮等主编:《中德私法研究：合同因违法而无效》（第 13 卷），北京大学出版社 2016 年版，第 59 页。
〔4〕 同上注，第 62 页。
〔5〕 同上注，第 66 页。
〔6〕 参见谢鸿飞:《违反刑法的合同的类型与效力》，载《法律适用》2024 年第 1 期。
〔7〕 参见张韶华、张凯安:《转让协议违反效力性强制性规定无效》，载《潍坊晚报》2023 年 8 月 23 日，第 13 版。

吧、[1]药店、[2]加油站、[3]烟草店、[4]盐店、[5]客运班线[6]等的转让，在我国都面临着大量的强制规定，并且实务中也都曾出现相关合同因涉嫌违法而无效的问题。应当说，这些强制规定中有一部分其实存在不妥当之处。例如，《彩票管理条例》第 16 条规定："彩票投注专用设备属于彩票销售机构所有，彩票代销者不得转借、出租、出售。"这一规定并非旨在维护彩票发行和管理所涉的重大社会公共利益，更多的是带有对部门利益的保护色彩，因此，不应据此判定转让投注站的合同无效。[7]又如，在 2017 年盐业体制改革之前的《食盐专营办法》（2013 年修订）第 14 条规定："食盐零售单位和受委托代销食盐的个体工商户、代购代销店以及食品加工用盐的单位，应当从当地取得食盐批发许可证的企业购进食盐。"从理论上讲，划定食盐批发企业经营区域、限定用盐单位购盐区域及对象的做法并不合理，但直至 2017 年《食盐专营办法》修订之前，前述规定一直存在，有关机关甚至还会对跨区域购盐行为进行行政处罚。对于这样的不妥当管制政策，虽然存在合法性审查，甚至合宪性审查制度的约束，但即使不论合法性审查与合宪性审查的效率问题，其对个案裁判的作用也是有局限的。因此，就司法而言，仍有必要构建一种缓和前述不当管制规范对市场产生不利影响的法技术。桑斯坦（Cass R. Sunstein）亦曾指出，因为利益集团移转、错误的诊断和拙劣的政策分析、复杂的体系化效应和意料之外的后果、法律之间协调失灵、时过境迁、技术官僚判断取代政治判断等原因，规制领域必然会存在制定法失灵的问题。与此同时，他还进一步告诫说，忠实地实施一项差劲的制定法不可避免地会使事情变得更糟而不是更好。[8]可见，面对此种不妥当的管制规范，法官能够做的就是利用《民

〔1〕参见宁夏回族自治区高级人民法院（2008）宁民终字第 68 号民事判决书。

〔2〕参见山东省青岛市中级人民法院（2009）青民二商终字第 507 号民事判决书；甘肃省酒泉市中级人民法院（2010）酒民二终字第 45 号民事判决书。

〔3〕参见甘肃省高级人民法院（2011）甘民二终字第 39 号民事判决书。

〔4〕参见戴英芳：《店铺能转让，许可证不能！》，载《东方烟草报》2024 年 5 月 12 日，第 7 版。

〔5〕参见方元：《许可证和店面一起"转让"起纠纷》，载《十堰晚报》2010 年 7 月 15 日，第 A07 版。

〔6〕参见重庆市第一中级人民法院（2009）渝一中法民终字第 5338 号民事判决书。

〔7〕参见黄忠：《彩票代销店转让合同的性质及其效力辨》，载梁慧星主编：《民商法论丛》（第 56 卷），法律出版社 2014 年版，第 256～271 页。

〔8〕参见［美］凯斯 · R. 桑斯坦：《权利革命之后：重塑规制国》，钟瑞华译，中国人民大学出版社 2008 年版，第 96～110 页。

法典》第153条第1款第2句来隔绝此类强制规定对民事法律行为效力的作用，从而缓和其不当影响。就此而言，我们或许可以认为《民法典》第153条其实是立法者赋予法官最大限度地维护私法自治的一项权力安排，即要求法官能在个案中善于运用第153条第1款的但书规定，将某些不合理的强制规定挡在民事法律行为之外，从而最大限度挽救民事法律行为的效力。

实际上，从《民法通则》到《合同法》第52条及其解释，就违法行为的效力评价问题，我国立法和司法的基本趋势就是限制无效的范围。[1]《合同编通则司法解释》第16条对《民法典》第153条第1款中可导致民事法律行为无效的强制规定也采取了从严解释的立场，严格控制强制规定对民事法律行为的介入尺度。[2]既然如此，那我们当然不能断言《民法典》第153条第1款蕴含着"原则无效、例外有效"的结论。应当看到，在现代社会中，作为市场运行的法律工具，合同不仅是当事人交换财产、规划未来、预防风险的工具，而且也是社会合作、创新创造的重要工具。党的二十届三中全会明确指出要"聚焦构建高水平社会主义市场经济体制，充分发挥市场在资源配置中的决定性作用"。[3]在价值层面，肯定合同的效力不仅有利于合同当事人预期目标的实现，而且也有利于充分发挥市场在资源配置中的决定性作用。据此，我们更是不能断言《民法典》第153条第1款蕴含有"原则无效、例外有效"的结论。

二、《民法典》第153条第1款第2句的具体识别：比例原则的应用

既然违法的合同不必然无效，那么司法上又应该如何具体识别违法合同的效力呢？在民法典之前，针对一些法院动辄以违反强制性规定为由认定合同无效，不当扩大无效合同范围的情形，理论上提出的一个方案就是对"强制性规定"作进一步的区分，从而尽量缩小因违法而无效的圈子。在此背景

---

〔1〕参见黄忠：《走向自治：纪念合同法颁布十周年》，载《中国社会科学报》2009年11月24日，第7版。

〔2〕参见杨代雄：《法律行为的内在正义与外在正义》，载《中国社会科学》2024年第5期。

〔3〕参见《中国共产党第二十届中央委员会第三次全体会议文件汇编》，人民出版社2024年版，第19页。

下，2009年《最高人民法院关于适用〈中华人民共和国合同法〉若干问题的解释（二）》（以下简称《合同法解释（二）》）第14条指出："合同法第五十二条第（五）项规定的'强制性规定'，是指效力性强制性规定。"由此就将《合同法》第52条第5项规定的"强制性规定"明确限于"效力性强制性规定"，从而为缓和违法的效力问题提供了指引。此后，最高人民法院还进一步强化了这一区分。例如，最高人民法院2009年《关于当前形势下审理民商事合同纠纷案件若干问题的指导意见》强调："人民法院应当注意根据《合同法解释（二）》第十四条之规定，注意区分效力性强制规定和管理性强制规定。违反效力性强制规定的，人民法院应当认定合同无效；违反管理性强制规定的，人民法院应当根据具体情形认定其效力。"

（一）"效力性强制性规定"与"管理性强制性规定"二分法的检讨

就实践而言，司法解释的类型化区分路径隐藏着一个极其复杂的前提性难题，即应如何区分"效力性强制性规定"与"管理性强制性规定"？学说为此提出了两种辨识标准。首先的判断标准是该强制性规定是否明确规定了违反的后果是合同无效，如果规定了违反的后果是导致合同无效，则该规定属于"效力性强制性规定"。其次，法律、行政法规虽然没有规定违反将导致合同无效，但违反该规定如使合同继续有效将损害社会公共利益的，也应当认定该规定是"效力性强制性规定"。[1]然而，前述识别方案显然缺乏现实可行性。因为如果该强制性规定已经规定了合同无效的结果，那根本就无须借助"效力性强制性规定"的指引就能直接得出无效的结论；相反，如果该强制性规定并未明确规定合同的效力，那就需要考量违反该规定如使合同继续有效是否会损害社会公共利益的问题。很明显，在进行这一判断时，"效力性强制性规定"与"管理性强制性规定"的二分思路并未就此提供任何有效的指引。有学者甚至指出，判断某强制性规范是不是"管理性强制性规定"与判断违反该强制规范的合同是否无效其实是同一个过程，无法区分，因此，"管理性

〔1〕参见最高人民法院研究室编著：《最高人民法院关于合同法司法解释（二）理解与适用》，人民法院出版社2009年版，第112页。

强制性规定”这个概念根本就没有任何用处。[1]由此可见，“效力性强制性规定”与“管理性强制性规定”的类型化方案实属“马后炮”，至多有收纳功效，可以成为对裁判结果的一种事后描述，但并不具有任何预先指导力，无法指引法官在个案中进行具体裁判。

正是由于我们无法提出能在事前有效区分“效力性强制性规定”与“管理性强制性规定”的标准，因此，司法实践中就往往会以倒置逻辑的方式来进行裁判。申言之，当法官要判定某一违法的合同无效时，就会在裁判中预先将该强制性规范界定为“效力性强制性规定”；相反，如果法官不判定某一违法的合同无效时，则会在裁判中预先将该强制规范界定为“管理性强制性规定”。至于为什么该强制性规定是“效力性强制性规定”，进而需要据此否定行为效力，或者为什么该强制规定只是“管理性强制性规定”，进而无须据此否定行为效力的实质性问题，法官通常不会在裁判文书中进行具体阐述。如此简单的“涵摄”，而无须就此进行翔实说理，即可快速得出法官想要结论，虽然便捷，却显然不当。须知，否定合同效力是关涉私法自治的重大问题，合同效力也是民事审判中的一项重要内容，但“效力性强制性规定”与“管理性强制性规定”的区分思路却给了法官隐藏其实质论证，甚至武断裁判的机会，明显不妥。实际上，“效力性强制性规定”与“管理性强制性规定”的区分不仅让法官逃避了对违法合同效力判断作实质论证的义务，而且也确实导致了某些裁判的不一致。例如，在天津普尔兰德旅游装备有限公司诉深圳龙峰国际货运代理有限公司海上货物运输合同无正本提单放货纠纷案中，法院就对《国际海运条例》第7条和第26条的规范性质形成了两种截然不同的意见。[2]

（二）比例原则下《民法典》第153条第1款第2句“但书”的确定

正是由于“效力性强制性规定”与“管理性强制性规定”的区分缺乏可

〔1〕参见梁神宝:《违反强制性法规的合同效力——基于瑞士法的考察》，载《华东政法大学学报》2017年第1期。

〔2〕参见2007年8月24日《天津市高级人民法院关于未取得无船承运业务经营资格的经营者与托运人订立的海上货物运输合同或签发的提单是否有效问题的请示报告》（津高法〔2007〕145号）。

行性与正当性，因此，《民法典》第153条最终并未沿袭“管理性强制性规定”的概念，[1]而是通过但书的方式来限缩强制性规定导致合同无效的适用范围。[2]同时，有别于《合同法》第52条第2款仅规定违反法律、行政法规强制性规定的合同无效，《民法典》第153条第1款已有“但书”明确规定违反强制性规定并不当然无效，故而也就无须再借助“管理性强制性规定”的概念来限缩违法的后果了。[3]可见，民法典不仅在形式上舍弃了区分“效力性强制性规定”与“管理性强制性规定”这一华而不实的思路，而且还提供了缩限违法无效后果的新方案。在此背景下，我们显然就没有必要再去关注“效力性强制性规定”与“管理性强制性规定”的区分，而应将重心置于对《民法典》第153条第1款第2句之“但书”的确定上。

应当说，《合同编通则司法解释》就是在此逻辑下展开的。在司法解释的起草过程中，就如何有效识别出“该强制性规定不导致该民事法律行为无效的除外”的情形曾有两种意见：一种意见认为，仅需将判断违反强制性规定是否影响合同效力的因素进行归纳，再由裁判者在个案中具体运用；[4]另一种意见则认为，仅仅列举综合判断的因素，仍然无法满足实践的需要，因为这些因素都过于笼统，实践中难以把握，加上需要裁判者在个案中综合考量，必然导致裁判结果不统一、裁判者自由裁量权过大的局面。为使司法解释对司法实践的指导更加明确，最高人民法院最终采纳了第二种观点。[5]虽然相

〔1〕当然，也有见解认为，《民法典》第153条但书所谓“不导致民事法律行为无效的”强制规定，就是指民法理论中所谓的“命令性规定”，亦即最高人民法院司法解释所说的“管理性强制性规定”。参见梁慧星：《〈民法总则〉重要条文的理解与适用》，载《四川大学学报（哲学社会科学版）》2017年第4期。赞同此种区分的观点还可参见王轶：《民法规范论视野下的合同效力》，载《法律适用》2023年第12期。

〔2〕参见王利明：《论效力性和非效力性强制性规定的区分——以〈民法典〉第153条为中心》，载《法学评论》2023年第2期。

〔3〕参见吴光荣：《违反强制性规定的合同效力——以〈民法典合同编通则解释〉的相关规定为中心》，载《法律适用》2023年第12期。

〔4〕2022年11月4日发布的《合同编通则司法解释》（征求意见稿）第17条可以说是采取了这一思路。

〔5〕参见最高人民法院民事审判第二庭、研究室编著：《最高人民法院民法典合同编通则司法解释理解与适用》，人民法院出版社2023年版，第190页。

较于列举综合判断因素的做法，就“该强制性规定不导致该民事法律行为无效的除外”的情形进行列举的做法更具实用性，但也应看到，《合同编通则司法解释》第 16 条对第 153 条第 1 款第 2 句但书的列举仍是原则性的，无法穷尽但书的所有情形。实际上，《合同编通则司法解释》第 16 条第 1 款在列举了四项情形后，就专门将“法律、司法解释规定的其他情形”作为兜底性规定进行了明确。因此，我们尚不能说未来的司法单靠《合同编通则司法解释》第 16 条就能有效识别出违法合同的效力。[1]

透过现象看本质。从《合同编通则司法解释》第 16 条的表述来看，我们可以明显看到其中所蕴含的比例原则之思路。一般认为，比例原则包括适合性原则、必要性原则和狭义比例原则（均衡性原则）。[2] 而《合同编通则司法解释》第 16 条对“该强制性规定不导致该民事法律行为无效的除外”情形的列举就契合了比例原则的相关要求。例如，第 16 条第 1 款第 2 项中的“认定合同有效不会影响该规范目的的实现”的规定就表达出了比例原则中适合性原则的意味。又如，第 16 条第 1 款中的“由行为人承担行政责任或者刑事责任能够实现强制性规定的立法目的的”可以“认定该合同不因违反强制性规定无效”的结论就属于比例原则中的必要性原则的要求，即在行为人承担行政责任或者刑事责任足以实现强制性规定的立法目的时，就没有必要否定合同效力。再如，第 16 条第 1 款第 1 项中的“合同的实际履行对社会公共秩序造成的影响显著轻微，认定合同无效将导致案件处理结果有失公平公正”则明显体现出了比例原则中均衡性原则的思想，即在合同的实际履行对社会公共秩序造成的影响显著轻微时，若仍然否定合同效力，就会显失公正。[3] 实际上，就合同无效的判定问题，比较法上的一个基本经验就是运用比例原则

〔1〕参见王利明:《论依规范目的认定合同无效：以〈合同编通则解释〉第 16 条为中心》，载《中国法学》2024 年第 6 期。

〔2〕参见张翔:《基本权利的规范建构》，高等教育出版社 2008 年版，第 72 页。

〔3〕《合同编通则司法解释》第 16 条第 1 款第 3、4 项也体现了均衡性原则的考量。

来作个案权衡。[1]近年来，我国学者也趋向认为，在就合同无效的判定中应主动接受比例原则的指导。[2]从理论上讲，由于无效具有明显的惩戒性质，属于一项法律制裁（sanction）措施。[3]因此，为了确保这一制裁的妥当性，就理当自觉接受比例原则的约束。其实，一旦拨去纷乱法律术语的遮掩，我们不难发现，在合同无效的判断过程中所面临的一个最基本的问题就是：如何才能保证无效的判断是适当的，即不会为目的而不择手段，不会采取总成本高于总利益的行为，或者说不会因为社会公共利益而去过分侵害作为民法之基石的自治。显然，在此时运用比例原则进行裁判就可以较好协调私法自治与国家干预的关系。

在比例原则的指导下，我们去识别违法合同的效力显然就不能有毕其功于一役的幻想。换言之，就违法行为之效力判断应更多地依赖个案的讨论。一如前述，《民法典》第153条第1款本身不存在被违反的问题，而要论及具体被违反的法律规定时，必然就会面临具体法律规定之立法目的和个案违法之具体情形的个别权衡。面对这种具体的权衡，司法就不能希望理论能提供一个一劳永逸的解决方案。实际上，就《德国民法典》第134条的大量讨论中，德国学界都没能给出适用《民法典》第134条的清晰的教义学进路，最

〔1〕参见Richard A. Buckley, *Illegality and Public Policy*, Sweet and Maxwell, 2002, p.281-303；Sarah Green & Alan Bogg Eds., *Illegality after Patel v. Mirza*, Hart Publishing, 2018, p.331-370；Rossella Esther Cerchia, *A Comparative Viewpoint on Illegal Contracts: In Favor of Flexibility and Proportionality*, GlobalJurist, Vol.21（No.2）, p.447-479（2021）; Nathan Tamblyn, *The Defence of Illegality in Private Law*, Liverpool Law Review, Vol.43（Issue1）, p.33-55（2022）;［日］川島武宜、平井宜雄編:《新版注釈民法（3）総則（3）法律行为Ⅰ》，有斐閣2003年版，第102~103页；黄忠:《合同自由与公共政策——〈第二次合同法重述〉对违反公共政策合同效力论的展开》，载《环球法律评论》2010年第2期。

〔2〕参见解亘:《论违反强制性规定契约之效力——来自日本法的启示》，载《中外法学》2003年第1期；孙鹏:《论违反强制性规定行为之效力——兼析〈中华人民共和国合同法〉第52条第5项的理解与适用》，载《法商研究》2006年第5期；谢鸿飞:《论法律行为生效的“适法规范”——公法对法律行为效力的影响及其限度》，载《中国社会科学》2007年第6期；黄忠:《比例原则下的无效合同判定之展开》，载《法制与社会发展》2012年第4期；王利明:《论依规范目的认定合同无效：合同编通则解释16条为中心》，载《中国法学》2024年第6期。

〔3〕参见Ádám Auer, *Illegal Contract as a General Clause-European Trends and New Hungarian Judicial Practice*, Juridical Tribune, Vol.13（Issue4）, p.588-601（2023）；谭佐财:《论公法责任承担对合同无效的阻却》，载《法学》2024年第8期。

终也只能满足于个案的解决。[1]

当然，个案的解决路径可能会面临司法恣意的风险。尤其是考虑到民事法律行为的效力判断关涉私法自治这一民法根本，因此，为求违法民事法律行为效力判断上的公平与正义，未来可以从以下两方面进行控制。一方面，应要求法官在运用比例原则判断违法行为效力时进行充分说理。“无理由无裁判。”[2]实际上，除非我们主张法院裁判是纯粹权力运用之专断产物，否则，其正当性就不能简单地建立在强制力之上，而必须具备令人信服的理由。就此而言，裁判理性的可接受程度取决于裁判的说理充分程度。[3]因此，法官应在裁判文书中详细展示其论证的实质性内容，列明被违反的具体规定，阐释清楚为何违法的行为仍然可以有效，或者必须无效的理由。事实上，《全国法院民商事审判工作会议纪要》就曾要求人民法院在处理违反规章的合同效力时，要慎重判断，并在裁判文书中充分说明理由。另一方面，理论界应围绕司法实践中常见的违法情形，就相关的类案展开研究，从而充分展示此类违法中的利益衡量问题，最终在类案中达成基本共识。例如，在过去，我们通过对企业间借贷、公司对外担保等的类案研究，形成了对企业间借贷合同效力、公司对外担保合同效力等问题的共识，甚至由此推动了司法观念的进步。因此，未来有必要加强类案研究，推动对常见的违法合同效力案件达成基本共识。此外，还可以考虑参考适用情势变更的相关审核程序，在对某些重要交易的合同效力判断上应当由高级人民法院审核，从而保持裁判的可预期性。[4]这一点对当事人而言其实是重要的，因为如果当事人能预先判定其合同的效力，那就可以尽量避免订立无效合同而浪费资源。

---

〔1〕参见［德］克劳斯－威廉·卡纳里斯：《法律禁令和法律行为》，赵文杰译，载王洪亮等主编：《中德私法研究：合同因违法而无效》（第13卷），北京大学出版社2016年版，第59页。

〔2〕陈林林：《裁判的进路与方法——司法论证理论导论》，中国政法大学出版社2007年版，第5页。

〔3〕参见朱庆育：《法律适用中的概念使用与法律论证——以泸州遗赠案为分析对象》，载郑永流主编：《法哲学与法社会学论丛》（第1期），北京大学出版社2007年版，第256页。

〔4〕《最高人民法院关于当前形势下审理民商事合同纠纷案件若干问题的指导意见》（法发〔2009〕40号）明确指出：“如果强制性规定规制的是当事人的‘市场准入’资格而非某种类型的合同行为，或者规制的是某种合同的履行行为而非某类合同行为，人民法院对于此类合同效力的认定，应当慎重把握，必要时应当征求相关立法部门的意见或者请示上级人民法院。”

三、被违反之强制性规定的范围限缩及其检讨

（一）是否限于“法律、行政法规”中的强制性规定？

《民法典》第153条第1款强调违反“法律、行政法规”的强制性规定才能导致合同无效。这一规定源自《合同法》。通说认为，之所以要将“强制性规定”仅限于“法律、行政法规”的规定，而不得扩大到地方性法规、行政规章及其他规范性文件，主要是因为：第一，只有这样，才能有利于形成一个统一的社会主义市场经济体系，而不是“地方割据”式的封建经济或以部门利益为核心的“条条经济”；第二，地方性法规、行政规章及其他规范性文件不应过度干预或限制人民的民事权利。[1]应当说，在特定的历史时期，这种以被违反之法律规定的位阶来区分其后果的做法于对于缓解违法的后果，限制无效的范围起到了重要作用。

然而，需要注意的是，党的二十届三中全会的决定已明确指出要“加强公平竞争审查刚性约束，强化反垄断和反不正当竞争，清理和废除妨碍全国统一市场和公平竞争的各种规定和做法”。[2]况且，“法律、行政法规”以外的强制性规定也并不必然表现为“地方割据”和“条条经济”。在理论上，“法律、行政法规”以外的强制性规定可能包含在地方立法之中，也可能包含在部门规章之中，还可能包含在其他规范性文件之中。例如，国务院发布的有关淘汰落后产能的通知，国家发展改革委和司法部关于禁止刑事案件风险代理的规定，原国家发展计划委员会关于必须招标的工程范围、标准的限定，住建部关于经济适用房住房管理的规定，商务部关于全国统一打印当票的规定等，都是具体例证。很明显，前述规定虽然都不属于法律、行政法规，但并不构成“地方割据”和“条条经济”。而且，即使是常受诟病的地方立法与地方行政规章，也不必然就有损统一大市场的建设。相反，有些时候上位法

〔1〕参见谢怀栻等:《合同法原理》，法律出版社2004年版，第119页；刘贵祥:《合同效力研究》，人民法院出版社2012年版，第25页。

〔2〕《中国共产党第二十届中央委员会第三次全体会议文件汇编》，人民出版社2024年版，第24页。

在修订时反而需要借鉴地方立法。[1]比如，在出租车、网约车的监管，城市供水、供电、供气、供暖、污水处理等市政公用事业经营的监管，地方旅游业的监管，城市房地产市场的监管等领域，理论上大多认为有必要授权地方性法规去设定和分配监管事权。[2]事实上，《民法典》在相邻关系、宅基地使用权、供用电合同、借款合同、建设工程、人体医学、收养关系、环境污染和生态破坏责任等领域也明确接纳了“国家规定”或“国家有关规定”的法源地位。[3]同时，我国司法实践还接受了部门规章、地方性法规等在民事司法中的适用。[4]

其实，在比较法上，将契约自由作为基本权利明确规定的立法并不多见。除德国魏玛宪法和美国宪法对“契约自由”作了规定外，在大多数国家的宪法中并未明确规定“契约自由”。因此，契约自由并不当然构成一项与人身自由、人格尊严并列的基本权利。在中国法上，契约自由更适合作为财产权的范畴进行认识。而一旦将契约自由纳入财产权的范畴，那对其的限制就可以超出“法律保留”的原则，而呈现出更多，也更现实的安排。因为我国《宪法》第13条第3款明确允许以“公共利益”这一具有开放性的事由来限制财产权。学说也认为，在遵循一定界限的条件下，地方性法规、地方政府规章也可以对财产权等基本权利进行限制。[5]况且，财产权原本即因负有社会义务而受到其他形式的限制。[6]因而，无论是从法治原则还是从民主原则出发，都应将地方性法规纳入法律保留中的“法律”范畴。[7]既然可以用“法律、行政法规”以外的规定来限制作为财产权的契约自由，那《民法典》第153

〔1〕参见罗培新：《论地方立法与上位法“不抵触”原则》，载《法学》2024年第6期。

〔2〕参见王克稳：《论市场监管事权的纵向分配》，载《苏州大学学报（哲学社会科学版）》2021年第6期。

〔3〕参见《民法典》第294、363、651～655、676、680、792、1009、1106、1234、1235条。

〔4〕参见高飞：《宅基地使用权继承否定论——一个解释论的立场》，载《西南政法大学学报》2022年第4期；汪君：《违反规章之合同效力认定》，载《荆楚法学》2023年第1期；汪君：《地方性法规民事司法适用规则研究》，载《中外法学》2023年第5期；耿卓、耿嘉薇：《集体经营性建设用地入市改革再出发的权利逻辑》，载《西南政法大学学报》2023年第6期；杨凡、华章玮：《“矿机”买卖合同因违反公序良俗而无效》，载《人民司法》2023年第11期；牛安琪、王轶：《金融规章对合同效力的裁判影响力研究》，载《吉林大学社会科学学报》2024年第5期。

〔5〕参见王贵松：《地方性法规制定权限的界定方式》，载《法学》2024年第3期。

〔6〕参见陈鹏：《中国宪法上基本权利法律保留的生成与构造》，载《中国社会科学》2023年第12期。

〔7〕参见陈征：《宪法基本权利的中国特色》，载《荆楚法学》2023年第3期。

条第 1 款所沿袭的位阶限制做法就不合适了。

实际上，学界之所以质疑将诸如行政规章等“法律、行政法规”以外的强制性规定作为民事法律行为的效力规范依据，主要是源于对地方与部门立法以及司法的不信任。[1] 然而，即使地方与部门立法确实可能存在地方保护或部门利益等问题，妥当的做法也绝非是在源头上采取位阶限制立场将其予以排除，而是应当构建对地方、部门立法和规范性文件的审查机制，[2] 并赋予司法在依据强制性规定否定民事法律行为效力时一定的裁量权。显然，我们当前推动的法规规章备案审查和规范性文件附带审查制度，以及《民法典》第 153 条第 1 款的但书规定，就已基本塑造了前述平衡机制。在此背景下，就不应再延续所谓的位阶限制论了，否则无异于作茧自缚，不仅会导致国家管制上的困顿，而且也会消解法秩序统一的要求。况且，位阶限制的做法还可能会让法官产生一个错误的认知，即只要是法律、行政法规的强制性规定，就可以导致民事法律行为无效。然而，事实显然不是这样。一如前述，即使是法律、行政法规中的强制性规定，也不必然导致民事法律行为无效。[3] 因此，以法规范的位阶来判断违反后的后果，虽然简洁明快，但确实存在风险，不应继续坚持。《合同编通则司法解释》虽然最终并未就违反“法律、行政法规”以外的强制性规定的民事法律行为效力问题作出规定，但该解释第 17 条第 2 款中的“政府部门的监管强度”一词无疑表明，该条中的公序良俗已经涵盖了某些行政规章或者地方性法规。[4]

（二）是否限于公法中的强制性规定？

现有学说不仅试图维护《民法典》第 153 条第 1 款中的位阶限制做法，而且还力图将其中的强制性规定限缩到公法领域，认为如果违反私法上的强

〔1〕 参见李建伟：《行政规章影响商事合同效力的司法进路》，载《法学》2019 年第 9 期；姚辉：《民法学方法论研究》，中国人民大学出版社 2020 年版，第 348 页。

〔2〕 参见李松锋：《省级人大常委会在合宪性审查工作中的宪制角色》，载《西南政法大学学报》2023 年第 2 期；温泽彬、李昱辰：《论备案审查意见的督促纠错功能》，载《西南政法大学学报》2024 年第 1 期。

〔3〕 参见最高人民法院（2015）最高法民一终字第 58 号民事判决书。

〔4〕 参见马新彦、李东宇：《合同违反政策时效力判定的裁判路径》，载《清华法学》2023 年第 2 期。

制性规定，应通过解释适用民法典的其他规定来解决，而不宜纳入《民法典》第 153 条第 1 款的适用范围。[1] 当然，也有见解认为,《民法典》第 153 条第 1 款既可以引致到私法中的强制性规定，也可以引致到公法中的强制性规定。[2] 在《合同编通则司法解释》的起草中，曾一度倾向于后一种方案，但有见解认为这一思路将会导致《民法典》第 153 条第 1 款承担的任务过重，极易造成适用上的混乱，且有架空民法典其他规定之嫌，故最终改采了前一种方案。[3]

笔者认为，过去司法中的种种混乱，乃至所谓架空民法典其他规定等问题，并非源于我们允许《民法典》第 153 条第 1 款可以引致到私法中的强制性规定。这些问题其实是源于对《民法典》第 153 条第 1 款之意旨的误解。申言之,《民法典》第 153 条第 1 款下的无效原本是源于社会公共利益（公序良俗）所致,[4] 但《物权法》第 191 条关于“未经抵押权人同意，不得转让抵押财产”的规定以及原《公司法》第 16 条等规定，显然与社会公共利益（公序良俗）无关，而主要涉及的是抵押权人、公司及其股东的私人利益保护问题。因此，过去一些裁判依据《物权法》第 191 条、2018 年《公司法》第 16 条等规定来错误否定相应合同的效力，其实是因为这些裁判对第 153 条第 1 款旨在维护社会公共利益的意旨产生了认识偏差。可见，问题的关键在于，我们要认识到试图通过语义分析来发现强制性规定，进而判断违反该强制规范的合同效力这一方案的局限性，而非先入为主地断言私法上的强制性规定

〔1〕 参见最高人民法院民法典贯彻实施工作领导小组主编:《中华人民共和国民法典总则编理解与适用》(下)，人民法院出版社 2020 年版，第 756 页；刘贵祥、吴光荣:《关于合同效力的几个问题》，载《中国应用法学》2021 年第 6 期；吴光荣:《违反强制性规定的合同效力——以〈民法典合同编通则解释〉的相关规定为中心》，载《法律适用》2023 年第 12 期；谭佐财:《论公法责任承担对合同无效的阻却》，载《法学》2024 年第 8 期。

〔2〕 参见刘贵祥:《合同效力研究》，人民法院出版社 2012 年版，第 16 ~ 18 页；朱广新:《合同法总则研究》(上册)，中国人民大学出版社 2018 年版，第 345 页；最高人民法院民事审判第二庭编:《全国法院民商事审判工作会议纪要理解与适用》，人民法院出版社 2019 年版，第 243 页；王利明:《论效力性和非效力性强制性规定的区分——以〈民法典〉第 153 条为中心》，载《法学评论》2023 年第 2 期。

〔3〕 参见最高人民法院民事审判第二庭、研究室编著:《最高人民法院民法典合同编通则司法解释理解与适用》，人民法院出版社 2023 年版，第 189 ~ 190 页。

〔4〕 参见刘贵祥:《合同效力研究》，人民法院出版社 2012 年版，第 61 页；黄忠:《违法合同效力论》，法律出版社 2010 年版，第 171 ~ 173 页。

就必然与《民法典》第 153 条第 1 款绝缘，不会导致民事法律行为的无效。

事实上，既有研究早已证实，试图通过对“可以”“应当”“必须”“不得”“禁止”等词语的语义分析来确定强制性规定的努力基本上是难以奏效的。我们至多可以说，当只有“可以”的表述时，此时不存在强制性规定；但却无法通过“应当”“必须”“不得”“禁止”等词语本身就断定此时存在一个强制性规定。[1] 更为重要的是，即便我们通过语词分析识别出某一规范属于强制性规定，也很难直接由此就判断出违反该强制性规定的行为效力。因为《民法典》第 153 条第 1 款已明确告知我们，违反强制性规定不必然导致合同无效。可见，在考量违法行为效力时的关键，既不在于“应当”“必须”“不得”“禁止”等语词的指引，也不在于该强制性规定出现在公法抑或私法的差别，而是应当基于比例原则，具体考量此强制性规定是否有必要导致该民事法律行为无效。就此而言，面对既有司法上的乱象，理论上要做的是将“应当”“必须”“不得”“禁止”等语词与无效的结果之间进行脱钩，即不能武断认为只要违反了带有“应当”“必须”“不得”“禁止”的规定，就会落入《民法典》第 153 条第 1 款第 1 句的无效后果。而要实现前述意图，扭转司法上的望文生义做法，其正确对策应是认清《民法典》第 153 条第 1 款的内涵，而非武断地将其绝缘于私法规定本身。

应当看到，现代社会的复杂化早已使得公私法的分野日益模糊。一方面，公法与私法的区分并无明确基准。因此，在司法实践中，如何判断某一法律的公法抑或私法属性并非易事。例如,《土地管理法》《城市房地产管理法》等法律中就既有公法规范，也有私法规范。所以，当合同违反了《土地管理法》《城市房地产管理法》的相关规定时，是否会构成《民法典》第 153 条第 1 款中的“强制性规范”，进而影响合同效力？显然，违反《土地管理法》《城市房地产管理法》的某些规定可能会导致合同无效，比如，违反《土地管理法》第 2 条第 3 款、第 37 条的合同可能会无效，但违反《城市房地产管理法》第

〔1〕 参见黄忠:《违法合同的效力判定路径之辨识》，载《法学家》2010 年第 5 期；谢鸿飞、蔡睿等:《中华人民共和国民法典合同编通则司法解释释义》(社科院版)，中国法制出版社 2023 年版，第 162 页；王利明:《论依规范目的认定合同无效：以〈合同编通则解释〉第 16 条为中心》，载《中国法学》2024 年第 6 期。

38 条、第 54 条的规定的合同却并不当然无效。[1]可见，某一法律究竟是公法抑或私法不仅区分不易，而且即使作了区分，但却对于违反后的合同效力判断没有必然关联。否则，就难以解释合同同样违反了《土地管理法》《城市房地产管理法》的规定，为何会有不同效力状态的问题。另一方面，即使被视为典型私法的民法典、公司法而言，也应承认其中可能存在公法性质的规定，并且这些强制性规定也可能会导致合同无效。比如，《民法典》第 1007 条、第 1051 条就明确规定了买卖行为的无效和婚姻的无效。又如，《民法典》第 1141 条规定："遗嘱应当为缺乏劳动能力又没有生活来源的继承人保留必要的遗产份额。"通说认为，如果遗嘱违反了《民法典》第 1141 条，则可能会导致无效或者部分无效。再如，违反《公司法》第 140 条第 2 款规定的股权代持合同也属于无效合同。[2]此外，司法实务中，甚至还有以违反民法典中的绿色原则、公序良俗原则等来否定合同效力的做法。[3]由此可见，我们既不能说违反了公法上的强制性规定就必然影响合同效力，也不能说违反了私法上的强制性规定就必然不影响合同效力。如此一来，认为《民法典》第 153 条第 1 款只引致到公法上的强制性规定的结论，就只是增加了我们的思维负担，在实际效果上并无现实指导意义，实属冗余理论。质言之，《民法典》第 153 条第 1 款中的强制性规定究竟源于公法抑或私法并不重要，重要的是该强制性规定与合同效力的联系问题。实际上，《合同编通则司法解释》第 18 条在文义上并未表达出应将《民法典》第 153 条第 1 款限缩至公法上强制性规定的意味。如前所述，《合同编通则司法解释》第 18 条只是让我们认识到要将"应当""必须""不得"等表述与无效的结果之间脱钩，因为有些带有"应当""必须""不得"的规定旨在"限制或者赋予民事权利"，并不必然关涉社会公共利益，故而只须通过无权处分、无权代理、越权代表等，或者撤销权、

[1] 参见吴光荣：《违反强制性规定的合同效力——以〈民法典合同编通则解释〉的相关规定为中心》，载《法律适用》2023 年第 12 期。

[2] 参见最高人民法院（2017）最高法民申 2454 号民事裁定书；南京市中级人民法院（2021）苏 01 民终 9144 号民事判决书。

[3] 参见肖峰、周孟蓉：《论〈民法典〉绿色原则的合同适用及其制度启示》，载《大连理工大学学报（社会科学版）》2023 年第 1 期；吴晓芳：《〈婚姻法〉司法解释（三）适用中的疑难问题》，载《法律适用》2014 年第 1 期。理论上还有将公序良俗等原则视为强制性规范功能的见解。参见王轶：《民法原理与民法学方法》，法律出版社 2009 年版，第 246 页。

解除权等规则便能让个案获得公正处理，自然就无须再去否定相关合同的效力了。因此，我们尚且不能从《合同编通则司法解释》第18条来断言司法已经接受区分公法与私法的方案了。必须承认，民法典中确实存在行为规范意义上的强制性规范，这些强制性规范与公法强制性规范其实并无实质差异，当然属于《民法典》第153条第1款中的“强制性规定”。[1]

四、《民法典》第153条第1款与第2款的关系辨

（一）中国法的分析

从形式上看，《民法典》第153条已将违法与违背公序良俗进行了区分规定，因此，似乎可以认为我国已接受了违法与背俗二元并立的观点。然而，如前所述，一方面，在判断违反“法律、行政法规”以外的强制性规定的合同效力时，我们仍须借助《民法典》第153条第2款来进行具体评价。质言之，如果合同违反“法律、行政法规”以外的强制性规定同时也构成对公序良俗之违背的，则合同也可能会无效。[2]另一方面，即使合同违反的是“法律、行政法规”中的强制性规定，也不当然意味着该合同必然无效。《民法典》第153条第1款之但书已经明确要求法官必须探求被违反之强制性规定的立法目的，确定其是否承载了重大的社会公共利益，然后结合个案事实，权衡案涉合同与该重大社会公共利益的关系，最终作出是否需要让合同无效的裁判。实际上，以关涉重大公益作为强制性规定适用的必要条件也是比较法上的主流认识。[3]可见，相较于《民法典》第153条第2款，《民法典》第153条第1款虽然具体指向了“法律、行政法规”中的强制性规定，似乎存在更多的“客观标准”，进而有利于司法裁判的统一和便利，但由于《民法典》第153条第1款本身并无具体的裁判标准，因此，法官其实是不可能仅凭该

---

〔1〕 参见易军：《合同违法无效规则中行为规范与权限规范的区分》，载《环球法律评论》2024年第6期。

〔2〕 参见王利明：《论无效合同的判断标准》，载《法律适用》2012年第7期；杨代雄：《法律行为的内在正义与外在正义》，载《中国社会科学》2024年第5期。

〔3〕 参见肖永平、龙威狄：《论中国国际私法中的强制性规范》，载《中国社会科学》2012年第10期；［德］诺贝特·赖希：《欧盟民法基本原则》，金晶译，北京大学出版社2024年版，第29~38页。

款就能对某一违法合同的具体效力作出最终评判的。而且，就理论而言，试图将本该由法官根据现实情况具体审查合同结果是否产生侵害利益的任务交给设立抽象规则的立法者去解决的思路，本身就是不可行的。[1]

由此可见，民事法律行为无论是违反了“法律、行政法规”中的强制性规定，抑或是违反了“法律、行政法规”以外的强制性规定，最终考量其有效与否的内在逻辑是一致的，即均需法官基于比例原则，以关涉重大公益为必要条件，进行个别的考量与权衡。[2]事实上，“公共秩序即是私法自治领域上的基本秩序，任何导致法律行为无效的原因，均是以‘违背公共秩序’作为其基础”。[3]如此一来，我们可以说，“公序良俗”才是在民事法律行为有效性审查中具有决定性的依据。据此，我们就有必要将《民法典》第153条第1款与第2款结合起来进行理解，而不能将二者完全区分看待。申言之，如果我们认为第153条第1款具有独立的意义，那为避免《民法典》第153条第1款的限制被第2款所架空，就会认为应当依据第1款来对第2款进行限缩理解。事实上，确有论者指出，为实现法律体系逻辑性的要求，应对公序良俗条款进行限缩，以便强制性规定条款的作用能够充分发挥出来。[4]然而，若如此认识，虽然在形式上维护了第153条第1款的独立与主导地位，并且似乎也有助于私法自治目标的实现，但在结果上却并不恰当。[5]不难发现，从2019年的《全国法院民商事审判工作会议纪要》开始，最高人民法院就已正式将违反涉及金融安全、市场秩序、国家宏观政策等内容的规章纳入违背公序良俗的范畴，从而认定合同无效。2022年11月4日发布的《合同编通则司法解释》（征求意见稿）第19条还曾将前述见解拓展到了地方性法规的层面。《合同编通则司法解释》虽然最终没有就违反“法律、行政法规”以外的强制性

〔1〕参见许中缘：《民法强行性规范研究》，法律出版社2010年版，第247～248页；李世刚：《合同合法性的审查机制——以法国经验为视角》，载《华东政法大学学报》2017年第4期。

〔2〕参见肖永平、龙威狄：《论中国国际私法中的强制性规范》，载《中国社会科学》2012年第10期。

〔3〕参见陈忠五：《法律行为无效之规范依据》，载黄宗乐教授祝寿论文集编辑委员会编：《黄宗乐教授六秩祝贺——财产法学篇（一）》，学林文化事业有限公司2002年版，第37页。

〔4〕参见耿林：《强制规范与合同效力——以合同法第52条第5项为中心》，中国民主法制出版社2009年版，第114页。

〔5〕参见高放：《合同无效中的损害社会公共利益与违法之辩——从药品技术转让合同纠纷公报案例评析切入》，载《华东政法大学学报》2014年第3期。

规定的合同效力问题作出明确规定，但由于法律秩序本身就是公序良俗的重要组成部分，因此，我们仍然可以认为《合同编通则司法解释》第 17 条已经对违反“法律、行政法规”以外的强制性规定的合同效力问题设有一般性规定。〔1〕在此背景下，如果认为违反“法律、行政法规”以外的强制性规定应适用《民法典》第 153 条第 2 款，而违反“法律、行政法规”中的强制性规定则应适用《民法典》第 153 条第 1 款，那就必然面临在体系上为何需要分别适用不同规定的质疑。〔2〕

为有效化解前述质疑，一个妥当的解决方案就是将违反法律、行政法规的强制性规定统摄到违背公序良俗中来。实际上，公共秩序既可以是来自成文法的、来自立法的，也可以是一种潜在的、来自司法的。因此，公序良俗可以分为立法型（法规型）的公序良俗与司法型（裁判型）的公序良俗两种类型。〔3〕据此，我们可以认为，强制性规定构成了一国公共秩序规则的一部分。〔4〕或者说，强制性规定只是以实证法的方式体现了公序良俗而已。〔5〕既然强制性规定也完全能够被公序良俗所包含，那自逻辑而言，就应将《民法典》第 153 条第 1 款视为是第 2 款的具体化规定。〔6〕据此而论，在司法上虽有必要承认优先适用《民法典》第 153 条第 1 款关于违反法律法规的强制性规定无效规定的正当性，〔7〕但却不能割裂第 153 条第 1 款与第 2 款的关联，否定《民法典》第 153 条第 2 款在民事法律行为效力判定中的终极指导意义。尤其是在考量第 153 条第 1 款第 2 句的但书时，我们必然需要借助公序良俗的指引。

---

〔1〕 参见杨代雄:《法律行为的内在正义与外在正义》，载《中国社会科学》2024 年第 5 期。

〔2〕 参见姚明斌:《“效力性”强制规范裁判之考察与检讨：以〈合同法解释二〉第 14 条的实务进展为中心》，载《中外法学》2016 年第 5 期。

〔3〕 参见赵万一主编:《公序良俗问题的民法解读》，法律出版社 2007 年版，第 19 页。

〔4〕 参加沈涓:《强行性规定适用制度再认识》，载《国际法研究》2020 年第 6 期。

〔5〕 参见杨代雄:《民法总论》，北京大学出版社 2022 年版，第 381 页。

〔6〕 参见王利明、朱虎主编:《民法典合同编通则司法解释释评》，中国人民大学出版社 2024 年版，第 203 页。

〔7〕 参见王利明:《论合同违背公序良俗——以〈合同编解释〉第 17 条为中心》，载《求是学刊》2024 年第 3 期。

（二）比较法的经验

以《民法典》第 153 条第 2 款（公序良俗）来统摄和指导《民法典》第 153 条第 1 款（违法）的适用，在比较法上也有一定的共识。比如，奥地利、[1]瑞士[2]和荷兰[3]等国就均未刻意区分违反法律和违反公序良俗，而是将二者规定在一起。美国的《第二次合同法重述》甚至采用了一元化模式，直接将违法涵摄于违反公共政策（PublicPolicy）之中，[4]实现了以违反公共政策统摄违法的结果。[5]虽然《德国民法典》区分了违反禁止规则（第 134 条）与违背公序良俗（第 138 条），但在实务上却并未完全坚持这种区分。相反，德国的司法实践认为，如果依据第 134 条不受制裁，但根据第 138 条将受无效制裁，同样也会适用第 138 条。换言之，即使适用第 134 条后不能得出无效的结论，但如果适用第 138 条会无效，则仍可适用第 138 条。[6]由此可见，在德国，《民法典》第 138 条（公序良俗）对于法律行为效力判断才具有终局性。在 2016 年法国债法改革以前，有关无效的现代理论就已经由绝对无效转变为根据法律所要保护的利益的性质来确定无效的思路，即根据保护的是总体利益还是保护个人利益来确定合同是相对无效还是绝对无效。[7]改革后的《法国民法典》第 1162 条和第 1179 条则进一步体现了法国学界普遍认可的以保护社会公共利益为出发点的现代无效理论。[8]在日本，由于立法的不甚明确，因此，过去确有见解将违反法律与违反公序良俗区别对待，认为前者的法律根据是

〔1〕参见《奥地利普通民法典》第 879 条。

〔2〕参见《瑞士债法典》第 20 条。

〔3〕参见《荷兰民法典》第 3.40 条。

〔4〕公共政策（public policy）与公序良俗（public order）的内涵通常一致，前者多为英美法所用，后者多为大陆法所用。参见 Kent Murphy, *The Traditional View of Public Policy and Order Public in Private International Law*, Georgia Journal of International and Comparative Law, Vol.11（No.3），p.591-616（1981）。

〔5〕黄忠：《合同自由与公共政策——〈第二次合同法重述〉对违反公共政策合同效力论的展开》，载《环球法律评论》2010 年第 2 期。

〔6〕参见耿林：《强制规范与合同效力——以合同法第 52 条第 5 项为中心》，中国民主法制出版社 2009 年版，第 111 ~ 115 页。

〔7〕参见［法］弗朗索瓦·泰雷等：《法国债法：契约篇》（上），罗结珍译，中国法制出版社 2018 年版，第 715 页。

〔8〕参见《法国民法典》，罗结珍译，北京大学出版社 2023 年版，第 633、638 页。

对日本民法第91条的反面解释；〔1〕而后者的法律依据是民法第90条。〔2〕但大村敦志教授却明确指出：从第91条的沿革史而言，并没有将强行法规的违反与第91条直接联系起来的意味。而且，从体系上考虑，由于绝大多数判例都是以第90条为依据的，因此，即便存在例外，也应将其适用于第90条，从而谋求体系上的一贯性。更为重要的是，如果将第91条与第90条并列，则其具体适用就应是：在依第91条判断契约当然无效后，还应接受第90条的再判断。但事实上，法院并未作这样的两阶段判断，而是将违法事实纳入公序良俗的框架内作一元化的处理。〔3〕可见，即使我们认可违法的特殊性，但也不能否定违反公序良俗才是判定民事法律行为（合同）无效最根本依据的观点。

理论上，要确立《民法典》第153条第2款在合同无效判断中的指导地位时最受人诟病的则是公序良俗本身的弹性问题。的确，在普通法上，与公序良俗相近的公共政策概念常被描述为是“一匹难以驾驭的野马”（unruly horse），“当你骑上它时，不知将被带向何处”。〔4〕然而，我们也应当铭记丹宁勋爵（Lord Denning）的如下话语：“有了一位好骑手，那这匹难以驾驭的野马就能被掌控。它可以越过各种障碍，跨过虚设的藩篱，最终站在正义的一边”。〔5〕其实，之所以要确立《民法典》第153条第2款的指导地位，就是意在民事法律行为无效的判断中强化司法的自由裁量权，〔6〕提升个案操作的灵活性（flexibility），〔7〕从而最大限度地消除“违法即无效”的僵化观念，促进个案公平、正义的实现。必须看到，在合法性审查的过程中，立法者的作用

〔1〕《日本民法典》第91条规定：“法律行为当事人表示的意思与法令中公共秩序无关的规定相异时，则从其意思。”

〔2〕《日本民法典》第90条规定：“以违反公共秩序或善良风俗事项为目的的法律行为，为无效。”

〔3〕参见［日］大村敦志：《取引と公序：法令違反行為効力論の再討（下）》，载《ジュリスト》1025号（1993），第71页。

〔4〕*Richardson v. Mellish* [1824] 2 Bing 229, p.252.

〔5〕*EnderbyTown Football Club Ltd. v. Football Assn Ltd.* [1971] Ch. 591, p.606-607.

〔6〕2013年的《匈牙利民法》还就此引入了一项允许司法自由裁量权（discretion）的规则。参见 Ádám Auer, *Illegal Contract as a General Clause-European Trends and New Hungarian Judicial Practice*, Juridical Tribune, Vol. 13 (Issue4), p.588-601 (2023)。2016年修订后的《法国民法典》也强化了法官的自由裁量权。参见李世刚：《合同合法性的审查机制——以法国经验为视角》，载《华东政法大学学报》2017年第4期。

〔7〕See McKendrick, *Contract Law*, Red Globe Press, 2019, p.309.

固然重要，但法官的角色却更为活跃和关键。因此，当我们在讨论《民法典》第153条时，应当放弃试图毕其功于一役的幻想，充分依靠司法的自由裁量来谋求个案的公平与正义。实际上，从既往我们试图通过预先区分效力性强制性规定与管理性强制性规定、私法强制性规定与公法强制性规定来确定合同效力这些方案的失败教训中，我们应该能够认识到，在处理合同无效的问题上并没有一劳永逸的路径。事实上，此种艰难也正是私法自治（契约自由）与国家干预二者的复杂关系在民事法律行为领域的典型体现。在域外，甚至有见解将违法合同的效力判断描述为是“众所周知的棘手问题”（notoriously knotty territory）。[1] 可见，无论我们在技术上发明何种方法或者方案，均不能消除民事法律行为无效判断本身的复杂性。[2] 因此，面对这一复杂的问题，必然需要高超的司法智慧。

五、结论

《民法典》第153条是协调自由与强制，确定民事法律行为效力的基础性规范。为了让司法在民事法律行为无效篇章的弹奏更为和谐，就需要理论明确《民法典》第153条的逻辑。在笔者看来,《民法典》第153条第1款并不蕴含“原则无效、例外有效”的逻辑，因此，我们不能将违法的民事法律行为作无效之推定。在违法民事法律行为效力的具体判断中，不宜将第153条第1款第1句中的“强制性规定”限定在“法律、行政法规”的位阶，也不宜将其限缩到公法强制性规定的领域。从理论上讲，违法民事法律行为的效力判断需要基于比例原则作个案权衡。因此,《民法典》第153条第1款的适用尚须接受第2款的指导，即唯有违反法律的规定，且严重损害了社会公共利益，构成对公序良俗之重大违背时，才有必要去否定该行为的效力。

从应然角度而言，如果立法者能够运用立法技术，妥当地组织、清晰地

〔1〕 See *Parking Eye Ltd. v. Somerfield Stores Ltd*, 2012, EWCA Civ 1338, Q. B. 840 at 28（2013）.

〔2〕 See Rossella Esther Cerchia, *A Comparative Viewpoint on Illegal Contracts: In Favor of Flexibility and Proportionality*, Global Jurist, Vol. 21（No.2）, p.447–479（2021）.

揭示其价值判断的结论，[1]那么司法在违法民事法律行为效力的判断上就较为简单。然而，基于社会的复杂性，这种完全寄希望于立法来确定民事法律行为效力的做法并不可行。拙文以及大量相关著述对《民法典》第153条的分析无不表明,《民法典》第153条只是立法者为司法者具体弹奏自由与强制的关系所编写的序曲，而非终章。在民事法律行为无效的判断中仍需要司法基于《民法典》第153条进行自由裁量，作个案的续造。这种裁量与续造的必要性正是源于民事法律行为效力判断本身的复杂性。因此，在民事法律行为效力的判断中需要司法的智慧。详言之，个案中的法官一方面不能“公而忘私”，而是要妥当运用《民法典》第153条第1款第2句，主动将一些不恰当的强制性规范挡在民事法律行为的效力判断之外，从而最大限度维护自治，充分发挥市场在资源配置中的决定性作用；另一方面又不能徇私偏向，而是要恰当地承担起维护社会公共利益、确保法秩序统一的重任，更好地维护市场秩序、弥补市场失灵，避免私人行为过度损害社会公共利益的后果。[2]就此而言，我们可以说，在有关民事法律行为，尤其是合同效力的判断中，唯有司法拥有足够的智慧，市场和社会才能获得充分的自由与希望。实际上，这也正是司法参与社会治理、[3]推进中国式现代化的重要内容——使命光荣、任务艰巨。

〔1〕 参见王轶:《民法原理与民法学方法》，法律出版社2009年版，第264页。

〔2〕 德国思想家弗里德里希·李斯特指出:“一个个人知道得最清楚的只是他自己的利益，他所竭力要促进的也就是这一点，但这并不等于说，由他自行设法，他一定总会促进社会的利益。”参见［德］弗里德里希·李斯特:《政治经济学的国民体系》，陈万煦译，商务印书馆1961年版，第145页。

〔3〕 参见徐英军:《论〈民法典〉合同违法监管条款实施的司法协同》，载《法商研究》2024年第4期。

如何理解《民法典》第 153 条的逻辑?

耿　林*

拜读了期盼已久的黄忠博士的大作之后，受益良多，引发我很多思考，给了我很多启发。作为评议文章，我先直接表达一下我的观点。我同意的观点包括:（1）法律、行政法规的法律位阶限制，应予放弃（但理由不同），强制规范也不仅体现在公法之中。（2）“必须”“应当”等字眼不是识别强制性规定的可靠方法（但原本也跟“无效”后果并不直接有关）。（3）“无论我们在技术上发明何种方法或者方案，均不能抹消民事法律行为无效判断的复杂性。”（4）一般强制性规定的规则仅仅是初步指引，“最终须个案判断”。但是，在以下问题上，我持不同观点:（1）原则与例外不合逻辑的问题。（2）公序良俗一统江湖的问题。（3）比例原则包打天下（“基于比例原则，进行个案判断”）的问题。为更好交流起见，我仅就不同意的几点展开分析。

一、“原则与例外”不合逻辑

（一）几种方案差别不大

论文开篇即提出作者的基本观点：无论是从文义抑或价值判断上看,《民法典》第 153 条第 1 款均不蕴含“原则无效、例外有效”的逻辑。第 153 条第 1 款第 1 句与第 2 句之间是否构成原则与例外的关系（即先推定无效，再

* 清华大学法学院教授，中国海洋大学特聘教授。

看是否有例外）？综合判断后目的难以确定时，如何面对违反强制规范的法律行为？即既不能明确无效，也不能确定有效时，如何处理？

一个附带问题是，该文认为，“从文义上看，民法典显然已经放弃了效力性强制规范与管理性强制规范的二分做法，因此效力性强制规范与管理性强制规范二分的思路显然已经无法延续，理论上就有必要探究一种识别出第 153 条第 1 款第 2 句结果的方法。”我的疑问是，如何得出《民法典》已放弃？如何得出《民法典》第 153 条“源自”《合同法》及其“解释”？这里不对此展开论述。

回到我希望集中讨论的主题。事物的判断与处理总有其本质，但也有其方法，强制规范对合同效力的影响判断也不例外。这里的本质是，一个具体强制规范被一个合同或法律行为违反时，在该规范本身未做影响后果规定时，司法上应如何处理。考虑到强制规范本身的复杂性以及被违反情形的复杂性，不可能有单一和确定规则，根据具体情形的个案判断就在所难免。方法是什么呢？在判例法国家中，自然是像通常的案件一样做个案处理，只是要区分先例和制定法：在没有先例的时候，要找到一个处理的一般理由，那就是公共政策。在制定法国家中，通常要有一个处理此类问题的一般规则，这就是一般的强制性规定规则，然后才是如同判例法国家一样的具体制定法规范。这个一般规范从技术上来说，可以采取的方案有三种：第一种就是宣布全部绝对无效，或者全部绝对有效。第二种是宣布原则上一切违反具体强制性规定的合同都是无效的，然后再用例外排除；或是采用相反的原则，即原则上都有效，然后再例外排除。第三种是宣布所有的都做个案审查，没有原则与例外。第一种太极端粗暴，现代立法不会采用。第三种是英美判例法的原则性做法，也与我国立法逻辑相悖。

我国法在解释上似乎只有第二种方案可选。第二种方案可能会采取不同的表述方法，比如，所有违反强制性规定的合同效力，均须根据某些因素做个案判断。《欧洲合同法原则》（PECL）第 15：102 条第 2 款规定：强制性规定没有明确规定违反之后的合同效果的，合同可能是完全有效、部分有效、无效或者予以变更。可见，现行法文义本身并不能得出没有“原则—例外”的含义，更不存在作“原则—例外”解释就违反逻辑的问题。首先，文义上的"原则—例外"理解，是一个自然的语言表达常识。其次，就实际功能而言，它是指根据具体被违反的强制规范不能确定得出是否影响合同效力结论时的一个解释规则，是一个中间模糊地带的司法立场指引。最后，中间地带的解释倾向，反映出对法律的某种态度，即原则上维护法律的强制性特征，还是无视它。

可以类比《民法典》第 156 条部分无效规则，该条规定"民事法律行为部分无效，不影响其他部分效力的，其他部分仍然有效"。《德国民法典》第 139 条规定："如果法律行为部分无效，整个法律行为均无效，除非可以认为，如没有该无效部分，法律行为仍可实施。"这就是两种不同的"原则——例外"表述。我国法律规定，如同《欧洲合同法原则》第 4：116 条和《欧洲示范民法典草案》（DCFR）第 II.–7：213 条的规定一样，当民事法律行为部分无效时，采用其他部分原则有效，例外情形影响全部法律行为效力的技术。德国法则是原则上全部行为无效，例外情形只影响该部分效力。其实二者的实际差别并不大，因为只是在最交叉的地带无法确定时，作为解释性规则，使结果不同，从而反映出立法机关对法律行为纯洁性维护与当事人合同自由维护之间的细微差别。

如果说屁股决定脑袋，当不喜欢脑袋的位置时，可以把屁股挪过去，而不是指责脑袋没有偏过来。不希望合同原则上无效，可以提出立法论的修改意见，把表述颠倒一下，比如，"违反强制性规定的合同有效，但立法目的要求其无效的除外"，或者像《欧洲合同法原则》和《欧洲示范民法典草案》表述的那样。如果按照通常理解，明明是应当理解为原则——例外的语句，硬是"证明"它的语意本身没有这个意思，那就有些对不起我们的文字了。

总结来说，第二种方案中不同表达对原则与例外颠倒的处理，看似差别很大，但由于仅仅对调整对象重合部分显示出不同，而原则的弹性解释空间较大，故本质上差别并不大。不过，这里可能反映出一种对强行性规定的态度与立场，即在利益调整的模糊地带上，行为的确违反了强行法规定，是放任当事人的违反行为，还是维护强行法的权威？显然，立法用词的文义更容易解释为原则无效。

该文否定了该条文的原则—例外解读，但却没有给出明确的模式结论。

如果作者意指第三种方案，显然与该条文的文义相悖。如果指向的是第二种方案中的原则有效例外无效，这里的原则又从何而来？从解释学角度看，这应该比得出原则无效例外有效的结论，更难上百倍。

（二）论证方法存在的问题

1. 文义

（1）语法

该文提道："从文义上讲……并不必然意味着其已确立了何为原则、何为例外的逻辑结构。"论文中引出两个新概念："对比性转折关系"与"非对比性转折关系"。"后者……并没有转折、例外或限制之意""而只是……补充或限制"。《民法典》第153条的但书可以替换为"并且/而且"或者"和"等联结词。然后该文就得出结论说，"若据此而论，那《民法典》第153条第1款第1、2句之间就并不必然蕴含原则与例外的结论"。同样都是"限制"，两处的意思难道不同？如何将《民法典》第153条第1句归入第2类"非对比性转折关系"的？怎么得出《民法典》第153条第1款的但书可以置换成"并且"与"和"的？我们不妨换一换，比较一下：

原句：违反法律、行政法规的强制性规定的民事法律行为无效。但是，该强制性规定不导致该民事法律行为无效的除外。

替换为"并且"：违反法律、行政法规的强制性规定的民事法律行为无效。并且，该强制性规定不导致该民事法律行为无效。

替换为"和"：违反法律、行政法规的强制性规定的民事法律行为无效，（。）以及（=和）该强制性规定不导致该民事法律行为无效。

显然，替换之后前后两个看似矛盾的句子，因缺乏必要的、合理的逻辑联系，变得无法理解。

（2）引申论证

《民法典》第166条、第320条、第369条规定中，但书是否为原则？《民法典》第166条规定："数人为同一代理事项的代理人的，应当共同行使代理权，但是当事人另有约定的除外。"第320条规定："主物转让的，从物随主物转让，但是当事人另有约定的除外。"第369条规定："居住权不得转让、继承。设立居住权的住宅不得出租，但是当事人另有约定的除外。”

因为这些但书的内容都是当事人另有约定，就可以以私人自治或意思自治这一原则来否定“但书”的例外性了吗？显然不能，因为此原则非彼原则。对数人实施的共同代理来说，对从物随主物来说，对设立居住权的住宅不得出租来说，特别约定就是例外。因为实践中多数当事人的意思就是那个“原则”，“原则”也是当事人意思，只不过你要想有另外的特殊意思，就得特别表达出来。当然，居住权的“原则”，可以看作法律的任意性规定，不过但书的例外性不变。它和该文所举的《民法典》第 604 条买卖合同中标的物风险负担一般规则（原则）类似，都属于法律的任意性规定。其实，就立法技术而言，所有任意性规定都可以设置一个“另有约定”的但书，只不过那就太不技术了。第 604 条但书就属于不够技术的多此一举，但仍不失为“例外”之但书。

回到《民法典》第 153 条第 1 款第 1、2 句。前后两句都是强调的立法者通过强制性规定所要表达的关于是否排除，以及在多大程度上排除当事人不同约定的立法意思（即法律目的），显然但书前后在文义上理解为原则与例外关系才更合逻辑，否则这个语句中的转折就失去了语法意义，就成了实质上的病句。

（3）日常用语

该文提道，“放学后请参加了球赛的学生留下，但是其他学生除外”。这个例句不合理。通常的表示是，“放学后请参加了球赛的学生留下”，无须对其他同学用“但是……除外”。一定要说，也得说成“放学后请参加了球赛的学生留下，其他同学回家或去吃饭。”这里不是“原则—例外”的问题，而是表达了两拨人的不同要求，彼此互不影响。但书的原则—例外表达的是原则中包含例外，通过例外规则将其排除。但这两拨人彼此不存在“包含、排除”关系。所以，但是就是但书，自有其解释逻辑。

（4）“易军教授专门强调”的观点

该文提到，“易军教授专门强调”“但书规定的意旨不是指，……原则上无效，例外情形下有效；而是指，……可能会产生无效之后果，也可能产生……无效之外的其他效果（效力待定、可变更、撤销等）。”易军的观点我是完全赞成的，只不过他并没有否定“原则—例外”解释，而是指出但书中包含了“原则”中狭义无效之外的各种效力情形，而非单纯的有效。易军的确主张要对第 153 条第 1 款第 1 句做“整体把握”，而非做任何一种“原则—例外”理解。此外，论文中引述的段落，表达似乎不够明确。清晰表达易军观点的文句是：“在法律适用上，民事法官需对《民法典》第 153 条第 1 款前后段落作整体把握，不能武断地认为该款系‘以无效为原则，以有效为例外’或者‘以有效为原则，以无效为例外’。”〔1〕需要注意的是，易军在措辞中机敏、谨慎地使用了“在法律适用上”，给人以极大的解释空间。

可见，“易军教授专门强调”的观点不构成排除“原则—例外”理解的证据。

2. 价值

该文认为，原则无效、例外有效的结论，会与前述基于私法自治原则的法律行为有效推定的观念形成矛盾，最终构成对《民法典》第 4 条确立的自由原则的否定。

这一推论有些不够严谨。法律行为本身就是私法自治的表现，因此法律行为本身即奉行意思自由的原则。只不过，像任何自由一样，这里的意思自由也必须受到强行法的必要限制。此时，限制只是例外，仅这一例外本身不可能构成对所谓自由原则的否定。更不用说这一例外当中还有例外，即根据综合因素考量予以排除的情形。可见，简单地认为“原则—例外”规则的设立即会否定意思自由原则，是完全站不住脚的。

从比较法而言，德国法等确立了“原则—例外”规则，其合同自由受到破坏没有呢？显然得不出受到破坏的结论。一切都是立法技术问题，“原则—例外”规则也是一种技术，是在倡导私法自治前提下划定必要私人界限的法规范技术而已。

3. 国情

该文认为，鉴于“我国当前所面临的仍然是管制过度的总体环境”“面临着大量的强制规范”“有必要构建一种缓和前述不当管制规范对市场产生不利

〔1〕 易军：《论合同违反强制性规定无效的判断标准——以〈民法典合同编通则解释〉第 16 条为中心》，载《清华法学》2024 年第 1 期，第 10 页。

影响的法技术”“第 153 条其实是立法者赋予法官最大限度地维护私法自治的一项权力安排，即要求法官……但书规定，将某些不合理的强制规定挡在民事法律行为之外。”

法律作为地方性知识，任何国家都会考虑本国的国情因素。但是，强制性规定制度作为一项带有极强政策性判断标准的规则，其正确运用本身就是在综合考量包括国情因素在内的各种价值，跟“原则—例外”规则没有必要关联。比如，论文中提及的食盐生产、批发和零售问题。对相关制度的违反，完全可以通过具体强制性规范的解释本身来解决。根据 2017 年《食盐专营办法》，国家实行食盐定点生产制度（第 8 条）；国家实行食盐定点批发制度，非食盐定点批发企业不得经营食盐批发业务（第 12 条）；食盐定点批发企业应当从食盐定点生产企业或者其他食盐定点批发企业购进食盐，在国家规定的范围内销售（第 14 条第 1 款）；食盐零售单位应当从食盐定点批发企业购进食盐（第 16 条）。食盐零售单位从食盐定点批发企业以外的单位或者个人购进食盐的，由县级以上地方人民政府盐业主管部门责令改正，没收违法购进的食盐，可以处违法购进的食盐货值金额 3 倍以下的罚款。考虑到处罚程度，仅没收违法购进的食盐和 3 倍罚款，并非严厉处罚，可见非系严重违法情形。如果违法销售合同已经履行（盐已交付），可认为违法结果已经消除，无须返还，如有未付货款可依约支付。用《食盐专营办法》第 1 条提到的规范目的（食盐质量安全和供应安全，以及公民的身体健康）来检验，也不违和。这一分析过程与结论，完全可以用《民法典》第 153 条第 1 款的但书来连接，属于但书允许的例外非绝对无效情形。

（三）评议结论

无论从文义、价值还是国情角度，都无法证明“原则—例外”规则是不合逻辑、不符合正义标准的。归根到底，“原则—例外”规则不过是一个解释的技术框架，并不会对制度的公正性带来任何实质影响。《德国民法典》第 134 条规定中，其但书被解释为无效后果的规范目的保留（Normzweckvorbehalt），具有同样的解释技术效果，无法查明保留时，法律行为因违反禁止规范而无效。因为，作为解释规则，《德国民法典》第 134 条设立了一条推定规则，即法律禁令使法律行为无效。

二、公序良俗一统江湖

该文另一个与主题相关的逻辑问题，就是第 1 款和第 2 款关系问题。作者说，“自逻辑而言，就应当将《民法典》第 153 条第 1 款视为是第 2 款的具体化规定”。这一表述从一定意义上说也没有问题，因为具体强制性规范在一定程度上也是公共政策的具体化。但是，如果一定要强调它们之间的逻辑关系，就似乎过头了。特别是论文中进一步论证说，“一个妥当的解决方案就是将违反法律、行政法规的强制性规定统摄到违背公序良俗中来”。

公序良俗真的可以一统江湖吗？

该文认为，“奥地利、瑞士和荷兰等国就均未刻意区分违反法律和违反公序良俗，而是将二者规定在一起”。“虽然《德国民法典》区分了违反禁止规则（第 134 条）与违背公序良俗（第 138 条），但在实务上却并未完全坚持这种区分。”这一形式判断，与实际情况完全不符。

《奥地利普通民法典》第 879 条、《瑞士债法典》第 20 条、《荷兰民法典》第 3：40 条均分别规定了违反强制规定与违反公序良俗，只不过像我们过去的《合同法》一样，把这两者均规定在同一个条文之中。

至于德国法，翻译一段实务型书籍《帕兰特民法典评注》的相关表述（第 138 条，边码 13）：“在与第 138 条第 1 款关系上，第 134 条是特别规范。法律行为既违反禁止性规范又违反善良风俗的，根据第 134 条无效。第 134 条的适用条件是，法律行为本身违反法律禁令……在法律行为实施过程中的其他违反，不适用第 134 条，但可能因为第 138 条而无效。法律行为违反法律上的原则或价值（rechtliche Prinzipien oder Wertungen），不适用第 134 条意义上的法律禁令，而应适用第 138 条。法律行为违反外国法上的强制性规定，不适用第 134 条，而适用第 138 条。”我们就可以看出，德国法不仅在形式上，在实务上也是严格区分二者的。

其实，国际上一些新的软法，比如《欧洲示范民法典草案》，像《欧洲合同法原则》一样，都明确区分了强制规范和公序良俗，只不过使用了自己的特殊表述“基本原则”和“强制规范”〔1〕。《国际商事合同通则》（PICC），其章节标题用的是“违法性（illegality）”，具体主要指“强制性规范（mandatory rules）”。〔2〕早在 2005 年，“违法性”即被国际统一私法协会管理委员会（UNIDROIT Governing Council）确定为新版补充的主题，并设立工作委员会着手研究起草。在 2006 年工作组第一次会议上，秘书处准备了相关子主题，其中第一个就是《国际商事合同通则》是否区分违反善良风俗合同和违法合同（“immoral” and “illegal” contracts），即违反基本伦理和社会政治原则的合同，以及违反具体制定法禁止性规定的合同（contracts contrary to basic ethical and socio-political principles and values，and contracts which violate specific statutory prohibitions）。一开始，工作组接受了《欧洲合同法原则》和《欧洲示范民法典草案》中的区分做法。但是，到 2009 年第四次会议时，突然大部分成员意外地对这种区分提出保留（reservation），认为这一让全世界人民都接受的“原则”概念〔3〕太过模糊，难免在不同地方会有不同解释，并最终破坏《国际商事合同通则》试图促进法律确定的目标。考虑到仍有很多人支持两分法，工作组最终采取了一个保守的方法。概念上只用“强制性规定（mandatory rules）”，但在第 1.4 条的定义中，以及第 3.3.1 条的官方评论中，采取了有限的广义解释，即“强制性规定”仅指具体的法律规定，或者不成文的公共政策一般原则（specific statutory provisions or unwritten general principles of public policy，which are applicable in accordance with the relevant rules of private international law）。〔4〕

《欧洲示范民法典草案》总结说，“所有欧洲国家法律都规定了违反伦理的基本原则或公共政策的合同无效，只不过术语不同”。〔5〕

---

〔1〕“基本原则”（fundamental principles）和“强制规范”（mandatory rules）是《欧洲示范民法典草案》和《欧洲合同法原则》选择的术语。

〔2〕PICC（2016），Chapter 3 Validity，Section 3 Illegeality，§3.3.1（Contracts infringing mandatory rules）.

〔3〕The first two versions of the Draft Chapter on Illegality distinguished between “contracts contrary to fundamental principles”，*i.e.*，“principles widely accepted as fundamental in legal systems throughout the world”，and “contracts infringing mandatory rules”，*i.e.*，“mandatory rules applicable under Article 1.4 of the Principles”.

〔4〕Michael Joachim Bonell，The New Provisions on Illegality in the UNIDROIT Principles 2010.

〔5〕DCFR（full edition），§II.-7：301 Contract infringing fundamental principles，Notes 1，p.537.

回到中国法本身。“强制性规定”是一个被具体规范规定了的适用情形，是法律对具体事实行为明确予以“禁止”或“要求”的情形。至于这种“禁止”是否进一步影响对合同效力的判断，在具体场景下的公共政策价值判断通常也会更具体，更具象。“公序良俗”则不同，事实行为的“禁止”与否也被包含在其价值判断之中。因此，就法解释而言，对违反强制性规定的理解，要针对一个已经存在的具体强制性规定，而适用公序良俗违反的情形，通常并不存在一个被违反的具体强制性规定。违反具体强制性规定的行为需要再经过公序良俗原则审查，是例外情形，即通过前者的判断得出有效结论时，可能需要进一步进行公序良俗审查。可见，二者在法技术上是有区分必要的。用公序良俗来统一江湖，带来的问题是忽略或模糊了既有的强制性规定。

三、比例原则包打天下

比例原则是公法上的一个特定场合下的适用原则，偶尔也会适用在国际私法甚至民法上。比例原则在强制规范场合是否适用？从正规的比例原则三个子原则角度看，不完全适用。

从比较法角度看，也没有如此适用的。《欧洲合同法原则》第 15：102 条第 3 款使用了“判决或裁决（Decision）”应当与“违反情形相适当及合比例（an appropriate and proportional response to the infringement）”。这里的“与违反情形相适当及合比例”是指具体法律后果，在官方评注中强调的情形主要是指法官或仲裁员可以选择完全有效并强制执行、完全无效、予以变更修改，或者部分有效（some effect）。部分有效，即不完全有效，包括仅一方当事人可以得到强制执行、部分内容有效、特定时间有效，以及部分救济不予支持，如继续履行。也就是说，它是指违反情形与不同法律后果选择上的适当性。遗憾的是，该文在论述比例原则时，并没有强调违反行为与不同效果之间的这层“比例”关系。

如果把这层关系直接说成是适用了比例原则，有点小题大做。它最多只相当于比例原则中三要素中的狭义比例原则。显然，单纯狭义上的比例原则不足以称作“比例原则”，因为这一概念太过概括，缺乏具体可操作性。可以说，各种民事效果的判断都要遵循适当性原则。使每个人各得其所，原本就是法律正义的另一种表达。上述使用“比例”（proportional）一词的比较法文献，几乎没有对所谓“适当与比例”做任何解释。

的确，现在国际上特别是中国法研究中经常使用比例原则来分析问题，就如同动辄用动态体系论来说事一样，好像一个比例原则就可以包打天下。具体问题具体分析这种法律适用场景分析，在任何法律适用中都是离不开的。法律规范本身也是通过规则的制定来体现不同适用场景下的不同规则。准此以言，整个法律制度就是一个比例或动态的问题。如果在具体制度分析中，如没有特别必要，似乎无须再强调所谓“比例”与“动态”，《民法典》第153条第1款也不例外。

《民法典》“不法行为无效”规则解释的前提、方向与路径

陈传法[*]

黄忠博士在论文的开篇，就使用了一个美妙的比喻——“民法协奏曲”；又在该文的结语部分，以“弹奏”呼应之。可惜，对于像我这样一个没什么文艺细胞、五音不全近乎乐盲的人来说，有点儿像对牛弹琴。可想而知，一个欠缺基本乐音知识、毫无音乐鉴赏能力的人，要去评鉴一首优美的乐曲，是多么的不自量力！其评价结论又是多么的不值一顾！为了让自己的评议工作稍显称职，稍稍提高一下自己的评阅能力，我只好恶补了一下关于“协奏曲”的知识。〔1〕阅毕突然醒悟，作者的协奏曲并不单单指“自由与强制”的关系，更是对其整篇文章的隐喻。仔细倾听，这篇论文中既有立法者、当事人、裁判者等多个声部的协调一致，也有作者作为作曲家本人的真情独白；既有通过否定《民法典》第 153 条第 1、2 句之间的原则—例外关系、从而实现对合同“动辄被宣告无效”的“抑”，也有肯认“地方性法规与部门规章中的强制性规范也应影响合同效力”，从而助力监管目标实现的“扬”；既有结合第 153 条第 2 款的公序良俗，赋予法官更多自由裁量权的“放”，又有希图通过比例原则、实现对法官自由裁量权的“收”。但作为“协奏曲”，独奏者在其中天然地更为醒目。该文中安排的独奏者是谁？显然是裁判者。该文展

---

* 北京化工大学文法学院副教授。

〔1〕［美］约瑟夫·科尔曼：《协奏曲谈话：经典中蕴藏的原则、趣味和思想》，孙红杰译，西南师范大学出版社 2021 年版。对我最有用的是其中的第三讲、第四讲及“译者后记”。

现了作者良好的法教义学功力以及对于复调的惊人驾驭能力，充分展示了一个写作高手的风采。我们仿佛看到了一艘在大洋上扬帆前行的航船，虽然在惊涛骇浪中颠簸起伏，但让乘客感到惊险刺激的同时，却又能让乘客感受到安全可控安稳如山，且毫不偏航。我一边看该文，一边问自己：如果是我来写作这篇文章，能不能做到像作者这样举重若轻？答案是不可能。如果我与作者保持同一方向，并且侥幸拥有与作者相同的写作能力，能不能选择与作者相似的路径、得出与作者相同的结论？答案还是不可能。

一、检视预设：重描裁判者与立法者的必要性

"不法行为无效"规范，首先是一种裁判规范，可以被裁判者援引为裁判依据。其次是制裁规范，制裁规范通常隐含了一个行为规范，[1]我称之为隐性行为规范。隐性行为规范的内容，有时不言自明，有时需要行为人倒推。此处为后者——法律行为的当事人，根据既有的裁判结果，预测法律行为的效力，而后当事人将该规范与既定裁判案例相结合，指引自己的行为决策。裁判规范影响裁判效果，其中，立法者通过影响立法质量间接影响裁判效果，裁判者通过解释与法律适用活动直接影响裁判效果。隐性行为规范具有一定的行为指引效果，其指引效果的大小与好坏，取决于立法的明晰性与裁判的一致性，同样与立法者和裁判者脱不了干系。有鉴于此，在讨论如何解释"不法行为无效"规范之前，我们首先应给立法者和裁判者画个像。

在这篇论文中，裁判者是独奏者，立法者则是乐队当中最重要的成员之一。为此，我们画像的目标，一要看裁判者、立法者是否足以堪当此任；二要看立法者及其炮制的立法文本，在解释当中究竟适宜居于何种地位。

可以说，为裁判者和立法者画像，其实就是揭示研究者的预设或前见，并考察其是否与我的认知相一致。这样做，貌似与评议无关，实则为正本清

---

〔1〕［德］克劳斯·阿多迈特、苏珊·汉欣：《写给学生的法理学》，雷磊译，中国政法大学出版社2018年版，第64～65页。值得指出的是，就强制性规范本身而言，它自身就是行为规范。但在此制裁规范中，它与法律行为相互结合，当事人可借此评估该强制性规范是否可以约束法律行为。

源之所需。预设的一致，或许是展开一切有效对话的基础；而揭示预设的不一致，则是所有真诚评议者的必修课。

二、裁判者的自由裁量意愿、时间与能力

关于裁判者[1]的群像，在此，仅涉及裁判者行使自由裁量权的主客观条件和意愿。

（一）自由裁量权是权力的本质内核

强烈感受到处境不自由的人，其对自由的渴望，犹如生命体对空气与水的渴望。然而，在有了足够的自由空间之后，有些人会产生丧失奋斗目标的空虚，或者带来选择困难的烦恼——尽管它会被那些不自由的人视为幸福的烦恼，然而对于自由人来说，它仍然是真正的烦恼。权力也与此类似，没有权力的人渴望权力，掌握权力的人在一定条件下也可能会恐惧权力。在受约束的权力中，自由裁量权构成了权力的实质核心，是掌权者感受权力力量的真正源泉，也是掌权者施展抱负、展现才华和创造力的舞台，当然，也可能成为其恐惧的对象。

（二）裁判者行使自由裁量权的环境和意愿

一个人，选择以裁判者为职业，也就选择了与权力结盟，正常情况下应该拥抱权力才是，于情于理都应该希望扩大自己的自由裁量权。然而，人们真正想要的，其实一直都只是安全可控的自由裁量权。而对我国的很多法官来说，有些自由裁量权，既不安全，又不可控。

不安全的原因之一，是人们对“同案同判”的错误理解与过度追求。近些年，律师们大力呼吁“同案同判”，最高人民法院对此作出了积极回应。理论上讲，“同等事物同等处理”是实质正义的内在要求，“同案同判”则是此种实质正义在裁判上的具体化。追求“同案同判”就是追求实质正义，因此它

〔1〕 本文的裁判者虽然也可以包含仲裁员，但主要还是指审判员。

具有天然的合法性。不少律师正是以此为理由，反对某些法官的恣意枉法裁判。然而，正如规则的抽象性有时有损于具体个案正义的实现，"同案同判"实际上是一个比具体规则更加抽象的原则性要求。当它演变成民众手中对抗法官的独断武器时，民众的不专业以及部分律师有意无意的曲解，反倒制造了真正的个案不正义。这当中的关键，是对"同案""同判"二词的抽象性程度认识不足。在大多数情况下，将满足同一规则构成要件要素且最终以该规则为唯一裁判依据的不同案件认定为"同案"，并不存在任何问题。然而，在有些情况下，这样的认定却又失之过简。规则具有抽象性，此种抽象既有合理的一面，也可能包含不合理的一面。有一些不合理是抽象不足，将本来不具有法律意义的事实当作重要事实来对待，从而留下了明显漏洞。但最主要的不合理，还是抽象过度，也就是舍弃了一些本来应当具有法律意义、应当影响法律后果的重要事实，将有意义的法律事实并不完全相同的案型，置于同一规则之下，予以相同的处遇，同时在规则的法律后果部分又没有预留足够的裁量空间。法律规则的抽象性出现不足或过度，或者后果部分未能预留裁量空间，均意味着此规则存在法律漏洞，此时裁判者正确的处理方式是进行漏洞填补作业。然而，我国的法官普通并不清楚自己究竟有无漏洞填补之权，现实的做法经常是，或者诉诸一个更加抽象的原则性规范或一般条款，或者径直采用符合构成要件要素的具体规则但在法律效果部分作适当变通，或者直接向上级法院请示。这样做的结果是，当事人或律师很容易将此案与满足同一规则构成要件要素的他案认定为"同案"，进而指控法官"同案不同判"。在"同判"概念上存在的问题是，规则中构成要件要素的抽象性以及后果部分的裁量范围设置均无缺陷，但是在影响裁量的实质因素中，包含了某些地方性知识、时代性知识以及地方性与时代性相互结合的某些知识，[1]这些知识构成了裁判的背景，人们心照不宣，因而也不会在裁判文书中公之于众。如果人们有意无意地忽略此种考量因素，就会将此种实质合理的裁判指控为与类似的异地案件"同案不同判"。更加麻烦的问题是，如何在"全国统一大

---

〔1〕 我们不得不承认，地区性差异有时候表现为一种时代性差异，即生活在同一年代的人，有时候似乎并不是生活在同一个时代。例如，对于文盲人数较多或者网络基础设施不够完善的地区而言，网络时代似乎并未真正到来。这也是语言存在共时性流变的主要原因。

市场”和“地方性因素的合理差别处遇”之间进行选择和衡量，本身就是一件见仁见智的事；应该允许裁判者依据自己的良知和内心确信进行自由选择，而不应强求一致。这本是市场体制对“容错机制”的内在要求。裁判的社会效果应交由市场本身加以验证，法律人并无足够的理性加以判断。因此，强求一致既不符合市场规律，也不符合理智有限的人性。总之，追求“同案同判”固有其合理一面，但一旦过度，效果就会适得其反。

此外，我国的法院实行错案责任终身追究制。认定错案的后果严重。下级法院法官高度重视上级法院法官的意见，最终以最高人民法院法官的意见为准。所以，除了最高人民法院行使司法解释权所制定的司法解释，以及对全国审判具有指导作用的最高人民法院发布的会议纪要、指导性案例，各种正式非正式的文件、通知、会议精神，甚至最高人民法院法官关于司法解释的阐释性著作，都会被各下级法院法官奉为圭臬。在错案追究制度下，下级法院法官大多采取更为保守的立场。出于多方面因素的考虑，法官们一直在主动压缩自己的自由裁量权。

（三）裁判者行使自由裁量权的时间和能力

且不说行使自由裁量权的环境如此逼仄，即便环境宽松，法官们就有时间、有能力行使自由裁量权吗？自由裁量权的行使，绝不意味着法官可以随心所欲；相反，它要求法官加强裁判文书的论证说理。要论证说理，首先要有较为充裕的时间。员额制、立案登记制改革推行以来，各地法院案多人少的矛盾长期得不到解决，结案率作为重要考核指标又决定了法官的荣誉和福利。于是，量质并重有演变为重量不重质的趋势。如此这般，法官们哪有时间在裁判文书中长篇大论？要论证说理，更要求法官有较高的专业理论素养和论证能力。法学本科四年，真正的专业学习时间充其量只有两年半。按法学专业教学指导委员会的要求，专业必修课为“10+X，其中 X 最低为 5”。要求如此之多，时间如此之少，结果必然是“样样通，样样松”，哪里能有较高的理论素养？至于推理论证能力，多数大学并不传授，目前的法律职业资格考试也无从考察，其又从何而来呢？无时间、无能力的情况下，法官若有宽泛的自由裁量权，对于当事人来说就不啻一种灾难。

总而言之，在当前的环境条件下，法官们难有行使更多自由裁量权的时间、能力和意愿。协奏曲一般有炫技的要求，在一支以裁判者为独奏者的协奏曲中，根据当前的实际情况，裁判者声细音微，难担大任。[1]从应然的角度，裁判者应当扮演更重要的角色，但事关教育体制和司法体制的改弦更张，谈何容易。

三、立法者的语言偏好与语言能力

关于立法者[2]的群像，抛开立法者的法学功底不谈，此处仅言及立法者的语言偏好与语言能力。

（一）立法者的语言偏好

就语言偏好而言，我们的立法者总体上更倾向于语言的通俗性日常性，而非语言的精确性专业性。个中缘由，个人推测有两方面：其一，“五四”以来白话文运动的延续。言文分离，是秦制以来的中国传统。[3]清末民初，西风东渐，有识之士意识到需要拆解这一藩篱，字母注音法替代反切法为之提供了便利条件。于是，白话文运动成为新文化运动的一个重要内容。中国共产党的早期领导及盟友本来就是这一运动的统帅或干将，加之战争本身就有发动底层群众的需要，使用群众听得懂的语言当然会加持发动群众的效果，推广统一的语音系统则可收长久之效，于是双管齐下。中华人民共和国成立后，这一新趋势得以延续并逐渐固定。由此，语言的通俗化生活化就成了当代中国的语言新传统。

---

〔1〕 最高人民法院法官是个例外，但真正由他们裁判的案件非常有限。

〔2〕 本文的立法者如无特别说明，主要指立法机关的成员（即人大代表），有时候也指那些能够对立法工作发布指示的领导，以及具体参与法案草拟工作的专班人员。

〔3〕 言文分离，即口头语言与书面语言的分离，是秦始皇一统天下“书同文”产生的意外后果。秦始皇的本意，是为政令畅通而扫清语言障碍，未料想旧障既除新碍又生。因为缺乏统一单独的注音符号，加上语音的变化速率本来就小于文字的变化速率，所以，文字是统一了，但人们的口音和用以交流的口语并没有多大改变。自此而后，汉语的言文分离现象一直未能解决。明清的八股取士更是火上浇油，使言文分离现象愈演愈烈。可以说，科举制部分打破了阶层固化，但通过语言的分化又强化了智识上的等级安排。

其二，将法律视为管治工具的惯性思维。法律本来就是工具，虽然它不单单是工具。但若将法律仅仅视为治民的工具，如霍布斯所谓“主权者的命令”，那作为贯彻统治意图、增强统治力的手段，就必须让法律语言明确易懂，最好同时还简洁有力，为此只能在一定程度上牺牲法律的严谨性。改革开放以来的立法，常带有宣教意义，这在各种领域立法、功能性立法（如促进法、保护法）中尤为明显。作为私法基本法的民法典，本来并不是政府的管治工具，但在民法学界的那两句虽有道理但却并不够精确的表述，可能误导了我们的立法者。第一句大家耳熟能详——“民法是社会生活的百科全书”。较起真来，人们在社会生活中诚然有诸多困惑，但仅靠民法典即可解惑的实际上非常有限。第二句大概是我国学者首创——“民法典可以在国家治理当中发挥基石性作用”。这多少有些夸大其词。民法当然能够保障私权，节约社会运行（特别是经济运行）成本，有限增强人们之间的社会信赖。但于国家治理而言，仅有民法并不能自动发挥多大作用。真正起作用的是当权者尊重私域、尊重民法的观念或意识，民众对当权者的强烈期许，以及贯穿前种意识的公法。这些口号从来都是“双刃剑”，好处是引起立法者对民事立法的重视，坏处则是引发了某些不切实际的、期望过高的联想。这就导致立法者在某些方面用力不足，而在另一些方面又用力过猛。在《民法典》制定过程中，立法者有意以普通民众为目标读者，而非以裁判者、律师等专业人士为目标读者。这样的设定，极大地影响了民法典的语言风格。此外，《民法典》编纂过程中相对保守的立法倾向——过去成熟的立法能不变则尽量不变——恰恰与立法者的语言偏好有机地结合在一起，并保持了其语言风格的连贯性。因为自《民法通则》以来，我们的法律语言就较为通俗化。[1]

（二）立法者的语言能力

就立法者的语言能力而言，也非常不容乐观。立法者的语言能力可分为通用语言能力和专业语言能力，以下分述之。

---

〔1〕 当然，1999 年的《合同法》和 2007 年的《物权法》使法律专业化有所增强，这稍稍改变了法律通俗化趋向，但是总体方向并未有根本性改变。这是本文作者的一个粗略判断，期待有深入的研究者批评指正。

先看通用语言能力。法律条文中并不都是专业用语，尤其是规范的要件事实部分，更多地使用日常语言。立法风格通俗化的倾向又会增加日常语言使用的频次。因此，通用语言能力对立法语言会产生较大影响，这方面的能力受到汉语言本身特点的限制。汉语是一门高级语言，经过长期演变，它的音形义分离在今天已达极致，[1]这无形中增加了汉语学习的繁难程度。汉字简化之后，其意义的流变更像脱缰的野马，难以约束。语义的模糊性增强了艺术性但降低了严谨性，丰富了人们的联想能力但减弱了人们的科学表达能力。[2]若非对汉语发展史了然于胸，或对语词意义特别敏感者，已经很难精确地运用汉语语词、界定汉语概念。[3]那些经常从事中外文法律对译的学者，对此可能感受尤深。

再看专业语言能力。专业语言能力受专业训练影响。

其一，有些立法者并未受过专业训练。如果立法者的原本专业不是法学，后来又没有受过专业培训，其法律专业语言能力恐怕就会比较弱。某些专业的学习，甚至会对其后续法律专业语言能力的习得有负面的影响。

其二，受过专业训练的未必能够真正做主。虽然参与法案草拟工作的专班成员大都是科班出身，但是他们并不是严格意义上的立法者，其语言表达可能会受制于那些专业语言能力不足的宪法意义上的立法者。

其三，我们的专业训练本身存在一些缺陷。缺陷之一，是专业语言本身不够专业。受法律用语通俗化的长期浸染，一些专业用语的含义也发生了通俗化的转变。比如法理学上的法律行为、法律责任等概念，因为通俗化的需要，随意抽离其核心要素，导致外延不当延展，指涉事物过于宽泛。这不仅不能给人以启发，反倒使相关学术研讨陷入困境。缺陷之二，是法律文件中的专业术语主要继受自大陆法系，而与经济生活密切相关的法律实践又受英美法系影响甚深，导致某些概念的使用互不衔接。一方面是法律之间不衔接。中国最大的贸易伙伴是美国，美国的公司法、担保法等商事法律深刻影响了

〔1〕虽然简体字较之繁体字书写更容易，但繁体字可能还有形义合一（象形指事会意）、形声合一，简体字则使形义进一步分离，拼音化则使形声合一失其意义。

〔2〕自然科学另造新词除外。

〔3〕民法上一个非常典型的表现是"视为"一词的误用。原先的《合同法》就用错了，后来的《民法典》纠正了《合同法》的错误用法，但在"胎儿权利能力"部分又用错了。

中国的经济生活，也影响了中国的立法。这就导致中国的民事普通法和多数商事特别法各有继受对象，大大增加了法律人对民商合一体制的困惑，也成了商法离心倾向的助推剂。立法继受的差异也进一步影响了相关理论研究者。例如，对于民法上惯用的“任意性规范”，近些年商法学者弃之不用，而改采英美才流行不久的“缺省规则”。其实二者指涉对象的差异微乎其微，甚至可以说几乎完全重合。另一方面是立法与实务不衔接。改革开放的桥头堡是深圳。深圳靠近香港特别行政区，香港特别行政区的法律实践深刻影响了产业经济人士。例如，多数房地产商人熟知“按揭”，却不知“抵押”为何物。这一状况直至《物权法》实施才逐渐有所改变。缺陷之三，是理论术语受多重继受影响而淆乱。因学者们外语能力、学缘结构、留学背景的差异，法学理论的继受十分驳杂，这导致某些领域的法律术语使用极为混乱。如与本文直接相关的一些术语，强制性规范、强行性规范、禁止性规范、义务性规范等，[1]不同的专业人士有不同解读，外行更是不甚了然。缺陷之四，是专业教育与考核力度偏弱。由于事涉整个法学专业教育的体制机制设计，专业人士都有切身感受，此不多言。

其四，立法语言能力本身需要接受特别训练。一般的专业训练不提供也不必要提供立法语言训练，所以存在特训的必要。例如，法律条文本应简洁高效，如无必要不得重复交叉。但《民法典》为照顾普通人的认知水平，在不同位置设置意义相似乃至基本相同的条文，有一些仅有侧重点的差异（无因管理、不当得利、合同相对性、行为无效的法律后果等）。这给法律适用者制造了选择难题，也给理论研究者制造了许多课题。于此，需要特别强调的一个问题是，在日常语言中，积极要件与消极要件的表述可自由转换，例外

〔1〕各国法律用词也颇不相同。德国法上，法律规范可分为强制性规范（zwingende Normen）与任意性规范（nachgiebige Normen）。拉伦茨认为，强制性规范包含诚实信用原则、善良风俗原则以及禁止性规定（Verbotsgesetz）；违反强制性规范的法律行为未必无效，违反禁止性规定的法律行为也未必都无效。日本法使用强行性规定一词，有广狭二义。广义的强行性规定与任意性规范相对应，包括行政法上的取缔性规定与私法上的强行性规定。行政法上的强行性规定包含不使法律行为无效的“单纯取缔规定”和使得法律行为无效的“效力规定”，“效力规定”和“私法上的强制性规定”共同组成狭义的强行性规定。此外，我国台湾地区将法律规范区分为强行性规范与任意性规范，强行性规范之下再分强制规定与禁止规定。我国大陆民法学首先承袭我国台湾地区用语，尔后又有学者继受德国概念或日本概念，最终使相关概念的使用混乱不堪。参见石一峰：《强制性规定识别方法研究》，法律出版社 2020 年版，第 43 ~ 49 页。

与消极要件也基本等义。而在法律规范设置中，它们承载了分配举证责任与论证负担的功能，不可随意变换表达方式。遗憾的是，我们的立法者，几乎自始至终都忽略了这一点，这使我们的立法一直显得对法律实务不够友好。[1]

立法者的语言偏好与语言能力，对于法律解释而言，绝非无关紧要。任何法律解释的作业，均存在主观理论与客观理论的立场差异，解释者须于二者之间作出非此即彼的选择。而文义，又是一切法律解释的逻辑起点和归宿。可能的文义范围，划定了狭义解释与漏洞补充之间的界限。于是，如何对待文义解释，如何开展文义解释，解释者同样面临选择。上述检讨，可以为吾人的选择提供基本的依凭，至少也应成为不可忽视的考量因素。

四、解释的目标方向：自由的优先性

如何对待自由与强制的关系，是解读《民法典》第 153 条第 1 款之前的一个方向性问题。

历史现实中的人们是如何处理自由与强制的关系的，这是一个可供实证科学（如重实证的历史学以及社会学）研究的主题，甚至哲学史家也可以就其观念史给出一个较好的答案。[2]但在应然的意义上回答自由与强制的关系，法学家肯定不能胜任，哲学家也未必能够胜任，反倒是某些具有敏锐社会洞察力的文学家，凭着直觉和想象力描绘的场景颇有一些启示意义。[3]对于这种事关应然的主观性极强的问题，人们不会直接问询纯粹的实证科学家，却可以求助于实证科学的研究成果。毕竟，一个应然的问题，当它无可回避，尤其当人们的观念可以外化为行动时，其处理得好与不好，总是可以从现实世界的运行情况中得到某些验证。[4]哲学家、伦理学家、价值论研究者，更

〔1〕 或许同时也受目标读者设定的影响。

〔2〕 例如，罗素在其《西方哲学史》“绪论”中认为，“自从公元前 600 年直到今天这一全部漫长的发展史上，哲学家们可以分成希望加强社会约束的人与希望放松社会约束的人。”他将前者称为“纪律主义分子”，将后者称为“自由主义分子”。参见［英］罗素：《西方哲学史》（上卷），何兆武、李约瑟译，商务印书馆 1963 年版，第 22～23 页。

〔3〕 例如［英］乔治·奥威尔：《一九八四》，董乐山译，上海译文出版社 2003 年版。

〔4〕 对此可参见［印度］阿马蒂亚·森：《以自由看待发展》，任赜、于真译，中国人民大学出版社 2013 年版。

多的是从某些基本预设出发，运用逻辑的力量，证成或者反驳某种观点。在事关价值选择时，很难断言历史经验和逻辑推演哪种论证方式更为强劲有力。

虽然强制不仅不能自证强制的意义，反倒凸显了自由的意义，但仅凭此并不足以证成自由的优先性，因为自律或他律同样产生于无边界的自由，或者产生于人类自由的不平等与不兼容。关于自由的观念史显示：理性致力于消除自由的不平等不兼容，初步证成了自由可以因为自由的缘故而受限制。对人类自身理性不足的反思进一步揭示，对结果不平等的人为干预有可能带来更为可怕的后果。这表明极有可能，自由仅能因为自由的缘故而受限制。经过无数思想家的努力，[1]现代社会的人们对于“自由的优先性”原则基本达成共识。

尽管对于“自由的优先性”存在共识，但这仅仅意味着自由具有序数上的优越地位，而并不意味着自由与强制之间的尺度或比例也清晰可辨。抽象的论断总是会遭遇具体化的困境，但抽象论断本身并非毫无意义。“自由的优先性”原则可以衍生出一条论证规则：确认和保护自由不需要证成，强制（否定或限制自由）则需要证成。当人们准备增加强制，或者将强制从一个领域延伸到其他领域之前，这条论证规则就应当发挥作用。基于维护既有秩序的考量，保守主义者更强调另一种论证规则：维护现状不需要论证，但改变现状则需要证成。如是，对于一国当中已经存在的强制或者对自由的限制，不管它最初的设计者多么的任性，不管它的存在多么的荒诞不经，也不管它对自由的破坏严重到何种程度，只要是现状或者是维持现状，似乎都具有天然的合理性。对于这种观点，我实在不敢苟同。相反，我认为，至少在进行一阶论证之时，对自由的限制应随时准备应对自由维护者的诘难。只有在进行二阶论证，比如，打算改变现状时，才需要对改变行动本身的成本收益进行细致的考量。毫无疑问，这种改变的代价与现状存在的时间长短成正比，与人们对现状的厌恶程度（人们改变现状的理性预期）成

〔1〕 在此可以列举一个长长的清单，其中比较重要的有洛克、孟德斯鸠、康德、密尔、贡斯当、阿克顿勋爵、哈耶克、罗尔斯、诺齐克等，特别值得重视的是康德（《法的形而上学原理——权利的科学》，沈叔平译，商务印书馆 1991 年版）、罗尔斯（《正义论（修订版）》，何怀宏、何包钢、廖申白译，中国社会科学出版社 2009 年版）以及哈耶克（《自由秩序原理》，邓正来译，三联书店 1997 年版）。

反比。换言之，较之于基于秩序的论证规则，"自由的优先性"原则对于论证规则的设置具有更强的支配性。它不仅要求最初的强制设置需要证成，更赋予普通人对既定的强制以审视和质疑的权利。设置的强制理由不仅要在设置的第一时间给出，而且要经得起反复的拷问，经得起现实生活和历史的检验。

关于"自由与强制的关系"的抽象研究，虽其结论有时具有直指人心的魅力，但其推理思辨的抽象性和论证的烦琐复杂程度，可能会让绝大多数人望而却步。由于价值总是离不开人的主观偏好，而不同人的主观偏好总是存在差异，甚至同一个人在不同情境下的主观偏好也会发生变化，所以当代思想家们的主流观点，几乎清一色地反对对不同的价值进行抽象排序，反对所谓的"价值位阶性"。基于此，不仅无法对不同价值进行"量"的基数比较，而且进行"质"的序数排位也不可能。所以，极度抽象的价值衡量无异于空中楼阁，不具备基本的可行性。相反，可行的价值衡量永远是场域化情境化的，甚至可以说，越是趋近于个案，价值衡量越是可辩驳因而也越可靠。多数情况下，人们更愿意在一个具体的场域之内探讨"自由与强制的关系"。〔1〕

在私域之内，在私法所追求的诸种目标价值中，自由（在法律行为领域即体现为"私法自治"）作为最核心的价值，具有不可置疑的优越地位，在所有的目标价值中排序第一。这一点其实较为容易证成：

其一，单个主体的行为自由，在不涉他的情况下，一切后果均由主体自身承受，法律通常并无横加干预的必要，干预则需要足够的理由。"父爱主义"大概是其中一种说得过去的理由，但也仅仅是"说得过去"而已，而且不同的"父爱主义"也有程度上的差异。

其二，主体间的行为自由，在不涉他的情况下，行为后果由所有参与的主体一起承受，法律仍然主要作为一个旁观者而存在。或许有些时候，存在防范欺诈胁迫乃至暴力强制等违法或不当行为的需求。但除此之外，法律就

〔1〕 场景化的设置虽然限制了探讨范围，但其结论的确定性和可靠性却也由此大大增加，因而其研究意义有减有增。可见，一切学术研究的理论意义几乎都在主题范围的"大而无当"和"微而无用"之间摇摆。

没有过多介入当事人之间利益关系的必要。至于当事人之间可能存在的利益失衡问题，多数情况下法律根本不用操心，因为长期交易的当事人会自动调节彼此的利益关系以维持长期合作的格局，而一次交易的当事人也会因为市场同类竞争者带来的压力而不得不收敛自己的过格行为。相反，对所谓的合同公正过于执着的追求，反倒可能带来自然市场秩序的失衡。因为一次交易的利益对等，若置于长期的交易关系当中去衡量，恰恰可能是不公正的。由于法律关系的设置善于截断远因及关系链条，裁判者很难注意到长期交易当中的利益平衡问题。家庭是典型的长期“交易”场所，所以，“清官难断家务事”，并不仅仅只因为感情的易变及难以判断，尚需加上长期性利益判断，而此点本非法官的强项。因此，家庭自治亦应成为私法自治的一个重要组成部分。也正因此，家事法作为私法的一部分尤其具有正当性。

其三，不论是单个人的行为自由，还是主体间的行为自由，一旦涉他且失当，赋予受不利影响的特定他人以拒绝自由即可，在私法自治的范畴之内仍然可以解决问题。

当且仅当行为的不利影响涉及不特定多数人时，由于维权的成本常由特定人承受而收益由不特定人享有，存在经济学上所谓的“搭便车”现象，可能抑制特定人维权的动机，法律方才具有主动干预的可能理由。为什么仅仅是“可能”理由而非“充足”理由？原因之一，“搭便车”通常仅指向经济利益的得与失，而未考虑到行为人自身的情感收益与正向的自我评价，如行为人可能获取的来自社会公众的良好评价（名誉），以及那些法律服务提供者可能获取的广告效应（商誉）。因此，即便不利影响涉及不特定人利益，只要有特定人愿意以一己之力与之对抗且法律提供了方便的通道或工具，则仍然无须裁判者主动干预。原因之二，经济学认为，几乎一切行为均有外部性，区别在于有些外部性为正、有些外部性为负、有些外部性正负交织。正外部性即积极影响，负外部性即消极影响。即便行为具有负外部性，只要此种负外部性能够被现时及未来的一般社会公众所容忍，且为公众彼此社会自由所必需（人人均有可能采取同样行动），则法律仍无干预的必要。同时，市场上的绝大多数交易均非零和博弈，其正外部性显而易见——提高了交易物的主观效用，优化了资源配置，同时还可能贡献了赋税，[1]这对整个社会有益。这意味着，外部性正负交织的情形更为常见。当正负外部性大致相当或者负外部性略多于正外部性时，除非正外部性与负外部性同时内部化，否则仅仅要求行为人对负外部性负责，未必妥当。原因之三，对于正负外部性问题，无论是立法者的判断，还是裁判者的判断，均有可能出现失误，因此均应予以抑制。如此一来，前述抽象的论证规则在此具体化情境中，更具有妥适性。

虽然上述价值分析在多数私法学者看来略显多余，但鉴于少数私法学者和部分公法学者的立场摇摆不定，本文仍然不惮耗费笔墨，不图说服那些坚定的异见者，但望能够通过补强理据以巩固那些坚持私法自治原则者的信心，帮助那些摇摆的中间派确立正确的立场。

总之，从解释目标的大方向看，该文与本评议文章的基调完全一致。但是，在自由与强制之边界的划定上，作者与我仍存在细微差异：作者一方面坚持自由优先性而否定“违法行为原则无效”，另一方面却以扩展法源的方式赋予了强制以更多的路径与机会。此种路径选择，正是下文要集中反驳的对象。

五、原则、例外与例外之例外:《民法典》第 153 条第 1 款内两句的关系

《民法典》第 153 条第 1 款第 1 句和第 2 句之间是否构成原则—例外关系？学界颇有争议。作者不仅作了很好的综述，而且旗帜鲜明地站在反对者的一方。其主要理由有二：一是文义 / 逻辑解释并不支持原则—例外关系；二是基于民法基本的价值判断——自由优先，法律行为应以有效为原则。辅助性论据有四：一是外国相关立法例及学者所作的解释；二是“从宽解释原则性规定，从严解释例外性规定”的解释规则，结合价值判断，要求否定此间的原则—例外关系；三是来自交易安全、诚实信用、市场效率诸价值目标的加持；

[1] 如果赋税本身被视为某种外部成本的内部化的话，那么，取消交易则可视为外部成本无从内部化，即意味着该种外部成本的浪费。如果将此种外部成本视为沉没成本，则赋税可视为该成本付出之后的收益，一次失败的交易直接意味着收益的减少。

四是根据当前管制较多的国情，更应拒绝“原则无效，例外有效”的结论。

如前所述，我对私域之内自由优先的价值判断不仅毫无异议，而且甘愿为之摇旗呐喊。此外，该文在进行价值分析时，对第 143 条及其与第 153 条第 1 款关系的精确阐释，关于法秩序统一原理的延伸解读，均可圈可点，我全都赞同。甚至，我也同意法律行为原则有效例外无效的结论。但是，我仍然顽固地主张，以上理据，似乎均不足以否定第 153 条第 1 款第 1 句和第 2 句之间的原则—例外关系。

先看该文的文义 / 逻辑分析。首先，该文的釜底抽薪之计建立在曲解引文原意的基础之上。作者一开始的论证思路是：如果第 153 条第 1 款的但书连转折关系都不是，则该条款的两句之间根本不可能存在原则—例外关系。于此，必须指出原文引证中的一个小小瑕疵，即曲解引文原意：〔1〕既曲解了周旺生文章的原意，也部分曲解了卢岳文章的原意。周旺生在《论法律但书》中，提出“但书与主文的关系可以从两方面看”，本意是从两者的“关系上明确但书的特征”,〔2〕但却被该文指为两种关系（类型）。特征为一切但书具备，而关系类型则彼此两立、有一无二,二者显然不同。卢岳确实在其硕士学位论文《但书条款的逻辑分析》中指出，这类条款（指《刑法修正案（十一）》修正的第 272 条“挪用资金罪”第二种情形）中的但书并没有转折、例外或限制之意，甚至可以替换为“并且 / 而且”“和”等联结词，但是他和周旺生一样，认为该条款根本不能称之为但书条款。〔3〕然而，作者却以其解读但书条款中的“非对比性转折关系”类型。〔4〕其实，二者的矛盾一目了然：卢岳在此所

---

〔1〕 曲解他人原意，虽大家亦不能幸免。笔者曾在哈特著作中看到过其对奥斯丁的曲解，在德沃金的著作中看到过其对哈特的曲解。此外，德沃金还曾在《纽约时报》专门撰文指控波斯纳曲解己意。或许，越是大家，越容易曲解他人真意。但曲解就是曲解，该指谬时就得指谬。

〔2〕 周旺生:《论法律但书》，载《中国法学》1991 年第 4 期，第 55 页。

〔3〕 参见卢岳:《但书条款的逻辑分析》，中国政法大学 2022 年硕士学位论文，第 5 ~ 6 页。卢岳文章的本段标题就是“无转折之意的‘但书条款’不是但书条款”。

〔4〕 需要补充说明的是，卢岳在其学位论文中将但书分成两种类型：对比性转折关系和非对比性转折关系。但我认为，这一分类毫无必要，并不存在真正的“非对比性转折关系”，所谓“非对比性转折关系”仅仅是一种虚假的幻象而已。产生这一错误认知的真实原因是，卢岳忽略了“省略”这一语言现象。此种但书所表达的转折关系针对的正是主文中省略的某种典型情形，这种情形因人尽皆知（或为社会生活之常情常态）而被省略，所以仍然存在“对比性”。从语义逻辑上讲,“无对比，不转折”。

列情形根本就没有“转折、例外或限制”之意，但“非对比性转折关系”仍然是“转折关系”。揭示这两项曲解带来一个后果：该文未能成功否定第153条第1款中的转折关系，釜底抽薪之计落空。幸好作者并没有就此打住，而是自行后退一步，做了一个封底论证——“即使……有转折的意思”，“我们也无法据此就断言何为原则、何为例外”。公允评价，这一初步判断并不存在问题。可见，从论证策略上讲，该文层层防护，厚实绵密，让人心生无懈可击之感。

可惜，在接下来这个更为重要的分析论证中，该文直接遭遇了逻辑分析最大的难题，并且栽了一个不小的跟头。对概念、命题进行逻辑分析时最大的难题是什么？是人工语言与自然语言之间的转换。两种语言之间的转换其实就是翻译，这当中陷阱重重。有一些高等数学、逻辑学考分极高的人，一辈子都没有学会运用这些工具分析解决现实问题，原因正在于此。这一部分，该文做了一个论断，举了一个生活中的例子，并对第153条第1款进行了改写，在此都有必要分别予以辨析。

其论断是，“‘但是’即使表示有转折的意思，也只是意味着引出与上文相对立的意思或限制、补充上文的意思，而并不必然蕴含着何为多数、何为少数的事实判断以及何为好、何为坏的价值判断。”这个论断，在该文的逻辑分析第二部分是一个支撑性理由（也是唯一的一个理由）。由于第二个逗号后面出现了联结词“而”，“而”在此表达转折的意思，根据汉语的常规表达，可以推断，第二个逗号之后的内容是作者想要强调的中心内容（即前述“理由”）。让我们看看，这个论断，究竟是一个逻辑分析，还是一个经验分析？我们说，它既可能是逻辑分析，也可能是经验分析，但不能同时既是逻辑分析又是经验分析。如果该文在此进行的是逻辑分析，我们必须承认它的正确性。因为形式逻辑视角下的命题具有高度的抽象性，“但是”所对应的真值联结词只可能是合取词（∧），所以它的前后命题，经过解释以后都是特称判断，[1]而特称命题除非明指，否则通常无法表示多数与少数。一般的形式逻

[1] 从形式上看，“但是”之前的判断通常都是全称判断，只有结合“但是”之后的内容，即通过解释以后才能将其认定为实质上的特称判断。也就是说，如果将“但是”作为合取词看待的话，那也是完全不同于“并且”“和”之类的极其特殊的合取词。勉强拿数学类比的话，就类似于正数和负数，或者实数和虚数的合取。

辑通常用来表达事实判断，而并不用来表达规范语句；用于表达规范语句的命题有专用的模态词，也不会用来表达事实判断。也就是说，事实判断与规范语句不会出现在同一个简单逻辑命题当中。“但是”本身不是模态词，确实无法作出任何价值判断。所以，仅仅从逻辑分析的角度看，表达了一个正确的论断。问题在于，我们在什么情况下需要作这样的逻辑分析？最常见的答案是：逻辑学练习的时候。除逻辑学习外，在现实生活中，当我们需要用形式逻辑的符号辅助我们判断真假、辅助我们进行演绎推理的时候，也需要作这样的逻辑分析。当我们这样做时，第一步，就要将生活语言翻译成逻辑符号语言，也就是将生活语言抽象化、纯粹化，使之向逻辑符号语言靠拢。这一步难倒了很多人，但接下来才更难。通过形式逻辑推演得出的结论，再回到现实生活中时，必须严格控制它的使用范围，或者需要逐步添加当初在抽象时所舍弃的很多东西。在形式逻辑上，一个特称命题与一个全称命题不矛盾，但现实语言表达当中却有可能是矛盾的。例如，当我们说“这个班上有的同学不好好学习”时，从纯粹形式逻辑的角度看，它与“这个班上没有一个同学好好学习”并不矛盾。但在生活当中，一个老师说出前一个判断时，同学们听出了言外之意“这个班还是有同学好好学习的”。这当中最大的一个忌讳是，除非经验分析中的语词意义与逻辑分析中的语词意义高度统一，否则，绝对不可径直用逻辑分析的结论取代经验分析的结论。〔1〕法律语言因其专业性而与日常语言稍有不同，但它绝对不属于纯粹的人工语言，所以对法律概念、法律命题进行逻辑分析的意义非常有限。因此，该文最应该做的事情，是经验分析而非逻辑分析。但是，由于上述论断只有在逻辑分析之下才会成立，在经验分析之下很难证立，所以我们推断，在此，作者仅仅做了一个逻辑分析。不过，作者还在后面提供了例证，例证朝向经验分析迈出了一小步。

生活中的例子，是一位老师发布一个命令（个别性规范）：“放学后请全体学生都留下，但是报名参加球赛的学生除外。”诚然，我们不能单凭“但是……除外”的文义判断出要留下的学生多还是参加球赛的学生多，但根

〔1〕 需要注意的是，以上内容主要指向针对概念、命题乃至句法的逻辑分析，不针对演绎推理（但演绎推理过程中要用到语言转换）。

据汉语日常表达交流习惯，老师的心目中，一定是认为报名参加球赛的学生是少数。虽然老师的想法可能与事实不符，但这种想法本身同样是真实的。更何况，老师用的是“全体同学”，这几乎100%大于报名参加球赛的同学。该文对这个命令进行了反向改写，这个改写完全失败。当主文是全称判断时，反向改写不可能成功。唯一可能成功的改写方案是，维持主文的全称判断，但改写后仅仅意义相似，两个命题逻辑上不会等价。即改为:“放学后请全体学生都去球场，但没有报名参加球赛的学生除外。”其意义仅仅是相似而已，因为此时老师的心目中会默认，多数同学都报名参赛了。

关于第153条第1款的改写同样不成功，因为主文当中“不导致该民事法律行为无效时”的限定词，只不过将“除外”换成了‘不”而已。主文中若已有“除外”，但书的内容就是重复，哪里还有设置但书的必要呢?

至此可见，该文试图运用逻辑分析方法否定原则—例外关系的努力没有成功。当然，这并不意味着文义解释对此毫无用武之地。按照周旺生的观点，可以根据但书的两个特征为立法者尤其是法案起草者提供一个设置但书的标准:“凡需要对某个一般规定再作出特别规定的，即可以使用但书，反之则不必使用但书；凡离开别的规定可以独立或与别的规定无关联的，便不能或不应写成但书。”〔1〕据此，如果立法者接受过专业的立法语言训练，则但书都应该用来表达一般规定与特别规定的关系，基本上不存在其他的但书类型。也许作者可以在“一般—特别”与“原则—例外”的差别方面做一做文章。一般与特别，当然存在多与少的关系，其包含原则与例外，但不限于原则与例外。原则与例外，就数量而言，起码要在多与少二字之前再加上一个“很”字。此外，原则性规定，通常而言应居于基础性的地位，但是但书之中的例外规定，有时恰恰是基于某个原则而设置，甚至就是原则本身。正如该文中提到的《民法典》第166条、第320条、第369条等条文(均包含“但是当事人另有约定的除外”)，基于私法自治原则，这些但书的内容是不言自明的，本不需要设置，所以这些但书不会构成原则与例外的关系。但立法者仍然设

〔1〕周旺生:《论法律但书》，载《中国法学》1991年第4期，第5页。

置但书，可能的用意有二：一是提示作用。提示解释者，该条主文为任意性规范。二是提醒作用。如无提醒，当事人本不会立此特约，但提醒之后就不一定了。虽然确实有一些但书的主文与但书之间不构成“原则—例外”关系，但是，大多数情况下还是构成的。所以，从论证负担的角度看，仅仅举例说明存在不构成“原则—例外”关系的情形是不够的，还应该提供具体理由论证说明此处（第153条第1款）也不构成原则—例外关系。

再看该文的价值分析。如前所述，在价值判断方面，我与作者完全一致。但是，根据自由优先原则，只能得出法律行为原则有效例外无效的结论。换言之，所有的效力障碍规定均构成法律行为原则上有效的例外，第153条规定亦是如此。但这丝毫不妨碍第153条第1款内部的主文与但书再次构成“原则—例外”关系。在此首先应予明确的是，争辩“原则—例外”关系的意义何在？意义之一，是该文已经明确过的解释规则——“原则解释从宽、例外解释从严”。意义之二，是证明责任/说理要求的差异：证明责任主体不同，说理要求不同。

根据第一个意义，该文认为，一旦认定第153条第1款第1句构成原则，则在从宽解释之后，法律行为更容易被认定为无效；第2句构成例外，则在从严解释之后，有效的情形就会被缩小，这就与民法的基本价值取向背道而驰了。然而，这里可能存在一些误会。适用于典型“原则—例外”关系的解释规则，未必能适用于例外内部的“原则—例外”关系。例外内部的“原则—例外”关系，与之前的原则一起，实质上组合成了“原则—例外—例外之例外”关系。所以例外内部的“原则”，本质上仍然属于例外，仍应遵守“例外解释从严”的解释规则。而在例外内部的“例外”，如果其实质理由与最初的原则无关，则可能仍应遵循“例外解释从严”规则；如果实质理由部分或全部与最初的原则一致，则应回到“原则解释从宽”上来。就第153条第1款第2句但书而言，其部分实质理由仍为“自由优先”，故解释上仍应贯彻“原则解释从宽”规则。

关于证明责任主体的差异，其实并不限于“原则—例外”关系。在法条理论中，但书条款基本上都属于不完全法条中的限制性条文。限制性条文与消极要件之间最大的差异，就是证明责任分配不同。[1]效力障碍条款本质上类似于限制性法条。无论是一般的效力障碍条款，还是第153条第1款，都仅涉及法律行为效力问题，并不涉及证明责任分配；不过，与证明责任分配相似，应该存在说理的差异。法律行为原则上有效，意味着有效不需要主张，主张有效者也不需要说明自己没有违法；相反，主张无效者需要提供足够的理由。问题在于：主张行为不法无效的一方，其所提供的理由是指出对方行为不法即已足够呢，还是在行为不法之外，仍需进一步论证其理应影响行为的效力？理论上说，说理与解释密切相关，有时高度重合，或至少存在交叉关系。与“例外解释从严”的解释规则相适应，行为不法无效的说理理应予以加强。然而，从规范实施的角度看，理想应向现实靠拢。考虑到当事人与裁判者的专业能力，主张行为无效者仅需提供初步的补强理由，裁判者也只需要做初步的论证（如提供类案查询材料）。由于无效主张者仅需提供初步的补强理由，理论上讲，主张“例外之例外”即行为有效的一方则需要提供更强的理由以推翻无效的主张。如此一来，此有效的主张者不能仅以“自由优先”作为实质性理由，且似乎与重新贯彻“原则解释从宽”解释规则相悖。而且，双方当事人的专业能力预设也应该一致。那么，主张“例外之例外”者实际上仍然要承担更重的论证负担。就此而言，黄忠博士等学者，出于对损害自由价值的担忧，反对第153条第1款第1句与第2句之间构成“原则—例外”关系，也不无道理。

然而，上述关于论证负担的分析，其实存在一个错误的预设：被告一方会主张“不法行为无效”，而原告会以“例外之例外”主张其有效。实际上，“不法行为无效”很有可能让双方都面临“鸡飞蛋打”的局面，无效后果未必对被告更有利；只有在无效后果较为轻微，而当事人在违约责任条款中又约定了较高的违约金时，被告才有可能主张无效。所以，一般情况下，原被告双方对待法律行为效力的态度是一致的，二者之间多为同盟关系，而就行为效力问题产生攻防关系的情形其实很少发生。而且，“不法行为无效”属于狭

〔1〕于此，应注意到前已提及的一个问题，即立法者的语言能力是否足以支撑我们作此推理。如果立法者在制定实体法时根本就没有分配举证责任的意识，那么我们既不能简单地认为消极要件的举证责任一定由原告承担，也不能直接认定限制性条文的举证责任就在被告。

义无效事由，狭义无效的特性是当然无效，裁判者应依职权予以裁判。“法律行为原则有效例外无效”，对于裁判者来说，欲要认定法律行为无效，均需论证存在狭义无效事由，而狭义无效事由是否明确，取决于相关法律规范本身是否明确。“例外之例外”如果不够明确，可反推第一个例外也不够明确。此时，如果裁判者是论证负担的唯一承担者，第 153 条第 1 款第 1 句和第 2 句之间是否构成“原则—例外”关系就无关紧要，因为裁判者在论证“不法行为无效”时，不仅要说明该法律行为违反了“法律、行政法规的强制性规定”，而且要论证其不符合“不导致该民事法律行为无效”。只有当事人（特别是原告）也承担论证“例外之例外”负担时，才有可能部分减轻裁判者的论证负担。众所周知，裁判者应居中裁判，不应与当事人处于对立地位，所以很难想象，裁判者与当事人之间存在所谓的攻防转换。但是，无效的后果对于当事人又非常严重，这就意味着，当事人一旦预料到其法律行为有被判定为“违反法律、行政法规的强制性规定”的可能，就一定会提供防御性的论证。于此，无论不同的当事人的论证能力存在何等差异，因为事关切身利益，都会极力论证行为有效。所以，当裁判者缺乏论证时间和论证能力时，如果想要减轻自己的论证负担，只要在裁判文书完成之前，向当事人（特别是原告）预告法律行为可能因不法而无效即可，当事人一定会主动承担行为例外有效的论证负担。

外国相关立法例及学者解释、其他价值目标的加持，均只有补强作用。至于管制过度问题，强调“法律行为原则有效”即可。于兹均不予评述。

总之，维持“自由优先”价值的关键是需要对“不法行为无效”加强论证，但加强论证不一定非要去否定第 153 条第 1 款第 1 句和第 2 句之间的“原则—例外”关系，从而加重裁判者的论证负担。加强论证也可以由当事人承担一部分论证负担，裁判者通过一定的手段（即预告无效可能）完全可以做到这一点。

六、以比例原则与公序良俗限制“不法无效”规则是否可行否

（一）该文因何限制“不法行为无效”规则

该文否定了第153条第1款内两句构成“原则—例外”关系之后，意味着裁判者不得以“违反法律、行政法规的强制性规定”为由，径直宣告法律行为无效；相反，裁判者必须承担充分的说理义务，进行有关价值补充的作业，方有可能认定法律行为无效。这就意味着裁判者有自由裁量权。裁判者的自由裁量权，并不意味着裁判者可以随心所欲，相反，要想正确行使自由裁量权，应受严格的限制和约束。于此，该文找到了两条限制路径：一是比例原则；二是公序良俗原则。

立足于该文的逻辑起点，限制“不法行为无效”规则的适用自然顺理成章。然而，正如前文所述，裁判者未必愿意获得此种自由裁量权。当然，裁判者的自由裁量权是客观存在的，只是在不同的视角和路径下，可能有多寡的程度差别。依照本文的逻辑，裁判者和当事人均需承担一定的论证负担。有趣的是，限制自由裁量权的方法，可能也正是他们论证的路径或方向。因此，下文需要探讨的问题是：比例原则和公序良俗原则是否真的能够限制“不法行为无效”规则？

（二）比例原则适用否

比例原则原本是一项宪法原则。作为一项公法原则，它从不同角度揭示手段与目的之间的应然关联。这不仅仅是因为公权力当中包含大量的自由裁量权，需要用比例原则加以指导或限制，更重要的是，全部公权力本身就是手段，其中每一项公权力都需要接受比例原则的审视。近年来，有一些法律经济学的研究者严厉批评比例原则，认为它是一项极为粗疏的原则，其所有内容都可以被更精确的成本—效益分析方法所取代，而且不如后者好用，其在民法中更无容身之地。[1]另有一些私法学者主张将公法上的比例原则引入

〔1〕 参见张永健：《法经济分析方法论20讲》，北京大学出版社2023年版，第279～331页。

私法领域，并尝试作了一些支持性论证，但也有一些学者明确表示反对。私法上当然也包含一些手段和目的关系，但私域中首先需要贯彻的是私法自治原则，所以，比例原则即使在有些场合能够予以适用，也不能突破私法自治原则。那么，比例原则究竟能否在第 153 条这样一个公私法交织的场域之内发挥作用呢？该文结合《合同编通则司法解释》，分析了其三个子原则在“不法行为无效”规则上的适用性，结论是可以用于指导《民法典》第 153 条第 1 款的应用。我个人的看法是，比例原则能够提供某些启示，但不能完整有效适用。

先看比例原则当中的适合性原则。这一子原则意味着，手段能够实现目的，这是事物性质的内在要求。它是比例原则当中首先应予检视的原则，不能证立此原则意味着比例原则没有适用空间。该文的论证过程偏离了这一子原则的本意。因为《合同编通则司法解释》第 16 条第 1 款第 2 项是一个否定判断，否定判断更适合表达必要性原则而非适合性原则。就《民法典》第 153 条第 1 款第 1 句而言，适合性原则需要论证的是，法律行为无效能够帮助实现强制性规范的立法目的。然而，这样的论断可能遭遇的最大障碍是，强制性规范的立法者在立法之时，可能根本就没有考虑过私域当中的法律行为有效无效问题，遑论法律行为无效能帮助实现强制性规范（多数为公法规范）的立法目的？就第 153 条第 1 款第 2 句而言，适合性原则需要论证的是，法律行为有效能够帮助实现强制性规范的立法目的。这是一项不可能完成的任务，因为法律行为有效，意味着私法自治原则得以实现，与公法 / 强制性规范无涉，何谈实现公法 / 强制性规范的立法目的？

再看比例原则当中的必要性原则。这一原则意味着，即便手段能够实现目的，但此手段是否有必要采取，是否“损害私权最少”，仍需接受检视。它根源于公法 / 公权力谦抑性，是现代政治观念的产物。可以说，必要性原则以适合性原则已经证成为前提。该文首先检视必要性原则，最后才检视适合性原则，本身就违反了比例原则的检视顺序。所以，尽管作者成功地证明了必要性原则在适用第 153 条第 1 款的指导意义，但却与真正的比例原则关系不大。就此而言，比例原则对于第 153 条第 1 款而言，仅具启发意义，因为在此没有比例原则的适用余地。

最后看比例原则当中的均衡性原则。均衡性原则亦称狭义的比例原则。与前两个子原则相比，它具有相对独立性，因为它直接来自抽象的形式正义原则。这个子原则的适用，与自由裁量权的幅度息息相关；而自由裁量权的幅度，取决于工具箱中工具的连续性。在法律行为效力判断中，其效力的最终样态仅有两种：要么有效，要么无效；即使引入对人效力（绝对性 / 相对性）维度，这个工具箱中的工具组合也不会超过 6 个，且这 6 个工具之间也不具有连续性。如果工具本身不具有量上的连续性，就不适于应用比例原则，因为从目的实现的角度观察，有限的工具一定会导致违反比例原则的后果。反对死刑的一个重要理由就是无以复加（并非真正不可添加，如可以株连九族甚或十族，但这样一来又违反了罪责自负原则），因而违反比例原则。民法当中的定金罚则、惩罚性违约金均有可能违反比例原则，因为其数额的确定与真正的损害或主观恶意正相关，但是定金罚则、惩罚性违约金在现实中仍广泛适用。这些均可作为比例原则在民法中存在适用障碍的旁证。

（三）不法与悖俗究竟是何关系

《民法典》第 153 条将不法与悖俗作为同一法条内的两款，难免让人产生二者存在实质关联的联想。如果第 1 款中的“不法”不能直接导致法律行为无效，则需要对“不法”作实质性解读，此时第 2 款的“悖俗”很容易进入人们的视野。[1] 如此解读，不法就成了形式上的悖俗，悖俗就是实质上的不法；单纯的不法不足以导致行为无效，只有同时构成悖俗的不法才会导致行为无效。法律行为效力上的公序良俗条款，也就不仅仅是一个兜底性条款或补充性条款，而且同时扮演了一个解释规则的角色。于此似乎存在一个悖论：公序良俗条款本身是一个有待解释 / 价值补充的不确定概念 / 概括条款，却在此成了解释其他条款的工具。是“不法行为无效”条款比公序良俗条款更加不确定吗？至少从表面上看，“不法行为无效”条款比公序良俗条款要更加确定

〔1〕在《民法通则》和《合同法》时代，我也曾用“社会公共利益”解读“不法行为无效”条款。后来反思，发现不甚妥当：其一，社会公共利益概念过于泛化，损害社会公共利益本身不宜作为法律行为无效的事由。公序良俗虽然也可归入社会公共利益当中，但仅为其中一小部分而已。而且，违背与损害侧重点颇不相同。其二，不法有可能指向国家利益，此国家利益未必指向社会公共利益。于是抛弃了此种解读。

一些。此外，解释者不同的立场也会影响其确定性，“不法行为无效”规则的不确定性只是学者们解释的一个结果，而法官们可能更愿意对其作出倾向于确定性的解释。那么，不确定概念果真不能成为确定概念的解释工具吗？从诠释学的角度看未必如此。解释具有相互性，在解释过程中，确定性概念与不确定概念完全可以互为工具；只是我们在用不确定概念解释确定性概念或另一个不确定概念时，常常有捉襟见肘之感。所以，上述表面上的悖论不是真正的悖论，而是一个佯谬。可见，真正的问题并不在此。

真正的问题是：一个法律行为，如果并没有在实质上违背公序良俗，却违反了法律、行政法规的强制性规定，是否仍然会无效？或者，因为违背公序良俗而无效但却不会因为不法而无效？如果存在这样的事例，那么，违背公序良俗就不能涵盖全部“不法行为无效”中的“不法”情形。如果我们承认负担行为和处分行为的二分，那么，基于处分行为目的无涉，不受悖俗的影响，其处分行为仍然有可能因不法而无效。如标的物本身不法（禁止流通物），并不违反公序良俗，其处分行为仍为无效。此为第一种情形。此外，法律行为效力理论一般认为，动机（不管是动机错误还是动机不法）原则上不影响法律行为的效力，但如果行为人的目的（动机的一种）违反公序良俗，法律行为的效力却会受到影响。此为第二种情形。综合这两种情形，似乎可以认为：违背公序良俗条款（更准确地说，是其中的悖俗）似乎更关心行为人的主观心理状态，而且直接与行为人的目的关联；而不法条款（以及违背公共秩序）似乎更关注行为本身的客观状态，多数情况下直接与行为标的 / 内容相关。如果这一初步判断成立，那么不法与悖俗侧重点存在差异，所谓二者之间的形式与实质关系似乎不能成立。

以《日本民法典》为例，该法第 90 条规定，“以违反公共秩序或善良事项为目的的法律行为无效。”第 91 条规定，“法律行为当事人表示的意思与法令中与公共秩序无关的规定相异时，从其意思。”对于第 91 条，日本民法学界一般认为，“法令中涉及公共秩序的规定”属于强行规范，对第 91 条作反对解释，可以认定与之内容不同的法律行为无效（但有学者质疑，且日本判例没有明确援引第 91 条的情况）。据此，这两条存在一些不容忽视的细微差异：（1）第 90 条中的“目的”；（2）第 91 条中的“法令”与“公共秩序”。这样看来，《日本民法典》中不法与悖俗似乎仅存在交叉关系。类似的安排在其他国家民法典中似乎也都存在。

此外，在作者的笔下，“法律秩序本身就是公序良俗的重要组成部分”，或者说“强制性规定构成了一国公共秩序规则的一部分”。若是如此，公序良俗固然可以统摄强制性规定所形成的秩序，然而，以公序良俗去解读或限制“不法行为无效”规则的意义也几乎荡然无存了。

总之，“不法行为无效”与“违背公序良俗行为无效”之间仅存在交叉关系，不法与悖俗的侧重点存在差异，以“违背公序良俗”统摄“不法”并不合适，以“违背公序良俗”作为限制“违反强制性规定”的手段也不可行。在违反法律、行政法规强制性规定的行为是否无效存疑时，“违背公序良俗”能够部分地（而非全部地）起到决疑作用。“违背公序良俗行为无效”条款仍然应起兜底（即补充）作用。

七、是否有必要扩大强制性规范的法源

（一）该文的行文逻辑下法源扩展的意义

按照该文的行文逻辑，既然已经运用比例原则和公序良俗原则限制了“不法行为无效”规则，无效的实质事由（违背公序良俗）得以贯彻，将强制性规定的法源扩展至行政规章和地方性法规，自然也就无可厚非。无效情形的一减一增仅为表象，关键在于在无效事由上贯彻相同的理念与逻辑。这听起来毫无违和之感。但是，该文的逻辑推演是一把“双刃剑”：如果“违背法律、行政法规的强制性规定”条款的意义已经无限趋近于零，那么将法源扩展至地方性法规和行政规章的意义何在？直接依据第 153 条第 2 款规定认定法律行为无效岂不更为省心省力？

（二）“不法行为无效”规则中法源扩展的必要性

如前所述，在裁判者时间、能力均有限的情况下，实质上否定第 153 条第 1 款第 1 句的作用，仍有进一步斟酌的余地。而且，运用比例原则和公序

良俗原则也不能完全解决裁判者无所适从的局面。因此，该文理论推演的逻辑前提就有可议之处。抛开作者的理论推演前提不谈，在“不法行为无效”规则当中，进行法源位阶的控制究竟有没有道理？法源扩展有无必要性？换言之，在法源扩展有意义的情况下，作者的论证是否值得赞同？

该文驳斥了“地方割据”和“条条经济”论，重新解释了“法律保留”的内容。作者认为，即使地方和部门立法存在问题，也应通过规范性文件的审查机制解决，而不应维持行为无效中的位阶限制论。此外，在作者的另外一篇更为详尽细致论述此主题的未完成文章《强制性规定的位阶限制与合同效力》中，还与域外立法比较，指出我国的做法实为特例。

该文驳斥“地方割据”和“条条经济”论的方法有数种：一曰“不必然”。形式逻辑上，不必然等同于或然。其实，指斥“地方割据”和“条条经济”的学者，仅仅是指出我国的地方和部门立法存在此种现象。换言之，论敌所言原本就不是全称必然判断。用或然判断驳斥非全称非必然判断，起不到任何反驳的效果。二曰例证法。文章举了很多个不构成“地方割据”和“条条经济”的实例。例证法虽然是反驳全称判断的好方法，但无法反驳特称判断（存在命题）。其实，这样的举例还有可能产生反面效果，即使这些实例看起来很多，但在庞大的地方性法规和行政规章中仍然只能算是极少数。如此，用公序良俗条款足以解决的问题，何必扩展法源运用“不法行为无效”规则？而且，就在该文所列举的虚拟货币投资、金融监管、政策性房屋买卖、强制性标准制定、禁止刑事案件风险代理的规定等事项上，有无管制过度的嫌疑，均有进一步可议之处。三曰引申法。该文指出，（1）有些上位法修订会借鉴地方立法的做法；（2）在某些领域有必要授权地方性法规设定监管事权。作者将这两点合并，并将第（2）点作为第（1）点的例证。这仍然是将特称判断引申为全称判断，逻辑上没有什么说服力。相反，这两点恰恰反证了在我国，来自国家层面的统一管制极其全面，仅为地方保留了少量例外，故而法源扩展的必要性存疑。四曰实证法。作者认为，（1）《民法典》在某些领域已经明确了“国家规定”“国家有关规定”的法源地位；（2）司法实践已经接受了部门规章、地方性法规在民事司法中的适用。第（1）点的“国家规定”亦可解释为将某些部门或某些地方的规定排除在外。针对第（2）点，通常的理解恰恰是，在法律行为效力领域存在例外（即不予适用）。五曰比较法。然而，在该文所列举的国家中，除了法国以外，德国、瑞士、英国、美国、新西兰、苏俄/苏联/俄罗斯均为联邦制国家，这也使比较的意义大打折扣。

针对“法律保留”，该文一方面釜底抽薪，认为“契约自由”不是基本权利而是财产权；另一方面认为所保留之“法律”亦应作广义理解，应将“地方性法规”纳入其中。这两点也均有可议之处。财产权是不是宪法上的基本权利？不同的国度有不同的规定，不同国度的不同学者或有不同看法，但是将一种自由当作一种财产权利，恐怕还比较少见。契约自由是一种行为自由，就自然人而言，应属于广义人身自由的一部分。就企业而言，与经营自由有交叉之处，似乎与财产权有关。但是，企业归根结底是自然人手中的工具，所以即便是经营自由也仍然是自然人行为自由的延伸。

我国的法律保留制度确实与西方国家不太一样，有着自己的特色。但正因如此，我们才更应该结合中国的国情，不应轻易将地方性法规纳入“法律保留”之“法律”中。资源，特别是人才资源，是影响立法质量的首要因素。在我国，国家层面（全国人大及其常委会、中央人民政府）的立法，能够调动全国最广泛的法学人才资源，优秀的法学专家也愿意投身其中。而在地方上，由于各地法学人才良莠不齐，大多数地方立法较之国家层面的立法，难以望其项背。前已述及，该文也承认，当国家部委、地方人大和地方政府都有进一步扩权的内在冲动。从自我赋予管治权的冲动看，在目前的体制以及财政普遍较为紧张的情势下，地方的自我赋权冲动要比中央的自我赋权冲动更甚，控制起来也更难。国家部委虽然可能没有敛财的冲动，但扩权的冲动一点儿也不会比地方少。〔1〕

备案审查机制能否解决地方性法规和行政规章中存在的问题呢？理论上确实可以，现实看有一定难度。汉武帝时期，中国即出现了“文书盈于几阁，典者不能遍睹”的情况。有权制定地方性法规和行政规章的主体如此之多，相关规范性文件数量如此庞大，备案审查需要投入多少人力、物力？可

〔1〕 虽然黄忠教授针对法律保留的论证相当克制，仅提及地方性法规，但在这一部分的其他文字中不仅要将强制性规范的法源扩及行政规章，甚至还提及了其他规范性文件。

能相关部门的领导对本机构颁布的规范性文件都难以全然了解，那些普通百姓和一心经营求利的企业经营者，更难以知晓周全。同样，法官们在求学阶段基本上不会学习地方性法规及部门规章，工作以后又十分繁忙，对于多于牛毛的规范性文件，又哪里学得过来？须知，“不法行为无效”规则是依职权审查，法官不主动审查是有可能构成渎职的。

更关键的是，应充分发挥《民法典》第153条第2款的作用。裁判者不必迂回地先判定当事人的行为是否违反地方性法规或行政规章中的强制性规范，再审查该强制性规范所形成的法秩序是否构成公序良俗，最后再判定法律行为有效与否。他们完全可以直接运用“违背公序良俗”宣告法律行为无效。这里面仅需考虑一个小小的问题：当事人违反了与公序良俗无关的强制性规范，是否也有可能导致法律行为无效？此强制性规范如果存在于国家层面的立法，或许应该认真对待；但如果仅存在于地方性法规或者行政规章，我认为不值得认真对待，因为学者们或者专业裁判者都难以判定，遑论普通的民事主体呢？真正需要认真对待的问题完全可以直接上升到国家层面的立法当中去。以上手段实在不能解决问题的，还有上诉机制、再审机制、请示—批复机制以及案例指导制度，“总有一款适合您”。

总之，在当前情势下，衡诸实际，不应当也不必要扩充强制性规范的法源。

八、结语

该文体大思精，力图在立法者、裁判者、法律文本、当事人乃至学者之间实现一种微妙的平衡。我同意该文所作的基本价值判断，肯定其努力的方向，但是鉴于当下中国裁判者和立法者的群像，不同意其所选择的基本路径，甚至可以说在路径方面完全相反。我们仍应肯定《民法典》第153条第1款第1句在裁判当中的作用，裁判者当然有基本的论证负担，但它可以部分地被法官技巧性地转嫁于当事人。第2款在解释第1款第2句的过程中可以发挥部分作用，但比例原则几乎发挥不了什么作用。第2款本身有兜底（补充性）作用，没有必要（也不应当）将强制性规范的法源扩充到地方性法规和行政规章中。如果这里面真的能写一曲协奏曲的话，立法者和裁判者都无法炫技；能够炫技的，也许只有学者吧？

《民法典》第 153 条第 1 款和第 2 款的位阶差别应当保留

龙　俊*

合同违法无效的问题是民法中的经典疑难问题，也是《合同编通则司法解释》制定过程中争议最大的问题之一。黄忠博士将这样一个难点问题作为论文题目，内容非常精彩。我先谈一下赞成的部分观点。

首先，关于《民法典》第 153 条和第 143 条之间的关系，我赞成该文的观点。第 143 条实际上并没有规范意义或者说裁判价值。可能有人觉得比较奇怪，为什么民法典中会存在着没有裁判价值的规定？原因在于民法典并不是完全以裁判作为导向，并不是任何一个条文都一定可以从裁判的角度来进行解读。如果对第 143 条做罗森贝克规范说的解读，那么证明责任的分配就会与后续条文发生矛盾。因此，我的结论和该文相同：在进行规范评价的时候，应该忽略第 143 条的影响。它的价值仅在于提示大家，作为一个有效的法律行为，通常要具备哪些条件？可以理解为它只是一个提醒性规范。

其次，我也完全赞成该文的核心观点：法律行为违法无效的核心问题，其实是违反公序良俗。讨论一个公法性的规范是否会导致违法无效的后果，最核心的因素既不是该条文的位阶，也不应该是这个法律条文的具体表达方式。最核心的因素只有一个——该条文的规范目的。确实如该文所言，违法无效也好，违反公序良俗无效也好，本质上是相同的问题。本质上都是思考

---

*　清华大学法学院长聘副教授。

为什么违反金融安全、市场政治秩序、国家宏观政策等一系列的内容，会导致法律行为无效的后果。

最后，我也完全赞成该文的这一观点：当我们判断一个法律行为是否无效时，不能仅仅考虑违反的规范是法律、行政法规这一位阶还是说位阶更低的部门规章。原因在于，无论是法律、行政法规，还是部门规章，都是实现公共利益的手段。而我们在考虑一个法律行为是否因违反公共秩序导致无效的时候，最根本的内容应该是它对公共秩序的违反程度以及这种程度的违反是否应该导致法律行为无效，背后判断的核心因素可以是比例原则等。尤其是在我国目前立法模式下，很多公共秩序的实现必须有赖于部门规章进行调整，这一点在金融领域体现得非常明显。如果都依赖于全国人大及其常委会制定的法律来调整我国的金融政策，那么很有可能跟不上金融市场发展的节奏，可能无法对于金融交易中的违法行为、规避行为采取恰当的措施，从而无法及时有效地防范金融风险。

以上三点都是这篇论文中我完全赞成的内容。接下来，我也谈一些该文值得商榷的地方。尽管我也认为导致法律行为无效的规范性文件并不限于法律、行政法规这一位阶，但是我仍然认为《民法典》第153条第1款的规范表达没有问题。对规范性文件的位阶作出划分，让不同的位阶所对应的论证义务不同，仍然是必要的。违反法律或者行政法规这一位阶的规范性文件，一方当事人想导出违法无效的结论，对其论证的要求可以有所放缓。如果是对部门规章的违反导致的无效，应注意以下两点：第一，在法律适用上应当适用第153条第2款，因违背公序良俗而导致法律行为无效；第二，在从部门规章违反导向对公序良俗的违反的过程中，论证义务应有所加强。因为部门规章在制定时的严谨性、谨慎性以及民主程序等方面确实和法律有所差距。虽然用它来调整各行各业能够有其灵活性，但是其严谨性、论证的充分性等还是可以质疑的。因此，尽管我们最终判断的核心内容仍然是规范目的，最终导向的价值判断都是公序良俗，但是二者还是应当有质的差距。

综上所述，虽然在大的方向上我赞成该文的观点，但是《民法典》第153条第1款和第2款的位阶差别，我认为应当保留。这一点在《合同编通则司法解释》第16条和第17条的区分中也可以看得出来。

违法民事法律行为之效力的个案判断：洞见与延伸

熊丙万 *

一、背景性评论

违法民事法律行为的效力判断问题，在全球各法域都是疑难的学术与实务问题。这大抵是因为，立法机关在针对私人社会交往活动制定强制性规范（或者说管制性规范）、设定私人交往准则时，常常没有足够的时间、精力（甚至能力）就违反相应准则的行为在私法上的效力作出直接、细致的安排。无论是在典型公法领域，还是在典型的私法领域，抑或在公私法兼容的立法领域，管制性规范的起草设计基本上都表现出了这一特点。

在宽泛的意义上，管制性规范的起草设计，都在一定程度上致力于特定公共政策目标的实现。但是，公共政策目标具有高度多样性和复杂性，应否通过相应法律行为的“效力否定机制”来实现，取决于多重复杂的因素。

一方面，这些公共政策目标的实现，在多大程度上有必要通过被管制法律行为的“效力否定机制”来实现，取决于诸多层面的考虑。这至少包括：（1）相应管制性规范拟追求哪些公共政策目标及其正当性（包括立法设计时有意追求的目标与实际实施时无意影响的政策目标）；（2）相应公共政策目标的重大性和普遍性（反过来说，细微性、行业性、地域性等）；（3）“效力否定机制”是否真的有助于实质性地促进相应公共政策目标的实现；（4）借助

* 中国人民大学法学院教授。

“效力否定机制”（以及效力否定之后不同法律效果方案）追求相应目标的代价是否可控（应预判会造成何种代价）；（5）行政管理机构是否具有更为丰富和经济的工具箱（除“效力否定”加“后果调节”两项工具）来灵活应对违法行为的多样性；（6）法院在多大程度上有足够的信息基础和专业能力对前述层面的因素作出准确判断。这些因素决定了，在管制性规范的起草制定机构对相应违法行为的民事效力保持沉默的背景下，几乎不太可能通过建构某种单一的实质性规则来评价纷繁复杂违法行为的法律效力。

另一方面，在不同法域的不同历史时期，立法者起草制定管制性规范的习惯和冲动存在明显差异。在从计划经济向市场经济转轨的一些法域，尽管“简政放权”不断成为主旋律，但在国民经济转轨过程中，立法机关和行政管理机关有更强的意识和冲动去制定和维持管制性规范（采取“休克疗法”的法域有所不同）。尽管其中不少管制性规范的发生，在很大程度上受到历史形成的管制性思维惯性的影响，并不一定符合经济体制改革和转轨的总体目标。受此影响，也进一步加剧了通过单一的实质性规则来评价这些法域的违法行为法律效力的难度。我国就是这方面的代表性法域。

二、该文的洞见和理论贡献

黄忠博士通过对《民法典》第153条的语义逻辑、历史形成和价值目标三个维度展开系统评述，认为第153条第1款并不支持“原则无效、例外有效”的规范逻辑。相反，作者认为，这一款的主要功能在于：为民商事争议的裁判者探究强制规范的目的及影响提供实定法依据，引导法院去理性评价有关管制性规范是否在私法层面影响法律行为的法律效力。该文对第153条的语义逻辑、历史形成和价值目标的梳理，丰富和深化了我国民法学界关于这一问题的讨论，不仅有助于在学理上更好地定位该条款的规范属性和意义，而且有助于帮助法官在审判实践中更好地理解如何适用该条款来评价违法行为的私法效力。

在此基础上，该文主张关于违法民事法律行为的私法效力判断，应当坚持“个案判断”原则，即具体到个案争议中，结合特定强制性规范拟追求的政策目标和特定违法行为本身的特点，来评价是否有必要在私法层面否定相应行为的法律效力。为了解决部分法官恣意裁判的问题，该文提出了替代性解决方案，认为努力的重点是“要求法官在运用比例原则判断违法行为效力时进行充分的说理”，而不是给法官提供某种单一的实体性判断规则。无论是将《民法典》第 153 条第 1 款解释为某种单一的规则，还是通过《合同编通则司法解释》第 16 条的具体列举式规定，都不能有效解决法律恣意的问题。为了解决因个案判断造成违法行为私法效力规范的碎片化问题，该文提出的替代性方案是“围绕司法实践中常见的违法情形，就相关的类案展开研究，从而充分展示此类违法中的利益衡量问题，最终在类案中形成基本共识”。这些都是富有启发性的洞见，有助于在学理和实践两个层面深化关于“违法民事法律行为的效力判断机制”的认识。

关于法院如何在个案中评价违法民事法律行为的效力的问题，该文主张诉诸“比例原则”，而不是回归如“效力性强制性规范与管理性强制性规范的二元区分规则”等不仅难以提供实质性规则，而且还会给法官提供问题回避或者问题掩饰工具的解决方案。该文主张，法官需要借助比例原则的分析框架，周全分析通过“效力否定机制”来实现特定管制性规范目标的必要性和妥当性等，并通过充分的裁判说理对外呈现这一分析过程，以接受当事人和社会公众（特别是法律职业共同体）的检视和批评。

在结合《民法典》第 153 条第 1 款阐述违法法律行为之效力判断一般性规则的基础上，该文还就“被违反的强制性规范在范围上是否应当及于比法律、行政法规位阶更低的强制性规范（或者说，前述一般性规则是否也对低层级强制性规范同样适用）”和“第 153 条第 1 款与第 153 条第 2 款的逻辑关联（违法与背俗之关系）”展开了颇有洞见的评述，丰富了关于整个第 153 条的认识层次。

此外，该文讨论的大量议题还涉及法学方法层面的一般性问题，有助于促进对相应法学方法的讨论。

总之，该文对相关学理和实践争议问题的回顾性评述，既有语义考证的严谨性，又有中外法律发展史上的纵深感，还提供了可操作的替代性解决方案，是一篇富于启发性的上乘佳作！

三、问题与延伸

（一）关于“原则无效、例外有效”主张的批评理由

该文在批评“原则无效、例外有效”主张时，从多个视角提出了富有说服力的理由。不过，下面这个理由有可能存在逻辑上的严谨性问题，可以考虑补充阐述：

> “如果我们接受自由之于民法的价值优越性，那么在解释《民法典》第153条第1款时就不能得出原则无效、例外有效的结论。因为私法自治的最直接载体就是以民事法律行为为核心的权利体系。因此，如果我们坚信私法自治的原则，即认为民法应当以保障自治为原则，以限制自治为例外，那就应当相应地认为民事法律行为成立即推定有效，除非存在法定有效障碍事由。[1]很明显，此时如果我们认为《民法典》第153条第1款蕴含有原则无效，例外有效的结论，那么就会与前述基于私法自治原则下的民事法律行为有效推定观念形成矛盾，最终构成对《民法典》第4条自愿（自由）原则的否定。”

得出“《民法典》第153条第1款蕴含有原则无效，例外有效的结论”是否一定“就会与前述基于私法自治原则下的法律行为有效推定观念形成矛盾”，主要取决于对特定法域在特定时期的强制性规范群的性状推定。如该文在一些地方的评论，弱管制法域与强管制法域的情况不一样。

（二）关于法院与行政主管部门之间的职责分工与职权分配问题

法院在审理涉违法法律行为效力的案件时，需要根据何种考量因素以及在何种程度上否定相应行为的私法效力，是一个与法院、行政主管部门的职责分工、职权分配密切相关的问题。特别是在包括民法、行政法以及相应程

[1] 易军：《原则/例外关系的民法阐释》，载《中国社会科学》2019年第9期，第90页。

序法在内的国家法律体系中，需要通过何种机制来确保强制性规范背后的公共政策目标得以实现？文中不少地方涉及对这一问题的前提性推定。如果能够进一步明确这一点，将有助于进一步提升该文的纵深感和学习体验。

（三）关于比例原则与经济效率分析的关系问题

作为单一实体规则的替代性方案，该文提出要运用比例原则，在个案中一事一议。这的确是一个有前瞻性的解决思路，也有助于丰富既有民法学文献在法学方法层面关于比例原则的讨论。[1]毕竟，在私法层面，法律行为的效力瑕疵规则侧重解决当事人表意自由问题、合意形成问题、行为诚信问题（机会主义和道德风险问题）和交往结果公平问题。而私人间交往活动的外部性问题，即民法基本原则中“公序良俗”原则着重评价的问题，则主要是公共政策目标设定和实现机制的问题（如该文观察到的那样，有的法域在实定法层面直接把“公序良俗”这一学理归纳表述为“公共政策”）。而在传统的公法领域，管制性规范的立法设计和适用都将“比例原则”奉为圭臬。那么，在私法领域借法律行为的“效力否定机制”来实现公共政策目标时，自然应当遵循比例原则。可以预测的是，要求法院在比例原则下分析违法法律行为的效力，将有助于大幅减少法官根据某种单一因素或者朴素直觉评价“效力否定”必要性的现象。

不过，如何确保法官能够精准把握和熟练运用比例原则这一分析框架，实质性地展开价值判断，并非易事。特别是，如何确保法官在这一分析过程中能够周全地考虑并评估本文第一部分（背景性评论）中提到的各种因素，甚至避免将比例原则用成一种新的口号（与“效力性 / 管理型强制性规范”相比较），将是至关重要的议题。[2]在民法学领域，这既涉及违法法律行为的效

---

〔1〕 参见郑晓剑：《比例原则在民法上的适用及展开》，载《中国法学》2016 年第 2 期；纪海龙：《比例原则在私法中的普适性及其例证》，载《政法论坛》2016 年第 3 期。

〔2〕 中外研究都表明，比例原则这种框架性的政策目标与实现效率分析工具，不仅容易导致明显的效率减损，得不偿失，而且还容易成为新的口号。参见戴昕、张永健：《比例原则还是成本收益分析法学方法的批判性重构》，载《中外法学》2018 年第 6 期；Louis Kaplow, *On the Design of Legal Rules: Balancing versus Structured Decision Procedures*, Harvard Law Review, Vol. 132, Issue 3（January 2019）, p.992–1066。

力等具体问题的处置，也涉及民法方法的一般性问题。

当然，比例原则的具体运用及其问题克服的问题，应该是超出本文所设议题的讨论范围了，有待将来进一步讨论。作者可以考虑在该文结语部分对提出的这个方案所面临的问题和未来努力的方向进行延伸。

（四）关于比例原则判断的“零界点”处置问题

如该文深刻认识的那样，对违反强制性规范或者说管制性规范的法律行为进行效力判定具有明显的公私交融特点，不仅需要在民事关系层面慎重考虑（包括当事人自主交易安排的道德正当性与利益预期维护必要性等），而且有必要在行政管理层面统筹考虑违法合同的有效监管，从而在一个整全的法律体系内实现对违法行为的体系化处置。

实际上，无论是运用比例原则这一比较初步的经济效率分析框架，[1]还是直接开展更为精细的经济效率分析，[2]即便法官充分掌握和运用相应分析工具，仍有可能在不少情形下面临“零界点”问题，即在评价本文第一部分（背景性评论）提到的各项（复杂）因素时，可能存在“比例/效率”认识和评估困难。这样的问题，不太容易通过“充分说理”来解决。相反，仍然有必要选择一种“默认规则”，无论是“原则无效、例外有效”，还是“原则有效、例外无效”。

相较而言，法院在此情形坚持“原则有效、例外无效”这种默认规则更为合适。毕竟，一方面，如作者在该文中评述所言，在坚持市场导向的法域，通过管制性规范介入和否定私人交往活动需要具备足够充分的正当理由，在某种意义上构成私人社会交往活动的“例外”形态。另一方面，从公共机构的专业能力比较视角来看，法官虽然在个案判断中能够（也需要）跳出个案去评估“法律行为效力否定”与“公共政策目标实现”之间的关联性，但与专司监管职能的行政主管部门相比，无论是在信息充分性上，还是对整体局

---

〔1〕“比例原则作为目的理性的集中体现，作为成本收益分析的另一种表达，在私法中也应具有普适性。”参见纪海龙：《比例原则在私法中的普适性及其例证》，载《政法论坛》2016年第3期。

〔2〕参见戴昕、张永健：《比例原则还是成本收益分析法学方法的批判性重构》，载《中外法学》2018年第6期。

势的把握上，抑或在处置工具箱的丰富性上，往往更弱。在此情形下，法院选择尊重法律行为的效力，转而将公共政策目标的实现职能交由行政主管部门处置，有助于对相应被管制行为采取更专业的处置。这也不影响在整个法律体系内实现对违法行为的协调处置。

实际上,《合同编通则司法解释》第 16 条和第 25 条分别针对有效违法合同行为与无效违法合同行为向法院课加了司法建议发送职责，已经初步考虑到了这一点，有助于促进违法法律行为的体系化治理。这一做法，即便放到全球范围内来比较看，都具有创新性。当然，一方面，这一职责的履行条件、程序和方式有待进一步明确；另一方面，有必要在法院内部建立一套司法建议发送激励机制，以实现违法信息的高效传递。此外，还有必要建立一套针对违法合同行政监管的监督机制，以确保监管措施的有效采取。〔1〕

（五）关于该文的文献回顾

该文目前的文献回顾具有扎实和精到的特点，充分反映了我国民法学界在这一问题上的丰富讨论。作者也可以考虑对相关文献（特别是关于应否坚持“原则无效、例外有效”的文献）做更具专门性的回顾和评述，专门归纳过往文献在这一争议问题上提出的主要方案、观察视角和理由。这样更有助于将该文与既有文献区分开，并帮助读者理解该文在视角转换和认识理由上的贡献度。毕竟，这一领域的过往文献较多，一些理由听起来似曾相识。

---

〔1〕 关于“司法建议”这一在民事裁判与行政监管之间的协调机制的初步评述，可参见 Bingwan Xiong & Mateja Durovic（2022）：The enforcement of mandatory rulesagainst illegal contracts，Asia Pacific Law Review，https://doi.org/10.1080/10192557.2022.2033085。

论《民法典》第153条第1款中的“强制性规定”*

蔡　睿**

内容摘要："区分说”主张《民法典》第153条第1款中的“强制性规定”不包括“权限规定”，这一学说起源自德国，其产生有历史和现实方面的原因。“区分说”被引入我国以来，渐成有力之势。然而，我国学者对“区分说”存在不少误解，“权限规定”本质上仍在于限制意思自治，并且“区分说”还存在概念错位、缺乏精确区分标准等问题，后者成为“区分说”的“阿喀琉斯之踵”。《民法典》第153条第1款中的“强制性规定”，宜坚持“统一说”立场，对其作广义理解，不过应将抽象视角修正为具体视角。“统一说”不仅可避免烦琐无解的概念操作，还具有提供裁判依据、增大合同效力评价弹性、防止法律规避三大优势。《合同编通则司法解释》第18条宜理解为对特别法优先适用规则的声明，而非对“区分说”的采纳。

关 键 词：强制性规定　权限规定　区分说　统一说　私法自治

---

* 本文为国家社科基金一般项目“公私法互动视角下的违法合同效力研究”（24BFX044）和中国民法学研究会青年学者研究项目“违法合同的效力评价与无效类型”（2017MFXH001）的阶段性成果。

** 中国社会科学院法学研究所助理研究员。

一、引言

如何认定违反强制性规定[1]的合同效力，长期困扰我国学界和实务界，被认为是一个“世界性难题”。[2]在诸多解决方案中，通过对强制性规定进行概念式甄别，进而一劳永逸地解决问题的思维路径，在司法实践中长期占据主导地位，并吸引学者们前赴后继地投入研究。

《最高人民法院关于适用〈中华人民共和国合同法〉若干问题的解释（二）》第14条将《合同法》第52条第5项中的“强制性规定”限缩为“效力性强制性规定”，继而在后续司法文件中提出“管理性强制性规定”这个与之相对的概念，意在强调合同只有违反“效力性强制性规定”方才无效。然而，“效力性强制性规定”与“管理性强制性规定”并非合乎逻辑的对应概念，[3]两个概念系经过评价后得出的结论，将之作为评价合同效力的前提存在倒果为因的问题，无疑是在“以问答问”。[4]在司法实践中，这一对概念引发的问题不比解决的问题少。[5]是故，从2019年最高人民法院发布的《全国法院民商事审判工作会议纪要》第30条的表述来看，司法机关事实上已放弃“管理性强制性规定”这一概念。

那么，“效力性强制性规定”与“非效力性强制性规定”这一逻辑上对应的概念能否发挥“标签功能”，为司法裁断提供助力？答案同样为否定。达成共识的是，合同违反某一强制性规定是否无效，须根据强制性规定的目的，

---

〔1〕对于强制性规定的称谓，国内文献中存在强制规定、禁止规定、强行法、禁令、强行性规定、强制性规则等多种表述，本文在介绍“区分说”时，统一使用“权限规定”和“法律禁令”的表述，在援引学者观点时，尽量使用该学者自己的表述，其他时候则统一使用《民法典》中的“强制性规定”这一概念。

〔2〕参见《最高人民法院民二庭、研究室负责人就民法典合同编通则司法解释答记者问》，载中华人民共和国最高人民法院网，https://www.court.gov.cn/zixun/xiangqing/419402.html，2024年7月15日访问。

〔3〕参见杨代雄：《〈民法典〉第153条第1款评注》，载《法治研究》2020年第5期。

〔4〕参见苏永钦：《私法自治中的经济理性》，中国人民大学出版社2004年版，第43页。

〔5〕参见朱庆育：《〈合同法〉第52条第5项评注》，载《法学家》2016年第3期；姚明斌：《“效力性”强制规范裁判之考察与检讨——以〈合同法解释二〉第14条的实务进展为中心》，载《中外法学》2016年第5期。

综合当事人的信赖保护、一方或双方违法、诚实信用与社会效果等因素，依据比例原则予以审慎判断。[1]如此一来，同一个强制性规定完全可在不同案件中展现出不同的法效果。例如,《企业国有资产法》第47条和《国有资产评估管理办法》第3条关于国有资产占有单位转让资产须进行评估的规定，在一个案件中，法院认为在“交易价格未造成国有资产流失，没有损坏国家和社会公共利益的情况下”，[2]该条并非效力性强制性规定，违反该条款不影响合同效力；在另一个案件中，法院则认为“受让人在知道或者应当知道所受让的资产属于国有资产，且未依法进行报批和评估的情况下，仍以明显不当的低价受让该国有资产的”，转让合同无效。[3]又如，招标人与投标人违反《招标投标法》第55条的规定，就投标价格、投标方案等实质性内容进行谈判影响中标结果的，法院通常会将该条认定为效力性强制性规定，宣告基于无效中标签订的建设工程施工合同无效。然而，这并不妨碍法院在个案中基于诚信原则和社会效果的考虑例外地认定合同有效。[4]由此可见，单纯为强制性规定“贴标签”的做法不仅不可行，还容易让法官忽视个案中的实质评价。对此,《民法典》第153条第1款及后续司法解释未采纳“效力性强制性规定”这一概念，已可说明问题。

然而，对概念式操作的迷恋似乎并未终结，对强制性规定进行概念区分的努力仍在继续。近年来，一种继受自德国民法学的“区分说”在我国学界日益流行，该学说主张，可将与任意性规定相对的强制性规定区分为权限规定和法律禁令,《民法典》第153条第1款中的“强制性规定”不包括权限规

〔1〕参见易军:《论合同违反强制性规定无效的判断标准——以〈民法典合同编通则解释〉第16条为中心》，载《清华法学》2024年第1期。

〔2〕参见最高人民法院（2013）民二终字第33号民事判决书。

〔3〕参见最高人民法院（2008）民申字第461号民事裁定书。正如有学者所指出，该条的立法目的是保护国有资产，避免国有资产因低价转让而流失。若某国有企业未经事先评估就转让国有资产，转让合同是否无效，需要根据前述规范目的并结合该规定规制的对象以及违反该规定的社会后果等因素加以判断。因此，司法机关根据具体案情作出不同判决，不能简单归为“同案不同判”。参见易军:《论合同违反强制性规定无效的判断标准——以〈民法典合同编通则解释〉第16条为中心》，载《清华法学》2024年第1期；张新:《走出效力性强制规定的误区——〈民法总则〉第153条第1款的解释与适用》，载《安徽大学学报（哲学社会科学版）》2020年第2期。

〔4〕参见最高人民法院（2019）最高法民终347号民事判决书。于飞:《诚信原则修正功能的个案运用——以最高人民法院“华诚案”判决为分析对象》，载《法学研究》2022年第2期。

定，对于合同违反权限规定者，无适用该款之余地。[1]我国民法学通说对法律行为适法规范中的“强制性规定”并未作此种区分，而是对与任意性规定相对的强制性规定作统一把握，可以被称为“统一说”。[2]从内容上看，“区分说”无疑站在通说的反面，是通说的反对说。目前来看，主张“区分说”的学者数量日渐增长，且其中不乏具有影响力的学者，新近颁布施行的《最高人民法院关于适用〈中华人民共和国民法典〉合同编通则若干问题的解释》（以下简称《合同编通则司法解释》）第18条更是被视作采纳“区分说”的证明。[3]“区分说”不仅渐成气候，甚至展现出有力之势。

《民法典》第153条第1款的适用在逻辑上分为两个步骤，第一步是确定其中“强制性规定”的范围，进而判断合同是否违反了强制性规定；第二步则是认定合同违反强制性规定的具体效果。过去对“效力性强制性规定”和“管理性强制性规定”的区分，是在承认二者皆属于《民法典》第153条第1款中的强制性规定的基础上，从是否影响合同效力的角度对强制性规定进行的区分，属于第二个步骤中的操作。上述“区分说”则属于第一个步骤中的操作，力图将所谓“权限规定”排除在“强制性规定”的范围之外。尽管有此不同，但二者均希望通过对强制性规定作概念式区分，来简化违法合同的效力判断。

---

〔1〕参见谢鸿飞：《论法律行为生效的“适法规范”——公法对法律行为效力的影响及其限度》，载《中国社会科学》2007年第6期；金可可：《强行规定与禁止规定——论〈合同法〉第52条第5项之适用范围》，载王洪亮等主编：《中德私法研究》（第13卷），北京大学出版社2016年版，第3页；朱庆育：《〈合同法〉第52条第5项评注》，载《法学家》2016年第3期；姚明斌：《“效力性”强制规范裁判之考察与检讨——以〈合同法解释二〉第14条的实务进展为中心》，载《中外法学》2016年第5期；吴光荣：《违反强制性规定的合同效力——以〈民法典合同编通则解释〉的相关规定为中心》，载《法律适用》2023年第12期。对于应排除在适法规范的适用范围之外的强制性规定，学者对其称谓有“私法强行法”“单纯强行规定”“私法处分权限的规定”“能为规范”“权限性规定”，不一而足，虽然称谓不同，但所指基本相同，德国学说通常称为“形成力和处分力上的界限”（Grenzen der Gestaltungs- und Verfuegungsmacht），为求简便，本文统一称为权限规定。

〔2〕参见李永军：《合同法》，法律出版社2010年版，第331～332页；崔建远：《合同法》，北京大学出版社2013年版，第89～90页；梁慧星：《民法总论》，法律出版社2017年版，第206页；王利明：《民法总则》，中国人民大学出版社2017年版，第322页；韩世远：《合同法总论》，法律出版社2018年版，第232页。

〔3〕参见吴光荣：《违反强制性规定的合同效力——以〈民法典合同编通则解释〉的相关规定为中心》，载《法律适用》2023年第12期。

在我们经过二十余年的漫长历程终于走出“效力性强制性规定”的“概念迷雾”，又准备大踏步地进入“权限规定”这一新的“概念天国”之前，不妨暂时停下脚步，冷静观察和思考：“区分说”是否真如想象中那么美好？“区分说”为何仅是德国法上的孤例？[1]“区分说”带领我们走向的究竟是一片“坦途”，还是新的“泥沼”？针对这些问题，本文围绕《民法典》第153条第1款中的“强制性规定”的范围界定这一主题，基于对德国“区分说”历史、成因及现状的考察，结合我国法律规范和司法实践，就我国是否应采纳“区分说”以及“区分说”的意义等问题展开讨论，以期有益于法律适用，并求教于方家。

二、“区分说”的源起

（一）“区分说”在德国的发展历程

“区分说”发端于德国，但并非《德国民法典》颁布之前就存在，而是法典颁布之后理论建构的产物。最早提出“区分说”的学者是冯·图尔，其在《民法总论》一书中写有如下一段话：

“法律主体的私人自治不是没有限制的。有一些法律关系完全不可以通过法律行为去改变，如父母子女之间的亲权关系。在一些领域当事人的意思仅能按照特定的形式去构造法律关系。相反，在债务法中，当事人原则上可以就任何根据我们的法律观点属于该法律领域且不会导致过度限制义务人自由的事项进行约定。在特殊情况下，法律通过宣布法律行为无效或不能被缔结的方式，剥夺对某些法律行为内容的认可。如果人们将这种限制私人自治的法条（leges perfectae）[2]称作禁止性法律，在我看来，这在逻辑上是不准确的：因为当这些法律拒绝承认法律行为的法律效力时，不是在禁止法律行

〔1〕相关比较法考察，参见耿林：《论中国法上强制性规定概念的统一性》，载王洪亮等主编：《中德私法研究》（第13卷），北京大学出版社2016年版，第47～50页。

〔2〕此处，冯·图尔将这种限制私人自治的法条，与罗马法上的完全法（Leges perfectae）概念作了连接，意在强调这种观念的罗马法渊源。然而，有后世学者并不认可这种观点。Vgl. Olaf Deinert, Zwingendes Recht: Grenzen rechtsgeschaeftlicher Gestaltungsmacht und Verbotsgesetz, Carl Heymanns Verlag, Köln, 2002, S.44.

为，而是不可能做，不是限制法律主体的‘允许’（Dürfen），而是‘可能’（Können）。”[1]

不过在早期文献中，冯·图尔的观点并非主流，同一时代具有代表性的观点认为，所有宣告法律行为不生效或者无效，进而导致法律行为不可以被实施或者不允许被实施的规范，尤其也包括民法典中的规范，均被视为《德国民法典》第134条中的禁止性法律。[2]

直至20世纪下半叶，“区分说”逐渐得到弗卢梅、拉伦茨等一批有影响力学者的支持，才开始占据主导地位。弗卢梅在其著作中区分了禁止性法律（Verbotsgesetze）和关于法律行为的形成可能性界限的规范（die Normen über die Begrenzung rechtsgeschäftlicher Gestaltungsmöglichkeiten），他认为，法律制度并不“禁止”超出法律行为形成可能性界限的法律行为，它只是不承认这些行为生效。与之相反，对于禁止性法律，禁止的法律命令位于前台，无效仅仅是禁止规范的后果或制裁。法律行为是否无效的问题只能针对真正的禁止性规范提出。[3]拉伦茨在其著作中亦区分了强行规定（Zwingende Vorschriften）和法律禁止的行为（Gesetzlich verbotene Geschäfte），前者包括私法上的类型强制和财产处分自由以及法定代表人、代理人、财产管理人的权限限制等，后者针对的法律行为在性质上是可能被实施的，但法律基于各种考量禁止其实施，并且法律将法律行为的实施和惩罚等制裁措施相联系，意图通过制裁措施来阻止法律行为的实施。[4]在这一时期的德国司法实践中，“区分说”也被大量判例所接受。[5]德国著名的帕兰特民法典评注自第41版开始出现“区分说”的内容。[6]当今，德国主流的民法典评注基本上都接受了该学说，“区分说”成为当代德国民法学的通说。[7]

---

〔1〕 Vgl. Andreas von Tuhr, Der Allgemeine Teil des Deutschen Bürgerlichen Rechts, Bd. II. 2, 1914, S.1–2.

〔2〕 Vgl. Historisch–kritischer Kommentar zum BGB, 2003, § 134, Rn.12.

〔3〕 Vgl. Werner Flume, Allgemeiner Teil des Buergerlichen Rechts, 3. Auflage, 1979, S.342–343.

〔4〕 Vgl. Karl Larenz, Allgemeiner Teil des deutschschen Buergerlichen Rechts, 7. Auflage, 1989, S.428–431.

〔5〕 Vgl. Juris Praxis Kommentar: BGB Allgemeiner Teil, 7. Auflage, § 134, Rn.1–4.

〔6〕 Vgl. Palandt, 41 Auflage, 1982, § 134, S.101–102.

〔7〕 Vgl. Soergel, 13. Auflage, § 134, 1999, Rn.2. Münchener Kommentar, 5 Auflage, Band I, 2006, § 134, Rn.5. Staudinger, 2021, § 134, Rn.10.

（二）“区分说”的理论构建

1. 立法目的：法教义学的使命

《德国民法典》第134条的起草深受法典起草委员会成员格布哈德（Gebhards）的影响，立法初衷主要是针对那些实施会触犯刑法的法律行为，立法者希望通过该条来宣告此类法律行为无效。这一目的在《德国民法典》的立法理由书中表露无遗：“该规定特别考虑到那些公法中涉及法律行为的禁止性法律，特别是刑法中的禁止性规定。”〔1〕

在格布哈德提供的草案建议下，德国民法典第一草案中的法律行为适法规范表述为：“一个法律行为，其实施被法律禁止的（dessen Vornahme durch Gesetz verboten sei），无效，但是法律另有规定的除外。”经过修改，在第二草案中该条被调整为现在的表述，即“一个法律行为，违反法律上的禁令（das gegen ein gesetzliches Verbot verstösst）无效，但是法律另有规定的除外”。〔2〕前后对比可以发现有两处改动：一是后来的条文所针对的不仅是法律行为的实施会构成违法的情形，而且将法律行为的内容违法也包括在内；二是将原先的法律（Gesetz）改为了法律禁令（gesetzliches Verbot），显然，后者是一个更为狭义的概念。两处改动结合起来看，暗示着这样的结论，即此处的“法律禁令”，系指可以被法律行为的内容或法律行为的实施行为所违反的法律规定；反之，则不是“法律禁令”。

由上可知，不论是第134条的立法目的，还是该条的规范构造及其文义暗示，均为后续的教义学发展提出了一项使命，即应去探求该条“法律禁令”的指涉范围，这为后来“区分说”的提出埋下了伏笔。

2. 法理基础：对命令理论的批判

19世纪是分析实证主义法学的时代，彼时法理学上的一大争论是法律的本质属性是什么？分析实证主义的代表人物奥斯丁给出的回答是：法律是主权者制定的强制约束一些人的普遍命令。在奥斯丁看来，人们所说的准确意义上的法，都是一类命令。在所有命令之中，均包含一项服从的要求，即义

〔1〕 Vgl. Juris Praxis Kommentar：BGB Allgemeiner Teil，7. Auflage，§134，Rn.1.

〔2〕 Vgl. Historisch-kritischer Kommentar zum BGB，2003，§134，Rn.7-9.

务，义务的不履行便会招致制裁，命令、义务、制裁是“三位一体”的。[1]此即奥斯丁著名的“命令理论”。

该理论提出后，在迎来巨大声誉的同时，也招致批判，其中尤为有力的批评者是哈特，他对命令理论的批评主要有三：一是即便包含命令的法律也对制定者自身科以义务，这与下达于他者之命令不同；二是习惯法的产生并非源于主权者有意识的法律创设行为；三是最有力也最是广为流传的一点，即法律中包含授予他人权力（权利）的法律，这些法律并不科以义务，而是在法律之强制架构下，为法律之权利义务的自由创设提供便利条件。[2]

前述争论在德国法学界也上演着翻版，德国法学家托恩在19世纪末提出德国版的“命令理论”（Imperativentheorie），[3]随后大批学者加入论战之中。为回应反对者提出的授权性法律的性质难题，凯尔森和恩吉施等人均为命令理论进行了辩护，其观点大同小异，即通过限定法律规范的范围，将这些授予权利的规范仅看作完整法律规范的“条件句”或“片段”。换言之，这些规范都可以最终被还原为包含义务和制裁的完整规则。例如，恩吉施指出，“能被当作主体权利的典范的财产权，是通过且仅通过此方式才能被‘授予’，禁止任何人妨碍财产所有人享用属于他的财物，也即禁止盗窃、抢劫、扣留他的财物，败坏他使用财物的兴致等，此外，指令那些没有特别的合法根据占有他人财物的人，将财物返还给财产所有人，尤其是指令司法机关，基于财产所有人的要求提供帮助，实现那些原初的指令和禁令。没有所有这些命令，一切明确且郑重的财产权的授予，是无意义、无实在性的”。[4]

对于命令理论主张者的这些辩护，拉伦茨结合民法规范做了有力反驳，他认为规定代理权的授予、所有权的取得或丧失的法律规范很难被还原为命令。以所有权为例，命令理论认为赋予所有权仅是对他人科以不染指所有权的义务的观点是非常片面的，所有权人除了可以排除他人的干涉外，还可以依其意志自由处置所有物，因此，所有权人取得一个个体的自由空间，在其

〔1〕 参见［英］约翰·奥斯丁：《法理学的范围》，刘星译，商务印书馆2021年版，第18页以下。
〔2〕 参见［英］哈特：《法律的概念》，许家馨、李冠宜译，法律出版社2018年版，第102页。
〔3〕 参见［德］托马斯·M.J.默勒斯：《法学方法论》，杜志浩译，北京大学出版社2022年版，第66页。
〔4〕 参见［德］卡尔·恩吉施：《法律思维导论》，郑永流译，法律出版社2014年版，第24页。

中他能够实现人格的自我发展。所有权具有的“分配的内容”和排除干涉的这两项功能是互为条件的；将其中一方面仅视为另一方面的“反射”，因而仅赋予前者从属性的意义，这种做法是没有根据的。[1]

客观而言，通过对法律规范的范围和法律效果进行限缩理解，经过不断进化的“命令理论”未必不能做到理论上的自洽。但是作为一种认识论，需要面临的诘问在于，对法律做这样统一性的理解是否存在必要。正如哈特所说：“尽管这些处置的构想是如此精巧，以威胁为后盾之命令的模型，对于法律所遮蔽的远比所揭露的来得更多；将各式各样的法律化约成单一简单形式的努力，结果是将虚伪的统一性强加于法律。”

通过对“命令理论”的批判，使人们认识到法律规范并非均由命令所构成，其中尚有大量不能被归为命令的授权性规范。是故，即便将《德国民法典》第134条中的禁令（Verbot）作广义理解，将其等同于命令，即不仅包括狭义的“禁令”，也包括“令行”（Gebot），那么也不能得出其包含所有强制性规范的结论。可以说，对“命令理论”的批判为“区分说”奠定了法理基础。

3. 概念建构：强行法与法律禁令的区分

在德国民法学中，强行法（zwingendes Gesetz）这一概念被认为与法律的有效性要求（Geltungsanspruch）有关，而这一要求又与私法自治相联系，与其相对应的概念是任意法（dispositive Gesetz）。任意法的主要功能在于弥补当事人之不备，因而当事人可以通过约定排除任意法的适用。强行法的适用效力则不能被当事人的约定所排除，这不属于当事人可以实现意思自治的领域。换言之，强行法必须被适用。当然，根据一个规范的目的可以确定其强行效力的范围，进而强行法又可区分为绝对强行法和半强行法，后者允许当事人作符合规范目的的排除适用。[2]法律禁令（gesetzliches Verbot）是《德国民法典》第134条中的概念，其针对的可能是法律行为，但通常情况下，其针对的是法律行为之外的其他事实或行为，当法律禁令涉及法律行为时，并

〔1〕参见［德］卡尔·拉伦茨：《法学方法论》，黄家镇译，商务印书馆2020年版，第324页。

〔2〕Vgl. Bernhard Ulrici，Verbotsgesetz und zwingendes Gesetz，JuS 12/2005，S.1073f.

不意味着当事人不能实施法律行为，而是法律不允许其实施。[1]

就法律禁令与强行法的关系而言，法律禁令当然不允许当事人排除适用，故法律禁令均属于强行法。[2]但是，法律禁令不是强行法的全部，并非所有的强行法都是法律禁令。例如，对行为能力的要求、法律行为的法定形式要件以及物权法上的类型强制等规范，不允许民事主体排除适用，属于强行法，但这些规定并未强制或禁止民事主体为或不为一定行为，不属于法律禁令。因此，强行法是一个更为广义的上位概念。[3]对于不属于法律禁令的强行法，德国学者对其有不同的称谓，有的学者以单纯强行法（bloß zwingenden Recht）统称这类规范，[4]有的学者用法律行为的形成权力的一般限制（beschränken allgemein die rechtsgeschäftliche Gestaltungsmacht）统称这类规范，[5]还有学者分别列举私人自治的形成权限限制（Einschränkung der privatautonomen Gestaltungsbefugnis）、法律权力的限制（Einschränkung der Rechtsmacht）、权利转让的排除（Ausschluss der Übertragbarkeit eines Rechts）、官方的许可要求（Erfordernis behördlicher Genehmigung）等来指称这类规范。[6]由此可见，所谓权限规定这一概念也有广狭二义，狭义的权限规定指的是不属于法律禁令的单纯强行法之一种，广义的权限规定则可等同于单纯强行法。

4. 理念升华：行为的“不能”和“不许”

为说明“区分说”的正当性，德国学说在理念上进一步区分了行为的“不能”和“不许”。权限规定限制的是形成法律关系的可能性，其在特定领域排除了私法自治的空间。换言之，法律行为不可能在此领域创设法律关

---

〔1〕 Vgl. Bernhard Ulrici，Verbotsgesetz und zwingendes Gesetz，JuS 12/2005，S.1075.

〔2〕 由此，法律禁令的效力可区分为两个方面：一是作为强行法不允许被当事人排除适用的效力，二是其规范内容对当事人施加的义务的效力。我国有学者将前者称为强行规定强行性面向之违反，后者称为强行规定规范内容之违反。参见金可可：《强行规定与禁止规定——论〈合同法〉第52条第5项之适用范围》，载王洪亮等主编：《中德私法研究》（第13卷），北京大学出版社2016年版，第5页。

〔3〕 Vgl. Bernhard Ulrici，Verbotsgesetz und zwingendes Gesetz，JuS 12/2005，S.1076.

〔4〕 Vgl. Bernhard Ulrici，Verbotsgesetz und zwingendes Gesetz，JuS 12/2005，S.1076.

〔5〕 Vgl. Soergel，13. Auflage，1999，§134，Rn.2.

〔6〕 Vgl. Jauernig，2023，§134，Rn.3-7.

系。[1] 例如，民事主体不可能在法定的物权类型之外创设新的物权类型。法律禁令涉及的不是行为能与不能的问题，相关行为在事实上是能够做到的，但是法律基于特定目的不允许法律主体去实施该行为。又如，剥夺他人的生命在事实上是可以做到的，但法律不允许剥夺他人生命。从逻辑上看，行为的“能”是先于行为的“许”的，一个行为只有能够做到，才会存在法律允不允许做的问题，如果一个行为根本不能做到，那么也就谈不上允不允许做的问题。正因如此，有德国学者指出,《德国民法典》第134条的适用系以法律行为的形成力和处分力的存在为前提的。[2]

5. 区分实益：法律适用与法律效果

理念上的区分终究还是要落实到区分的实益上来，对此，从德国学者的描述来看，这种区分的实际意义在于，法律行为逾越权限规定的界限时，权限规定大多已经规定了法律效果，如果没有规定，既然行为不能被实施，那么法律行为的效果自然是不生效的。并且，这种效果不是依据第134条得出，而是来自强行法本身。[3] 至于法律行为违反法律禁令时效力如何，则须依据《德国民法典》第134条进行判断，此时需要根据具体法律禁令的意义和目的等因素进行判断，法律行为可能无效，也可能有效。[4]

三、我国学者对“区分说”的引介及原因

（一）作为当前通说的“统一说”

对法律规范的分类，在我国传统民法理论中，史尚宽的观点具有代表性，他将法律规范区分为强行法和任意法，强行法为不问当事人意思如何，必须适用之规定。在强行法下，又可分为强制规定和禁止规定，强制规定系法律命令为一定行为之规定；禁止规定则系法律命令不为一定行为之规定。根据违反强行法的效果不同，史尚宽又将强行规定区分为取缔规定和效力规定，

〔1〕 Vgl. Medicus/Petersen，Allgemeiner Teil des BGB，12. Auflage，2024，§43，Rn.645

〔2〕 Vgl. Münchener Kommentar BGB，5 Auflage，BandI，2006，§134，Rn.5.

〔3〕 Vgl. Bernhard Ulrici，Verbotsgesetz und zwingendes Gesetz，JuS 12/2005，S.1074.

〔4〕 Vgl. Soergel，13. Auflage，1999，§134，Rn.14.

前者系对违反者加以制裁，以防止其行为，非以之为无效的规定；后者系不宣告违法行为之法律行为无效，不能达其立法目的之规定。[1]可见，史尚宽是从规范内容和法律行为的效力两个维度对强行法进行分类的。并且，从史尚宽的举例——“民法限定物权种类之规定，系禁止当事人任意设定法所未认许之物权，非以如此物权之设定为无效，则不能达该条之目的”，故而物权法定原则属于效力规定来看，他并未提到“区分说”的观点。[2]

我国当前多数民法著作基本上沿用了史尚宽的前述分类，[3]无非部分学者在个别概念名称上做了改造，如以管理性强制性规定替代取缔规定。[4]可以说，“统一说”在当代中国民法学中仍然占据通说地位。不过，探究通说的历史渊源可以发现，史尚宽等老一辈中国民法学者在形成“统一说”的观念之时，虽然不排除参考过包括德国在内的比较法学说，但在20世纪前半叶，“区分说”在德国也只是极少数说，故当时的中国学者可能未听说过“权限规定”这一概念，更谈不上对“区分说”的继受了。或许正是这一原因，赓续自传统民法理论的我国当前通说并没有对“区分说”给予足够的关注和回应。从国内现有文献来看，采用“统一说”的学者中，只有个别学者在著作中简要

---

〔1〕 参见史尚宽：《民法总论》，中国政法大学出版社2000年版，第329～330页。胡长清和姚瑞光的观点与史尚宽大同小异，胡长清是在禁止规定之下区分取缔规定和效力规定。姚瑞光是以强制规定包含禁止规定，进而在强制规定之下划分效力规定和取缔规定。参见胡长清：《中国民法总论》，商务印书馆1935年版，第222页；姚瑞光：《民法总则论》，中国政法大学出版社2011年版，第175页。

〔2〕 史尚宽使用“取缔规定”这一概念，结合其留日背景，推断其可能受到日本学说的影响。不过有所不同的是，日本学者系将私法上的规定区分为强行法规和任意法规，而将公法上的规定称为取缔规定（亦有称管制规定），公法上的取缔规定可导致法律行为无效者被称为效力规定，不导致法律行为无效者被称为单纯取缔规定。日本民法中的法律行为适法规范系对《日本民法典》第91条的反对解释而来，日本通说认为该条中的强行法规既包括私法中的强行法规，也包括公法中的效力规定，这一广义理解与史尚宽先生的见解倒是并无不同。参见［日］我妻荣：《新订民法总则》，于敏译，中国法制出版社2008年版，第239页以下；［日］山本敬三：《民法讲义Ⅰ：总则》，解亘译，北京大学出版社2012年版，第201页以下；［日］近江幸治：《民法讲义Ⅰ：民法总则》，渠涛等译，北京大学出版社2015年版，第158页以下。

〔3〕 参见李永军：《合同法》，法律出版社2010年版，第332页；崔建远：《合同法》，北京大学出版社2013年版，第89页；梁慧星：《民法总论》，法律出版社2017年版，第203～205页；王利明：《民法总则》，中国人民大学出版社2017年版，第321页；韩世远：《合同法总论》，法律出版社2018年版，第232页。

〔4〕 参见隋彭生：《合同法》，中国人民大学出版社2023年版，第47页。

介绍过德国的“权限规定”概念，[1]或者对“区分说”进行过简要回应。[2]

（二）“区分说”对通说的挑战及其理由

1.“区分说”的引入

在笔者收集的资料中，最早将“区分说”引入中国的学者是苏永钦，其在 1987 年发表的论文中比较系统地介绍了德国法学中权限规定与法律禁令的区分，并反思了当时我国台湾地区学说和实务对二者的混淆和误解。[3]苏永钦的文章发表后产生了巨大影响力，王泽鉴认为该说“实具参考价值”。[4]

随着苏永钦的文章以及拉伦茨、梅迪库斯等德国学者的著作在中国的出版，“区分说”逐渐被越来越多的国内学者所接受。谢鸿飞在 2007 年发表的文章中，认为“对中国民法而言，明确将《合同法》第 52 条第 5 项的‘法律’限定为公法具有更重要的意义”。[5]叶名怡认为存在权能规范的“不得”和行为规范的“不得”，只有后者被违反时合同才会有无效的情形。[6]朱庆育将违反强制性规定的案件概括为市场准入型、私法权限型、生效管制型、纯粹秩序型与刑民交叉型，他认为对于私法权限型案件，在效力性强制性规定与管理性强制性规定二分格局下进行探讨，属于错置找法路径。[7]金可可着力阐发单纯强行规范与行为规范的区分意义，并提出若干富有启发性的区分标准。[8]姚明斌从行为的“不能”与“不许”角度肯定“区分说”的合理性。[9]

---

〔1〕参见梁慧星：《民法总论》，法律出版社 2017 年版，第 204 页。

〔2〕参见黄忠：《违法合同的效力判定路径之辨识》，载《法学家》2010 年第 5 期；韩世远：《规范属性、规范目的及合同效力评价》，载王洪亮等主编：《中德私法研究》（第 13 卷），北京大学出版社 2016 年版，第 25 页；耿林：《论中国法上强制性规定概念的统一性》，载王洪亮等主编：《中德私法研究》（第 13 卷），北京大学出版社 2016 年版，第 38 页。

〔3〕参见苏永钦：《私法自治中的经济理性》，中国人民大学出版社 2004 年版，第 33 页以下。

〔4〕参见王泽鉴：《民法总则》，北京大学出版社 2009 年版，第 222 页。

〔5〕谢鸿飞：《论法律行为生效的“适法规范”——公法对法律行为效力的影响及其限度》，载《中国社会科学》2007 年第 6 期。

〔6〕参见叶名怡：《我国违法合同无效制度的实证研究》，载《法律科学（西北政法大学学报）》2015 年第 6 期。

〔7〕参见朱庆育：《〈合同法〉第 52 条第 5 项评注》，载《法学家》2016 年第 3 期。

〔8〕参见金可可：《强行规定与禁止规定——论〈合同法〉第 52 条第 5 项之适用范围》，载王洪亮等主编：《中德私法研究》（第 13 卷），北京大学出版社 2016 年版，第 11 页。

〔9〕参见姚明斌：《“效力性”强制规范裁判之考察与检讨——以〈合同法解释二〉第 14 条的实务进展为中心》，载《中外法学》2016 年第 5 期。

尤其值得注意的是，《合同编通则司法解释》第 18 条规定：“法律、行政法规的规定虽然有‘应当’‘必须’或者‘不得’等表述，但是该规定旨在限制或者赋予民事权利，行为人违反该规定将构成无权处分、无权代理、越权代表等，或者导致合同相对人、第三人因此获得撤销权、解除权等民事权利的，人民法院应当依据法律、行政法规规定的关于违反该规定的民事法律后果认定合同效力。”参与该司法解释起草的学者指出：“其目的就是要求人民法院在认定合同效力时将强制性规定与权限性规定区分开来。也就是说，强制性规定与权限性规定的区分意味着《民法典》第 153 条所称的‘强制性规定’应仅指法律、行政法规关于行为人应当实施或者禁止实施特定行为的规定，不包括法律、行政法规关于行为人无权实施特定行为的规定。”〔1〕

2. 我国学者支持“区分说”的理由

我国学者支持“区分说”的理由，大体可以分为理念、实践与技术三个层面。

首先，在理念层面，我国学者多在德国学说“能为规范”与“许为规范”的基础上阐发“区分说”意义。对此，苏永钦的观点颇具代表性，他指出，权限规定“并不‘管制’人民的私法行为，而是提供一套自治的游戏规则，像篮球规则一样，告诉你何时由谁取得发球权，何时必须在边线发球，规则的目的在于让所有球员都能把投、跑、跳、传的体能技巧发挥到极致，而唯一不变的精神就是公平”。此与强制性规定管制或禁止人们的行为存在不同。〔2〕有学者进一步阐发我国采纳“区分说”的三大意义：一是有助于减少对无效法律行为的认定；二是可以彻底区分违反私法强行法的“不生效”和违反公法强行法的“无效”；三是可以维持民法体系的纯粹性。〔3〕

其次，针对我国过去司法实践中对强制性规定普遍作广义理解的做法，不少学者认为，对于一些法律规定（被提及的主要条文包括《物权法》第 191 条，2018 年《公司法》第 16 条，《城市房地产管理法》第 38 条、第 40 条，《民

〔1〕 参见吴光荣：《违反强制性规定的合同效力——以〈民法典合同编通则解释〉的相关规定为中心》，载《法律适用》2023 年第 12 期。

〔2〕 参见苏永钦：《私法自治中的国家强制》，中国法制出版社 2005 年版，第 28 页。

〔3〕 参见谢鸿飞：《论法律行为生效的“适法规范”——公法对法律行为效力的影响及其限度》，载《中国社会科学》2007 年第 6 期。

法典》第399条、第443条至第445条,《商标法》第42条,《中外合资经营企业法》第3条,《企业国有资产法》第53条等），如果适用法律行为适法规范来处理将会导致不当结果。这种不当主要表现在两个方面：一是可能架空法律上已有的规定。例如，对于须经批准生效的合同，法律已做出规定，如果法院依据适法规范宣告合同无效，相当于司法机关代替行政机关对合同是否符合社会公共利益或国家利益做出判断，欠缺正当性。[1]二是依据适法规范无论是得出合同有效还是无效的结论，都不合适。[2]此外，苏永钦还提出“区分说”的一点实践意义，即由于权限规定并不管制人们的行为，故不妨碍民事主体迂回达到目的，而对于强制性规定，通过迂回的方式达到目的属于“脱法行为”，不应使其达到目的。[3]

最后，在技术层面，有学者指出法律行为若以内容“违反”权限规定，其法律效力是确定的，法官无裁量余地，无区分效力规定、取缔规定之余地；且其确定不生效后，通常仍会适用其所“违反”的单纯强行规定之规范内容，作为替代规制。法律行为若违反行为规范，法官有裁量余地（区别效力规定与取缔规定或管理性规定），若法律行为因之无效，亦不可能以其规范内容作为替代规制。[4]

四、“区分说”的再审视

（一）“权限规定”的本质

按照部分学者的说法，私法上的权限规定与公法上的法律禁令存在本质不同，前者是授权性质，与后者系强制或禁止人们为一定行为不同。有学者指出，权限规定并不“管制”人们的行为，而只是从另一个角度去支持私法

〔1〕 参见杨代雄:《〈民法典〉第153条第1款评注》，载《法治研究》2020年第5期。
〔2〕 参见吴光荣:《违反强制性规定的合同效力——以〈民法典合同编通则解释〉的相关规定为中心》，载《法律适用》2023年第12期。
〔3〕 参见苏永钦:《私法自治中的国家强制》，中国法制出版社2005年版，第30页。
〔4〕 参见金可可:《强行规定与禁止规定——论〈合同法〉第52条第5项之适用范围》，载王洪亮等主编:《中德私法研究》（第13卷），北京大学出版社2016年版，第23页。

自治而已。[1]这一观点为“区分说”增添了维护私法自治的哲学意味。

诚然，“区分说”对规范性质和目的的观察具有认识论上的价值。不过，私法之精义乃“法不禁止即自由”，民事主体实施行为本就无须授权。所谓授权规范，从另一侧面看，本质上仍是在限制私权。正如耿林所说，私法权限规定虽旨在赋予私主体权利，但这一观念的真正意义还是在于指明权利的边界，即私法自治的外部界限何在。[2]在其界限之外的部分，民事主体“不能”为之，即私法自治受到限制，此点与公法上的法律禁令在功能上并无二致。

至于认为“区分说”有利于减少认定合同无效的情形，则恰恰与事实相反。据笔者观察，“区分说”与德国学者对私法自治的建构主义理解有关。《德国基本法》第2条第1款规定了作为基本权利的人的一般行为自由，在社会交往中，作为自然性自由的一般行为自由要得到实现，离不开法律制度的支持，法律行为制度就是立法者为落实基本权利而构建的法律制度。[3]然而，并非社会交往的全部都属于可以意思自治的领域，因此，立法者需要明确自治的边界，所谓权限规定的功能就在于划定这一界限。“区分说”区分行为的“不能”与“不许”，也恰在说明“不能”之处是对私法自治的排除，意在强调民事主体绝无通过法律行为形成法律关系的可能。如拉伦茨所言，与（单纯）强行法相比，法律禁令的目的不在于排除私法自治。因此，相较于（单纯）强行法，法律禁令为私人自治留下了更多的空间。[4]可见，“不能”对私法自治的限制程度较“不许”更甚。此点从法律行为的效力评价上也可以看出，对于违反法律禁令的法律行为，令法律行为无效只是众多制裁手段中一种可能的民事制裁，而拒绝承认逾越权限规定的法律行为产生效力，则是因为它根本不可能被实施。[5]

我国学者将权限规定视作私法领域的当然“游戏规则”，还隐含了一种

---

〔1〕参见苏永钦:《私法自治中的国家强制》，中国法制出版社2005年版，第28页。

〔2〕参见耿林:《强制规范与合同效力——以〈合同法〉第52条第5项为中心》，中国民主法制出版社2009年版，第79页。

〔3〕山本敬三教授将自由区分为作为自然性自由的私域自治与作为制度性自由的契约自由，道理也在于此。参见［日］山本敬三:《民法讲义Ⅰ：总则》，解亘译，北京大学出版社2012年版，第87～88页。

〔4〕Vgl. Larenz/Wolf, Allgemeiner Teil des Buergerlichen Rechts, 9. Auflage，2004，§40，Rn.2.

〔5〕Staudinger，2021，§134，Rn.10.

对其地位无可置疑的危险。基本权利除了具有主观权利的性质外，还建立了一个客观价值秩序，一切公权力都要受此“客观价值”的约束，时刻以基本权利作为其考量因素，运用一切可能的手段去促进和保障基本权利的实现。[1]法律行为制度作为立法者为实现私法自治而构建的制度工具，权限规定的设置妥当与否并非毋庸置疑，其必须受到来自基本权利方面的审查。试举两例说明：一是行为能力制度。行为能力是对民事主体理性能力的要求，而理性能力是民事主体得以其自身行为创设私法关系的当然前提，故抽象的行为能力要求可谓是私法自治的题中之义，但这并不意味着具体的行为能力制度设计都是合乎私法精神的。从比较法上看，各国民法几乎都设有行为能力制度，但在行为能力制度的具体设计上，却有两级制和三级制之分。[2]我国《民法典》采民事行为能力划分三级制，完全否认无民事行为能力人以自己行为创设法律关系的可能，其存在对无民事行为能力人的私法自治限制过度的问题，这已引起学者关注。[3]二是物权法定原则。为保护所有权自由及维护交易安全和便捷，各国私法或判例都或明或暗地确立了物权法定原则，但各国对于物权类型和内容的设计仍然千差万别，近年来，反思物权法定僵化的声音此起彼伏，呼吁缓和物权法定甚至倡导物权自由的声音也不绝于耳。[4]

综上所述，权限规定虽有扶助自治之功能，但其真正意义仍在于划定行为自由之边界，在此意义上，其与法律禁令一样，本质上都是对私法自治的限制。既然如此，权限规定与法律禁令，不论在立法还是司法上，都有对其正当性进行省思之必要。

（二）“区分说”下的概念错位

“区分说”首先将法律规范依能否以约定排除适用，区分为强行法和任意法，然后在强行法中进一步区分出权限规定和法律禁令，即权限规定和法律

〔1〕参见张翔：《基本权利的规范建构》，法律出版社2023年版，第175页。

〔2〕参见朱广新：《民事行为能力类型化的局限性及其克服》，载《法学评论》2014年第1期。

〔3〕参见朱广新：《民事行为能力制度的立法完善》，载《当代法学》2016年第6期。

〔4〕参见杨代雄：《物权法定原则批判》，载《法制与社会发展》2007年第4期；高圣平：《物权法定主义及其当代命运》，载《社会科学研究》2008年第3期；张志坡：《物权法定缓和的可能性及其边界》，载《比较法研究》2017年第1期。

禁令是与任意法相对的强行法的下位概念。然而事实未必如此。

一方面，任意法中也存在权限规定。比如，《民法典》第301条规定："处分共有的不动产或者动产以及对共有的不动产或者动产作重大修缮、变更性质或者用途的，应当经占份额三分之二以上的按份共有人或者全体共同共有人同意，但是共有人之间另有约定的除外。"从该条但书可以看出，该条可以被共有人之间的约定排除适用，应当属于任意法。但是，假如当事人没有约定排除，共有人之一人处分共有物就必须按照该条的要求，取得一定份额的按份共有人或全体共同共有人同意，否则处分行为的效力就会存在瑕疵，可见这又是一个权限规定。

另一方面，法律禁令也有可能来自任意法。例如，《民法典》第293条规定："建造建筑物，不得违反国家有关工程建设标准，不得妨碍相邻建筑物的通风、采光和日照。"其中关于"不得妨碍相邻建筑物的通风、采光和日照"的规定，并非不允许当事人排除适用。如果建筑人与相邻建筑物权利人事先达成协议，允许建造的建筑物影响相邻权利人的通风、采光和日照，则建造建筑物的行为不会产生违反该规定的问题。但是，如果建筑人与相邻建筑物权利人未达成协议，那么前述规定在相邻关系当事人间就必须适用，若建造的建筑物影响了相邻建筑物权利人的通风、采光和日照，就违反了前述规定。如果一方当事人和第三方签订了建造前述房屋的建设工程施工合同，也存在合同内容违反强制性规定的问题。由此，一个任意法也可以成为被合同违反的强制性规定。

为何会出现上述现象？笔者认为，这是因为"区分说"下的分类混淆了法律适用效力和具体的合同违法之间的关系，二者实际上是两个层面的问题。将法律规范区分为强行法和任意法，是在抽象层面对法律适用效力进行的观察，强行法不得以约定排除适用，任意法可以被当事人约定排除适用。与之不同，违法合同的效力评价，则是站在一个具体的视角，谈论合同违反一个强制性规定时的效力如何，这里的强制性规定必然指向的是一个具体的被合同违反了的法律规则，至于这个规则在抽象层面能否被当事人排除适用，是有多种可能的。任意法虽然在抽象层面具有可被当事人排除适用的特征，但在具体的情境中，只要当事人没有排除其适用，它就仍然具有法的效力，在个案中会产生适用要求，进而展现出法的“强制性”。[1]由此可见，“区分说”在概念分类上存在错位，权限规定与法律禁令并非强行法之下的分类，甚至“单纯强行法”这一称谓也是有问题的。

（三）“区分说”缺乏精确的区分标准

“区分说”的意义在于解决法律适用问题，但“区分说”未能提供清晰的区分标准，难以对权限规定和法律禁令进行彻底界分。

首先，形式标准不可行。将权限规定视为私法上的强行法，将法律禁令视为公法上的强行法，等于是将一个复杂问题的解决寄托在另一个复杂问题（公私法如何划分）的解决之上。尤其在我国，公法与私法的界限并不是那么明显的，即便是在作为私法的民法之中，也包含大量公法性质的规范，[2]如《民法典》第418条的规定。或许有人主张，这里的公法和私法是在实质而非形式意义上使用的，但什么是实质上的公法和私法，又使标准变得更加模糊。

其次，性质标准不可行。按照德国学者的通常说法，权限规定是对私法关系形成可能的限制，法律禁令则是不许为特定行为。这一标准虽具有一定的观念价值，但作为界分标准显然过于抽象，尤其是当强制性规定直接针对某一法律行为之时。例如，《民法典》第1007条第1款规定：“禁止以任何形式买卖人体细胞、人体组织、人体器官、遗体。”从该条的措辞和目的来看，立法者明令不允许实施人体器官的买卖，可以说该条系法律禁令。但该禁令直接针对买卖这一法律行为，也可以说立法者完全剥夺了民事主体通过买卖这一法律行为实现人体器官流转的可能性，因此也可以认为该条是权限规定。或许有人主张，这里可以区分法律上的买卖和事实上的“买卖”，该条禁止的只是作为法律行为的买卖，事实上的“买卖”仍是可能的，因此该条是法律禁令而非权限规定。问题在于，如果可以作这样的区分，那么对于典型的权限规定也可以进行如此区分。比如，当事人约定设立一个不动产质权并完成

---

〔1〕有学者称为任意性规定所具有的强制性。参见许中缘：《论任意性规范——一种比较法的视角》，载《政治与法律》2008年第11期。

〔2〕参见许中缘：《论民法中的行政法性规范》，载肖海军主编：《岳麓法学评论》（第7卷），湖南大学出版社2012年版，第144页。

了占有的移转，我们是否能说，只是法律行为上的不动产质权设立行为被禁止，移转不动产占有并归占有人实际支配仍然是可能做到的，如此一来，物权法定规范究竟是权限规定还是法律禁令？

再次，效力标准不可行。根据该标准，合同违反权限规定的效果是不生效或效力待定，而违反法律禁令的合同则可能有效或无效。该标准的问题在于：其一，区分合同不生效与无效尽管具有一定的理论价值，但确定的不生效与无效从实际效果上看并没有差别。[1]其二，合同违反权限规定未必不生效。例如，监护人被指定后又擅自变更监护人的，根据《民法典》第 31 条第 4 款的规定，变更协议并非不生效，而只是不免除被指定的监护人的责任。又如，根据《民法典》第 409 条第 1 款的规定，抵押权人与抵押人未经其他抵押权人书面同意协议变更抵押权顺位的，并非变更协议不生效，而只是不得对其他抵押权人产生不利影响。以上两例均可视为合同相对有效或无效的情形。其三，我国民法并未严格区分不生效和无效，大量被认为属于“权限规定”的条文规定的法律效果恰恰是无效（如《民法典》第 144 条、第 197 条第 2 款、第 705 条）。[2]其四，规范性质的区分本是为了解决法律适用问题，并以此作为评判合同效力的前提，效力标准将合同效力的评价结论作为区分标准，存在倒果为因的问题。

最后，裁量标准也不可行。按照该标准，合同违反权限规定时，法官没有裁量余地；相反，合同违反法律禁令时，法官有裁量余地。这一标准对部分权限规定可以适用，但并不绝对。例如，对于合同的法定形式要求，通常认为其属于权限规定。德国法上，对于违反法定形式要求的合同，尽管无效是一般规则，但司法判例从法律规定的目的出发，依据诚实信用原则创设了诸多例外情形。[3]对于违反书面形式要求的合同，我国传统观点认为此时合同不成立，但这种做法近来已受到批评，有学者认为书面形式瑕疵应属合同

〔1〕 参见耿林:《强制规范与合同效力——以〈合同法〉第 52 条第 5 项为中心》，中国民主法制出版社 2009 年版，第 81 页。

〔2〕 实际上，德国学者也大量混用不生效（unwirksam）和无效（nichtig）两个概念。Vgl. Soergel, 13. Auflage，1999， § 134，Rn.2.

〔3〕 Vgl. Münchener Kommentar BGB，5 Auflage，BandI，2006， § 125，Rn.56ff.

效力层面的问题。[1]如此一来，对于违反法定书面形式要求的合同效力，在评价上就存在更多的可能性。[2]又如，我国法律对民事主体实施特定活动设置了不少资质要求。所谓资质，即从事特定活动所应具备的资格，在某种程度上可以将其视作特别行为能力的要求。[3]从实践来看，资质的类型十分多样，对于当事人缺乏资质实施的法律行为，法官通常会根据法律设置资质要求的目的进行综合考量，相关合同既可能被认定为无效，也可能被认定为有效。[4]

正因区分标准的模糊，对该问题进行专门研究的德国学者戴纳特（Deinert）在对若干标准进行反思之后，转而从《德国民法典》第134条的性质着眼，认为该条规范之实质在于授予法官塑造法律规则之职责，故而主张权限规定与法律禁令的区分应建立在这一认识之上。他认为，凡是法律明确规定无效的后果，以及法律虽然没有明确规定后果，但通过对该规定进行解释，可以得出法律行为无效结论的规定，都属于权限规定。反之，根据对法律规定的解释，不导致法律行为无效，或者不能得出结论，需要适用第134条进行效力判断的法律规定，才是法律禁令。按照他的说法，法律禁令的数量极少，而权限规定的群体却非常庞大。[5]依笔者所见，戴纳特的观点实际上融合了效力标准和裁量标准，实质上仍是以效力评价的结论作为区分标准，从而使这一对概念沦为了说明性概念。这种区分如同当年的“效力性强制性规定”与“管理性强制性规定”一样，存在倒果为因的问题，虽不能说是错误的，但现实意义却也有限。

国内学者中，金可可提出了区分单纯强行规定与行为规范的五项指标：一是能否被法律行为之外的其他行为违反；二是是否有法律行为效力瑕疵之外的他种制裁措施；三是规范内容之违反与强行性面向之违反能否截然区分；

〔1〕参见朱广新：《书面形式与合同的成立》，载《法学研究》2019年第2期。

〔2〕参见许德风：《合同效力的类型界分》，载《中国法律评论》2023年第6期。

〔3〕参见韩世远：《规范属性、规范目的及合同效力评价》，载王洪亮等主编：《中德私法研究》（第13卷），北京大学出版社2016年版，第32页。

〔4〕参见石一峰：《效力性强制性规定的类型化分析》，载《武汉大学学报（哲学社会科学版）》2018年第2期。

〔5〕Vgl. Olaf Deinert, Zwingendes Recht: Grenzen rechtsgeschaeftlicher Gestaltungsmacht und Verbotsgesetz, Köln, 2002, S.44.

四是是否会发生替代规制现象；五是两者规范重心不同，行为规范注重行为之实际发生与否，单纯强行规定则仅注重行为之效力。〔1〕对这些指标进行整理，可将前四项指标看作形式标准，第五项则是实质标准。可以说，不论在精细程度还是在可操作性上，上述方案均已超过德国学者提出的标准。尽管这些指标较为明确地说明了权限规定与法律禁令的主要差异，并且在为数不少的情况下可以较为清晰地辨别二者，但是仔细考察，仍然存在不少例外，具体情形如下。

首先，权限规定的规范内容亦可被法律行为外之事实行为违反。例如，根据《民法典》第279条，业主应当经有利害关系的业主一致同意，才能将住宅改变为经营性用房。假如业主未经其他业主同意便将自家住宅改建为超市，显然是以事实行为违反权限规定。类似的例子，还包括土地承包经营权人违反《民法典》第334条的规定，未经依法批准，将承包地用于非农建设的情形。

其次，法律行为违反权限规定未必不会招致他种制裁。例如，当事人无权处分他人之物，依据物的现时占有状态不同，处分人可能构成侵占罪（行为人占有标的物时）、盗窃罪（无权处分人从权利人处偷取标的物后转让）或诈骗罪（如果相对人为善意）。又如，国有企业负责人违反法律规定未报经批准或履行国有资产评估程序转让国有资产，致使国有资产重大损失的，除合同效力存在瑕疵外，国有企业负责人可能构成国有公司人员滥用职权罪、失职罪、为亲友非法牟利罪以及徇私舞弊低价折股、出售公司、企业资产罪等。反之，法律行为违反法律禁令未必会招致他种制裁。以《民法典》第680条第1款规定的“禁止高利放贷”为例，该款显然属于所谓“法律禁令”的范畴，但是长期以来，我国法律并没有规定直接针对高利贷者的他种制裁措施。〔2〕

〔1〕参见金可可：《强行规定与禁止规定——论〈合同法〉第52条第5项之适用范围》，载王洪亮等主编：《中德私法研究》（第13卷），北京大学出版社2016年版，第24页。

〔2〕当前刑事司法实践中，主要通过非法经营罪这一“口袋罪”来惩治放贷行为，使用“套路贷”的概念来治理高利贷中的非法催收、获取高利等行为，此举被认为同时存在刑法供应过度与刑法供应不足并存的问题。参见刘伟：《民法典语境下高利贷刑法规制路径的反思与重构》，载《东南大学学报（哲学社会科学版）》2020年第3期。

再次，如果“法律禁令”直接指向特定法律行为，则该禁令之内容违反与强行性面向之违反似乎也不容易区分，如前文提到的禁止买卖人体器官的规定，又如《民法典》第111条规定的不得非法买卖个人信息的规定。

最后，并非所有违反权限规定的情形，都存在替代规制现象，最典型者如违反物权法定原则类型强制要求的情形。[1]

正是因为以上形式标准或多或少存在不精确之处，金可可指出，最重要的还是要根据规范重心与比例原则进行判断，或谓权限规定与法律禁令的核心区别或判定标准，在于立法者是否有行为引导之意图。这一观点不无道理，但问题在于，现实中未必不存在具有多元目的的规范，此种规范可能兼具划定行为权限与行为引导双重目的。例如，《民法典》第35条第1款规定：“监护人除为维护被监护人利益外，不得处分被监护人的财产。”一方面，该条规定属于对监护人法定代理权的限制规范，如果监护人损害被监护人的利益而处分其财产，将可能构成无权代理，[2]可以说该条属于“权限规定”；另一方面，立法者设置该条的最终目的在于保护被监护人，防止被监护人的利益因监护人的不当处分行为而受到损害。因此，立法者除宣告法律行为的效力存在瑕疵外，还设置了剥夺监护人资格、有权机关对监护人进行训诫、发布督促监护令等惩戒措施，从而引导监护人避免实施此类行为。[3]如此看来，该条似乎又具有法律禁令的属性。除此之外，这一标准的真正问题在于，不论是回归规范目的，还是考察立法者的意图，在识别规范属性的同时已经实质性地进入到违法行为的效力判断环节，经过此种考察，法律行为的效力已经清晰可见，在此基础上的规范区分又有何实际意义呢？

综上所述，“区分说”试图将所谓“权限规定”排除在法律行为适法规范的适用范围之外，属于关涉法律行为适法规范适用范围的理论，这意味着一个事先的识别标准是不可或缺的。然而令人遗憾的是，“区分说”始终未能提供一个精确的区分标准，这便成为“区分说”的“阿喀琉斯之踵”。产生这

〔1〕 Vgl. Olaf Deinert, Zwingendes Recht: Grenzen rechtsgeschaeftlicher Gestaltungsmacht und Verbotsgesetz, Köln, 2002, S.3.

〔2〕 参见朱广新：《论监护人处分被监护人财产的法律效果》，载《当代法学》2020年第1期。

〔3〕 参见《未成年人保护法》第118条、最高人民检察院《关于在办理涉未成年人案件中开展“督促监护令”工作的意见》。

一难题的根源，在于“区分说”并非先于实践而存在，而是在法律创设诸多特别规定的情况下，为说明这些特别情形为什么不适用法律行为适法规范而创设的理论。但是，被认为属于权限规定的诸多规范之间是存在巨大差异的，难以从中提取出普遍适用的形式区分标准。当然，求助于规范目的等实质标准虽可抽象描绘“权限规定”与“法律禁令”之不同，但这实际上是将评价的结论作为评价的前提，又已经背离“区分说”的初衷了。

五、“统一说”的再证成

（一）“统一说”下的解释论

1. “强制性规定”

在“统一说”看来，没有必要对强制性规定进行概念上的区分，将“权限规定”排除在《民法典》第 153 条第 1 款的适用范围之外，而应对强制性规定作广义理解，予以统一把握。不过，与传统“统一说”主张的与任意性规定相对应的强制性规定不同，笔者认为，应从一个具体的视角来理解这里的强制性规定，即《民法典》第 153 条第 1 款所指的强制性规定，系指在个案中可以被合同违反的具有强制适用效力的法律规定。这样的强制性规定在抽象层面，既可能是不允许约定排除适用的强行法，也可能是允许约定排除适用的任意法，后者在没有被当事人通过约定排除适用时，仍会对某个具体的合同产生强制适用效力。

2. “违反”的含义

合同违反法律、行政法规的强制性规定，是适用《民法典》第 153 条第 1 款的前提。所谓“违反”，在现代汉语中主要有两层含义：一是不遵守，二是不符合。[1]我国法律对“违反”一词的使用有时指前者，如《民法典》第 592 条第 1 款规定：“当事人都违反合同的，应当各自承担相应的责任。”此处的“违反”即当事人不遵守合同义务之义。有时则指后者，如《民法典》第 817

〔1〕 参见中国社会科学院语言研究所词典编辑室编：《现代汉语词典》（第 7 版），商务印书馆 2016 年版，第 1360 页。

条规定：“旅客随身携带行李应当符合约定的限量和品类要求；超过限量或者违反品类要求携带行李的，应当办理托运手续。”此处的“违反”系指不符合品类要求之义。《民法典》第153条第1款的“违反”，应从广义上理解，既包括不遵守法定义务之义，也包括不符合法定要求之义。在合同当事人或合同内容不遵守法律规定的行为义务时，是第一个意义上的违反，在合同当事人或合同内容不符合行为能力、物权法定等法定要求时，是第二个意义上的违反。

3. 特别规定优先

对于法律行为适法规范的性质，除作为引致规定外，是否还具有其他属性？弗卢梅认为，《德国民法典》第134条实际上未予回答，该条并未给出违反法律禁令的法律行为无效的推定或解释规则。法律行为无效的问题完全取决于被违反的具体的法律禁令。[1]与之相反，卡纳里斯认为，第134条的表述明白无误地指向一个推定和解释规则，即违反法律禁令的法律行为原则上无效，除非追问法律禁令的意义和目的能够得出反对无效的观点。[2]

认为法律行为适法规范仅仅是一个引致规定是不恰当的，被法律行为所违反的（特别是公法上的）强制性规定通常并未规定私法上的效果，正如韦斯特法尔（Westphal）所言，仅仅从强制性规定本身就能得出有关法律行为的效力的结论，是不切实际的，法律行为的有效和无效必须立足于私法视角并在私法领域中进行认定。[3]基于此，违法行为的效力评价，除依据被违反的具体强制性规定外，更重要的依据是法律行为适法规范。[4]从这一角度看，法律行为适法规范实则授予法官进行法律续造之职权，[5]从而具有概括条款的性质。[6]

---

〔1〕 Vgl. Werner Flume, Allgemeiner Teil des Buergerlichen Rechts, 3. Auflage, 1979, S.341.

〔2〕 参见［德］卡纳里斯：《法律禁令和法律行为》，赵文杰译，张传奇校，载王洪亮等主编：《中德私法研究》（第13卷），北京大学出版社2016年版，第59~61页。

〔3〕 Vgl. Thomas Westphal, Zivilrechtliche Vertragsnichtigkeit wegen Verstosses gegen gewerberechtliche Verbotsgesetze, Berlin, 1985, S.133.

〔4〕 参见许德风：《合同效力的类型界分》，载《中国法律评论》2023年第6期。

〔5〕 Vgl. Olaf Deinert, Zwingendes Recht: Grenzen rechtsgeschaeftlicher Gestaltungsmacht und Verbotsgesetz, Köln, 2002, S.26.

〔6〕 Vgl. Thomas Westphal, Zivilrechtliche Vertragsnichtigkeit wegen Verstosses gegen gewerberechtliche Verbotsgesetze, Berlin, 1985, S.134.

问题在于，《民法典》第 153 条第 1 款是否设置了推定规则？对于该问题，我国学者有持肯定意见者，其中又存在“原则无效，例外有效”[1]和“原则有效，例外无效”[2]两种立场。亦有持否定意见者，如易军认为，《民法典》第 153 条第 1 款中但书前后内容应构成一个有机整体，不能割裂这二者之间的密切关系。违反强制性规定的法律行为可能会产生无效之后果，也可能产生不使民事法律行为无效的后果。[3]笔者赞同易军的观点，理由有二：其一，主张推定规则的背后，实际上体现了公法优位或私法优位的价值判断，[4]从当下中国的现实来看，由于同时面临维护私法自治与推进福利国家两方面的任务，宜秉持一种平衡的公私法关系观。[5]其二，不论是哪种推定规则都与第 153 条第 1 款的概括条款属性存在背离，既然认为立法者已授权法官独立判断违法行为的效力，就不应认为其包含了推定规则。换言之，如果认为立法者设置了推定规则，法官在对具体强制性规定解释无果时须遵从该推定，谈何授权？

《民法典》第 153 条第 1 款既然属于概括条款，那么仅在法律对违反强制性规定的行为效力未有明确规定时方才适用。明确了这一点，就可以理解《合同编通则司法解释》第 18 条的意义所在。申言之，不能将该条理解为对“区分说”的采纳，而应理解为是对特别法优先适用规则的声明。理由有二：其一，该条所涉内容不限于“权限规定”，还包括行为人违反“法律禁令”导致合同相对人、第三人获得撤销权、解除权等民事权利的情形。例如，《刑法》第 224 条包含了不得实施合同欺诈的禁令，行为人实施欺诈行为订立合同违反该禁令，但是由于《民法典》第 148 条、第 149 条已经规定欺诈行为可撤销而非无效，故排除《民法典》第 153 条第 1 款的适用。其二，从该

---

〔1〕 参见杨代雄：《〈民法典〉第 153 条第 1 款评注》，载《法治研究》2020 年第 5 期。

〔2〕 参见王利明：《论效力性和非效力性强制性规定的区分——以〈民法典〉第 153 条为中心》，载《法学评论》2023 年第 2 期。

〔3〕 参见易军：《论合同违反强制性规定无效的判断标准——以〈民法典合同编通则解释〉第 16 条为中心》，载《清华法学》2024 年第 1 期。

〔4〕 卡纳里斯指出：如果否定《德国民法典》第 134 条解释规则的属性，必然导致在私法自治和国家管制的关系中不利于后者。参见［德］卡纳里斯：《法律禁令和法律行为》，赵文杰译，张传奇校，载王洪亮等主编：《中德私法研究》（第 13 卷），北京大学出版社 2016 年版，第 61 页。

〔5〕 参见解亘：《论违反强制性规定契约之效力——来自日本法的启示》，载《中外法学》2003 年第 1 期。

条“人民法院应当依据法律、行政法规规定的关于违反该规定的民事法律后果认定合同效力”的表述可知，该条排除适用《民法典》第 153 条第 1 款的原因在于其他规定已就合同效力做出规定，而非这些规定属于所谓“权限规定”。

基于此，当事人违反《民法典》第 168 条、《公司法》第 16 条签订的合同，由于《民法典》第 171 条、第 504 条已经就无权代理、越权代表等问题做出专门规定，依据特别法优先适用的规则，无须再适用《民法典》第 153 条第 1 款来判断合同效力，并不产生架空法律已有规定的问题。

（二）“统一说”的优势

1. 提供裁判依据

实际上，德国学者也承认区分“权限规定”和“法律禁令”有时是比较困难的，但这个问题之所以不明显，是因为《德国民法典》已就大多数所谓“权限规定”设置了明确的法律效果，不论是基于这些规定属于“权限规定”，还是基于特别法优先的法律适用规则，均可以排除第 134 条的适用。[1] 这样看来，与其说“区分说”是为了解决法律适用问题，不如说是在给这些特别规定提供合理性支撑。与之不同，由于延续“宜粗不宜细”的立法方针，我国《民法典》不论在条文数量还是在规范的精细程度上，都存在需要进一步充实的空间。即便对于一些比较典型的“权限规定”，我国民法也没有明确规定其法律效果。例如，对于欠缺书面形式要件的合同效力如何，《民法典》未设置《德国民法典》第 125 条那样的明确规则。又如，对于无权处分行为的效力，尽管通过对《民法典》第 597 条第 1 款的解释，结合《合同编通则司法解释》第 19 条，可知无权处分不会影响负担行为的效力，但处分行为的效力如何，并未如《德国民法典》第 185 条那样作出明确规定。在此背景下，根据“统一说”的立场，在欠缺特别规则时，使《民法典》第 153 条第 1 款覆盖这些情形，可为此等场合下的合同效力判断提供规范依据。

---

〔1〕 Vgl. Soergel, 13. Auflage, 1999, § 134, Rn.3.

2. 增大合同效力评价弹性

对于“统一说”的一个疑虑，在于是否应当将法律行为违反“权限规定”，如违反类型强制的行为，与违反公法上的禁令等同视之。毕竟违反后者将招致制裁，这体现了法律对行为的负面评价。违反“权限规定”的行为不会招致制裁，至多只是使行为不能发生当事人预期的效力，不应将这类行为视为负面行为。实际上,《民法典》第 153 条第 1 款最重要的意义在于建立了一个违法行为的私法效力评价框架，即便一个法律行为违反公法上的禁令，会招致公法上的制裁，但是其在私法上的效果如何，仍必须在私法领域进行独立判断。换言之，公法上的负面评价并不等同于私法上的负面评价。因此，使《民法典》第 153 条第 1 款涵盖私法上的“权限规定”，并不意味着对违反“权限规定”的法律行为作负面评价，是否属于负面评价是适用该款得出的结论，而不是适用该款本身。

另一个担忧是将法律行为适法规范适用于“权限规定”可能会导致不适当的结果。此一认识系建立在《民法典》第 153 条第 1 款仅包含无效或有效两种极端效果的基础上，然而事实并非如此。该款但书表明，违反法律、行政法规的强制性规定的法律行为并非一律无效，但无效的反面并不意味着法律行为就一定有效。按照当前观点，违法行为的效力评价，须根据被违反的规范的意义和目的，并遵循比例原则进行判断，所谓比例原则，即宣告合同无效须满足适合性、必要性、均衡性三项原则的要求。〔1〕并且，比例原则不仅仅关系法律行为是否存在效力瑕疵的判断，还关系到具体的效力瑕疵类型的判断。是故，违法行为的无效类型除绝对无效外，还存在其他的效力瑕疵类型。〔2〕《德国民法典》第 134 条的法律效果，除完全无效外，司法判例还承认部分无效、处分行为无效等类型。〔3〕卡纳里斯针对违反租金暴利禁令的法律行为还提出了单方部分无效的方案。〔4〕《民法典》第 153 条第 1 款的但书表

〔1〕 参见黄忠:《比例原则下的无效合同判定之展开》，载《法制与社会发展》2012 年第 4 期。

〔2〕 参见耿林:《强制规范与合同效力——以〈合同法〉第 52 条第 5 项为中心》，中国民主法制出版社 2009 年版，第 327 页。

〔3〕 Vgl. Jauernig，2023，§ 134，Rn.14ff.

〔4〕 参见［德］卡纳里斯:《法律禁令和法律行为》，赵文杰译，张传奇校，载王洪亮等主编:《中德私法研究》（第 13 卷），北京大学出版社 2016 年版，第 67 ~ 68 页。

述为“该强制性规定不导致该民事法律行为无效”，实际上也提示了这一点。如果将该款中的“无效”理解为自始、当然、确定、绝对无效，那么其反面并非就是有效，而是存在非自始、非当然、非确定、非绝对无效等多种可能性。[1]

在这一认识的基础上，采纳“统一说”反而会起到增大合同效力评价弹性以扩大合同自由之功用。例如，如果将书面形式要求视作合同的形成性要素，那么违反书面形式要求的合同只能是不成立或不生效。然而正如王轶所言，合同应当采用书面形式的规定一般仅与合同当事人之间的利益相关。[2]根据具体的书面形式规定的目的不同，适用《民法典》第 153 条第 1 款可以更加灵活地认定违反形式要求的合同效力。又如，出质人违反《民法典》第 443 条至第 445 条的规定，未经质权人同意将出质财产进行转让时，由于《民法典》第 597 条第 1 款、《合同编通则司法解释》第 19 条仅涉及无权处分不影响负担行为效力的内容，我国又未有《德国民法典》第 135 条那样的相对处分禁止规范，依照无权处分的一般原理，如果转让行为不能得到质权人的追认，那么只能得出质押财产权的转让不发生效力的结论。相反，如果适用《民法典》第 153 条第 1 款，考虑到前述规定的目的主要在于保护质权人利益，[3]不妨依据该款之但书，认定转让行为仅相对于质权人无效。

3. 防止法律规避

如上所述，“权限规定”同样体现了立法者对私法自治的管制，当民事主体通过迂回手段绕过管制时，仍然需要追认是否会导致管制目的落空。因此，对于“权限规定”并非不存在法律规避的问题。例如，在“山西省大同市天镇县人民政府与张某春四荒治理行政协议纠纷再审申请案”中，最高人民法院认为，双方当事人签订的四荒治理协议属于规避《矿产资源法》第 6 条第 1 款的采矿权转让须经有关行政机关批准的行为，不发生效力。[4]按照当前学说的共识，“法律规避”作为一个法律解释问题，应根据对具体强制性规定的

---

[1] 参见蔡睿:《违法合同的效力评价与无效类型——〈民法总则〉第 153 条第 1 款释论》，载《苏州大学学报（法学版）》2019 年第 1 期。

[2] 参见王轶:《论倡导性规范——以合同法为背景的分析》，载《清华法学》2007 年第 1 期。

[3] 参见黄薇主编:《中华人民共和国民法典释义（上）》，法律出版社 2020 年版，第 850 页。

[4] 参见最高人民法院（2020）最高法行申 760 号行政裁定书。

解释，探究是否允许以规范所未禁止的方式去实现相同的经济目的。[1]在“统一说”之下，依据《民法典》第153条第1款，可为判定规避行为的效力提供统一的裁判路径指引。[2]例如，对于当事人事先约定嗣后履行买卖合同义务来抵偿欠款的案件，[3]可先根据对禁止流押条款（《民法典》第401条）的目的解释，考虑对其是否类推适用，并结合《民法典》第153条第1款认定相关约定的效力。

（三）“统一说”下的类型化

“统一说”对强制性规定作统一把握，不将所谓“权限规定”排除在《民法典》第153条第1款的适用范围之外，并非意味着所有强制性规定是高度同质化且不存在任何差异的事物。“区分说”认识到不同的强制性规定具有不同的功能和特征，进而提醒裁判者注意不同类型的强制性规定的差异。从这个角度来看，笔者尽管不赞成作为解释论的“区分说”，但并不否认“区分说”的认识论价值。在“统一说”下，仍有必要对强制性规定作类型化处理，以服务于立法和法律适用。

1. 维持民法的稳定性

在强制性规定中，有些涉及的是法律行为的形成性要素，系从私法自治的内部视角来划定自治的边界，有些则是出于经济社会政策方面的考虑，对私法自治施加的外部管制。前者作为私法自治的“基础游戏规则”，具有相对稳定性，后者则会随着经济社会形势的变化而处于不断变化之中。[4]是故，对于前一类型的强制性规定，立法者应尽可能地将其安置在私法基本法之中，而对于后一类型的强制性规定，则应通过特别法予以规定。如此，便可避免

---

〔1〕 Vgl. Soergel, 13. Auflage, 1999, § 134, Rn. 37.

〔2〕 尽管德国学说并不将其民法典第2271条视为法律禁令，但司法裁判却将其视为“法律禁令”，以通过第2271条扩张适用来解决法律规避问题。Vgl. Werner Flume, Allgemeiner Teil des Buergerlichen Rechts, 3. Auflage, 1979, S.342–343.

〔3〕 参见“朱俊芳与山西嘉和泰房地产开发有限公司商品房买卖合同纠纷案”，载《最高人民法院公报》2014年第12期。

〔4〕《德国民法典》第134条的立法初衷本是为了针对违反刑法的行为，但后来该条所谓的法律禁令主要指向社会和经济领域的立法。Vgl. Historisch-kritischer Kommentar zum BGB, 2003, § 134, Rn.10.

对《民法典》的频繁修改，从而确保其稳定性。[1]

2. 提示特别法

有一些强制性规定直接针对法律行为，对于此类强制性规定，法律通常已经规定违反之法律行为的效果，自然应当排除《民法典》第 153 条第 1 款这一概括条款的适用。因此，法官在审理案件时，如果发现此类强制性规定，须积极寻找现行法中是否已存在特别规定，避免"向一般条款逃逸"，这也是《合同编通则司法解释》第 18 条的意义所在。

3. 效力评价上的意义

当强制性规定直接涉及法律行为的能与不能时，违反这些规定，通常情况下法律行为的效力会存在瑕疵。然而，当下的"不能"并不意味着永久"不能"，故违反此类规范的法律行为的效力存在治愈和嗣后补正的可能性。由此，这类强制性规定通常属于《民法典》第 153 条第 1 款中的第二个"强制性规定"，法律行为违反之并非自始、当然、确定、绝对的无效，而属于"强制性规定不导致该民事法律行为无效"的情形。我国诸多司法解释条文已经体现了这一点，例如，《最高人民法院关于审理商品房买卖合同纠纷案件适用法律若干问题的解释》第 2 条规定："出卖人未取得商品房预售许可证明，与买受人订立的商品房预售合同，应当认定无效，但是在起诉前取得商品房预售许可证明的，可以认定有效。"这可视为一种可嗣后补正或治愈的无效。[2]

不过，必须指出的是，前述结论仅系基于经验观察得出，不能绝对化。即便同属涉及法律行为能与不能的强制性规定，也不意味着其相互之间不存在差异。例如，关于行为能力的强制性规定与法律行为依赖第三人同意的强制性规定不同；在同为依赖第三人同意的强制性规定中，须经批准生效的规定与要求事先取得资质的规定不同；[3] 即便同为要求事先取得资质的规定，因

〔1〕参见谢鸿飞：《论法律行为生效的"适法规范"——公法对法律行为效力的影响及其限度》，载《中国社会科学》2007 年第 6 期。

〔2〕类似规定参见《最高人民法院关于审理建设工程施工合同纠纷案件适用法律问题的解释（一）》第 3 条第 1 款、第 4 条；《最高人民法院关于审理涉及国有土地使用权合同纠纷案件适用法律问题的解释》第 13 条第 2 款。

〔3〕参见吴光荣：《行政审批对合同效力的影响：理论与实践》，载《法学家》2013 年第 1 期。

要求资质的规范目的和保护法益的不同，法律行为的效力评价结论也会存在不同。[1] 因此，前述分类对合同效力评价的意义亦不能被高估。

六、结论

面对复杂问题的宏大理论建构和精细的概念区分总是充满着吸引力，因为“化繁为简”始终是理论研究的不懈追求。然而，世界终究是复杂的，正如每一片树叶都有其独特的形状，每一次潮汐的涨落都蕴含着自然界的微妙平衡，人类社会的纷繁复杂终将使任何看似清晰的理论暴露出破绽。“区分说”这一舶来自德国的学说，其产生有历史和现实的诸多原因，深刻体现了德国人热衷精细概念构造的偏好，但其现实意义有限，更多的是为民法中的特别规定进行合理性说明。我国《民法典》第 153 条第 1 款没有采用“法律禁令”这一狭义表述，司法实务也不存在概念微操的历史传统和现实能力，在我们终于走出“效力性强制性规定”概念迷雾的当下，实无必要再次走入“权限规定”的概念沼泽。“统一说”并非知难而退，将虚伪的统一性施加于强制性规定之上。按照“统一说”的主张，除法律另有特别规定外，强制性规定应统一纳入《民法典》第 153 条第 1 款的调整范围，这并非否认不同类型的强制性规定之间存在差异，而是希望充分利用法律行为适法规范的制度弹性实现违法合同效力的妥当评价。当然，这一目标的实现尚有赖于对法律行为适法规范的制度功能、适用方法以及法律效果进行重新审视，限于本文篇幅，只得将这些问题留待后文讨论。

---

〔1〕 参见石一峰：《效力性强制性规定的类型化分析》，载《武汉大学学报（哲学社会科学版）》2018 年第 2 期。

权限规范（能为规范）与禁止规范（得为规范）的区分：不可能或无意义？

金可可 [*]

一、总体感受

蔡睿博士的论文，对“权限规定 / 单纯强行规定 / 能为规范”与“禁止规定 / 法律禁令 / 得为规范”的“区分说”，作出了全面的梳理与反思。此等反思、批判，是学术进步的推动力，殊有必要。该文资料丰富、观点精到、论证有力、要言不烦，充分展现了作者良好的学术训练、深厚的功底和极强的学术能力。

该文对“区分说”作立法史、学说史上的考察，弥补了国内学界之阙如，具有重要的学术意义。其中，提出“命令说”及其论战对“区分说”形成的可能影响，可谓极具价值的学说史上的“猜想”。对国内通说“统一说”如何形成的梳理，及“区分说”在国内引入的学说史考察，也很有价值。

该文对“区分说”下“权限规范”与“禁止规范”的各项区分标准，进行了全面反思，诸多见解切中肯綮。比如文中强调“权限规范”与“禁止规范”均属对私法自治的限制，均具有管制性质，一语点出相关论述之不足所在。又如文中指出以公法与私法作为区分标准不合理，殊值赞同。将《民法典》第 153 条第 1 款之“禁止规范”仅限于公法规范的观点，与现行法体系

* 华东政法大学法律学院教授。

不合，本就不足取。再如文中指出效力标准不可取：“规范性质的区分本是为了解决法律适用问题，并以此作为评判合同效力的前提，效力标准将合同效力的评价结论作为区分标准，存在倒果为因的问题。”

除对“区分说”所作驳论，该文亦对“统一说”作解释论上的“立论”。其中若干见解，富有启发意义。比如否定《民法典》第 153 条第 1 款中包含“有效”或“无效”的推定规则；又如提出《合同编通则司法解释》第 18 条可理解为仅指《民法典》第 153 条第 1 款之特别规定。

一篇优秀的论文，常击中人所未想，令人深思，反省并力图弥补此前见解之不足。即此而言，该文足堪当之。

二、问题与一些思考

（一）权限规范与禁止规范能否区分

依愚见，权限规范与禁止规范之核心区别，在于禁止规范系行为规范，权限规范则非行为规范。行为规范与非行为规范之区别或判定标准，在于立法者是否有行为引导之意图。任何法律规范均有行为引导之功能，但未必有行为引导之意图。

行为规范即有行为引导意图之规范，意在令行或禁止，令规范对象为或不为一定行为。若规范对象应为而不为或应不为而为一定行为，行为规范的规范目的事实上已部分未实现，故违反行为具违法性，可称为规范之违反。为“亡羊补牢”，须对行为人加以制裁，以期借震慑之效，令规范目的将来不再落空。违反行为若涉及法律行为，行为效力问题常非其关注重心，盖仅否定行为效力而不加以他种制裁，常不足以实现其震慑并避免再度出现违反行为的规范目的，而实现此规范目的也未必要否定行为的效力。正因如此，此等规定常对违反的法律行为的效力未作规定，留待裁判者结合规范目的适用《民法典》第 153 条第 1 款而判定之。

非行为规范即无行为引导意图之规范，无意于令行或禁止。盖无论规范对象为或不为，条文就行为所定的法效果已足以实现其规范目的。故规范对象为或不为均可任其自决，不存在规范对象“应为而不为或应不为而为”之可能。唯有规范对象之行为是否合乎非行为规范事实构成之问题。无论规范对象为或不为，此行为均不具违法性。在法律行为领域，也存在此类规范，如《民法典》第144条“无民事行为能力人实施的民事法律行为无效”之规定：若无民事行为能力人未订立合同或订立合同者有行为能力，自无损本条规范目的，本条不必适用；亦不能称其行为违反本条规定，只是不符合本条的事实构成，其行为无违法性。若无民事行为能力人订立合同，正是本条预设适用的情形，此时也不能称其行为违反本条规定，只是符合本条事实构成，其行为亦无违法性。本条规范目的不因无行为能力人订立合同而落空，只要固守本条所定的法效果即法律行为无效，本条的规范目的即完全实现。也正因仅需管控行为效力，即足以完全实现本条的规范目的，至于是否出现无行为能力人缔结合同的行为，非本条的关注重心，可听之任之。另一方面，此类规定通常会就其最关心的行为效力作出规定，若未规定，按其规范目的即存在法律漏洞，应予填补。在法律行为领域，此类规范称为权限规范或能为规范。

就二者区别，见表1。规范是否有行为引导意图，需结合规范目的进行判定。

表1　能为规范/单纯强行规范——得为规范/行为规范区分标准

		能为规范	得为规范
行为与规范之关系		符合/不符合	遵守/违反
规范目的		无令行/禁止之意	令行/禁止
不符行为/违反行为	规范目的之实现	未落空→乃预设适用情形	部分落空→制裁
	性质	无违法性→效力控制	违法性→制裁
	对行为效力之影响	系规范重心→常带规定（若无规定，漏洞填补/强行法）	非规范重心→常无规定（故需适用《民法典》第153条第1款）

（二）“区分说的问题”部分

1. 遮蔽管制

个人既不认为“区分说”有利于维护私法自治，也不认为“区分说”有遮蔽管制的危险。只需揭示无论“权限规范”还是“禁止规范”均属对私法自治的限制，即不再有此种危险。故此非“区分说”固有之缺陷，而是个别论述在表达上的问题，修正即可。

此外，该文还认为：“将权限规定视作私法领域的游戏规则，还隐含了一种危险，似乎暗示权限规定在私法中是理所当然的，立法者对游戏规则的创设是毋庸置疑的。私法关系作为一种自生自发的秩序，其形成并非立法者主观建构的产物，私法只不过是对市民社会交往规则的确认。从这一角度看，抽象地说私法规则具有自然正当性无可厚非，然而，如果认为实证法上的具体私法规则是理所当然就未必正确了。”试问有谁会认为实证法上的具体私法规则是理所当然的呢？因此，此种危险更多是作者的想象，似无说服力，或可删除。

2. 概念错位

在“‘区分说’下的概念错位”部分，该文提出两项颠覆性的命题，分别总结并讨论如下。

（1）命题一：任意法中也存在权限规范

原文提道：“一方面，任意法中也存在权限规定。比如，《民法典》第 301 条规定：处分共有的不动产或者动产以及对共有的不动产或者动产作重大修缮、变更性质或者用途的，应当经占份额三分之二以上的按份共有人或者全体共同共有人同意，但是共有人之间另有约定的除外。从该条但书可以看出，该条可以被共有人之间的约定排除适用，可以说该条是任意法。但是，假如当事人没有约定排除，共有人之一人处分共有物就必须按照该条的要求，取得一定份额的按份共有人或全体共同共有人同意，否则处分行为的效力就会存在瑕疵，可见这又是一个权限规定。”

首先，此处所例举条文存在解释为强行规范的可能。如就我国台湾地区所谓的“土地法”第 34 条之 1 的类似规定，谢在全即认为，不同约定“应仅具债之效力。”〔1〕就《德国民法典》第 747 条，亦有类似见解。〔2〕

其次，该条若系任意规定，则必非权限规定，这是由权限规定的概念决

〔1〕 参见谢在权：《民法物权论》（上册），中国政法大学出版社 2011 年版，第 346 页。

〔2〕 BeckOGK/Fehrenbacher，1.7.2024，BGB § 747Rn.4.

定的，自学说史脉络而言，权限规定须无意思自治余地（无法律行为上型构可能），不得以约定排除其强制适用；若属可意思自治之范围，即非权限规定。因此，法律行为要件之规定，未必为权限规定。诸如保管合同要物之规定，由于可另作约定排除其适用，虽系法律行为要件规定，但并非权限规定。

最后，该条似属行为规范，有行为引导意图，但仅控制行为效力，不足以实现本条的规范目的。本条的规范目的一方面在于维护公共利益、实现物尽其用，故限制共有权，以多数决替代一致决。另一方面也要避免过度限制而牺牲共有权，故只于合乎法定多数决时才可令少数方丧失共有权或令其共有权受不利影响。鉴此，该条是否适用于负担行为虽尚有争论，但其适用范围包括事实处分、处分行为无疑。既然包括事实处分，即可见仅控制处分行为效力尚不足实现规范目的，加之本条有行为引导意图，属行为规范。

（2）命题二：禁止规定也可能是任意规定

原文提道："另一方面，法律禁令也有可能来自任意法。例如，《民法典》第 293 条规定：'建造建筑物，不得违反国家有关工程建设标准，不得妨碍相邻建筑物的通风、采光和日照。'从内容上看，该条对建造建筑物的行为施加强制义务，显然属于法律禁令。但是，如果建筑人与相邻建筑物权利人签订了地役权合同，就可以排除该条'不得妨碍相邻建筑物的通风、采光和日照'的适用，可见，该条又属于任意法。"

该条所称"不得违反国家有关工程建设标准"，似系强行规定，该文所称任意规定似仅指该条所称"不得妨碍相邻建筑物的通风、采光和日照"。此系相邻关系之规定，确属任意法。但既然属于任意法，法律行为无"违反"其规定之可能，又如何能因违反其规定而无效？

示例：若相邻关系双方约定，一方可建造符合 ×× 条件的房屋（事实上影响另一方建筑物的通风、采光和日照）。既然是任意规定，该约定必有效，不存在无效之可能。

此外，以地役权为例来说明相邻关系为任意规定，似略有不妥。盖按权利分割理论，此时用益权能归地役权人，已非所有权人之相邻关系上义务问题。因此，最好是举纯粹债法上约定，纯系以债务扩大一方相邻权、限制他方相邻权之情形。

3.“缺乏精确的区分标准”部分

（1）“其次，性质标准不可行”部分

原文提道：“例如,《民法典》第1007条规定：禁止以任何形式买卖人体细胞、人体组织、人体器官、遗体。从该条的措辞和目的来看，立法者明令不允许实施人体器官的买卖，可以说该条系法律禁令。但该禁令直接针对买卖这一法律行为，也可以说立法者完全剥夺了民事主体通过买卖这一法律行为实现人体器官流转的可能性，因此也可以认为该条是权限规定。或许有人主张，这里可以区分法律上的买卖和事实上的‘买卖’，该条禁止的只是作为法律行为的买卖，事实上的‘买卖’仍是可能的，因此该条是法律禁令而非权限规定。问题在于，如果可以作这样的区分，那么对于典型的权限规定也可以进行如此区分。比如，当事人约定设立一个不动产质权并完成了占有的移转，我们是否能说，只是法律行为上的不动产质权设立行为被禁止，移转不动产占有并归占有人实际支配仍然是可能做到的，如此一来，物权法定究竟是权限规定还是法律禁令。”

上引《民法典》第1007条，虽直接针对法律行为，但显有行为引导意图，似属行为规范/法律禁令。若行为人买卖人体器官等，系违反其规定，具违法性，故不属权限规范。

上引物权类型法定之规定，仅需管控处分行为之效力，即足以实现规范目的。出现设立不动产质权之约定并移转占有，也难谓有违法性，故仅系权限规范。

（2）“再次，效力标准不可取”部分

原文提道：“其二，合同违反权限规定未必不生效。例如，监护人被指定后又擅自变更监护人的，根据《民法典》第31条第4款的规定，变更协议并非不生效，而只是不免除被指定的监护人的责任。又如，根据《民法典》第409条第1款的规定，抵押权人与抵押人未经其他抵押权人书面同意协议变更抵押权顺位的，并非变更协议不生效，而只是不得对其他抵押权人产生不利影响。”

上引《民法典》第31条第4款的例子中，试问：擅自变更监护人的情形中，是否要区分监护人变更的结果以分别讨论？如已成功变更，似说明变更协议生效，变更系其意定效力；如未变更成功，似说明变更协议未生效。所谓“不免除被指定的监护人的责任”，似系变更协议未生效之结果。

上引《民法典》第409条则似系半强行规定：对其他抵押权人产生不利影响的，变更协议不生效（或可产生债法效力）；未对其他抵押权人产生不利影响的，变更协议生效。所“违反”的权限规定，若系半强行规定，当然未必不生效。

（3）“最后，裁量标准也不可行”部分

原文提道：“最后，裁量标准也不可行。按照该标准，合同违反权限规定时，法官没有裁量余地，相反，合同违反法律禁令时，法官有裁量余地。这一标准对部分权限规定可以适用，但并不绝对。例如，对于合同的法定形式要求，通常认为其属于权限规定。德国法上，对于违反法定形式要求的合同，尽管无效是一般规则，但司法判例从法律规定的目的出发，依据诚实信用原则创设了诸多例外情形。对于违反书面形式要求的合同，我国传统观点认为此时合同不成立，但这种做法近来已受到学者批评，认为书面形式瑕疵应属合同效力层面的问题。如此一来，对于违反法定书面形式要求的合同效力，在评价上就存在更多的可能性。又如，我国法律对民事主体实施特定活动设置了不少资质要求。所谓资质，即从事特定活动所应具备的资格，在某种程度上可以将其视作特别行为能力的要求。从实践来看，资质的类型十分多样，对于当事人缺乏资质实施的法律行为，法官通常会根据法律设置资质要求的目的进行综合考量，相关合同既可能被认定为无效，也可能被认定为有效。”

所谓违反权限规范时无裁量余地，是指违反规范中的强行性面向，即试图排除强行规范适用的协议，必然无效。此系逻辑必然：若系强行规范，试图排除其适用的协议只能是确定不生效或无效；若有其他效力之可能，恐怕都不算强行规范。但若是违反权限规范的其他规范内容，根据规范目的实现的需要，当然存在多种效力的可能性。上引合同法定要式之例，即是违反该要式规定的规范内容。

上引关于主体资质的规定，似均属行为规范，而非权限规范（故无涉行为能力问题），在此不赘。

（4）“在国内，金可可教授提出了区分单纯强行规定与行为规范的五项指

标”部分

原文提道：“首先，权限规定的规范内容亦可被法律行为外之事实行为违反。例如，根据《民法典》第279条，业主应当经有利害关系的业主一致同意，才能将住宅改变为经营性用房。假如业主未经其他业主同意便将自家住宅改建为超市，显然是以事实行为违反权限规定。类似的例子，还包括土地承包经营权人违反《民法典》第334条的规定，未经依法批准，将承包地用于非农建设的情形。”

《民法典》第279条为行为规范，并非权限规范。若未经有利害关系业主一致同意而将住宅改变为经营性用房，行为具违法性，非事实上遏制不可，仅控制法律行为效力不足以实现规范目的。更何况此时未必有可供否定效力的法律行为。

同理，未经依法批准将承包地用于非农建设，亦属行为规范。

原文提道：“其次，法律行为违反权限规定未必不会招致他种制裁。例如，当事人无权处分他人之物，依据物的现时占有状态不同，处分人可能构成侵占罪（行为人占有标的物时）、盗窃罪（无权处分人从权利人处偷取标的物后转让）或诈骗罪（如果相对人为善意）。又如，国有企业负责人违反法律规定未报经批准或履行国有资产评估程序转让国有资产，致使国有资产重大损失的，除合同效力存在瑕疵外，国有企业负责人可能构成国有公司人员滥用职权罪、失职罪、为亲友非法牟利罪、徇私舞弊低价折股、出售公司、企业资产罪等。反之，法律行为违反法律禁令未必会招致他种制裁。例如，《民法典》第680条第1款规定‘禁止高利放贷’，该款显然属于所谓‘法律禁令’的范畴，但是长期以来，我国法律并没有直接针对高利贷者的他种制裁措施。”

上引无权处分一例中，似应注意，无权处分并不当然具有违法性。比如无处分权人就动产与买受人达成买卖及处分合意后，尚未交付，即请求权利人追认，若权利人拒绝追认，无权处分人径向买受人承担违约责任，其无权处分有何违法性？又如甲受托为权利人乙出售某动产，与丙缔结买卖合同后，乙履行期限即将届满，此时甲因某种正当事由未及取得处分授权。若甲为避免乙违约而先为无权处分行为，再提请乙追认，乙尚应依无因管理之规定，负追认义务，遑论违法。无权处分未生效时，若动产已交付，具有违法性，但其违法性非指无权处分，而是交付所致（侵犯所有权或违反合同义务）。无权处分因善意取得而生效时，违法性来自因过错导致的所有权交付及丧失。由此可见，无权处分本身并无违法性，其违法性来自无权处分行为之外其他因素。法律不必禁止无权处分本身，只要通过处分权要件把控好行为效力，就足以实现其规范目的。需禁止的是具违法性的其他因素，但这一功能由侵权、侵占等其他规范充任之。故就无权处分规范本身而言，并无行为引导意图，仍属权限规定。又如无权代理本身，并无违法性，只要把控好代理权要件即可实现规范目的，故无权代理之规定仅属权限规定。但若伪造印章实施无权代理行为的，即可能适用伪造印章罪这一行为规范。

上引国有资产转让之例中，两种情形似应分而论之，方属妥当。（1）国有资产转让未履行评估程序，只是行为规范，于此不赘。（2）至于未经批准转让国有资产，似亦属行为规范，只是为其规范目的实现，令批准同时成为国有资产转让合同及处分行为的要件。

原文提道："再次，如果'法律禁令'直接指向特定法律行为，则该禁令之内容违反与强行性面向之违反似乎也不容易区分。例如，前文提到的禁止买卖人体器官的规定。又如《民法典》第 111 条规定的不得非法买卖个人信息的规定。"

就所举之例，禁令之内容违反与强行性面向之违反，似无难以区分的问题，只是有的情形不大会出现违反强行性面向的约定。

例 1：若签订器官买卖协议，同时约定不适用《民法典》第 1007 条的规定（禁止买卖人体器官）。（1）签订器官买卖协议本身乃违反禁令之规范内容，其效力如何，应结合规范目的按《民法典》第 153 条第 1 款判定。（2）约定不适用《民法典》第 1007 条的规定违反规范的强行性面向，一律无效 / 不生效力，无裁量余地。

例 2：签订买卖个人信息的合同，同时约定不适用《民法典》第 111 条、《刑法修正案（十二）》第 253 条之一的规定。（1）签订个人信息买卖合同违反禁令之规范内容，其效力应结合规范目的按《民法典》第 153 条第 1 款判定。（2）约定不适用上述规定违反强行性面向，一律无效 / 不发生效力，无裁量余地。

原文提道："最后，并非所有的违反'权限规定'的情形，都存在替代规制现象，最典型者如违反物权法定的要求。"

违反物权法定原则，是否存在替代规制现象，应区分不同情形：（1）违反类型法定，不存在替代规制现象。（2）违反内容法定，在限制物权内容时，存在替代规制现象；在扩展物权内容时，不存在替代规制现象。

原文提道："现实中未必不存在具有多元目的的规范，这种规范可能兼具权限规定与法律禁令的双重属性。例如，《民法典》第35条第1款规定：'……监护人除为维护被监护人利益外，不得处分被监护人的财产。'一方面，该条规定属于对监护人法定代理权的限制规范，如果监护人损害被监护人的利益而处分其财产，将可能构成无权代理，可以说该条属于'权限规定'。另一方面，立法者设置该条的最终目的在于保护被监护人，防止被监护人的利益因监护人的不当处分行为而受到损害。因此，立法者除宣告法律行为的效力存在瑕疵外，还设置了剥夺监护人资格、有权机关对监督人进行训诫、发布督促监护令等惩戒措施，迫使监护人避免实施此类行为。如此看来，该条似乎又具有法律禁令的属性。"

上引《民法典》第35条第1款之规定，包括事实处分在内，似属行为规范，只是为其规范目的实现，亦须令其构成处分行为之特别要件，管控其效力而已。

（三）"统一说的优势"部分

1. 提供请求权基础

原文提道："在此背景下，根据'统一说'的立场，在欠缺特别规则时，使《民法典》第153条第1款覆盖这些情形，可为此等场合下的合同效力判断提供请求权基础。"

请求权基础仅指请求权之法律依据，合同效力判断本身所依据的规则，只能称为法律依据，不能称为请求权基础。

2. 扩大合同自由

原文提道："因此，使《民法典》第153条第1款涵盖私法上的'权限规定’，并不意味着对违反‘权限规定’的法律行为作负面评价，是否属于负面评价是适用该款得出的结论，而不是适用该款本身。”

即使认为权限规定不适用《民法典》第 153 条第 1 款，也不意味着对违反权限规定的法律行为作负面评价。

原文提道：“在这一认识的基础上，采纳‘统一说’反而会起到扩大合同自由之功用。例如，如果将书面形式要求视作合同的形成性要素，那么违反书面形式要求的合同只能是不成立或不生效。然而，正如王轶所言，合同应当采用书面形式的规定一般仅与合同当事人之间的利益相关。根据具体的书面形式规定的目的不同，适用《民法典》第 153 条第 1 款可以更加灵活地认定违反形式要求的合同效力。又如，出质人违反《民法典》第 443 条至第 445 条的规定，未经质权人同意将出质财产进行转让时，由于《民法典》第 597 条第 1 款、《合同编通则司法解释》第 19 条仅涉及无权处分不影响负担行为效力的问题，我国又未有《德国民法典》第 135 条那样的相对处分禁止规范，依照无权处分的一般原理，如果转让行为不能得到质权人的追认，那么只能得出质押财产权的转让不发生效力的结论。相反，如果适用《民法典》第 153 条第 1 款，考虑到前述规定的目的主要在于保护质权人利益，不妨依据该款之但书，认定转让行为仅相对于质权人无效。”

上引所举例，无论是法定要式，还是出质人擅自转让质押标的（当然其立法目的是否正当似有待考察），均涉及现行法上的漏洞，需法官填补。此时，适用《民法典》第 153 条第 1 款只是令法官形式上有法律依据，更能为漏洞填补“壮胆”，并无实质好处，且会遮蔽权限规定与禁止规定的区别。纯自法学方法而论，此种“壮胆”并无必要。但从法官避免风险的利益需求考量，此种情形要适用《民法典》第 153 条第 1 款也不必反对，但若据此否定权限规定与禁止规定之区别，不啻缘木求鱼。

3. 防止法律规避

原文提道：“在‘山西省大同市天镇县人民政府与张某春四荒治理行政协议纠纷再审申请案’中，最高人民法院认为双方当事人签订的四荒治理协议属于规避《矿产资源法》第 6 条第 1 款的采矿权转让须经有关行政机关批准的行为，不发生效力”。“对于当事人事先约定嗣后履行买卖合同义务来抵偿欠款的案件，可先根据对禁止流押条款（《民法典》第 401 条）的目的解释，考虑对其是否类推适用，并结合《民法典》第 153 条第 1 款认定相关约定的效力。”

无论是权限规定抑或禁止规定，为其规范目的之实现，均有必要适用法律规避制度。法律规避之操作，系通过解释被规避的法条，令规避行为类推适用被规避的法条，以实现其规范目的。即此而言，并无纳入《民法典》第 153 条第 1 款适用之必要。如上述两例中，均可以通过法律解释，将《矿产资源法》第 6 条第 1 款类推适用于四荒治理协议、将《民法典》第 401 条类推适用于案涉协议即可。

（四）“‘权限规定’作为强制性规定之一种类型的意义”部分

原文提道：“由此，‘权限规定’通常属于《民法典》第 153 条第 1 款中的第二个‘强制性规定’，法律行为违反‘权限规定’通常并非自始、当然、确定、绝对的无效，而属于‘强制性规定不导致该民事法律行为无效’的情形。我国诸多司法解释条文已经体现了这一点，例如，《最高人民法院关于审理商品房买卖合同纠纷案件适用法律问题的解释》第 2 条规定：‘出卖人未取得商品房预售许可证明，与买受人订立的商品房预售合同，应当认定无效，但是在起诉前取得商品房预售许可证明的，可以认定有效。’这是一种可嗣后补正或治愈的无效。”

个人认为，审批可分为三种：对主体资质的审批、对事项的审批、对法律行为的审批。前二者均属行为规范、禁止规范，是否影响行为效力，应适用《民法典》第 153 条第 1 款。后者则可能属于权限规范。商品房预售许可证乃对项目的概括审批，而非对具体法律行为的审批，故似不属于权限规定，而是行为规范。

原文提道：“《民法典》第 153 条第 1 款既然属于概括条款，那么仅在法律对违反强制性规定的行为效力未有明确规定时方才适用。明确了这一点，就可以理解《合同编通则司法解释》第 18 条的意义所在。申言之，不能将该条理解为排除‘权限规定’适用《民法典》第 153 条第 1 款之意，而应理解为是对特别法优先适用规则的声明。理由有二：其一，该条所涉内容不限于

‘权限规定’，还包括行为人违反‘法律禁令’导致合同相对人、第三人获得撤销权、解除权等民事权利的情形。例如,《刑法》第 224 条包含了不得实施合同欺诈的禁令，行为人实施欺诈行为订立合同违反该禁令，但是由于《民法典》第 148 条、第 149 条已经规定欺诈行为可撤销而非无效，故排除《民法典》第 153 条第 1 款的适用。其二，从该条‘人民法院应当依据法律、行政法规规定的关于违反该规定的民事法律后果认定合同效力’的表述可知，该条排除适用《民法典》第 153 条第 1 款的原因在于其他规定已就合同效力做出规定，而非这些规定属于所谓‘权限规定’”。

严格而论，行为规范才能构成《民法典》第 153 条第 1 款的特别规定。无权代理的规定就只是能为规范。

（五）一个小疑问

原文提道：“基于此，当事人违反《公司法》第 16 条、《民法典》第 168 条、《城市房地产管理法》第 38 条第 4 项签订的合同，由于《民法典》第 171 条、第 301 条、第 504 条已经就无权代理、越权代表、共有人处分共有财产等问题做出专门规定，依据特别法优先适用的规则，无须再适用《民法典》第 153 条第 1 款来判断合同效力，并不产生架空法律已有规定的问题。”

就违反行为之效力问题，第 301 条未作规定。

研究民法上“强制性规范”的方法论

许德风 *

一、关于该文中使用的基本概念

该文所主张的“区分说”:“近年来，一种继受自德国民法学的‘区分说’在我国学界日益流行，该学说主张，将与任意性规定相对的强制性规定进一步区分为权限规定和法律禁令,《民法典》第153条第1款作为沟通公法与私法的管道，其中的‘强制性规定’不包括权限规定，对于合同违反权限规定者，无适用该款之余地。”

该文所主张的“统一说”:“在‘统一说’看来，没有必要对强制性规定进行概念上的区分，将‘权限规定’排除在《民法典》第153条第1款的适用范围之外，而应对强制性规定作广义理解，予以统一把握”。“《民法典》第153条第1款所指的强制性规定，系指在个案中可以被合同违反的具有强制适用效力的法律规定……这样的强制性规定在抽象层面，既可能是不许约定排除适用的强行法，也可能是允许约定排除适用的任意法，后者没有被当事人通过约定排除适用，而对某个具体的合同产生强制适用效力。”

该文所主张的“权限规定”:“法律禁令不是强行法的全部，并非所有的强行法都是法律禁令。例如，对行为能力的要求、法律行为的法定形式要件以及物权法上的类型强制等规范，不允许民事主体排除适用，属于强行法，但这些规定并未强制或禁止民事主体为或不为一定行为，不属于法

---

* 北京大学法学院教授。

律禁令。因此，强行法是一个更为广义的上位概念。对于不属于法律禁令的强行法，德国学者对其有不同的称谓，有的学者以单纯强行法（bloß zwingenden Recht）统称这类规范，有的学者用法律行为的形成权力的一般限制（beschränken allgemein die rechtsgeschäftliche Gestaltungsmacht）统称这类规范，还有学者列举私人自治的形成权限限制（Einschränkung der privatautonomen Gestaltungsbefugnis）、法律权力的限制（Einschränkung der Rechtsmacht）、权利转让的排除（Ausschluss der Übertragbarkeit eines Rechts）、官方的许可要求（Erfordernis behördlicher Genehmigung）等来指称这类规范。由此可见，所谓权限规定这一概念也有广狭二义，狭义的权限规定指的是不属于法律禁令的单纯强行法之一种，广义的权限规定则可等同于单纯强行法。”

该文所主张的“强行法 / 法律禁令”：“强行法（zwingendes Gesetz）这一概念被认为与法律的有效性要求（Geltungsanspruch）有关，而这一要求又与私法自治相联系，与其相对应的概念是任意法（dispositive Gesetz）。任意法的主要功能在于弥补当事人之不备，因而当事人可以通过约定排除任意法的适用。强行法的适用效力则不能被当事人的约定所排除，这不属于当事人可以实现意思自治的领域，换言之，强行法必须被适用。当然，根据一个规范的目的可以确定其强行效力的范围，进而强行法又可区分为绝对强行法和半强行法，后者允许当事人作符合规范目的的排除适用。法律禁令（gesetzliches Verbot）是《德国民法典》第 134 条中的概念，其针对的可能是法律行为，但通常情况下其针对的是法律行为之外的其他事实或行为，当法律禁令涉及法律行为时，并不意味着当事人不能实施法律行为，而是法律不允许其实施。”

蔡睿博士在论文中提及的“权限规定”涉及归属规则、类型强制规则等类型不同的规范，大概采用德文原义“限制法律行为自由安排权力”的表述。虽然晦涩但比较不容易引起读者乃至作者本人的误解（不过，下文评议仍采作者的用语）。

作者在这里对“统一说”和“区分说”存在值得商榷的理解。我理解的“统一说”，在我写的一篇文章中提及：“考虑到无效判断问题的复杂性，不认为应对具有强制因素的规范做概念区分（‘统一说’）更合适，即将效力规范统称为‘强制规范’，并结合案件的实际情况，综合地判断有关规范的性质及其对法律行为效力的影响”。[1]但其实对无权代理、越权代表、能力规范等，这篇文章也做了专门的分析，认为其原本就不属于效力规范的范畴，如代理规范和代表规范实为“归属”规范，应导致合同不成立而非无效；能力规范实与意思表示瑕疵规范接近。[2]换言之，我和我国其他学者所主张的“统一说”，乃是建立在区分权限规范与效力之上的。

在作者未必准确理解我国学者所主张的“统一说”的背景下，认为德国法中以“区分说”为主流，与杨代雄主张的尽管比较法如德国法上规范性质说并没有被完全摒弃，但已非主导性学说，而更多是强调规范重心与规范目的的说法，[3]可能并不是在讨论同样的事项。我所理解的杨代雄说的“统一说”，是有关效力性规范对合同影响力判断上的“统一说”，是建立在区分效力规范与权限规范基础上的观点。

二、关于对命令理论的批判

作者主张“区分说”的法理基础来自对命令理论的批判。具体而言，作者主张：“通过对‘命令理论’的批判，使人们认识到法律规范并非均由命令所构成，其中尚有大量不能被归为命令的授权性规范。是故，即便将《德国民法典》第134条中的禁令（Verbot）作广义理解，将其等同于命令，即不仅包括狭义的‘禁令’，也包括‘令行’（Gebot），那么也不能得出其包含所有法律规范的结论。可以说，对‘命令理论’的批判为‘区分说’奠定了法理基础。”

如陈景辉所言：“所谓的法理论（legal theory），是有关‘法’或者‘一般法’之基本性质”（the nature of Law）的理论，而不是一套关于‘特定法’或者‘具体法’之基本性质（the nature of the law）的理论。因此，法理论的

〔1〕许德风：《合同效力的类型界分》，载《中国法律评论》2023年第6期，第19～20页。
〔2〕参见许德风：《合同效力的类型界分》，载《中国法律评论》2023年第6期，第21～24页。
〔3〕杨代雄：《〈民法典〉第153条第1款评注》，载《法治研究》2020年第5期，第127～128页。

研究者不应当受制于特定的法律体系或者特定的法律实践，例如中国的法律体系或者美国的法律实践，而是应当就‘法’的基本属性发表看法。”〔1〕当然，这并不意味着特定的法律体系与法律实践是不重要的，只是对此所展开的研究不能被称为“法理论”，而只能被称为“关于个别法的理论”。在这一背景下，该文关于强制性规定的研究，其实只是部门法理论，与命令理论语境下什么是法或者法的元理论并不相关。

如前所述，在通常理解的“区分说”中，授权性规范并不在讨论之列，该文主张“对‘命令理论’的批判为‘区分说’奠定了法理基础”应不能完全成立（对于作者认为第153条第1款包括任意性规范的观点，下文还将提及）。

三、关于对“区分说”的批判

（一）游戏规则与效力规则

作者主张“区分说”遮蔽管制，如认为：“将权限规定视作私法领域的游戏规则，还隐含了一种危险，似乎暗示权限规定在私法中是理所当然的，立法者对游戏规则的创设是毋庸置疑的。私法关系作为一种自生自发的秩序，其形成并非立法者主观建构的产物，私法只不过是对市民社会交往规则的确认。从这一角度看，抽象地说私法规则具有自然正当性无可厚非，然而，如果认为实证法上的具体私法规则是理所当然就未必正确了。试举两例说明：一是行为能力制度。行为能力是民事主体理性能力的要求，而理性能力是民事主体得以其自身行为创设私法关系的当然前提，故抽象的行为能力要求可谓是私法自治的题中之义，但这并不意味着具体的行为能力制度设计都是合乎私法精神的。”进而“权限规定虽有扶助自治之功，但其真正意义仍在于划定行为自由之边界，在此意义上，其与法律禁令一样，都是对私法自治的限制。既然如此，权限规定与法律禁令，不论在立法还是司法上，都应遵循比例原则的要求，有对其正当性进行省思之必要。‘区分说’对权限规定管制功

〔1〕 陈景辉:《命令与法的基本性质》，载《北方法学》2013年第4期，第5页。

能的‘遮蔽’，不可不察。”

认为“游戏规则”有时候会影响当事人的自由的观点，理论上也有一些研究。如中考只考学业而不考体育时，对智力高、专注强的孩子更照顾，而对天生体育好的孩子有所不公。又如乒乓球比赛中，用大球或小球，也会对比赛结果产生一定影响。但其实存在某些基本随机的“游戏规则”，如掷骰子、围棋中的猜先。在这个意义上，诸如抵押登记这种物权设定的要求、法人形式的限制、代理的外观要求等，更多是对交易实践的总结。未遵循这些规则时合同不能发生效力，与合同违法无效或违背公序良俗无效有显著的差别。首先，违法及背俗无效的合同是不可补救的；而违反类型强制的合同，则是事后可补救的（如完善有关形式要求）。其次，在违法及背俗无效时，双方常常均有过错，难谓一方对另一方负有赔偿责任；而在合同因违反类型强制而无效时，常存在一方须承担责任的问题。

当然，我也承认，如下文所述，任何类型划分，总是有其模糊或边缘地带。即便是权限规定，也有和效力规定相接壤之处。例如，2018 年《公司法》第 16 条（2023 年《公司法》第 15 条）规定的未经公司决议越权提供担保不对公司发生效力的规则，表面上是规定了公司对外担保的内部决策程序规则，同时也具有保护公司其他股东的效果。在法律规范具有此种混合属性时，不应将其仅仅作为类型强制规范对待，而是应结合其规范目的，综合地加以判断。总体而言，权限规定与效力规定的重合，仍然是较少见的。比较而言，该文不细加区分地将权限规定与效力规定均囊括在《民法典》第 153 条第 1 款之下，会使本来精细、必要的类型区分模糊化，可能并非有益的贡献。

（二）行为能力规范

该文在讨论完“游戏规则”之后又提及了无民事行为能力人、限制民事行为能力人的年龄选择问题。一方面，这段分析与前文“游戏规则”的分析有断裂和跳跃。另一方面，行为能力制度所关注的核心其实是当事人（可能）的意思瑕疵，与法律对某一个法律行为作出效力评价有很大差别。

（三）物权规范与行为规范

该文认为任意法也有强行性："《民法典》第293条规定：'建造建筑物，不得违反国家有关工程建设标准，不得妨碍相邻建筑物的通风、采光和日照。'从内容上看，该条对建造建筑物的行为施加强制义务，显然属于法律禁令。但是，如果建筑人与相邻建筑物权利人签订了地役权合同，就可以排除该条'不得妨碍相邻建筑物的通风、采光和日照'的适用，可见，该条又属于任意法。为什么会出现这种现象？笔者认为，这是因为'区分说'的分类混淆了法律适用效力和具体的合同违法之间的关系，二者实际上是两个层面的问题。将法律规范区分为强行法和任意法，是在抽象层面对法律适用效力进行的观察，强行法不得以约定排除适用，任意法可以被当事人约定排除适用。与之不同，违法合同的效力评价，则是站在一个具体的视角，谈论合同违反一个强制性规定时的效力如何，这里的强制性规定必然指向的是一个具体的被合同违反了的法律规则，至于这个规则在抽象层面能否被当事人排除适用，是有多种可能的。任意法虽然在抽象层面具有可被当事人排除适用的特征，但在具体的情境中，只要当事人没有排除其适用，它就仍然具有法的效力，在个案中会产生适用要求，进而展现出法的强制性。"

作者提及了《民法典》第293条，认为该条属于法律禁令，又属于任意法。这是似是而非的观点。"建造建筑物，不得违反国家有关工程建设标准"属于法律禁令，应无疑问，但"建造建筑物，不得……妨碍相邻建筑物的通风、采光和日照"，其实是确立了建筑物所有人、使用人"通风、采光和日照"的权利。权利通常可以放弃，但这并不意味着该条是"任意法"。

（四）何为确定法律禁令的标准

该文认为，"区分说"最大的问题在于缺乏清晰的区分标准，难以对权限规定和法律禁令进行彻底界分："例如，《民法典》第1007条规定：禁止以任何形式买卖人体细胞、人体组织、人体器官、遗体。从该条的措辞和目的来看，立法者明令不允许实施人体器官的买卖，可以说该条系法律禁令。但该禁令直接针对买卖这一法律行为，也可以说立法者完全剥夺了民事主体通过买卖这一法律行为实现人体器官流转的可能性，因此也可以认为该条是权限规定。或许有人主张，这里可以区分法律上的买卖和事实上的‘买卖’，该条禁止的只是作为法律行为的买卖，事实上的‘买卖’仍是可能的，因此该条是法律禁令而非权限规定。问题在于，如果可以作这样的区分，那么对于典型的权限规定也可以进行如此区分。比如，当事人约定设立一个不动产质权并完成了占有的移转，我们是否能说，只是法律行为上的不动产质权设立行为被禁止，移转不动产占有并归占有人实际支配仍然是可能做到的，如此一来，物权法定究竟是权限规定还是法律禁令？”

我认为，《民法典》第1007条是不是权限规定其实并不重要，重要的是该条是不是影响合同效力的强制性规定。该条的确可以说是界定了身体权的边界，但存在某个条文既属于“权限规定”，又属于“效力规范”的情形，并非不常见，也并不意味着“权限规定”和“效力规范”二者的区分无意义。实际上，二者并非在同一层面上、基于统一标准所做的区分，自然会有所重合。

四、“权限规定”可否纳入第153条第1款

该文认为：“在‘统一说’看来，没有必要对强制性规定进行概念上的区分，将‘权限规定’排除在《民法典》第153条第1款的适用范围之外，而应对强制性规定作广义理解，予以统一把握。不过，与传统‘统一说’主张的抽象层面的与任意性规定相对的强制性规定不同，笔者认为应从一个具体的视角来理解这里的强制性规定，即《民法典》第153条第1款所指的强制性规定，系指在个案中可以被合同违反的具有强制适用效力的法律规定。这样的强制性规定在抽象层面，既可能是不许约定排除适用的强行法，也可能是允许约定排除适用的任意法，后者没有被当事人通过约定排除适用，而对某个具体的合同产生强制适用效力。”

在上述观点的基础上，该文主张：“不能将《合同编通则司法解释》第18条理解为排除‘权限规定’适用《民法典》第153条第1款之意，而应理解为是对特别法优先适用规则的声明。理由有二：其一，该条所涉内容不限于‘权限规定’，还包括行为人违反‘法律禁令’导致合同相对人、第三人获得

撤销权、解除权等民事权利的情形。例如,《刑法》第224条包含了不得实施合同欺诈的禁令，行为人实施欺诈行为订立合同违反该禁令，但是由于《民法典》第148条、第149条已经规定欺诈行为可撤销而非无效，故排除《民法典》第153条第1款的适用。其二，从该条‘人民法院应当依据法律、行政法规规定的关于违反该规定的民事法律后果认定合同效力’的表述可知，该条排除适用《民法典》第153条第1款的原因在于其他规定已就合同效力做出规定，而非这些规定属于所谓‘权限规定’。基于此，当事人违反《公司法》第16条、《民法典》第168条、《城市房地产管理法》第38条第4项签订的合同，由于《民法典》第171条、第504条、第301条已经就无权代理、越权代表、共有人处分共有财产等问题做出专门规定，依据特别法优先适用的规则，无须再适用《民法典》第153条第1款来判断合同效力，并不产生架空法律已有规定的问题。”

在将“权限规定”纳入第153条第1款调整范围后，再以“特别法规定”将其剔除，一方面可能误解了第153条第1款的作用机理，另一方面也徒增理论的复杂度。我理解的第153条第1款的适用机理是：第153条第1款是一个规定于民法中的“公法评价规范”，用以评价有关公法强制规范对民事法律行为的影响。如果特别法已对民事法律行为的效力作出了规定，则直接依据该特别法处理即可，无须再动用第153条第1款。

五、结语

在我国既有研究对《民法典》第153条第1款的讨论已相当充分的背景下，该文试图在分析“统一说”与“区分说”的基础上重构该条的适用范围，是有益的努力。但目前的前提（概念设定）、论证（对“区分说”的批判）乃至理论构建（“统一说”的正当性），仍有改进空间。除上述问题之外，结合效力难定的具体条文和取舍难断的疑难案件展开有实践价值的讨论而非抽象的理论构建，可能更有必要。

解决强制性规定难题的立法、司法和学理机制

王 琦*

一、导论：两个问题

学习了蔡睿博士的论文后，我获得很多启发，其中关注的问题有两个：第一个是引入“权限规定”是否能够解决《民法典》第 153 条第 1 款的强制性规定难题？第二个是如果引入“权限规定”不能解决，真正的解决之道在哪里？本文也围绕这两个问题展开。

二、“权限规定”并非强制性规定难题的破解之道

该文对我的第一个启发是，“权限规定”解决不了强制性规定识别的难题。该文对“权限规定”在德国法上的起源作了详细梳理，相关内容具有很高文献价值。按照该文的梳理，权限规定源自冯·图尔的民法总论教科书，随后弗卢梅和拉伦茨也都在各自的民法教材中进行了阐发。到今天为止，权限规定已经成为德国民法的通说。

既然该文是以德国法作为参照，我本人也曾经在德国长期学习，所以我想去探索在德国主流法律评注中，“权限规定”是在什么位置，以什么形态出现。为此，我查阅了德国具有代表性的两部评注即《慕尼黑民法典评注》和

* 北京航空航天大学法学院副教授。

《施陶丁格民法典评注》中关于《德国民法典》第134条的篇章。

兹以《施陶丁格民法典评注》的有关内容为例，[1]如表1所示。

表1 《施陶丁格民法典》相关内容

B.《德国民法典》第134条与其他条文的关系
Ⅰ.自带法律后果的规范 《德国民法典》的例子：第248条第1款，对复利的约定无效。 中国《民法典》的例子：第197条，"诉讼时效的期间、计算方法以及中止、中断的事由由法律规定，当事人约定无效。当事人对诉讼时效利益的预先放弃无效。"
Ⅱ.限制形成力和处分力的规范（即主报告所称的权限规定） 例如关于无行为能力或者限制行为能力的法律后果（《德国民法典》第104条以下）、表面行为（《德国民法典》第117条）、禁止自己代理（《德国民法典》第181条）、物权类型和内容方面的强制规定等。
III.相对的和绝对的处分禁止（《德国民法典》第135条、第136条）
Ⅳ《德国民法典》第138条（公序良俗）
V.《德国民法典》第311a条（自始的履行不能）
VI.《德国民法典》第307条以下（格式条款）
VII.《德国民法典》第355条、第357条（消费者撤回权）
VIII.公平磋商要求

由此可见，区分说确实在目前德国广泛存在。在德国评注中，通常一开篇就会说明哪些法律不属于《德国民法典》第134条的"法律禁令"，其中包括"权限规定"。[2]所以该文关于德国法将"权限规定"和"法律禁令"相区分的认识是完全准确的。

进一步研究德国评注，可以得出两点认识。

第一，从外部格局上，"权限规定"与"法规禁令"虽然彼此区分，但是并非二元对立格局。因为不属于《德国民法典》第134条的法律规范有很多种，"权限规定"只是其中之一。因此，不是说被排除于《德国民法典》第134条第1款的规定，就一定属于"权限规定"。所以我国实证法从《最高人

〔1〕 Fischinger/Hengstberger, in: Staudinger Kommentar BGB, 2021, § 134, Rn. 9-19.

〔2〕 Christian Armbrüster, in Münchener Kommentar zum BGB, 9. Aufl. 2021, BGB § 134, Rn. 9.

民法院关于适用〈中华人民共和国合同法〉若干问题的解释（二）》时代以来的“管理性强制性规定”和“效力性强制性规定”的二元区分，在德国法中从来就不存在。德国法对法律规范性质的性质认定是多元的，没有把规范强塞入非此即彼的二元格局。

第二，从内部构成上，被收入“权限规定”的法律规范彼此之间差异很大。比如在德国法上，无行为能力的法律后果和物权变动要件都属于“权限规定”，法律对此做出了预先规定，民事主体无权做出不同的约定。[1] 比如，当事人约定，无行为能力人订立的合同有效，又或者约定房屋所有权变动在交付（而非登记时）时发生，都属于违背权限规定，不发生法律后果。但是这两种规定在规范目的、规范内容、适用场景上没有共同点，无法提炼出实体性的共同特征。“权限规定”只是理论上为它们提供的统一代称。正如该文就“区分说”所批判的，其“最大的问题在于缺乏清晰的区分标准”。

所以“权限规定”到底是什么？我个人的体会，“权限规定”其实是理论上对法律行为效力特别规定的事后性、学理性解释。可以说，是先有法律行为效力的特别规定，比如关于限制行为能力的规定，然后才有学理总结，将其归为“权限规定”。所以“权限规定”属于“事后诸葛亮”，如果没有特别规定，“权限规定”本身没有实质内容。该文的洞见值得赞同：“与其说‘区分说’是为了解决法律适用问题，不如说是在给这些特别规定提供合理性支撑。”

另外还可以发现，该文提出“统一说”，主张“权限规定”应当被纳入《民法典》第 153 条第 1 款的禁止性规定，并为之提供了论据。从表面上看，该文观点似乎和德国法形成了截然对立，因为德国法将“权限规定”排除在《德国民法典》第 134 条以外。但是仔细分析则会发现，该文观点和德国法的区别并没有看起来那么大，因为该文意义上的“权限规定”其实范围很小，不包括关于法律行为效力的特别规定。这可以在文中找到多处证据。举两例，第一处是该文提道“《民法典》第 153 条第 1 款既然属于概括条款，那么仅在法律对违反强制性规定的行为效力未有明确规定时方才适用”。第二处是该文

---

〔1〕 Fischinger/Hengstberger，in：Staudinger Kommentar BGB，2021，§ 134，Rn. 9-19.

提道:"'权限规定'大多直接指向法律行为，并且通常法律已经规定违反之法律行为的效果，在有此特别规定时，应当排除《民法典》第153条第1款这一概括条款的适用"。所以该文的"统一说"是有限的统一。特别法规定，无论是按照德国法还是该文的观点，都未被纳入禁止性规定。这也是恰当的。真正需要被纳入《民法典》第153条第1款进行审查的是含有禁止性内容但本身又未规定后果的法律规范。

综上，"权限规定"无非是对特别法规定的解释或者论证，是"事后诸葛亮"，本身并没有独立内容，因此其不可能解决强制性规定的识别难题。那么解决之道何处寻呢？该文给我们提供了线索，我个人也进行了补充思考，结论是应当从立法、司法和学理这三方面共同着手。

三、法规禁令的解决之道：立法、司法和学理的联动

（一）立法机制

在立法层面，应当从《民法典》第153条第1款和特别法律规定这两端分别努力。关于作为禁止性规定一般条款的第153条第1款，有三点需要完善。

第一，应当充实内容。无论是《民法典》第153条第1款还是《德国民法典》第134条，主要缺陷就是太简单，有太多规范空白。这里可以顺便谈一下关于《合同编通则司法解释》的一种意见。该司法解释的征求意见稿公布后，社会上有观点认为，条文篇幅普遍很长，尤其是和作为被解释对象的《民法典》有关条文相比，显得不合比例。但是，条文长短并无一定之规。从比较法上看，《德国民法典》最早的条文也非常简短，典型例子是总则编部分从生效时就存在的"祖传"条文，其中超过三段话的都不多。但是近年来《德国民法典》修改所加入的新条文也呈现出越来越长的趋势，尤其是为了转换欧盟指令而制定的条文，动辄十几段话。以《德国民法典》第309条为例，该条的规范对象是无效格式条款，这一条足足有15款之多，而且每款下还含有多个小项。背后的原因是，现代社会的复杂性远远超过19世纪，这也要求

法律规范的含量有相应增长。另外，从实务界需求来看，司法解释是帮助法官适用法律进行裁判的，现实中法官尤其是基层法院的法官对最高人民法院司法解释的期待是尽可能详细、易懂以及便于操作。所以对现在的司法解释条文，站在学者或者一般读者角度嫌其长，但是站在实务工作者角度，可能又嫌其短了。

第二，应当细化或者调整对法律后果的规定。我国《民法典》和《德国民法典》对违背禁止性规定的后果都还是采取绝对无效的立场，这个可能还是以刑法禁令为原型，刑法涉及最严重的禁令。但是现代法律体系中，禁令的目的和意义具有多样性，一律无效并不合适。在现行法中就存在违背法规禁令却并不绝对无效的情况，比如违背高利率禁令的利率约定在法律允许范围内有效。该文也指出："违法行为的效力评价，须根据被违反的规范的意义和目的，并遵循比例原则进行判断，所谓比例原则，即宣告合同无效须满足适合性、必要性、均衡性三项原则的要求。并且，比例原则不仅仅关系法律行为是否存在效力瑕疵的判断，还关系到具体的效力瑕疵类型的判断。是故，违法行为的无效类型除绝对无效外，还存在其他的效力瑕疵类型"。

因此，从规范层面来说，我国《民法典》应当规定违背法规禁令的多样性法律后果。这方面已经有立法例。《欧洲合同法原则》（PECL）第 15：102 条第 2 款规定，如果强行法并未明确规定合同违背该法律的法律后果，合同可以视情况被宣告为完全有效、部分有效、无效或者被变更。该条第 3 款同时规定了依据第 2 款做出决定的考量因素。[1]

同样可以考虑的是，不从制裁而从救济当事人角度来规定违背法规禁令的法律后果。《国际商事合同通则》（PICC）第 3.3.1 条就采取了这种立场，该条规定："当强制性规则未对违反行为的合同效力做出明示规定时，当事人有权依据合同，按合理的情况行使救济。"在我国法上，《合同编通则司法解释》第 16 条第 1 款第 3 项就体现了这种法观念，按照该款，当"强制性规定旨在要求当事人一方加强风险控制、内部管理等，对方无能力或者无义务审查合同是否违反强制性规定，认定合同无效将使其承担不利后果"时，"人民法院

〔1〕 见《欧洲合同法原则》（PECL）第 15：102 条。

可以依据民法典第一百五十三条第一款关于‘该强制性规定不导致该民事法律行为无效的除外’的规定认定该合同不因违反强制性规定无效”，这表明判断合同是否因为违背强制性规定无效时，也要考虑哪种后果更有利于对无过错当事人一方的保护。具体的例子是《商业银行法》第39条关于“商业银行贷款，应当遵守下列资产负债比例管理的规定”。商业银行是否遵守了资产负债比例，借款人既无从知情也无从控制，所以即便借款合同违背了资产负债的强制性规定，也不影响借款人的需受保护性，所以不应当认定合同无效。[1]

第三，将特别法对《民法典》第153条第1款的优先性突出。正如该文所说的，“‘区分说’解释论上的意义便在于提示法官，须积极寻找现行法中是否已存在特别规定，避免‘向一般条款逃逸’”。无论是《德国民法典》第134条还是我国《民法典》第153条第1款，都没有将特别法优先这层意思表达清楚。一些较新立法值得借鉴。以《国际商事合同通则》第3.3.1条为例，它将特别法的优先性展现得非常清楚。第1款规定，“……当该强制性规则对违反行为的合同效力有明确规定时，从其规定”；第2款规定，“当强制性规则未对违反行为的合同效力做出明示规定时，当事人有权依据合同，按合理的情况行使救济”。在立法层面把特别法规定突出具有合理性，因为特别法立法者比其他人更了解立法本意，如果立法者能把禁令的法律后果写清楚，那是最有利的。

从这里切入对特别法的讨论。最理想的状况是，合同无效都按照特别规定来认定，无须适用民法一般规定。我国这几年强调“小快灵”立法，也有利于特别法发展。比如，《全国人大常委会2023年度立法工作计划》要求坚持急用先行，注重“小快灵”“小切口”立法及时解决突出问题，提高法律草案起草、审议、修改效率，在确保质量的前提下加快立法工作步伐。《国务院2024年度立法工作计划》也提出进一步丰富立法形式，注重“小快灵”“小切口”立法，加快填补立法薄弱点和空白区，发挥好法治固根本、稳预期、利长远的保障作用。该文也提出“管制性规定则应通过特别法予以规定。如此，便可避免对《民法典》的频繁修改，从而维系其稳定性”。但这要成功，就

〔1〕最高人民法院民事审判第二庭、研究室编著：《最高人民法院民法典合同编通则司法解释理解与适用》，人民法院出版社2023年版，第197页。

需提升立法的系统性、整体性、协同性，注重立法之间的衔接。在特别法的立法阶段，就要考虑当事人的合同违背特定法律的后果，这对立法提出了更高要求。目前我国立法的质量参差不齐，尤其是非民事领域的立法往往较少考虑立法在民事领域的法律后果。提升立法质量虽然不容易，但这是所谓的“堵点”，只要突破，就会立竿见影。

（二）司法机制

通过司法程序来识别强制性规定属于常规但是必不可缺的机制。如果一条法律规范没有明确规定法律后果，是否会导致法律行为无效，这一问题往往在该规范运行的初期有很大争议，易于形成司法疑难，比如导致一个案件的一审、二审和再审程序多次推翻之前判决，在不同案件中出现裁判分歧。〔1〕然后这一分歧引发法学界注意，经过反复辩论，各方研究，慢慢达成共识，明确其法律后果，而后这个条文带来的难题就翻篇了。这个过程以前有，现在有，将来还会有。因此解决强制性规定难题需要司法机制永远在场。

从完善的角度，应当在司法达成共识的前提下，及时以权威载体明确，让法律共同体迅速知道司法立场。在德国法学界，法律出版业非常发达，所以典型案例出来后，法律人很快就能知道。在我们国家，目前可能还是要通过高层级法院，尤其是最高人民法院的权威载体，具体形式包括指导性案例、典型案例、司法解释甚至是司法文件。比如，2022 年《最高人民法院关于充分发挥司法职能作用助力中小微企业发展的指导意见》规定“中小微企业在订立技术转让合同、技术许可合同获取特定技术过程中，合同相对方利用优势地位附加不合理限制技术竞争和技术改进的条件，或者不合理要求无偿、低价回购中小微企业所开发的新技术、新产品，经审查认为违反反垄断法等

〔1〕例如“卢济政与四川省齐祥食品有限公司土地使用权转让合同纠纷案”，最高人民法院（2013）民提字第 165 号民事判决书。该案裁判要点为：《合同法》第 52 条第 5 项规定，违反法律、行政法规的强制性规定的合同无效。根据《合同法解释（二）》第 14 条的规定，《合同法》第 52 条第 5 项规定的“强制性规定”是指效力性强制性规定。而《城市房地产管理法》第 39 条关于转让国有土地使用权所需达到条件的规定属于管理性规定而非效力性强制规定。因此，当事人以转让国有土地使用权未达到《城市房地产管理法》第 39 条规定的条件为由，请求确认转让合同无效的，法院应当不予支持。

法律强制性规定的，原则上应当认定相关条款或者合同无效。”

（三）学术机制

学术机制也对强制性规定难题的解决发挥重要作用，重点在如下两个方面。

一方面，合理优化对强制性规定的理论分析。强制性规定在我国较长一段时间内是学术研究热点，该文的引证很全面，从中可以看到我国很多知名民法学者都从不同角度为这个问题带来了知识增量。另外，从最高人民法院法官对于《合同编通则司法解释》的释义书也可以看出，无论是司法解释条文本身，还是司法解释的释义，很多内容都来自学理研究。我个人体会，强制性规定这个领域是我国理论界和实务界互动较多、较为成功的领域，未来应当继续保持这种互动。但是也不能忘记理论分析的限度，尤其是避免二元对立式理解。对此作者的告诫值得谨记，我愿意引用该文最后那段优美且有说服力的文字：“面对复杂问题的宏大理论建构和精细的概念区分总是充满了吸引力，因为‘化繁为简’始终是理论研究的不懈追求。然而，世界终究是复杂的，正如每一片树叶都有其独特的形状，每一次潮汐的涨落都蕴含着自然界的微妙平衡，人类社会的纷繁复杂终将使任何看似清晰的理论暴露出破绽。”

另一方面，进行法条的拉网式整理并持续更新。所谓的拉网式整理，指的是梳理司法判决，找出哪些法规会导致法律行为无效，哪些不会，并将其整理成便于读者查阅的体系。对比中德在强制性规定领域的文献，我个人感觉，理论分析部分中国文献不逊色于德国，在某些问题上的精细度甚至超过了德国，但是在法条的拉网式整理方面，德国文献的优势还是很突出的。

还以德国主流法律评注为例。在《施陶丁格民法典评注》中，《德国民法典》第 134 条的评注一共有 538 个边码的内容，其中理论部分是边码 1 到 211，占比大约 39%，法条梳理部分是边码 212 到边码 538，占比大约 61%。法条整理部分又分为四类，第一类是德国联邦法律，包含 114 种法律；第二类是州法律；第三类是欧盟法；第四类是国际法。在《慕尼黑民法典评注》中，第 134 条一共有 197 个边码，其中法条梳理部分是边码 67 到边码 176，占比大约 59%。可见，在德国民法评注中，法条整理部分占大头，超过了理论分析部分。可以想象，德国的法官或者律师如果需要判断一项禁止性规定是否会导致合同无效，在查阅评注时肯定是先看法条整理部分。如果该法条或者相类似的法条已经在其他裁判中获得明确，直接就可以采用。只有没有现成答案，才需要回溯到理论分析部分。两相比较，法律整理部分比理论分析部分的效果更直接。如果用对症下药来形容，治强制性规定识别这种病，需要一种复合性的药，其中既需要理论分析的成分，也需要法条整理的成分，两者之间应当比例均衡。参考德国评注中的内容对比，前者占 40%，后者占 60%。理论部分当然要有，但是不能太多，否则就会出现理论成分越多，药效递减的情况。我国法律文献的短板是法条分析部分，未来需要补足这个短板。具体来说，需从如下三点着手。

第一，需要以评注为载体进行法条整理。法条整理要求全面且及时，其内容必定是繁多、细碎而且需要不断更新，所以其合适载体不是论文，也不是教科书，只能是法典评注。只有评注有这种容量以及定期更新的出版习惯。德国现在在纸质评注之外，还有在线评注，更新更加及时。

第二，需要年轻作者的长期投入。法条整理需要较长时间地追踪司法发展，对写作者的时间精力要求都很高，比较接近于体力活。就我观察所见，德国法学界第 134 条评注的作者基本都是年轻教授。当然这也要求，在学术成果评价上对法典评注予以承认，否则不利于引导优秀学者长期投入。

第三，需要有前期性的案例整理。德国有专门的案例报告杂志，所有的法学期刊也基本有专门的案例研究专栏，由此完成对原始案例资料的整理加工。这些为评注工作打下了基础。所以，德国的法典评注也有“冰山现象”，评注上的一句话，需要有很多前期工作作为其支撑。

四、总结

强制性规定的难题，源自民法体系的复杂性降低机制的失效。一般来说，经过精心设计的民法体系，具有降低复杂性的作用。这体现在，对单一问题，我们只需要面对或者处理有限的法条。但是在强制性规定这一问题上，这种化约机制失效了，所以我们不得不面对民法典内外的所有法律规范，这在民法世界中是不常见的。强制性规定面临的挑战，归根结底就是用《民法典》第153条第1款去筛选整个法律体系。为了胜任这一任务，需要将立法、司法和学理上的机制进行联动。在立法上，需要重视关于法律行为效力的特别规定，特别规定越多越明确，就越能有效分担作为一般条款的第153条第1款的压力。在司法上，司法机关应当持续探索，通过司法解释、司法文件等权威载体将有关共识及时固定并传播。在学理上，应当一方面合理优化理论标准，另一方面加大强化对法条的拉网式整理，不厌其烦，用渔夫捕鱼的精神，将强制性规定从法律的汪洋大海中打捞出来。经由立法、司法、学理三方面机制的协作，久久为功，这个世界性难题是可以得到解决的。

《民法典》第 153 条第 1 款中的“强制性规定”不包括权限规定

郑中云*

一、问题的引出

《德国民法典》第 134 条规定，“违反法律禁止规定之法律行为，除法律另有规定外，无效”。德国法院对第 134 条的操作，首先需在构成要件上作双重控制，然后再对法律效果进行斟酌。具体步骤可分为三步。

第一步，需要考察有无禁止规范存在。第二步，则需要判断法律行为的效力是否因违反禁止规范而受影响。第三步，在判定法律行为违反禁止规范后，还需进一步判定须赋予法律行为何种法律效果。

在第一步，需要区分处分界限规范与行为规范。处分界限规范是民法中界定私法上形成及处分权利义务界限的规范。〔1〕例如，物权法上依据物权法定原则所设置的一系列规则。〔2〕行为规范则是强制或禁止一定行为的规范，这种规范才是禁止规范。禁止规范通常存在于民法以外的其他法律领域中，并往往规定了区别于民事制裁的其他制裁措施。〔3〕从《德国民法典立法理由书》来看，当时的立法者所设想的禁止规范主要存在于公法中，尤其是刑法

* 国家检察官学院讲师，法学博士。

〔1〕 参见［德］卡尔·拉伦茨:《德国民法通论》(下册)，王晓晔等译，法律出版社 2013 年版，第 588 ~ 589 页。

〔2〕 参见［德］鲍尔、施蒂尔纳:《德国物权法》(上册)，张双根译，法律出版社 2004 年版，第 6 ~ 7 页。

〔3〕 参见［德］迪特尔·梅迪库斯:《德国民法总论》，邵建东译，法律出版社 2013 年版，第 483 页。

中。而现在，这种禁止性规范则主要存在于经济管制法规中。[1]

德国法上这种对强制性规定进行区分的学说，越来越多地被我国学者所接受，认为《民法典》第 153 条第 1 款中的强制性规定也应作如此理解。而《合同编通则司法解释》第 18 条规定，“法律、行政法规的规定虽然有‘应当’‘必须’或者‘不得’等表述，但是该规定旨在限制或者赋予民事权利，行为人违反该规定将构成无权处分、无权代理、越权代表等，或者导致合同相对人、第三人因此获得撤销权、解除权等民事权利的，人民法院应当依据法律、行政法规规定的关于违反该规定的民事法律后果认定合同效力”。参与该司法解释起草的学者认为，这是司法解释采取“区分说”的体现。[2]

对此趋势，蔡睿博士进行了反思。首先，该文运用丰富的德文文献，描述了“区分说”在德国的起源。其次，介绍了我国学说对“区分说”继受的过程及原因。再次，条分缕析，认为“区分说”存在遮蔽管制、概念错位、缺乏精确的区分标准等问题。又次，对“统一说”进行再证成，主张对《民法典》第 153 条第 1 款中的强制性规定作广义理解，认为《合同编通则司法解释》第 18 条规定的仅是特别法优先适用的声明，采取统一说具有提供裁判依据、增大合同效力评价弹性、防止法律规避等优势。最后，该文又肯定了权限规定作为强制性规定之一种类型，具有维护民法的稳定性、提示特别法、效力评价等意义。

对于该文的上述观点，本文一方面对我国民法强制规范“统一说”的起源作补充论述，另一方面尝试从体系解释和历史解释两个角度为“区分说”作辩护。

二、我国民法强制性规范“统一说”的起源：晚清民国时期对强制性规范外延的理解

该文认为，我国民法强制规范的“统一说”可追溯至史尚宽的学说。通

〔1〕 参见［德］维尔纳·弗卢梅：《法律行为论》，迟颖译，法律出版社 2013 年版，第 402 页。

〔2〕 参见吴光荣：《违反强制性规定的合同效力——以〈民法典合同编通则解释〉的相关规定为中心》，载《法律适用》2023 年第 12 期，第 24 页。

过查阅相关的法律史资料，我们可以发现，这种观点可以更早地追溯到清末时期。

（一）对《大清民律草案》和《民国民律草案》中“禁止规定”外延的理解

清末变法，在日本学者松冈义正的协助下，《大清民律草案》（1911 年）历时八月遂告完成，该草案因清廷灭亡而未及颁布。草案的第 176 条对违法法律行为的效力问题做了规定：“以违法律中禁止规定之事项为标的者，其法律行为无效。但法律有特别规定者，不在此限。”

松冈义正在京师法律学堂讲授民法总则时，以《日本民法典》第 91 条为讲授对象，指出强行法规分为两种：一是禁止法规（消极法规），如私人未经国家许可不得发行货币，未经经营许可，不得出卖火药；二是命令法规（积极法规），如借物必须还主，买物必付代金。〔1〕

查《大清民律草案》立法理由书，第 176 条的立法理由为：“谨按以违法律禁止事项为标的之法律行为应使无效，否则禁止法之法意不得贯彻，然法令中亦有特别规定并不以之为无效者。例如，宣告破产后破产人所为之法律行为惟对破产债权人为无效。”〔2〕

将这一条文和《德国民法典》第 134 条及《日本民法典》第 91 条比较后，可以发现，《大清民律草案》虽深受日本法的影响，但在违法法律行为的效力这一问题上，却将德国法作为主要的继受对象。从该条的立法理由中可以看出，当时的立法者采取“统一说”的立场，将民法及其特别法中的权限规定看作禁止规定的一种。

民国成立后，在参酌大理院民事判解要旨和调查民事习惯的基础上，修订法律馆于 1926 年完成了新民律草案的起草工作，是为第二次民律草案。因为时局的动乱，和《大清民律草案》的命运一样，这部法典亦未获颁行。该

〔1〕 参见［日］松冈义正：《民法总则》（下），熊元楷、熊元襄编辑，法学社印行 1914 年版，第 296 页。

〔2〕 民国修订法律馆编：《法律草案汇编 · 大清民律草案第一编总则》（第一集），1926 年印行，第 43 页。

草案的第 123 条亦对违法法律行为无效的问题作了规定。该条规定：“法律行为违反禁止规定者，无效。但法律有特别规定者，不在此限。”可见,《民国民律草案》第 123 条基本上继承了《大清民律草案》第 176 条的规定。

（二）对“中华民国民法”中“强制或禁止之规定”外延的理解

1927 年，南京国民政府成立后，开始着手民法典的编纂工作。民法起草委员会起草的民法总则于 1929 年 4 月 20 日在立法院第 20 次会议上三读通过，随后由国民政府予以公布施行。[1] 该总则中关于法律行为效力的转介条款是第 71 条。该条规定：“法律行为，违反强制或禁止之规定者，无效。但其规定并不以之为无效者，不在此限。”

将该条与《大清民律草案》第 176 条、《民国民律草案》第 123 条相比，可以发现，“中华民国民法”第 71 条将强制规定与禁止规定并立，以明确法律行为的当事人违反的法律既可以是规定作为义务的法律也可以是规定不作为的法律，此为其一特色。[2]

民国时期，许多法律学人都曾负笈东瀛，因此当时中国的法学深受日本法学的影响。对于该条中强制规定与禁止规定的外延的理解，受日本学者的影响，民国时期的学者几乎都采取了“统一说”的立场。

例如，曾经留学日本明治大学的周新民在《民法总则》一书中，首先对法律规定作了两种划分。一种是根据法律规定的效力，将其分为强制规定与任意规定，其中任意规定是指与公益无直接关系，得依当事人的意思表示加以排除其适用的规定，而强制规定则是与公益有直接关系，不问当事人的意思如何，必须适用的规定。另一种是从法律规定性质的角度，将其分为禁止规定和许可规定两种，许可规定是许可为某行为的规定，而禁止规定则是禁止为某行为或不为某种行为的规定，刑法就属于禁止规定。接着，周新民指出，“禁止法令中，有以遏止违反者的违反行为为目的，有以否认违反行为之法律上的效果为目的，前者称为取缔规范，后者称为效力规定，凡法律行为

---

〔1〕 参见谢振民编著：《中华民国立法史》（下册），中国政法大学出版社 2000 年版，第 755 页。

〔2〕 参见苏永钦：《以公法规范控制私法契约——两岸转介条款的比较与操作建议》，载《人大法律评论》2010 年第 1 卷，第 5 页，注释 3。

因违反禁止规定而无效，大都限于违反后者的场合”。[1]

周新民认为，违反强制规定或禁止规定的行为虽然均具有违法性，但二者的范围并不相同。在他看来，《日本民法典》第 91 条，仅以违反强制规定为违法，而《德国民法典》第 134 条，则仅以违反禁止规定为违法。与日本和德国的规定不同，“中华民国民法”第 71 条则明定法律行为违反强制或禁止规定均为违法。

国新民初《民法总则》的许多引注，均将我妻荣《民法总则》（本书初版于 1930 年[2]）一书作为重要的参考书目。由此可知，周新民此处的论述很有可能借鉴了我妻荣的著作。不过，周新民的论述并没有完全继受我妻荣的理论。按照我妻荣的理论，以当事人可否排除适用为标准，可将法律规定分为任意规定和强行规定；以法律规定的目的为标准，又可将法律规定分为强行规定（直接以否定法律行为的效果为目的，又称为效力规定）和取缔规定（以制裁特定行为防止其再现为目的）。[3]

与周新民对法律规定的分类稍有不同，徐谦在《民法总论》一书中，以可否排除适用为标准，将法律规定分为强行规定与任意规定两种；强行法规又包括强制规定和禁止规定，其中禁止规定指禁止为某种行为或不为某种行为之规定。“禁止法令中，有以遏止违反禁令者之违反行为为目的者，可称为取缔规定，又有以否认违法行为在法律上之效果为目的者，可称为效力规定。可知违反禁止规定（积极言之，禁止规定亦可谓为强制规定）之行为，亦非尽属无效者，例如违反行政上所谓取缔规定之交易行为，虽受违反法规之制裁，究不能谓该行为完全为无效。故我民法第七十一条但书之规定认为强制规定或禁止规定并不以该法律行为为无效者，仍得以之为有效也。”[4]

徐谦的分类方法与周新民的分类方法不同之处在于，其将强行法规作为强制法规和禁止法规的上位概念。

---

〔1〕 周新民:《民法总则》，上海华通书局 1934 年版（第 1 版出版时间为 1931 年），第 270 ~ 271 页。
〔2〕［日］我妻荣:《新订民法总则》，于敏译，中国法制出版社 2008 年版，“新订版付梓之际”，第 1 页。
〔3〕［日］我妻荣:《新订民法总则》，于敏译，中国法制出版社 2008 年版，第 239 ~ 240、246 ~ 247 页。
〔4〕 徐谦:《民法总论》，法学编译社 1933 年版，第 240 ~ 241 页。

同样留学日本明治大学的胡长清在《中国民法总论》一书中进一步完善了对法规的分类。以当事人可否排除其适用为标准，他将法律规定分为任意规定及强行规定。其中任意规定又可分为补充规定与解释规定，强行规定又可分为强制规定与禁止规定。强制规定，即命令其为某行为之法律规定，禁止规定，即命令其不为某行为之法律规定。禁止规定又可分为取缔规定与效力规定，“取缔规定者，即对于违反者课以制裁以禁遏其行为为目的之法律规定也，效力规定者，即以否认违法行为之法律上效果为目的之法律规定也”。[1]

胡长清的分类方法与徐谦的分类方法不同之处在于，其将禁止规定中的禁止不为的内容剔除，从而使强制规定与禁止规定之间不存在交叉关系，逻辑更为严密。

史尚宽在《民法总则释义》一书中采类似观点。首先，他将法律规定分为强行规定和非强行规定。其中，非强行规定可分为任意规定与解释规定，强行规定可分为强制规定与禁止规定。强制规定，是法律命令为一定行为的规定，禁止规定，是法律命令不为一定行为的规定。其次，他对“中华民国民法”第71条的但书“并不以之为无效”进行了解释，认为这句话包含两层含义：“其一，因法律本身有明文规定其他效力者。其二，自法律规定之目的言之，惟对于违反者加以制裁，以防止其行为，非以之为无效者，此种规定，称为取缔的规定，与以否认法律上效力为目的之效力的规定相对称。”[2]史尚宽还强调，此处的法律规定，并不以民法为限，刑法、违警罚法等其他法律亦包含在内。

史尚宽将强行规定（包括强制规定与禁止规定）作为取缔规定和效力规定的上位概念，相较于胡长清等仅将禁止规定作为取缔规定和效力规定上位概念的划分，更具有周延性，也更符合法条的文义。此外，他强调此处的法规包括公法和私法，进一步明确了其“统一说”的立场。

---

〔1〕 胡长清：《中国民法总论》，商务印书馆1933年版，第222～223页。
〔2〕 史尚宽：《民法总则释义》，会文堂新计书局1936年版，第258～260页。

三、为《民法典》第153条第1款中的“强制性规定”采取“区分说”辩护

（一）从体系解释的角度看《民法典》第153条第1款的制度功能

工业革命后，社会经济得到极大发展，但各种社会问题也随之层出不穷。面对这些问题，“看不见的手”开始失灵，急需“看得见的手”加以调控。这种需求在法律上表现为：公法规范需要进入私法规范，两者之间不再泾渭分明。

苏永钦曾在《私法自治中的国家强制》一书中，运用形象的比喻生动地揭示了当代公法与私法之间的这种互动关系。他将整个法律体系比作一个社区，而将民法比拟为该社区中的一幢古典城堡，又将公法比作社区中的现代建筑。从社区的上空俯瞰，城堡与周边的现代建筑在建筑风格上是如此的格格不入。然而，当我们走近社区时却发现，人潮在城堡与现代建筑间穿梭不息，两者并未因外观上的不协调而影响相互间“动线的流畅”。〔1〕

为了确保这种公法与私法之间“动线的流畅”，民法典的制定者们特地在民法典中埋设了若干公法进入私法的管线。《民法典》第153条第1款正是这种管线之一。

由此可见，从在法律体系中的定位来看，《民法典》第153条第1款从一开始的主要职责就是处理违反公法的法律行为的效力问题，而违反《民法典》等私法内相关权限规定的法律行为效力问题则应该交由无权处分、无权代理、无权代表等制度去处理。〔2〕在民法体系内，对法律行为效力的认定，各种制度各司其职，互不僭越，方能最大程度地实现民法体系内部的效率。〔3〕“统一说”会导致《民法典》第153条第1款承担其所不应承担的任务，加重其负

〔1〕参见苏永钦：《私法自治中的国家强制》，中国法制出版社2005年版，第1页。

〔2〕参见谢鸿飞等：《中华人民共和国民法典合同编通则司法解释释义》，中国法制出版社2023年版，第164页。

〔3〕参见耿林：《强制规范与合同效力——以合同法第52条第5项为中心》，中国民主法制出版社2009年版，第84~85页。

担，从而造成法律适用上的混乱，架空《民法典》中的其他规定。[1]

该文认为，“区分说”的一个难点是公法和私法难以区分。这种观点的问题在于，公法和私法已经形成了相对清晰的区分标准。绝大多数情况下，公法和私法很好区分。仅因少数情况下不好区分，就将具有不同功能的制度混淆，不符合比例原则。

此外，该文指出，“区分说”遮蔽了管制，认为权限规范和公法上的法律禁令一样也使私法自治受限。这种观点的问题在于，没有看到权限规范更深层次的目的。例如，无权代理规则看似限制了无权代理人的意思自治，但其目的却是为了保护被代理人的意思自治，从而保护其免于加入自己根本不想参与的法律关系。无权处分规则看似限制了无权处分人的意思自治，但其目的却是保护原权利人的意思自治，防止其遭受权利丧失的不利后果。行为能力制度看似限制了民事主体的意思自治，但其目的却是使行为人的法律行为是在其对事务有正常识别能力的情况下作出，以真正实现意思自治。可见，权限规范的根本目的是维护意思自治，而非限制自治。这决定了私法上的权限规范和公法上的管制规范在功能上的不同。

另外，该文认为，“统一说”可以提供裁判依据，并举了无权处分的例子。尽管《民法典》和《合同编通则司法解释》对处分权要件如何处理并未提出解决方案，但是，对此完全可以在物权让与行为制度内部提出若干解决方案，[2] 而无须通过《民法典》第 153 条第 1 款来解决。

（二）从历史解释的角度看《合同编通则司法解释》第 18 条的立法目的

《合同编通则司法解释》第 18 条究为对“区分说”的采纳，还是如该文所指出的那样，是特别法优先适用规则的声明？对此，需要从历史解释的角度进行解读。

在此前的司法实践中，基于“统一说”的立场，一些处分界限规范被理

---

〔1〕 参见吴光荣：《违反强制性规定的合同效力——以〈民法典合同编通则解释〉的相关规定为中心》，载《法律适用》2023 年第 12 期，第 21 页。

〔2〕 参见谢鸿飞等：《中华人民共和国民法典合同编通则司法解释释义》，中国法制出版社 2023 年版，第 169 ~ 170 页。

解为《民法典》第153条第1款意义下的强制规范，从而导致一些问题得不到合适的处理。其典型例子就是公司法定代表人违反法定程序为其股东或者实际控制人提供担保的效力问题。[1]

现《公司法》第15条就公司担保的决议机关和决议程序作出了规定，如果公司的法定代表人违反该规定与第三人签订担保合同，该担保合同效力如何,《公司法》第15条未作出明确规定，从而导致法律漏洞的存在。法律未对此问题作出明文规定，各级法院在裁判此类案件的过程中，作出了两种完全不同的裁判，严重损害了司法的公信力，导致担保交易中的市场主体无所适从。

违反强制性规定说认为,《公司法》第15条的规定系《民法典》第153条第1款意义上的"强制性规定"。这种观点又分为两个派别。一派认为,《公司法》第16条是所谓的"管理性强制规定"，因而，当公司的法定代表人没有遵照法律或章程所规定的担保程序越权与第三人签订担保合同时，该担保合同的效力不受影响。另一派则认为,《公司法》第15条是所谓的"效力性强制规定"，因而，当公司的法定代表人没有遵照法律或章程所规定的担保程序越权与第三人签订担保合同时，该担保合同无效。[2]

这种"管理性强制规定"和"效力性强制规定"的二分法解决路径缺乏弹性，不能很好地平衡公司的利益和善意相对人之间的利益。在将《公司法》第16条认定为效力性强制规范的情况下，根据2009年《最高人民法院关于当前形势下审理民商事合同纠纷案件若干问题的指导意见》第15条的规定，违反效力性强制规定的合同无效，因此违反《公司法》第16条将导致担保合同无效。这不利于保护善意相对人的利益。[3]而在将该条认定为管理性强制规范的情况下，尽管根据上述意见第15条的规定，违反管理性强制规定的合同的效力需要根据具体情形判定，但在司法实务中，法院通常将违反管理性

〔1〕参见吴光荣:《违反强制性规定的合同效力——以〈民法典合同编通则解释〉的相关规定为中心》，载《法律适用》2023年第12期，第21～22页。

〔2〕参见刘俊海:《公司法定代表人越权签署的担保合同效力规则的反思与重构》，载《中国法学》2020年第5期，第224页。

〔3〕参见最高人民法院民事审判第二庭:《〈全国民商事审判工作会议纪要〉理解与适用》，人民法院出版社2019年版，第181页。

强制规定的合同认定为有效，因此违反《公司法》第 15 条并不影响担保合同的效力。这又会导致第 15 条的规范价值丧失，不利于保护股东尤其是中小股东的利益。[1]

出于对这一解决方案的不满，学者开始反思,《公司法》第 16 条在性质上也许并不是《民法典》第 153 条第 1 款意义上的“强制性规定”。有学者认为,《公司法》第 15 条仅对公司内部人员具有强制性，不具有“一般的强制性质”，因而不是《民法典》第 153 条第 1 款意义上的“强制性规定”。[2]还有学者则认为,《民法典》第 153 条第 1 款意义上的“强制性规定”是指以维护社会公共利益为目的的强制性规定，而《公司法》第 15 条的主要目的是保护公司及股东的利益，所以其不是《民法典》第 153 条第 1 款意义上的“强制性规定”。[3]

更为准确的理解是,《公司法》第 15 条不属于命令性强制规范，而属于赋权性强制规范。[4]因而，当法定代表人不遵守《公司法》第 15 条的规定，与第三人订立担保合同时，没有适用《民法典》第 153 条第 1 款的余地。[5]

将原《公司法》第 16 条认定为一种赋权性强制规范，利用表见代表制度可以更好地解决这一问题。表见代表说认为,《公司法》第 15 条是对公司法定代表人代表权限的限制，法定代表人不遵守该规定与第三人订立担保合同，其行为构成无权代表；在第三人善意的情况下，根据《民法典》第 61 条第 3 款的规定以及第 504 条的规定，其可以主张成立表见代表，从而要求公司履行担保合同。[6]该观点已经被《最高人民法院关于适用〈中华人民共和国民法典〉有关担保制度的解释》第 7 条和《合同编通则司法解释》第 20 条所

---

〔1〕参见最高人民法院民事审判第二庭:《〈全国民商事审判工作会议纪要〉理解与适用》，人民法院出版社 2019 年版，第 180～181 页。

〔2〕参见耿林:《强制规范与合同效力——以合同法第 52 条第 5 项为中心》，中国民主法制出版社 2009 年版，第 245～246 页。

〔3〕参见杨代雄:《公司为他人担保的效力》，载《吉林大学社会科学学报》2018 年第 1 期，第 38 页。

〔4〕参见苏永钦:《违反强制或禁止规定的法律行为——从德国民法 §134 的理论与实务操作看台湾地区民法 §71 条》，载苏永钦:《私法自治中的经济理性》，中国人民大学出版社 2004 年版，第 42～43 页。

〔5〕参见朱庆育:《〈合同法〉第 52 条第 5 项评注》，载《法学家》2016 年第 3 期，第 163 页。

〔6〕参见杨代雄:《公司为他人担保的效力》，载《吉林大学社会科学学报》2018 年第 1 期，第 39～40 页。

采纳。

相对于《民法典》第 153 条第 1 款的解决路径，这种解决方案的合理性在以下两个方面。

其一，作为权利外观理论规则的表见代表规则能够较好地平衡公司、股东与第三人之间的利益。[1]一方面，和其他权利外观理论规则一样，表见代表规则通过要件替代原则，大大降低了担保合同相对人的交易成本，从而有利于维护债权人的利益。另一方面，表见代表规则不是对所有的合同相对人进行保护，从而让公司在所有情况下承担担保责任，相反，其仅对那些善意的交易相对人进行保护，这种过滤有利于保护公司和股东的利益。而如上所述，二分法的方法，无论是将《公司法》第 15 条认定为管理性强制规范还是效力性强制规范，都只能保护担保合同一方当事人的利益。

其二，在法定代表人的越权担保行为不构成表见代表的情况下，将《公司法》第 16 条在性质上认定为对代表人权力的法定限制，有利于将担保合同是否有效的决定权交给公司，从而保障私法自治。在将《公司法》第 15 条理解为赋权性强制规范的背景下，特定的公司机关经过特定的程序形成相关的决议，是代表人以公司名义对外签订的担保合同发生法律效力的要件。当担保合同的相对人不构成善意时，法定代表人的行为不构成表见代表，法定代表人和第三人签订的担保合同因为缺乏上述的生效要件而处在效力待定的状态。此时，类推适用《民法典》第 171 条关于无权代理追认的规则，赋予公司对该效力待定的合同进行追认的权利，有利于维护公司的私法自治。相反，在二分法的方法将《公司法》第 15 条认定为效力性强制规范的情况下，公司法定代表人和第三人所订立的担保合同被一律认定为无效，导致公司不能根据具体情况选择是否接受该担保合同。

由原《公司法》第 15 条的定位争议可见一斑，《合同编通则司法解释》第 18 条的立法目的就是“拨乱反正”，认定《民法典》第 153 条第 1 款中的强制性规定不包括权限规定，从而要求法院在认定合同效力时将强制性规定与

[1] 参见甘培忠、马丽艳：《公司对外担保制度的规范逻辑分析——从《公司法》第 16 条属性认识展开》，载《法律适用》2021 年第 3 期，第 57 页；高圣平：《再论公司法定代表人越权担保的法律效力》，载《现代法学》2021 年第 6 期，第 20 页。

权限性规定区分开来。[1]

四、结论

虽然“统一说”的立场最早可以追溯到《大清民律草案》，但是，历史的回眸并不能为今日采取“统一说”提供历史的证据。从体系解释的角度看，采取“区分说”的立场，有助于让民法体系内的各种制度各司其职，为《民法典》第153条第1款“减负”，最大限度地实现民法体系内部的效率。从历史解释的角度看，经过司法实践的检验，“统一说”带来了一系列不利的后果，采取“区分说”的立场是实践的选择，我们应当维护《合同编通则司法解释》对“统一说”拨乱反正的成果。

〔1〕参见吴光荣：《违反强制性规定的合同效力——以〈民法典合同编通则解释〉的相关规定为中心》，载《法律适用》2023年第12期，第24页。

行政处罚与违法合同无效判断

章　程*

内容摘要：违法合同无效判断中行政责任的明文化，使民法官背负预见和论证行政责任的义务，也增加了相关民事裁判与行政裁判产生矛盾判决的可能。民事法官在裁判中应首先识别出行政法上非制裁性行政处罚和混合性行政处罚，并根据此两类行政处罚的类型和功能，对其与法律行为无效的替代关系作出分析，从而对法律行为作出效力判断。同时，民事法官在程序上应注重整理行政机关与行政判决对行政处罚类型的判断并予参酌，以缓解民行诉讼中违反强制性规定判断的矛盾判决问题。

关 键 词：违法无效　制裁性　强制性规定　既判力

*　浙江大学光华法学院副教授。

一、问题的提出

法律行为违反强制性规定在何种情况下归于无效，这是法律行为法上的经典议题。回溯法律行为违法无效的比较法史，此一规则的诞生远在行政法勃兴之前，因此，立法者最初想定的强制性规定主要指的是刑法规范。[1]现代行政走向法治化之后，行政权一方面通过抽象行政行为制定一般规则，另一方面通过具体行政行为将法律和抽象的行政规则进行具体化，关于违法无效的讨论才逐渐转向对行政作用的讨论。[2]不过在我国，由于计划经济向市场经济的转轨这一背景，此问题的脉络则与比较法上尚有所不同。从《民法通则》第58条规定的“经济合同违反国家指令性计划”到《合同法》第52条规定的“违反法律、行政法规的强制性规定”，立法者从一开始就强烈意识到了行政作用对合同效力的影响，而且有意识地以限定规范位阶的方式，以规范抽象行政行为对合同效力的影响。[3]

由于强制性规定属于刑法或行政法上的抽象规范，而其本身违反与否的判断，民事法官通常并非第一也非唯一的判断者。[4]刑法规范是否违反，违反之后如何定罪量刑，完全由刑事法官进行判断。行政法上的强制性规定的认定与违反，则首先需要由行政机关进行判断，如违反则可能有行政处

〔1〕参见德国民法典立法理由书，Motive I，210。转引自苏永钦：《违反强制或禁止规定的法律行为——从德国民法第134条的理论与实务操作看台湾地区“民法”第71条》，载苏永钦：《私法自治中的经济理性》，中国人民大学出版社2004年版，第34页。

〔2〕早期实务和学理对强制性规定是否包括民法上的强制性规定存在不同见解，直至《合同编通则司法解释》在起草过程中都也还曾在此问题上徘徊，但最终定案仅指公法性强制性规定。参见最高人民法院民事审判第二庭、研究室编著：《最高人民法院民法典合同编通则司法解释理解与适用》，人民法院出版社2023年版，第189~190页。

〔3〕关于我国民法上合同违法无效的发展情况，参见王利明：《论效力性和非效力性强制性规定的区分——以〈民法典〉第153条为中心》，载《法学评论》2023年第2期。

〔4〕民法学界既有的研究中，已经不乏从规范目的角度对强制性规范作出的细致检讨，比如从强制性规范重心是否涉及主体资质、是否涉及履行行为等方面，分析其对法律行为效力的影响。参见姚明斌：《“效力性”强制规范裁判之考察与检讨——以〈合同法解释二〉第14条的实务进展为中心》，载《中外法学》2016年第5期。这样的分析方式确实使得强制性规定的讨论框架更加立体化、多面化，但这种思路只是诉诸民事裁判者自身对公法强制性规定的理解，并未考虑针对就同一强制性规定，行政执法者、行政法官及刑事法官可能经由具体行政行为或判决将其规范内容已具体化这一现实问题。

罚，而对此行政处罚，还存在进一步行政复议或行政诉讼的可能。因此，在判断法律行为是否违法无效时，作为民事法官首先可能需要综合考虑的，是刑事法官、行政机关乃至行政法官的专业判断，如后者已判断其并不违反强制性规定，民事法官恐不宜在无特别理由的前提下，仍以违反强制性规定的框架来判断法律行为的效力，此时应转而检验法律行为是否因违反公序良俗无效。

也因如此,《最高人民法院关于适用〈中华人民共和国民法典〉合同编通则若干问题的解释》(以下简称《合同编通则司法解释》) 第 16 条使用了“由行为人承担行政责任或者刑事责任能够实现强制性规定的立法目的的”的用语。司法解释这一规则的表述，间接说明强制性规定的违反应以相关违法行为人承担行政责任或刑事责任为前提，法律行为违法无效只是在令行为人承担行政责任或刑事责任犹显不足时，为避免跨法域的评价矛盾，再由民事法官进而为之的“补刀”。同时，此一规则司法解释化，也以明文规定的方式为民事法官增加了违法无效的说理义务，即民事法官在处理合同违法无效问题时，必须审查行为人承担公法责任能否实现强制性规定的立法目的，只有在无法实现之时，才能考虑合同的无效。〔1〕换言之，如民事法官在审理合同无效案件时，如不论证公法责任，径行通过其他论证探讨强制性规定的目的实现，则可能会构成法律适用错误。

因此，站在民事法官实务操作的角度,《合同编通则司法解释》第 16 条尚待解决的问题至少有二：其一，如何在具体案件中判断行为人承担行政责任或刑事责任能否实现强制性规定的立法目的？第 16 条第 1 款列举了四种具体情形，但实践中困难的显然是“法律、司法解释规定的其他情形”这一兜底条款如何操作。〔2〕如上所述，行政责任或刑事责任的承担能否实现强制性规定的目的，首先属于刑事法官、行政机关乃至行政法官的专业判断，违反者

〔1〕 例如，由此观点观之,《公司法》第 47 条第 1 款第 2 句的“全体股东认缴的出资额由股东按照公司章程的规定自公司成立之日起五年内缴足”，就不应该是强制性规定。因为若公司章程规定认缴时限超过五年，股东和公司也并无任何公法责任。

〔2〕 参见最高人民法院民事审判第二庭、研究室编著:《最高人民法院民法典合同编通则司法解释理解与适用》，人民法院出版社 2023 年版，第 190 页。

承担何种责任，民事法官本无从置喙。但是，民事法官可以借助对公法责任系属何种类型、存在何种功能的分析，来决定在民事裁判中是否配合作出无效的判决以实现相应立法目的。

其二，若当事人在进行违法无效的民事诉讼之外，就相关强制性规定的违反也进行行政诉讼或刑事诉讼，则在程序上如何避免和处理矛盾判决？具体而言，又可分为两种情况：如果与行政责任或刑事责任承担相关的行政诉讼或刑事诉讼仍在进行中，民事法官此时应否及如何与正在进行的诉讼相协调，以避免矛盾判决？如尚未存在相关诉讼，民事法官对是否违反强制性规定作出了认定，但在嗣后发生的相关行政诉讼或刑事诉讼中，行政法官或刑事法官对此问题作出相反认定，对此类矛盾判决，应当如何处理？

下文将在厘清违反强制性规定的公法后果类型与功能的基础上，从实体与程序两个角度出发探讨上述问题。

二、违反强制性规定的行政责任及其功能类型

（一）行政责任作为参引要素的原因

从《合同编通则司法解释》第 16 条的条文表述来看，违法无效中的强制性规定可能是行政法规范，也可能是刑法规范，分别对应行政责任和刑事责任。不过对民事法官而言，能够参考其从责任的类型功能反推强制性规范目的，进而为违法无效的判断提供参引的，应属行政法规范。

究其原因，首先在于我国行政法与刑法、行政责任与刑事责任的关系与一般大陆法系国家不尽相同。以《行政处罚法》为例，我国将行政处罚明确规定为行政机关对社会危害性较小、尚不足以科处刑罚的不法行为所进行的法律制裁，其与刑罚的主要区别在于违法行为社会危害性的大小。也因如此，从 1986 年的《治安管理处罚条例》到现在的《治安管理处罚法》，其第 2 条不但一贯将处罚对象的程度边界界定为“尚不构成刑事处罚”的行为，在处罚对象的外延上也与刑法相同，即不论是行政犯还是自然犯，均为《治安管理处罚法》的处罚对象。相较于此，在传统大陆法系的德国、日本，尽管行

政罚的概念存在历史变迁，但其基本指的是对违反行政义务的行为所科处的法律制裁，如违反与行政义务无关的道德本分而侵害相关法益的行为，则并非行政罚的范围。〔1〕

换言之，按我国实定法规范，因为行政责任与刑事责任的处罚对象只有社会危害性大小的量的差别，而没有行政犯与自然犯等质的差别，导致我国行政法强制性规定囊括所有社会危害性较小的行为，刑法相对于行政法而言则具有完全的备位性。因此，在我国理论上，不存在一行为直接违反刑法规定，但却不违反行政法强制性规定这种可能。由此观之，民事法官在援引《民法典》第 153 条的强制性规定违反规则时，原则上无须援引刑法规范，直接援引行政法中强制性规定，即不可能发生规范上的遗漏。

当然，在判断法律行为是否违法无效时，就民事责任与行政责任和刑事责任的后果协调而言，并不能完全排除刑法规范的适用。一方面，最高检等早在 2006 年《关于在行政执法中及时移送涉嫌犯罪案件的意见》第 1 条第 1 句即规定了行政机关查办案件涉嫌犯罪时的移送，“行政执法机关在查办案件过程中，对符合刑事追诉标准、涉嫌犯罪的案件，应当制作《涉嫌犯罪案件移送书》，及时将案件向同级公安机关移送，并抄送同级人民检察院”。《行政处罚法》第 27 条第 1 款也规定“违法行为涉嫌犯罪的，行政机关应当及时将案件移送司法机关，依法追究刑事责任”。据此，现实中存在对行为人仅科以刑事责任，不科以行政责任的可能。此时要探寻强制性规定在法律制裁上是否已足，唯有视其刑事责任的科处与否及其类型，进一步判断是否尚须令法律行为无效。〔2〕另一方面，在相关行为尚未被行政执法机关或司法机关处理时，民事法官不可能中止审判以等待相关处理结果，因此其同时必须考虑此行为有可能产生的行政责任和刑事责任，进而作出法律行为是否无效的

〔1〕关于我国行政处罚与大陆法系行政罚之间的差异，以及由此带来的行政法与刑法相互关系不同模式的问题，参见王明喆:《行政处罚与行政罚的关系之解》，载《法学家》2024 年第 2 期。

〔2〕此处行刑衔接的问题，参见谢小剑:《行政犯“行刑衔接”困境破解：从分离式到联动式》，载《中国法学》2024 年第 2 期。

判决。[1]

更重要的是，从行政责任和刑事责任的具体形态而言，人身罚、财产罚、声誉罚、资格罚等行政处罚，[2]就法律制裁所属类型而言，基本可以囊括对应的刑罚类型。而刑罚中独有的生命刑本身是自由刑的进阶，与政治权利相关的资格刑又与法律行为的效力无关。简言之，二者均不涉及法律行为无效后民事权利义务关系的变动。因此，作为违反强制性规定的法律后果，分析行政责任的目的及其类型，对民事法官理解强制性规定的意旨及公法后果是否充足，进而判断是否应令法律行为无效等问题，应当可以提供有益的辅助性指针。

（二）行政法上消极法律后果的外延和类型

1. 行政法上消极法律后果的外延

"行政责任"一词，在广义上包括对公职人员的行政处分和对一般公民的行政处罚二者。前者属于内部行政行为，此时公职人员所违反的强制性规定也属于隶属性的内部行政法律关系，与发生在平等民事主体之间的法律行为所产生的民事法律关系完全不同。[3]因此，《合同编通则司法解释》第16条第

---

〔1〕基于刑法与刑事责任的最后性，若相关行为已经到非以刑法与刑事责任不得遏制的程度，而该刑法规范保护的法益，又恰是令法律行为有效所能排除的法益，那么此时很难想象该法律行为还能在民事领域继续发生效力。最典型的情况如贩毒罪，此时刑法规范禁止的就是法律行为本身。与此相对，如非此种情形，则要按照刑法保护法益与令法律行为有效所排除法益是否一致再具体判断。换言之，并非涉及犯罪的法律行为一概无效。实践中比较典型的是非法吸收公众存款的情形，如"吴某军诉陈某富、王某祥及德清县中建房地产开发有限公司民间借贷、担保合同纠纷案"（《最高人民法院公报》2011年第11期）。《合同编通则司法解释》在征求意见稿阶段的第18条第2款中，曾拟明确规定违反构成犯罪的行为不一定会导致合同无效，即"行为人在订立合同时涉嫌犯罪，或者已经生效的裁判认定构成犯罪，当事人或者第三人提起民事诉讼的，合同并不当然无效。人民法院应当结合犯罪主体是一方当事人还是双方当事人、合同内容与犯罪行为的关系、当事人意思表示是否真实等因素，依据民法典的有关规定认定合同效力。"参见最高人民法院民事审判第二庭、研究室编著：《最高人民法院民法典合同编通则司法解释理解与适用》，人民法院出版社2023年版，第199～200页。

〔2〕此为《行政处罚法》制定以来的通说见解，参见张春生主编：《行政处罚法释解》，中国社会出版社1996年版，第13页；陈斯喜：《行政处罚法理论适用》，法律出版社1996年版，第15页；姜明安主编：《行政法与行政诉讼法》，北京大学出版社、高等教育出版社1999年版，第221～224页。《行政处罚法》修法过程中，从学理类型角度对现实类型配置的反思，参见黄海华：《行政处罚的重新定义与分类配置》，载《华东政法大学学报》2020年第4期。

〔3〕罗豪才、湛中乐主编：《行政法学》（第4版），北京大学出版社2016年版，第344页以下。

1款中“行政责任”，应当限定解释为对一般公民的行政处罚。

我国《行政处罚法》第9条第1项至第5项规定了行政处罚的种类：（1）警告、通报批评；（2）罚款、没收违法所得、没收非法财物；（3）暂扣许可证件、降低资质等级、吊销许可证件；（4）限制开展生产经营活动、责令停产停业、责令关闭、限制从业；（5）行政拘留，并在第6项规定“法律、行政法规规定的其他行政处罚”，也即行政处罚的种类并不以《行政处罚法》所规定的为限，法律、行政法规还可以规定除前5项以外的其他行政处罚。〔1〕

但是，行为人违反行政法上强制性规定的消极后果，其实并不以《行政处罚法》规定的行政处罚为限，如《行政处罚法》中并未有明文规定的责令改正、公布违法事实、违法累计积分制、失信惩戒等，均属违反强制性规定的消极后果，但未必均能将其定位为行政处罚。〔2〕另外，从与法律行为违法无效的关系上来看，《行政处罚法》明文规定的几类行政处罚以及法律、行政法规规定的其他行政处罚，其在功能和性质上仍有再类型化的必要。比如“吊销许可证件”似乎就与主体资质的判断有关，没收违法所得又可能与无效后不当得利的返还相关，但单纯的罚款或行政拘留，似乎就不必然与特定类型的法律行为相关。〔3〕总而言之，对违反强制性规定的消极公法后果，需要对其进行类型化，由此方可能厘清其与违法无效的关系。

2. 行政法上消极法律后果的类型区分

在行政法学理上，对我国实定法上的行政处罚种类多有讨论，在《行政处罚法》修改的过程中，建议按照行政法学理进行类型化的意见也不绝如缕。对行政处罚立法的主要批评，首先在于《行政处罚法》未对行政处罚的本质与性质进行定义，导致所有“影响公民、法人或者其他组织的人身权和财产

〔1〕事实上，早有学者指出，兜底条款规定的“其他行政处罚”数量远大于“本行政处罚”的量。参见胡建淼：《“其他行政处罚”若干问题研究》，载《法学研究》2005年第1期。黄海华在《行政处罚法》修订过程中归纳了原《行政处罚法》之外的“其他行政处罚”，有23种之多，参见黄海华：《行政处罚的重新定义与分类配置》，载《华东政法大学学报》2020年第4期。

〔2〕关于行政处罚多样性的整理，参见王贵松：《论行政处罚的制裁性》，载《法商研究》2020年第6期。

〔3〕拘留作为行政处罚的一种，本身就不无异议，比较法上也罕见其例。参见赵宏：《割离与限缩：行政拘留的困境与破局》，载《中国法律评论》2024年第3期。

权”的消极法律后果都有可能归于行政处罚。其次在于仅仅从实务角度采取列举具体种类的方式，相关标准既非基于消极法律后果的严重程度，也非基于资格罚或者财产罚这种被侵害权益类型的分类。[1]

因此，多数学者认为，应当以制裁性作为经典行政处罚的核心标准，也即对已实施违法行为的违法者进行惩罚而课予其本来义务之外的额外负担。[2]依此，我国《行政处罚法》第 9 条所列举的以及其他法律、行政法规中规定的行政处罚就未必都符合制裁性的定义。而依照有无制裁性，一般可将行政处罚分为三类：第一类为狭义的制裁性行政处罚，第二类则为非制裁性行政处罚，[3]第三类为兼具二者的混合性行政处罚。

如在《行政处罚法》第 9 条第 2 项中，罚款属于制裁性的额外负担，但没收违法所得和没收非法财物按制裁性的定义就会产生争议。违法所得的没收标准有两种：一种是采取净所得标准，另一种是采取总所得标准，我国《行政处罚法》第 28 条第 2 款就采取了后者的标准。假设没收对象为扣除成本、税费等后的净所得，则相当于剥夺行为人的不当得利。换言之，只是去除当下的不法状态，并无对行为人的惩罚可言，因此也不用考虑行为人的有责性，不能将其定位为行政处罚。与此相对，如将没收对象定位为总所得，不仅包括对不法状态也即净所得的去除，还包括对投入的合法成本的没收，

〔1〕参见熊樟林:《行政处罚的种类多元化及其防控——兼论我国〈行政处罚法〉第 8 条的修改方案》，载《政治与法律》2020 年第 3 期。

〔2〕参见胡建淼:《“其他行政处罚”若干问题研究》，载《法学研究》2005 年第 1 期；王贵松:《论行政处罚的制裁性》，载《法商研究》2020 年第 6 期；熊樟林:《行政处罚的种类多元化及其防控——兼论我国〈行政处罚法〉第 8 条的修改方案》，载《政治与法律》2020 年第 3 期。与此相反，认为制裁性不足界定行政处罚的观点，参见陈鹏:《界定行政处罚行为的功能性考量路径》，载《法学研究》2015 年第 2 期。

〔3〕中文世界中比较早对此两类消极法律后果的区别，参见李建良:《行政罚法中“裁罚性之不利处分”的概念意涵及法适用上之若干基本问题——“制裁性不利处分”概念之提出》，载《月旦法学杂志》2010 年第 6 期。我国大陆地区的相似分类中，有称预防性处罚和制裁性处罚者，如陈国栋:《〈行政处罚法〉中限制从业罚的解释与适用》，载《南大法学》2021 年第 4 期；也有称真正的行政处罚与非真正的行政处罚者，如王明喆:《行政处罚主观归责模式的反思与调整——基于处罚种类多元化的思考》，载《财经法学》2023 年第 2 期。由于我国《行政处罚法》已明文将这些都归于行政处罚，因此本文采用制裁性行政处罚和非制裁性行政处罚这一组概念。

显然具有制裁性。[1] 因此，我国法上的没收违法所得既具有狭义的制裁性行政处罚的行为性质，也具有旨在去除不法状态的非制裁性行政处罚的行为性质，可以归于混合性行政处罚。[2]

没收非法财物则需要分类讨论。非法财物可以继续分类为违禁品、违法工具和违法财物。[3] 违禁品等同于民法中的禁止流通物或限制流通物，对违禁品的没收，目的则仅在去除不法状态，即无论何人因何种原因占有均须没收，因此无法归于制裁性的行政处罚。[4] 从这个意义上说，没收违禁品和没收违法净所得有同样的目的，均意在去除正在进行的不法状态，属于非制裁性行政处罚。

当然，主要目的在去除不法状态者，并不限于此二者，《行政处罚法》第28条规定的责令改正或者限期改正，[5] 在内涵上则可包含更大范围的不法状态

〔1〕 我国修订后的《行政处罚法》第28条第2款规定，违法所得是指实施违法行为所取得的款项。这意味着我国行政法上对违法所得的认定已经基本采纳了总额原则。当然，该条仍然规定了例外，即“法律、行政法规、部门规章对违法所得的计算另有规定的，从其规定”。目前，采取净利原则的法律、行政法规、部门规章，如《民办教育促进法》第62条、《环境行政处罚办法》第77条第1款、《工商行政管理机关行政处罚案件违法所得认定办法》等。参见袁雪石：《中华人民共和国行政处罚法释义》，中国法制出版社2021年版，第70页。但依笔者之见，径以总所得为没收对象，存在以下四点不妥之处。其一，相较在净所得之外令科罚款，直接没收总所得极有可能违反过罚相当的比例原则。其二，依《民法典》规定的民事责任优先于行政责任承担的规定，此处所谓总所得还是要先扣除民法上的不当得利返还，因此也难称总所得。其三，就违法行为人的责任承担而言，罚款是行为人就其全部责任财产而非特定财产来承担的，但在没收总所得中，行为人却就其违法行为必须以所得的特定合法财产来承担，这在法理上亦有其问题。其四，制裁性行政处罚意在咎责，需要以行为人有过错为前提，而非制裁性行政处罚意在去除不法状态，无须行为人过错，如混合二者采总所得没收原则，要件上无论是否须行为人过错均有不当。持相同观点者，参见王青斌：《行政法中的没收违法所得》，载《法学评论》2019年第6期。

〔2〕 对此持赞成观点者，参见王贵松：《论行政处罚的制裁性》，载《法商研究》2020年第6期。持相反观点认为没收总所得亦无制裁性者，参见王锴：《没收违法所得的合宪性分析——基于德国刑法上特别没收合宪性改革的启示》，载《法学杂志》2022年第1期。

〔3〕 违法财物指的是违法生产的财物，但作为因事实行为所生的违法财物与因法律行为的违法所得，在有些时候并不能截然区分清楚，以承揽加工的财产为例，究竟是违法财物还是违法所得，本身就恐有争议。参见孙煜华：《非法财物没收制度之精准化构想——从其二元法律性质与法律构成入手》，载《行政法学研究》2013年第4期。

〔4〕 关于没收作为行政法上“保安处分”的概念，参见熊樟林：《立法上如何安排行政没收？》，载《政法论坛》2022年第4期。

〔5〕 参见黄锫：《行政执法中责令改正的法理特质与行为结构》，载《浙江学刊》2019年第2期。

去除。[1]当然，现实中，我国法律、行政法规规定的“责令改正”往往有两种含义：一种与“责令停止非法执业”“责令停止违法行为”等表述相似，仅指停止行为以防不法状态的继续产生。它前置于其他行政处罚的责令改正，典型的例子，如违反《危险化学品安全管理条例》第86条的“责令改正”，就只是停业整顿的前置处分，而违反《商品房屋租赁管理办法》第23条的房屋租赁备案义务后的“责令限期改正”，则因为该办法系属行政规章只能设置罚款，因此只是罚款的前置处分。[2]责令改正的目的是面向当下，希望行为人完成特定行为或不为特定行为以停止不法状态，一旦行为人作为或不作为，责令改正的目的即达成。此处我们姑且将其称为“停止不法状态型责令改正”。另一种责令改正，除了停止当下违法行为外，还具有“纠正违法，恢复原状”[3]的功能，与之相似的表述是“责令限期拆除”“责令采取限期治理措施”，我们可称此类责令改正为“回复合法状态型责令改正”。其主要目的不仅在于停止当下不法行为，更在于将已造成的不法状态恢复为合法状态，因此一般并处没收违法所得等其他行政处罚。如《固体废物污染环境防治法》第109条规定对“生产、销售、进口或者使用淘汰的设备”的责令改正，即与没收违法所得及罚款并处。[4]相较而言，没收违禁品和没收违法所得只是不法利益存在于行为人处，而此类去除不法状态型责令改正在文意上显然更广，可以涵盖其他各种类型的既有不法状态去除。

与既有不法状态的去除类似，非制裁性行政处罚的另一种类型，是将来

---

〔1〕例如,《环境行政处罚办法》第12条第1款即明确规定了责令改正或限期改正违法行为的具体形式，即责令停止建设、停止试生产、停止生产或者使用、限期建设配套设施、重新安装使用、限期拆除、停止违法行为、限期治理、责令改正或者限期改正违法行为的行政命令的其他具体形式。

〔2〕《商品房屋租赁管理办法》第23条：违反本办法第十四条第一款、第十九条规定的，由直辖市、市、县人民政府建设（房地产）主管部门责令限期改正；个人逾期不改正的，处以一千元以下罚款；单位逾期不改正的，处以一千元以上一万元以下罚款。当然,《商品房屋租赁管理办法》本身作为部门规章，也无从设定其他行政处罚。

〔3〕此一表述原文见于最高人民法院（2018）最高法行申4718号行政裁定书，最高人民法院因此认为责令限期拆除不具有行政处罚的性质。

〔4〕《固体废物污染环境防治法》第109条：“违反本法规定，生产、销售、进口或者使用淘汰的设备，或者采用淘汰的生产工艺的，由县级以上地方人民政府指定的部门责令改正，处十万元以上一百万元以下的罚款，没收违法所得；情节严重的，由县级以上地方人民政府指定的部门提出意见，报经有批准权的人民政府批准，责令停业或者关闭。”

危险的预防。[1]没收非法财物中的违法工具和违法财物即属此列。与违禁品相对，作为违法行为工具本身是合法财物，只是作为工具被违法使用而已。违法财物也与此类似，典型的违法财物指的是未经许可、违法生产经营的物品，这些财物其本身也可通过转让为其他人所有，并非违禁品。因此，从属于对合法财产的没收这一点来看，对违法工具和违法财物的没收具有制裁性，但更重要的是，没收违法工具和违法财物的主要目的并不在于制裁，而是预防将来可能的危险，防止行为人借此违法财物继续制造新的不法状态（使用违法工具以继续制造违法财物，销售既存的违法财物等）。因此，这两种没收都具有制裁性行政处罚和非制裁性行政处罚的双重性质，属于混合性行政处罚。

此外，关于是否具有制裁性，争议较大的还有《行政处罚法》第 9 条第 3 项列举的各种资格罚以及第 4 项列举的行为罚。资格罚的首要功能，不在于对业已发生的违法行为进行咎责，而是预防未来可能的不法状态的危险发生，以维护安全的社会公共秩序。从这个角度上来说，资格罚也不以行为人过错为要件，而以行为人是否具备相应能力为其主要考量。[2]“限制开展生产经营活动、责令停产停业、责令关闭、限制从业”甚至其他法律、行政法规中常见的旨在责令停止无证经营活动的“取缔”等行为罚的功能也与资格罚类似，目的主要在于防止继续行为所产生的将来危险，此危险是否发生，同样系基于行为人能力而非其过错行为。一旦危险确定不可能发生，则应当撤销或废止相关行政处罚。同样，由是观之，《行政处罚法》第 9 条第 1 项规定的“警告”和“通报批评”也可以认为是期待行为人自己去除不法状态的督促措施，未必要归于制裁行为人过错违法行为的行政处罚。[3]

---

〔1〕 李建良以秩序行政下的状态责任名之，即仅以秩序安全为考量，不以行为人有过错的行为为必要。参见李建良：《行政罚法中“裁罚性之不利处分”的概念意涵及法适用上之若干基本问题——“制裁性不利处分”概念之提出》，载《月旦法学杂志》2010 年第 6 期。

〔2〕 参见陈国栋：《〈行政处罚法〉中限制从业罚的解释与适用》，载《南大法学》2021 年第 4 期；王明喆：《行政处罚主观归责模式的反思与调整——基于处罚种类多元化的思考》，载《财经法学》2023 年第 2 期。

〔3〕 相同观点，参见李建良：《行政罚法中“裁罚性之不利处分”的概念意涵及法适用上之若干基本问题——“制裁性不利处分”概念之提出》，载《月旦法学杂志》2010 年第 6 期。相反观点，参见朱芒：《作为行政处罚一般种类的“通报批评”》，载《中国法学》2021 年第 2 期。

当然，就如同上文对没收违法所得与非法财物的分析，这些资格罚与行为罚也未必完全仅为预防将来危险而设定，行为罚中典型的“责令停产停业”就已经超出了责令改正的范畴，因为停产停业不但是对其中将来危险的预防和不法状态的纠正，同时也可能限制合法生产。〔1〕因此，不法状态的纠正及将来危险的预防和制裁这两种功能，完全也有可能广泛在同一行政处罚中兼而有之。〔2〕

综上所述，我国实定法上称行政处罚者，多数并非严格意义上旨在咎责的制裁性行政处罚，而是仅为或兼为排除不法状态的非制裁性行政处罚或混合性行政处罚。基于上文的分析，我国行政法上的三类行政处罚可归纳如下：第一类是纯粹的制裁性行政处罚，是针对行为人业已发生的过错违法行为科处的法律上行政处罚，典型如罚款与行政拘留；第二类是纯粹的非制裁性行政处罚，是针对过去不法状态的回复或将来危险状态的预防，前者典型如违禁物的没收，后者典型为大部分的资格罚与行为罚；第三类则是最广泛存在的混合性行政处罚，典型如没收违法所得、责令停产停业等。

至于公布违法事实、失信惩戒〔3〕等违反强制性规定的消极后果，这些或者属于带来事实上消极后果的行政事实行为，或者虽属法律行为但并非由行政机关作出。换言之，这些行为都无法归于行政法律行为，充其量只能算是对上述行政处罚的前置性或者配套性措施。〔4〕因此，对民事裁判中违法无效的判断来说，这些无法归于法律上消极后果者，都不应作为独立的参考要素。

---

〔1〕参见徐晓明：《停产停业措施的法律规制：缺陷反思、功能导向与路径选择》，载《行政法学研究》2021年第6期。

〔2〕此为王贵松观点，参见王贵松：《论行政处罚的制裁性》，载《法商研究》2020年第6期。李建良则持不同意见，其认为有资格罚与行为罚中，也有单纯的制裁性行政处罚，也存在单纯的非制裁性处分，参见李建良：《行政罚法中“裁罚性之不利处分”的概念意涵及法适用上之若干基本问题——“制裁性不利处分”概念之提出》，载《月旦法学杂志》2010年第6期。

〔3〕参见沈毅龙：《论失信的行政联合惩戒及其法律控制》，载《法学家》2019年第4期；沈岿：《社会信用体系建设的法治之道》，载《中国法学》2019年第5期。

〔4〕参见王贵松：《论行政处罚的制裁性》，载《法商研究》2020年第6期。但也有学者认为这些行为“是行政主体通过威慑精神、减损声誉的手段对当事人施加的制裁和惩罚，应当属于行政处罚”，显然有混同事实评价与法律评价之嫌。参见张晓莹：《行政处罚视域下的失信惩戒规制》，载《行政法学研究》2019年第5期。

三、行政处罚对违法无效判断的实体法影响

（一）影响违法无效判断的行政处罚类型

行政法学之所以在将行政处罚限定于法律上消极后果的基础上，再将其区分为制裁性行政处罚、非制裁性行政处罚和混合性行政处罚，其目的一方面在于对狭义的制裁性行政处罚予以归责性要件限制，更重要一方面在于厘清制裁性行政处罚的适用范围，对其进行法律保留等公法控制。〔1〕因此，有行政法学者主张，行政处罚只要存在制裁性的要素，就应归于制裁性行政处罚，也即仅将单纯的非制裁性行政处罚独立出来单独规制。〔2〕

但是对于民事法官来说，探讨上述行政处罚类型的目的，仅是为了为违法无效提供判断的参引要素。因此，在此重要的是找寻对违法无效判断有意义的行政处罚类型区分。

依照上文分析，我国法上纯粹的制裁性行政处罚，在《行政处罚法》中只有罚款和行政拘留，在其他法律、行政法规中，则尚有滞纳金等财产罚。但无论如何，单纯的罚款和行政拘留这两项行政处罚仅是对过错违法行为的咎责，均无关于违法行为造成的秩序回复。相较之下，非制裁性行政处罚与混合性行政处罚则与违法无效的判断更具亲和性。无论是非制裁性行政处罚还是混合性行政处罚，其主要目的和功能均在去除既有的不法状态或预防将来危险，这与法律行为无效的效果——自始无法律拘束力，返还已取得的财产——同样旨在排除违法法律行为所生的财产损益变动，具有高度的相似性。

法律行为无效的效果，一方面是面向过去的已履行部分的返还，逆转已经发生变动的财产损益变动；另一方面是面向将来的未履行部分，使其丧失法律上原因，不再发生新的财产损益变动。以此视角来重新观察上述非制裁

〔1〕参见王明喆：《行政处罚主观归责模式的反思与调整——基于处罚种类多元化的思考》，载《财经法学》2023 年第 2 期。

〔2〕参见王贵松：《论行政处罚的制裁性》，载《法商研究》2020 年第 6 期；与此相对，认为涉及秩序回复即非“真正的行政处罚”者，参见王明喆：《行政处罚主观归责模式的反思与调整——基于处罚种类多元化的思考》，载《财经法学》2023 年第 2 期，与李建良的分类更相契合。但无论如何，行政法学者分类的目的都在对不同类型的行政行为进行分类控制。

性行政处罚和混合性行政处罚，则可以大致将其分为三类。

第一类是预防危险型行政处罚，包括暂扣许可证件、降低资质等级、吊销许可证件等资格罚，限制开展生产经营活动、责令停产停业、责令关闭、限制从业、取缔等行为罚，以及没收用作违法工具、作为违法财物的合法财产等财产罚。由于这些行政处罚均旨在预防将来危险的发生，与法律行为无效后令新的财产损益变动不得发生有类似功能。〔1〕第二类是去除不法状态型没收，包括没收违法所得和没收违禁品。这一行政处罚意在排除违法行为人既存的不法所得，其与法律行为无效后对相对人的返还义务存在相似功能。〔2〕第三类即回复合法状态型责令改正，其目的不仅在于停止不法行为，更在于将已造成的不法状态恢复为合法状态，广义上可以包括去除不法所得之外的其他回复措施。如此，后二者即与法律行为无效后的恢复原状具有相似功能。

为对比上述三类行政处罚与法律行为违法无效法律后果的类型与功能，兹将上述分类表列如下（见表 1）。

表 1　违法无效与行政处罚于功能上的对应关系

行政处罚的类型	预防危险型行政处罚	去除不法状态型没收	回复合法状态型责令改正
行政处罚的功能	预防将来可能的危险	去除不法所得	去除不法状态
违法无效的法律后果	未履行部分丧失法律原因不得再履行	对相对人的返还义务	双方返还义务
违法无效的功能	不得发生新的财产损益变动	逆转已经发生变动的财产损益变动	逆转已经发生变动的财产损益变动

（二）违法无效与行政处罚的对应关系

令法律行为违法无效的前提，在于刑法与行政法上的处罚仍不足以制裁

〔1〕有学者指出限制从业是一种累犯隔离机制，具有从主体层面进行隔断以防止行为人再犯的目的。徐晓明：《停产停业措施的法律规制：缺陷反思、功能导向与路径选择》，载《行政法学研究》2021 年第 6 期。

〔2〕德国联邦宪法法院 2004 年 1 月 14 日的裁判认为，这种不法利益的追缴，并非以抑制性、报复性制裁为目的，而是以预防性的秩序管理为目的。因此，其并非受责任原则支配的类似处罚措施，即并非一种处罚或类似处罚的性质，而毋宁是以将来除去违法状态为目的，具有类似返还不当得利性质的特殊措施。参见陈清秀：《行政罚法》，法律出版社 2016 年版，第 282 页。

违法，此时须以法律行为无效的后果进一步排除不法状态。因此，民事法官在判断是否依强制性规定否定法律行为效力时，一方面要考虑与上述行政处罚既有功能的协调，另一方面要考虑否定法律行为效力是否会影响当事人之间的信义公平。

1. 去除不法状态型没收与违法无效的关系

去除不法状态型没收中，没收违法所得与相对人返还义务具有最为直接的相似功能，《行政处罚法》第 28 条应和了《民法典》第 187 条民事责任优先的精神，明确规定“依法应当退赔的”不属于没收的范围。换言之，排除违法行为人的不法所得，首先应经由民事的不当得利返还，违法行为人在履行返还义务后仍有所得，才是没收违法所得的适用对象。

一旦规定违反强制性规定的后果为没收违法所得，则可以反推，此强制性规定肯定在否定违法行为人的得利。那么，此时是否可以进一步认为，应当在民法上认定相关法律行为无效，以配合没收违法所得这一公法上的行政处罚，从而完全否定基于法律行为业已发生的财产损益变动？笔者认为，恐怕并不能直接作此推论。如果没收的对象是双方所得，此时纵令合同有效也不能发生任何合法的财产变动，民事法官即应直接判定合同无效。〔1〕

但对于大多数情况而言，没收的对象往往只是一方。对此时受有行政处罚的违法行为人而言，若令法律行为有效，相对人则无从主张不当得利返还，即在民法上违法行为人可以保有利益，但在此基础上，公法上的没收违法所得将完全剥夺此利益。但若令法律行为无效，不当得利须先返还给相对人，剩余的得利依然将因没收而被剥夺。

换言之，无论法律行为是否有效，没收违法所得这一法律后果均足以实现违法行为人得利剥夺这一功能。此时，若违法行为人一方向相对人的给付

---

〔1〕 双方没收的立法，如《黑土地保护法》第 32 条第 2 款：“非法出售黑土的，由县级以上地方人民政府市场监督管理、农业农村、自然资源等部门按照职责分工没收非法出售的黑土和违法所得，并处每立方米五百元以上五千元以下罚款；明知是非法出售的黑土而购买的，没收非法购买的黑土，并处货值金额一倍以上三倍以下罚款。”又如，《森林法实施条例》第 44 条第 2 款：“运输的木材数量超出木材运输证所准运的运输数量的，由县级以上人民政府林业主管部门没收超出部分的木材；运输的木材树种、材种、规格与木材运输证规定不符又无正当理由的，没收其不相符部分的木材。”

仍应受到法律保护，民事法官完全可以完整保存该法律行为的效力，转而将违法行为人的得利剥夺的功能完全诉诸公法制裁。也因如此，民事法官不应从没收违法所得这一法律后果，来反推民事法官即须判定法律行为无效，主要反而应当考虑的是违法行为人向相对人的给付后的财产损益变动是否仍应得到保持。〔1〕

对违禁品的没收则不同。在行政法和刑法学理上，违禁品分为相对违禁品和绝对违禁品，对应至民法学理，即限制流通物和禁止流通物，民法与行政法在此只是用语不同，内涵则完全一致。〔2〕违禁品与违法所得的不同之处在于，违法所得是该所得不应归属于违法行为人，但违禁品在其流通禁限范围内，不应归属于任何人或由任何人合法占有，故由公法规范观之，无论在何者之手，均为没收的对象。虽然没收违禁品可以解决归属或占有不法的问题，但仅依公法规制，仍令相关法律行为有效，无异于助长违禁品的流通，也为终将被没收的当事人制造法律陷阱。因此，如欲通过法律行为流通违禁物，其效力不应受到民法的肯定。

2. 责令改正与违法无效的关系

前已述及，我国实定法中规定的责令改正存在两种不同类型："停止不法状态型责令改正"意在停止当下不法，当然也兼具防止将来危险的功能；"回复合法状态型责令改正"则在此之上更具有去除既有不法状态这一功能。

（1）停止不法状态型责令改正与违法无效

以典型的停止不法型责令改正——违反《药品管理法》对生产、销售中药饮片不符合药品标准的行政处罚为例，〔3〕此处责令限期改正的唯一对象，即限期改正至符合药品标准。与此相配合，限期内未改正的进一步消极后果，也只是罚款而已。强制性规定的立法者在此既未配合设置任何一种纠正已经

〔1〕此处反而需要考虑的是与传统民法典上存在，但我国却未见明文的不法得利返还的关系。也就是说，在我国现行的总得利没收（投入成本也予以没收）的前提下，如果强制性规定只没收违法行为人的得利，而不没收相对人的得利的话，相对人是否因无效而负有得利返还义务，对该问题的回答会决定此得利最终是否会被没收。

〔2〕从这个意义上来说，民法上的限制流通物和禁止流通物应该是个冗余的规范概念。

〔3〕《药品管理法》第117条第2款："生产、销售的中药饮片不符合药品标准，尚不影响安全性、有效性的，责令限期改正，给予警告；可以处十万元以上五十万元以下的罚款。"

发生的财产损益变动的行政处罚，也未曾计划对未来可能发生的财产损益变动进行规范。换言之，从消极法律效果的设定反推强制性规定的意旨，立法者在此显然无意排除相关法律行为所带来的财产损益变动。〔1〕

（2）回复合法状态型责令改正与违法无效

在“回复合法状态型责令改正”的情形中，与法律行为无效最可比较的，是责令改正的对象为双务合同的情形。若责令违法行为人改正其所缔结的双务合同带来的财产损益变动，此处的去除不法状态理论上便包括返还财产权益于相对人，以及向相对人主张财产权益的返还二者，即与法律行为无效后的返还效果完全相同。

但是，从与责令改正相似的“责令采取限期治理措施”“责令限期拆除”等行政处罚可以看出，这里指的回复原状，均是除去违法事实行为所生的事实状态，以及无法除去不法状态时作出的替代损害赔偿。可见，一方面，实定法中规定的改正行为都是违法行为人作为恢复原状义务人而无有作为权利人者；另一方面，这些改正行为都与因法律行为所生之财产损益变动无涉。

究其原因，其一在于法律行为在实践中绝大部分情况下系双务有偿合同，责令改正的规定往往仅责令一方以履行义务的方式改正以去除部分不法状态，没有理由也令对方相应地进行返还，但一方返还反而会使双方权益分配产生不均衡。其二在于若违法行为人的不法状态涉及的是不法的得利状态，此时用没收违法所得即可处理，无须另外的责令改正。

不过，我国实定法规定上虽未将法律行为所生的财产损益变动列为责令改正的对象，但并不意味着责令改正就无法为民事法官提供任何判断法律行为违法无效的参引要素。以《医师法》第56条第6项对“开展禁止类医疗技术临床应用”的责令改正为例，此条同时规定了回复合法状态型的责令改正和没收违法所得两种效果，〔2〕即立法者预设单纯没收违法所得尚不足以去除不法状态，对行为人还需要责令以其他改正措施，以完整实现不法状态的去除。

〔1〕类似的表述所在多有，如《农产品质量安全法》第69条。

〔2〕《医师法》第56条：“违反本法规定，医师在执业活动中有下列行为之一的，由县级以上人民政府卫生健康主管部门责令改正，给予警告，没收违法所得，并处一万元以上三万元以下的罚款；情节严重的，责令暂停六个月以上一年以下执业活动直至吊销医师执业证书……（六）开展禁止类医疗技术临床应用。”

因此，此处责令改正的对象首先肯定是停止此类临床应用的事实行为，对于已开展的临床应用，也应以合理措施恢复原状。但是依上文分析，对已经开展的此类临床应用中涉及法律行为者（如相关买卖、委托合同等），由于不能直接对合同给付的相互返还进行“责令改正”，此时反而只有依靠民事法官配合责令改正这一行政处罚的效果，将与此种禁止行为紧密关联的合同予以无效，才能完整实现不法状态排除的效果。

当然，并处没收违法所得，仅提示民事法官应当注意配合行政法上的行政处罚作出无效判断的可能，并不意味法律行为就必然无效，此时还需要进一步观察其他行政处罚的设置。相反的例子，可见于《固体废物污染环境防治法》第109条规定对“生产、销售、进口或者使用淘汰的设备”的责令改正。此处的责令改正亦与没收违法所得及罚款并处。[1]但若行政法规范欲否定“生产、销售、进口或者使用淘汰的设备”相关法律行为带来的财产损益变动，至少要再并处没收非法财物（生产工具和销售、进口的淘汰设备），或者在并处面向将来危险的预防型行政处罚，这样，行政处罚对不法状态的排除才堪称完备。但该条并未如此设置，依此可以看出立法者并没有想完全否定相关利益变动，因此民事法官也无必要否定法律行为的效力。

比较以上二者的不同，在于《医师法》对“开展禁止类医疗技术临床应用”这种违法行为，在满足作出更进一步的暂停执业活动或吊销执业证书要件之前，行政机关在此阶段除“责令改正”外已无其他类型的行政处罚可以作出。而《固体废物污染环境防治法》对“生产、销售、进口或者使用淘汰的设备”这一违法行为消极效果的设定则仍留有余地。也就是说，若在行政处罚的设定上，违反强制性规定的公法效果已然用尽，此时民事法官就应充分注意是否以违法无效的判断补其不足。但在“生产、销售、进口或者使用淘汰的设备”的情形，本身可用的行政处罚尚未用尽，行政立法对其仍留有

---

〔1〕《固体废物污染环境防治法》第109条：“违反本法规定，生产、销售、进口或者使用淘汰的设备，或者采用淘汰的生产工艺的，由县级以上地方人民政府指定的部门责令改正，处十万元以上一百万元以下的罚款，没收违法所得；情节严重的，由县级以上地方人民政府指定的部门提出意见，报经有批准权的人民政府批准，责令停业或者关闭。”

余地，民事法官则不宜越俎代庖进行补位判断。

3. 预防危险型行政处罚与违法无效的关系

（1）没收违法工具、违法财物与违法无效的关系

基于秩序行政的本质，非制裁性与混合性行政处罚中的绝大部分种类，均重在预防将来危险，但不同类型的行政处罚对违法行为人的限制还是大有不同。其中对行为人不利益程度最低者，应属没收违法工具、违法生产销售的财物。由于这些财物并非违禁品或者违法所得，其完全可以合法为行为人或相关主体所有，故没收此类财物，意在从事实上限制违法行为人面向未来再违法的可能。

那是否可依此即认为，民事法官应配合此类没收，令相关买卖合同等法律行为无效？此处应分两种情况讨论，若没收的目的在于防止违法财物的流通损及公共安全，比如《药品管理法》对用于生产假药、劣药的材料和生产工具的没收，[1]是不希望假药劣药再流通于市场，此时民事法官自应配合公法管制作出相关法律行为无效的判决。但有一部分没收的目的只是不希望行为人凭借非法财物的生产销售更有所得，如《渔业法》中对禁渔期渔货物、渔具乃至渔船的没收，[2]在此情形下，自然也就不必否认相关法律行为的效力。

（2）行为罚、资格罚与违法无效的关系

至此，上述没收非法财物还只是从事实上限制违法行为人行为以预防将来危险。但限制开展生产经营活动、责令停产停业、责令关闭、限制从业则在此基础上更进一步，已经从法律上限制违法行为人行为，暂扣许可证件、降低资质等级、吊销许可证件等资格罚则最为严重，从法律上限制或剥夺了违法行为的法人再为特定行为的资格。

---

〔1〕 依据《药品管理法》第118条第2款的规定，对生产者专门用于生产假药、劣药的原料、辅料、包装材料、生产设备，应予以没收。

〔2〕 依据《渔业法》第38条的规定，违反禁渔区、禁渔期进行捕捞的，没收渔获物和违法所得，处5万元以下罚款；情节严重的，没收渔具，吊销渔业许可证；情节特别严重的，可以没收渔船；构成犯罪的，依法追究刑事责任。

这些行为罚与资格罚比前述责令改正更进一步者，[1]在于责令改正只是对已违法的行为进行改正，但限制生产经营活动、停产停业等行为罚都是基于既往的行为或状态的违法，对合法的部分也予以法律上的限制，暂扣、吊销许可证件等则在此基础上更进一步限制资格。因此，这些行政处罚往往不太会直接出现，而是后置于上述责令改正、没收违法所得、没收非法财物之后，在公法上属于更为严厉的不利益评价。

也就是说，一方面这些行政处罚从法律上限制违法行为人的面向将来的行为和资格，另一方面均发动于其他去除不法状态或预防将来危险的行政处罚功效犹且不足之时，此时科处此类行政处罚的目的已经非常单一，就是要在行政处罚所定范围内排除违法行为人将来对公共安全秩序造成的危险。因此，对受有此类行政处罚者，在其能力或资质受限范围内，原则上不应再让相关法律行为有效。否则，违法行为人若已将违法成本计算进法律行为之中，民事法官仍令法律行为有效，将完全抵销行政法上此类行政处罚的管制效果。

特别需要注意的是，上述结论并不等同于自始欠缺相应资质或未取得相应许可所订立的合同就必然无效。[2]此处讨论的中心问题，是已经受有相关行为罚、资格罚的行为人，在行为罚、资格罚的范围内再为相关法律行为的问题。也就是说，上文讨论的典型情形，行为人已经确定依序受有行政法上的各类行政处罚后，再为相关法律行为，此与未受有确定行政处罚限制时的行为人有本质区别。

---

〔1〕与责令改正内容相同但用语不同的还有取缔，指的是责令未获相应资格而从事特定活动者停止活动，如《拍卖法》第60条规定："未经许可登记设立拍卖企业的，由工商行政管理部门予以取缔，没收违法所得，并可以处违法所得一倍以上五倍以下的罚款。"但对比《旅游法》第95条第1款的规定："违反本法规定，未经许可经营旅行社业务的，由旅游主管部门或者市场监督管理部门责令改正，没收违法所得，并处一万元以上十万元以下罚款；违法所得十万元以上的，并处违法所得一倍以上五倍以下罚款；对有关责任人员，处二千元以上二万元以下罚款。"在上述条文中，除了"取缔"和"责令改正"用词不同之外，文意并无差别。

〔2〕关于此种情况下特定资质资格与合同效力的关系，参见张华：《效力性强制性规定的类型化识别》，载《人民司法·应用》2013年第23期；姚明斌：《"效力性"强制规范裁判之考察与检讨——以〈合同法司法解释二〉第14条的实务进展为中心》，载《中外法学》2016年第5期。

四、行政处罚对违法无效判断的程序法影响

由上文的分析可知，行政法上的行政处罚虽对强制性规定进行了具体化，但行政法上的类型区分并不能直接为民事裁判所用，民事法官仍须根据法律行为违法无效所带来的财产损益状态的类型，来讨论是否有必要在行政处罚的基础上进而为之。因此，民事法官在处理法律行为违法无效的案件时，首先应当考虑违反行政法上相关强制性规定的法律后果，视其可能的行政处罚来作出相应判决。若行政处罚已经作出并经过行政复议、行政诉讼确定合法有效，民事法官可以作为重要参酌，问题在于行政处罚尚未确定的情形。

第一种情形是行政处罚是否作出、何种类型尚未确定。此时，若相关行为尚未被行政机关发现或科以行政处罚，则法院应向有关行政管理部门提出司法建议，此点《合同编通则司法解释》亦已强调。若此时民事法官认为法律行为效力的判断须参酌可能的行政处罚，但又难以判断行政机关是否会作出及作出何种行政处罚，一方面可以在审限届满前尽可能等待行政机关的行政处罚，另一方面也可以查阅行政管理部门对类似行为通常作出的处分，而后作出是否违法无效的判决。行政处罚已经作出但尚在行政复议的情况，也与此类似。此时，尽管行政机关的认定既非终局，更不可能约束民事法官的法律见解，但是具体作出行政处罚的行政主管部门或复议机关毕竟有其专业性，尤其在反垄断、知识产权等领域，行政主管部门作出的行政行为具有高度的技术性和专业性，民事法官亦应当在相应程度上尊重此种功能分立。

第二种情形是行政处罚已经作出或复议已完成，但行政行为的相对人又提起了行政诉讼的情况。由于我国并不存在民事诉讼和行政诉讼合并审理的制度，此时要考虑的，就是在先判决的既判力范围及其拘束的问题。我国诉讼法法理上通常认为，判决书仅主文部分有既判力。[1]行政诉讼在处理相关行政行为（此处指行政处罚）时应依照合法性和适当性的要求进行审查，而判决主文只会出现维持行政行为、撤销或部分撤销行政行为、变更行政行

〔1〕 参见张卫平：《民事诉讼法》，法律出版社 2019 年版，第 445～446 页。

为的用语，至于为何维持、撤销或变更——如相关行为是否违反强制性规定——则属于判决理由，而非有既判力的判决主文，因此无法拘束在后的民事判决。同时，对于此处的民事诉讼而言，构成《民事诉讼法》第153条第5项“本案必须以另一案的审理结果为依据，而另一案尚未审结的”的先决问题的，只有违反强制性规定与否这一问题，而非行政行为的效力。[1]换言之，此时行政诉讼若已判决，其无法对在后的民事诉讼中是否违反强制性规定这一问题发生既判力，若未判决，也不构成在后民事诉讼先决问题；反言之，如民事诉讼在先行政诉讼在后，情况也相同。

因此，行政法官和民事法官对于是否违反强制性规定，以及违反强制性规定的法律后果等问题若产生不同意见，就属于单纯的法律见解的不同。所以此处也无法将其归于《民事诉讼法》第153条第6项‘其他应当中止诉讼的情形”，因为如果前提是法律见解的不同，那么即使中止民事诉讼直至行政判决的作出，民事法官也无须遵循其中的法律见解。

但是，缘此不同的法律见解进行裁判，极端情况下就可能产生对当事人完全相反的判决——行政法官认为相对人不违反强制性规定因此判决撤销行政处罚，但民事法官认为此处违反强制性规定因此判决法律行为无效。所以，民事法官在此虽并无义务受行政诉讼判决的拘束，但若民事诉讼和行政诉讼均正在进行，事实上行政法官对违反强制性规定公法效果的判断一般又更有专业性，那么为避免矛盾判决，民事法官应当尽可能在审限内等待行政诉讼判决的作出。

然而，民事诉讼毕竟存在审限要求，在不能中止诉讼的情况下，民事法官有可能先行作出违法无效的判决，而后行政行为的相对人才获得行政胜诉判决。更何况还存在民事判决作出时，相关行政诉讼还未开始的情况。对当事人来说，若两份判决确实不一致，可能会陷入无解的状态——由于民事诉讼和行政诉讼分属两庭，基于不同法律见解的矛盾判决在制度上根本不可能存在自然统一的可能。无论是民事诉讼还是行政诉讼的再审理由，在严格意义上也都无法包含法律见解矛盾这一情形。

---

〔1〕行政行为构成对民事诉讼拘束力的典型情况，参见何海波：《行政行为对民事审判的拘束力》，载《中国法学》2008年第2期。

因此，除非将来诉讼法立法上对跨法域统一法律见解建构相关制度，否则目前矛盾判决这个问题无法解套。但反过来说，当事人面对矛盾判决无解的这一困局，也充分说明民事法官在诉讼过程中查询收集相关行政决定和行政判决、整理和尊重其立场的必要性。

五、结语

在工业时代民法典的立法者们将违法无效这一规范写进民法典之时，他们应当既未料想到行政国家的到来和行政作用的多样性，更不可能意识到对民事裁判起作用的行政诉讼系统在后来会与民刑事诉讼鼎足而立。今日从行政法上的行政处罚来探寻强制性规定的公法效果和规范意旨，其目的一方面在于从抽象规范具体化的角度，提高民事法官对强制性规定说理的可预见性；另一方面在于串联其行政执法、行政司法和民事司法的相互关系，在尊重专业判断的基础上提高三者间的协调性。

站在司法者的角度，当《合同编通则司法解释》已明文规定在合同违法无效的判断中要考量行政处罚是否能实现规范目的，民事法官就从此身负上论证行政处罚功能类型的义务。这一论证义务的实现，有赖于行政立法对行政处罚的合理设置。首先有赖立法合理区分制裁性行政处罚、非制裁性行政处罚和混合性行政处罚，明确各自的功能和界限。其次则是对非制裁性行政处罚和混合性行政处罚设置合理的先后次序和梯度。如果行政处罚的区分和梯度不明，在设置上左右横跳，那么民事法官参酌行政处罚反推强制性规定意旨的行为就变成“缘木求鱼”，结果只会让错误的行政立法误导出错误的民事司法。最后但对民事裁判也是最重要的，在于在立法时尽可能明确行政处罚的规范目的。唯有如此设置规范，在行政法理上才能依照不同规范类型（非制裁性行政处罚或混合性行政处罚）对其进行分类控制，民事法官也才能明确从法律效果推知强制性规定的准确意旨。否则在违法无效的问题上引入行政处罚的讨论，就反而会无谓延烧强制性规定规范目的的战火，拖行政法学者下场的结果，只是让本已纷扰的规范目的争论在行政处罚的问题上继续而已。

至于在强制性规定违反上民事诉讼与行政诉讼法律见解的不一致，这个问题本就一直存在，只不过是引入行政处罚作为参引要素后，此问题日益凸显。但跨法域的法律见解的不一致，远不止违法无效者这一种情形，如何体系性地解决、给当事人以统一的司法给付，恐怕就只能寄望于跨法域统一见解在司法制度上的整体焕新了。

也谈合同违法无效认定中的民行关系问题

吴光荣[*]

《合同编通则司法解释》第16条第1款从“规范目的”的角度，规定在该款列举的情形下，如果“由行为人承担行政责任或者刑事责任能够实现强制性规定的立法目的”，则“人民法院可以依据民法典第一百五十三条第一款关于‘该强制性规定不导致该民事法律行为无效的除外’的规定认定该合同不因违反强制性规定无效”。实践中，确实常常发生究竟应如何判断“由行为人承担行政责任或者刑事责任能够实现强制性规定的立法目的”这一问题。章程博士的论文以违反行政法上的强制性规定为线索，从不利益处分的类型化来探讨违法无效的认定，既试图为违法无效的认定提供实体依据，也试图为违法无效的认定寻求程序规则，因而很有理论价值与实践意义。

一、关于问题意识

关于《民法典》第153条第1款的适用范围，我已撰文进行讨论。从《合同编通则司法解释》第16条第1款的表述，也可以看出最高人民法院将《民法典》第153条第1款所称“强制性规定”限制在公法上的强制性规定。由此，该文提出了一个很好的命题，即民事法官在依据第153条第1款认定合同效力时，自应考量行为人应承担的行政责任或者刑事责任。此外，该文还

* 北京理工大学法学院教授。

明确地使用“由行为人承担行政责任或者刑事责任能够实现强制性规定的立法目的的”的用语，间接说明强制性规定的违反应以相关行为人承担行政责任或刑事责任为前提，法律行为违法无效只是在令行为人承担行政责任或刑事责任犹显不足时，为避免跨法域的评价矛盾，再由民事法官进而为之的“补刀”。不过，正如该文摘要中指出的，“违反强制性规定无效的判断框架迄今为止仅从违法要件来分析强制性规范目的，而忽略对行政责任类型等违法效果面的分析，导致民事法官忽略行政执法机关和司法机关的相关专业判断，从而致使民事裁判与行政裁判产生矛盾判决”。

问题是，即使民事裁判与行政裁判产生矛盾，是否意味着民事法官在作出判决前须等待行政处罚的结果？对此，该文认为：“刑法规范是否违反，违反之后如何定罪量刑，完全由刑事法官进行判断。行政法上的强制性规定的认定与违反，则首先需要行政机关进行判断，如违反则可能有行政处罚，而对此行政处罚，还存在进一步行政复议或行政诉讼的可能。因此，在判断法律行为是否违法无效时，作为民事法官首先可能需要重点考虑的，是刑事法官、行政机关乃至行政法官的专业判断，如后者判断其并不违反强制性规定，民事法官恐不宜在无特别理由的前提下，仍以违反强制性规定的框架来判断法律行为的效力，此时应继续检验其是否因违反公序良俗无效。”

对于该文的上述观点，我表示赞同。但也应指出，如果某行为已经刑事判决认定构成犯罪或者已经行政机关认定构成违反强制性规定且行政复议或行政诉讼予以确认，当事人为解决民事争议而提起诉讼，则民事法官自应尊重刑事法官、行政机关乃至行政法官的专业判断。但如果行为未经刑事判决认定构成犯罪，也未经行政程序（包括行政机关作出的具体行政行为以及行政复议、行政诉讼等程序）予以认定，民事法官自应先行对行为是否违反强制性规定进行判断，并基于这一判断就民事争议作出判决，而不必等到刑事法官、行政机关或者行政法官对行为是否违反强制性规定作出认定，否则就可能导致程序拖沓，甚至严重影响民事审判的效率。当然，即使发生民事法官先行作出的认定与刑事法官、行政机关或者行政法官此后作出的专业判断不一致，也可通过再审程序进行纠错。也就是说，民事法官在民事审判程序中对行为是否违法的认定，不能拘束行政机关，也不能拘束刑事法官或者行政法官。相反，刑事法官、行政机关或者行政法官对行为是否违反强制性规定的认定，应拘束民事法官。

对此，该文也正确地指出，“在相关行为尚未被行政执法机关或司法机关处理时，民事法官不可能中止审判等待相关处理结果，因此其同时必须考虑此行为有可能产生的行政责任和刑事责任，进而作出法律行为是否无效的判决。”显然，这一判断与司法实践对待合同违法无效认定中的民行关系问题是一致的。由此判断，该文在问题意识上是将合同违法无效的认定作为研究民行关系的线索。

二、关于问题范围

尽管该文在开篇就提出：“回溯法律行为违法无效规范的比较法史，此一规则的诞生远在行政法勃兴之前，故其最初想定的强制性规定主要指的是刑法规范”，“只是在现代行政走向法治化之后，行政权一方面通过抽象行政行为制定一般规则，另一方面通过具体行政行为将法律和抽象的行政规则进行具体化，关于违法无效的讨论才逐渐将行政作用这一问题纳入视野”，但该文还是指出：从《合同编通则司法解释》第 16 条的条文表述来看，“违法无效中的强制性规定可能是行政法规范，也可能是刑法规范，分别对应的是行政责任和刑事责任。不过在我国司法实务中，最具讨论意义者显然是行政法中的强制性规定和与之相应行政责任”。之所以得出这一判断，是因为该文认为“从司法实践来看，违法无效主要的争议点，都还不在违反刑法规范，而在违反行政法规范的效力判断。基于刑法与刑事责任的最后性，若相关行为已经到非以刑法与刑事责任不得遏制的程度，而该刑法规范保护的法益，又恰是令法律行为有效所能排除的法益，那么此时很难想象该法律行为还能在民事领域继续发生效力”。

显然，上述论断既不符合实际，也与现行司法解释的规定不一致。从司法实践的情况看，尽管违反行政法上的强制性规定是否导致合同无效是争议较大的一个问题，但并不意味着违反刑法规范的合同就当然无效。正如该文在引注中提到，在《合同编通则司法解释》的起草过程中，最高人民法院曾一度想就行为构成犯罪是否影响合同效力作出规定。但最终通过的司法解释未就此问题作出规定，并非因为这是毫无争议的问题，而是因为争议过大，最高人民法院计划就刑民交叉案件的审理专门制定司法解释或者司法政策性文件予以解决。此外，2020 年《最高人民法院关于审理民间借贷案件适用法律若干问题的规定》第 12 条第 1 款规定："借款人或者出借人的借贷行为涉嫌犯罪，或者已经生效的裁判认定构成犯罪，当事人提起民事诉讼的，民间借贷合同并不当然无效。人民法院应当依据民法典第一百四十四条、第一百四十六条、第一百五十三条、第一百五十四条以及本规定第十三条之规定，认定民间借贷合同的效力。"据此也可以看出，行为涉嫌犯罪或者已经生效裁判认定构成犯罪，并不当然导致合同无效。

该文之所以将违反刑法规范排除在研究范围之外，显然并非违反刑法规范是否影响合同效力的问题不重要，而是行文的需要。因为该文的核心观点是行政法上的不利益处分应当对合同违法无效的认定在实体和程序上产生影响，而刑事责任都不适用于该文所称的"不利益处分"，自然需要将违反刑法规范是否影响合同效力问题排除在研究范围之外。

三、关于民行关系

为了研究违反行政法上的强制性规定是否影响合同效力，该文对行政责任进行了类型化的分析，指出行政责任是违反强制性规定的消极法律后果，并认为"从学理逻辑上可以将消极法律后果分为两类，一类为狭义的制裁性行政处罚，一类则为非制裁性的不利益处分"。据此，该文指出，我国行政法上的不利益处分可以分为三类：第一类是纯粹的制裁性行政处罚，针对行为人业已发生的过错违法行为科处的法律上不利益处分，典型如罚款与行政拘留。第二类是纯粹的非制裁性不利益处分，针对过去不法状态的回复或将来危险状态的预防，前者典型如违禁物的没收，后者典型为大部分的资格罚与行为罚。第三类是广泛存在的混合性不利益处分，如没收违法所得、责令停产停业等。据此，该文指出："对于民事法官来说，探讨上述不利益处分类型的目的，仅是为了为违法无效提供判断的依凭。因此，在此重要的是找寻对违法无效判断有意义的不利益处分类型区分。”

在该文看来，“法律行为无效的效果，一方面是面向过去的已履行部分的返还，逆转已经发生变动的财产损益变动，另一方面是面向将来的未履行部分，使得丧失法律上原因不再发生新的财产损益变动”。如果“以此视角来重新观察上述非制裁性不利益处分和混合性不利益处分，则可以大致将其分为三类”：第一类是预防危险型不利益处分，包括暂扣许可证件、降低资质等级、吊销许可证件等资格罚，限制开展生产经营活动、责令停产停业、责令关闭、限制从业、取缔等行为罚，以及没收用作违法工具、违法财物的合法财产等财产罚。这些不利益处分与法律行为无效后令新的财产损益变动不得发生有类似功能，二者均旨在预防将来可能的危险。第二类是去除不法状态型没收，包括没收违法所得和没收违禁品。这一不利益处分意在排除违法行为人既存的不法所得，与法律行为无效后对相对人的返还义务存在相似功能。第三类是回复合法状态型责令改正，其目的不仅在于在停止不法行为，更在于将已造成的不法状态恢复为合法状态，广义上可以包括去除不法所得之外的其他回复措施，从而与法律行为无效后的恢复原状具有相似功能。

问题是，尽管行政法上的不利益处分具有与法律行为无效的后果相似的功能，是否意味着在行为违反强制性规定的情况下，仅需实施行政处罚，而无需认定合同无效呢？对此，该文并未予以阐述，而是提出另一个命题，即民事法官在判断合同是否因违法而应认定无效时，是否要配合行政法上的不利益处分？在该文看来，对此要作类型化的分析。例如，行政法规定违反强制性规定的后果是没收违法所得，则既可以判决合同无效，使当事人的得利成为“违法所得”，也可以判决合同有效，通过行政机关将当事人通过合同所得认定为“违法所得”。“换言之，无论法律行为是否有效，没收违法所得这一法律后果均足以实现违法行为人得利剥夺这一功能。此时，如违法行为人一方向相对人的给付仍应受到法律保护，民事法官完全可以完整保存该法律行为的效力，转而将违法行为人的得利剥夺的功能完全付诸公法制裁。也因此，民事法官不应从没收违法所得这一法律后果，来反推民事法官即须判定法律行为无效，主要反而应当考虑的是违法行为人向相对人的给付后的财产损益变动是否仍应得到保持。”但是，对于违禁品的没收则不同，“虽然没收违禁品可以解决归属或占有不法的问题，但仅依公法规制，仍令相关法律行为有效，无异于助长违禁品的流通，也为终将被没收的当事人制造法律陷阱。因此，如欲通过法律行为流通违禁物，其效力不应受到民法的肯定。”

我赞同上述结论，但必须指出，既然行政法上的不利益处分不能代替合同无效的后果，且行政法上的不利益处分也并非都要求民事法官通过认定合同无效予以配合，那么行政法上的不利益处分究竟在何种程度上会影响到合同的效力认定呢？再进一步推论，民事法官在认定合同是否无效时，虽然要考虑仅仅通过由行为人承担行政责任是否足以实现规范目的，但是否一定要考量行为人究竟要承担何种行政责任？行政机关或者行政法官在处理行政案件时，是否也需要关注民事法官对合同效力的认定以及当事人已经承担的法律后果？对于这些问题，该文并未给出全面回答，而仅仅指出“令法律行为违法无效的前提，在于刑法与行政法上的不利益处分仍不足以制裁违法，此时需以法律行为无效的后果进一步排除不法状态。因此，民事法官在判断是否依强制性规定否定法律行为效力时，一方面要考虑与上述行政法上不利益处分既有功能的协调，另一方面要考虑否定法律行为效力是否会影响当事人之间的信义公平”。

在我看来，由于民行关系极为复杂，不仅民事法官应注意行为人可能承担行政责任，行政机关或者行政法官在处理行政案件时，也要注意民事法官已经对合同效力作出的认定及其后果。民事法官认定合同因违法而无效并就无效的后果作出处理，自然是配合了行政法上的不利益处分，但在民事法官认定合同不因违法而无效时，行政机关或者行政法官自应通过行政法上的不利益处分来实现强制性规定的规范目的。也正因如此，《合同编通则司法解释》第 16 条第 3 款规定：“依据前两款认定合同有效，但是当事人的违法行为未经处理的，人民法院应当向有关行政管理部门提出司法建议。当事人的行为涉嫌犯罪的，应当将案件线索移送刑事侦查机关；属于刑事自诉案件的，应当告知当事人可以向有管辖权的人民法院另行提起诉讼。”

从该文关于“行政法上的不利益处分虽对强制性规定进行了具体化，但行政法上的类型区分并不能直接为民事裁判所用，民事法官仍需根据法律行为违法无效所带来的财产损益状态的类型，来讨论是否有必要在不利益处分的基础上进而为之。因此，民事法官在处理法律行为违法无效的案件时，首先应当考虑违反行政法上相关强制性规定的法律后果，视其可能的不利益处分来作出相应判决”的表述看，该文与我的上述见解应该是一致的。如此，讨论行政法上的不利益处分及其类型对合同效力认定的影响，其意义似乎并不大。也就是说，民事法官在认定合同是否因违法而无效时，虽然要考虑行为人应承担的行政责任，但仅须考虑违法情节是否严重且是否可以通过没收违法所得等不利益处分实现规范目的即可，而不必对行政处罚的类型等作出具体判断。就此而言，该文关于“行政责任或刑事责任的承担是否能实现强制性规定的目的，首先属于刑事法官、行政机关乃至行政法官的专业判断，其科以违反强制性规定的行为何种消极公法后果，民事法官无从置喙。但民事法官可以借助对违法行为所承担的公法后果系属何种类型、存在何种功能的分析，来决定在民事裁判中是否配合作出无效的判决以实现综效”的论断，可能还需要进一步检验。

四、关于程序问题

该文的第四部分讨论了行政法上不利益处分对违法无效判断在程序上的影响，并区分两种情形，重点分析了在行政法上的不利益处分不明确的情况下，民事法官应如何处理由此带来的程序问题。在该文看来，在“不利益处分是否作出、何种类型尚未确定”的情形下，“如此时民事法官认为法律行为效力的判断需参酌可能的不利益处分，但又难以判断行政机关是否会作出及作出何种不利益处分的情况，一方面可以在审限届满前尽可能等待行政机关的不利益处分，另一方面也可以查阅行政管理部门对类似行为通常作出的处分，而后作出是否违法无效的判决”。在“不利益处分已经作出或复议已完成，但行政行为的相对人又提起了行政诉讼”的情况下，“民事法官在此虽并无义务受行政诉讼判决的拘束，但若民事诉讼和行政诉讼均正在进行中，事实上一般行政庭对违反强制性规定公法效果的判断又更有专业性，那么为避免矛盾判决，民事法官其应当尽可能在审限内等待行政诉讼判决的作出。”

根据本文前面的分析，我认为，在上述两种情形下，民事法官都无须等待。理由是：其一，正如该文所言，“行政法官和民事法官对于是否违反强制性规定，以及违反强制性规定后法律后果等问题若产生不同意见，就属于单纯的法律见解的不同。所以此处也无法将其归于《民事诉讼法》第153条第6项‘其他应当中止诉讼的情形’，因为如果前提是法律见解的不同，那么即使中止民事诉讼等到行政判决的作出，民事法官也无须遵循其中的法律见解，因此这也根本无法称为‘应当’中止诉讼的情形”。其二，如前所述，即使出现民事判决与行政判决不一致的情形，也可以通过再审制度或者既判力制度予以解决。该文所称“除非诉讼法立法上将来对跨法域统一法律见解建构相关制度，否则目前矛盾判决这个问题无法解套”，并据此推论“当事人面对矛盾判决无解的这一困局，也从充分说明民事法官在诉讼过程中查询收集相关行政决定和行政判决、整理尊重其立场的必要性”。我对此持不同看法，即部分矛盾判决是可以通过再审制度解决的，而不能通过再审制度解决的矛盾判决，则属于既判力制度的问题，在各国都可能存在，无法彻底避免。其三，该文也承认，“民事诉讼毕竟存在审限要求，在不能中止诉讼的情况下，民事法官有可能先行作出违法无效的判决，而后行政行为的相对人才获得行政胜诉判决”。如果动辄要求民事法官等待，可能导致大量案件超审限结案，不利于及时保护当事人合法权益。

五、结语

尽管《合同编通则司法解释》第16条第1款将“由行为人承担行政责任或者刑事责任能够实现强制性规定的立法目的”作为人民法院认定合同有效的条件，但这并不意味着民事法官在对合同是否因违反强制性规定而无效作出认定时，需要对行为人在公法上究竟应承担何种责任进行判断。民事法官仅需考察是否存在该款列举的情形，并考量是否可以通过追究行为人的行政责任或者刑事责任来实现规范目的。在具体的行政责任或者刑事责任已经明确的情况下，此种考量不难理解。在行政责任或者刑事责任未明确的情况下，民事法官不能等待，而应先行对合同效力作出认定，并基于此对行为的后果作出处理，刑事法官、行政机关或者行政法官此后在处理时，也要充分注意民事法官已经就该行为作出的认定和处理，以最大限度实现规范目的。对此，该文在“结语”部分正确地指出：“至于在强制性规定违反上民事诉讼与行政诉讼法律见解的不一致，这个问题本就一直存在，只不过是引入不利益处分作为判断要素后，此问题表现得更加凸显而已。但跨法域的法律见解的不一致，远不止违法无效者这一种情形，如何体系性地解决、给当事人以统一的司法给付，恐怕就只能寄望于跨法域统一见解在司法制度上的整体焕新了。”在我看来，就民行关系的处理而言，不仅民事法官应注意民行关系在实体上和程序上的衔接，刑事法官、行政机关或者行政法官也要注意民行关系在实体上和程序上的衔接，从而最大限度避免“法外之地”的出现。

此情无计可消除

朱　虎*

一、云中谁寄锦书来

关于法律行为违法无效的既有研究，多从被违反的强制性规定的类型入手，从规范目的、规范重心、规范强度等诸方面对强制性规定予以类型区分，进而分析研判法律行为是否因违反某种类型的强制性规定而无效。章程博士的论文则指出既往分析进路的问题，即“这种思路只是诉诸民事裁判者自身对公法强制性规定的理解，并未考虑针对就同一强制性规定，行政执法者、行政法官及刑事法官可能经由具体行政行为或判决将其规范内容已具体化这一现实问题”。该文则从违反强制性规定所可能承担的行政责任入手，在厘清行政责任与不利益处分的概念和类型的基础上，分析行政法上的不利益处分子类型与违法无效之间的可能对应关系，简要探讨了不利益处分对违法无效判断的程序法影响，可谓另辟蹊径。

围绕该文的整体思路和核心关切，评议也从两方面展开：第一，在法律行为违法无效层面，行政机关和司法机关、行政工作人员和民事法官之间究竟在哪些方面可能存在真正的矛盾判断。第二，该文所提出的方案，是缓解还是加剧了法律行为违法无效判断的难题。

---

* 中国人民大学法学院教授。

二、一种相思，两处闲愁

法律行为违法无效的判断，从逻辑上至少可以分为三个步骤:（1）是否存在强制性规定;（2）法律行为是否违反了强制性规定;（3）法律行为是否因为违反强制性规定而无效。该文指出,《合同编通则司法解释》第 16 条第 1 款中的“由行为人承担行政责任或者刑事责任能够实现强制性规定的立法目的的”,“这一表述间接说明强制性规定的违反应以相关违反行为人承担行政责任或刑事责任为前提”。其实，更准确的说法是，强制性规定的违反是违法行为人承担行政责任或刑事责任以及法律行为违法无效的前提，这是当然之义。只有在违反强制性规定的前提下，公法上才会有行为人承担行政责任或刑事责任的问题，私法中才会有法律行为因违反强制性规定而无效的问题。

由此，如果我们要避免法秩序中的矛盾，重要的就是对何为“矛盾”的理解。在法律行为违反了强制性规定的前提下，法律行为是否因违反强制性规定而无效，是同等甚至更重要和更困难的问题。从《合同编通则司法解释》第 16 条第 1 款来看,“由行为人承担行政责任或者刑事责任能够实现强制性规定的立法目的的”仅是判断中考虑的因素之一，之后列举的四种情形并非如该文所说的“对行政责任或刑事责任能否实现立法目的的具体化”，而是与后者并列。从实体上看，可能出现矛盾的也仅是法律行为是否违反强制性规定的判断，而法律行为违反强制性规定和法律行为有效之间并不存在矛盾。

进一步而言，仅就法律行为是否违反了强制性规定这个阶段而言,“民事法官既非第一更非唯一的判断者”，因此,“在判断法律行为是否违法无效时，作为民事法官首先可能要需要重点考虑的，是刑事法官、行政机关乃至行政法官的专业判断，如后者判断其并不违反强制性规定，民事法官恐不宜在无特别理由的前提下，仍以违反强制性规定的框架来判断法律行为的效力”。在该文的第四部分，该文进一步指出,“尽管行政机关的认定既非终局，更不可能约束民事法官的法律见解，但是具体作出不利益处分的行政主管部门或复议机关毕竟有其专业性，尤其在反垄断、知识产权等领域，行政主管部门作出的行政行为具有高度的技术性和专业性，民事法官亦应当在相应程度上尊重此种功能分立”。

这个论断已经涉及行政机关与司法机关之间的关系难题。司法机关在多大程度上尊重行政机关的决定，在何种“相应程度上”尊重功能分立，本身就存在多种可能的立场。当前社会中，社会治理问题越来越具有专业性、复杂性，行政治理全面扩张，“行政国家”逐渐兴起已经是显见的事实，这也要求国家的权力机关具有更强的专业性、灵活性和能动性。一方面，必须承认的是，行政机关更熟悉且精通由它们所实施的法律，了解各种强制性规定之间的关系和某规定所产生的实践影响，其决定在很多时候具有专业性和经验性，且由于行政问责制，它们对规定的实施贯彻负有政治性责任。因此，在行政机关的权力行使方面，司法机关应当在要件裁量等方面给予相应的承认和尊重。另一方面，这种承认和尊重到何种程度，对行政机关决定是否应当给予以及给予多大程度的司法控制和审查，以促使行政权力以更规范和更负责的方式发展，仍众说纷纭。换言之，行政机关与司法机关、司法机关内部之间是对抗还是合作，如何实现它们之间的分立而依赖、自主而互动、合作而控制，这些是现代社会的法治理论中的重要难题。行政机关的权力行使可能在多个层面展开。就行政机关对立法条款所作出的解释问题上，美国联邦最高法院发展出“斯基德莫尊重”“谢弗林尊重”“Auer 尊重”“克里斯滕森—米德尊重”等多种规则，其间的差异是对解释性行政规则的尊重率和审查强度的不同。就该文所讨论的法律行为违法无效判断问题，当然也存在类似的难题。

但是，可能是基于篇幅和文章重心的考虑，该文并未细致讨论这一难题或者清晰表明其对该难题的整体立场。可能是因为这个原因，在具体的论述中就可能存在一些不清晰甚至矛盾之处。一方面，在行政机关和司法机关的关系上，该文认为民事法官应当在相当程度上尊重行政机关所作出的决定。另一方面，在司法机关的内部关系上，该文又认为，“行政法官和民事法官对于是否违反强制性规定，以及违反强制性规定后法律后果等问题若产生不同意见，就属于单纯的法律见解的不同”。在这两个论断之间，是否存在可能的张力和矛盾，是否仅能以这两个论断涉及不同的情形、不同的关系而予以辩护，似乎仍值得进一步思考。

三、才下眉头，却上心头

该文的重心是从违法后果的层面，分析公法上不同的消极后果类型对法律行为违法无效判断的影响。为此，该文设置了以下论证环节：（1）根据是否具有制裁性，公法上的消极后果可以区分为纯粹制裁性行政处罚、纯粹非制裁性不利益处分和混合性不利益处分。这种区分在行政法研究中早已存在，目的是要确定制裁性的公法后果需要法律保留等公法控制以及需要行为人对违法行为的可归责性。该文则创造性地将上述区分转用到法律行为违法无效的判断上。（2）法律行为违法无效的后果包括违法行为造成的秩序恢复，纯粹制裁性行政处罚与该后果无关，因此无涉法律行为违法无效的判断。（3）基于法律行为违法无效判断的目的，可以将纯粹非制裁性不利益处分和混合性不利益处分再次区分为预防将来危险型、去除不法状态型和回复合法状态型，预防将来危险型对应着法律行为无效后的未履行部分不得履行，后两种对应着法律行为无效后的返还义务。

在此基础上，该文所认为的这些公法消极后果类型与法律行为无效判断之间的关系，可以梳理如下：（1）去除不法状态型没收中，没收违法所得不必然导致法律行为无效，没收违禁品则导致涉及违禁品流通的合同应被判断为无效。（2）停止不法状态型责令改正无意在公法层面排除相关法律行为带来的财益变动，但是否在私法层面归属给相对人仍需要独立判断；回复合法状态型责令改正可以为法律行为无效判断提供一定的判断征凭，但并不能得出法律行为无效与否的必然结论。（3）预防危险型不利益处分中，没收违法工具和违法财物要区分是防止违法财物流通损及公共安全抑或防止违法行为人更有所得，进而判断法律行为无效与否；行为罚、资格罚是较之责令改正更严厉的不利益评价，故在其能力或资质受限范围内，原则上不应再让相关法律行为有效。

该文的这些结论中部分是可以赞同的。例如，就没收违法所得与法律行为无效判断之间的关系而言，没收违法所得是要在公法层面否定违法行为人的得利，这仅意味着违法所得不能归属于违法行为人。因此，公法没收判断的重心是违法行为人是否能够享有违法利益。合同有效无效则涉及私法层面行为人和相对人之间是否返还。行为人对相对人负有返还义务，意味着返还的部分不仅不能归属于违法行为人，还应归属于相对人。因此，私法判断的重心是行为人的给付或相对人的给付的利益最终是否应当归属于相对人。如行为人的给付利益应归属于相对人，则法律行为有效；如相对人的给付利益最终应当归属于相对人，则法律行为无效，相对人有权请求返还。既然涉及不同层面，就会出现没收违法所得与私法返还之间的不同搭配：可能是没收违法所得 + 无效，此时违法行为人一方面要负有返还义务，如还有其他所得要被没收；也可能是没收违法所得 + 有效，此时违法行为人不负有对相对人的返还义务，但其所得并不能被其保有而要被没收。

在这个关系中，还要考虑《民法典》的不当得利规定。如果法律行为有效，则自然不产生返还义务；如果法律行为无效，产生返还义务。但按照传统民法理论，例外的是，即使法律行为无效，如构成不法得利，不产生返还义务。例外的例外是，即使无效且构成不法得利，但不法仅在一方，则该方仍负有返还义务。此时，效力这个前端控制和后果这个后端控制相结合。但是，如何区分合同有效和合同无效但不返还这两种情形呢？在《民法典》并未规定不法得利的前提下，即在后端控制不存在明确规定的前提下，可否尽量在效力前端控制，从而，如果评价结果为行为人不应负有返还义务，则尽量将法律行为评价为有效，这一点也值得细致考虑。在此还需要考虑的是未来的履行是否应当保护。如果法律行为有效，则保护未来的履行请求权；如果法律行为无效，则不保护未来的履行请求权。但恰恰是因为要考虑如此多的因素，因此单纯从没收违法所得这种类型并不能得出法律行为无效或者有效的判断。

该文中的有些结论是需要进一步论证的。例如，回复合法状态性责令改正，该文认为，“我国实定法规定上虽未将法律行为所生的财产损益变动列为责令改正的对象，但并不意味着责令改正就无法为民事法官提供任何判断法律行为违法无效的征凭”。针对《医师法》第 56 条规定，该文认为，“立法者预设单纯没收违法所得尚不足以去除不法状态，对行为人还需要责令以其他改正措施，以完整实现不法状态的去除。因此，此处责令改正的对象首先肯定是停止此类临床应用的事实行为，对于已开展的临床应用，也应以合理措施以恢复原状”。“只有依靠民事法官配合责令改正这一行政法上不利益处分的效果，将与此种禁止行为紧密关联的合同予以无效，才能完整实现不法状态排除的效果。”但是，该文之后紧接着就提出，“当然，并处没收违法所得，仅提示民事法官应当注意配合行政法上的不利益处分作出无效判断的可能，并不意味法律行为就必然无效，此时还需要进一步观察其他不利益处分的设置”，并以《固体废物污染环境防治法》第 109 条为例认为，此处的责令改正亦与没收违法所得及罚款并处，但并未规定再并处没收非法财物（生产工具和销售、进口的淘汰设备），或者在并处面向将来危险的预防型不利益处分，故“立法者并没有想完全否定相关利益变动，因此民事法官也无必要否定法律行为的效力”。但就该文所列举的两个例子的对比来说：（1）为何《医师法》第 56 条中的责令改正是回复合法状态型而非停止不法状态型，这本身就需要论证。（2）《医师法》第 56 条也同样未规定没收非法财物，如果按照《固体废物污染环境防治法》第 109 条的论证逻辑，也可认为立法者也并没有想完全否定相关利益变动。（3）该文比较两者的不同认为，“《医师法》对‘开展禁止类医疗技术临床应用’这种违法行为，在满足作出更进一步的暂停执业活动或吊销执业证书处罚要件之前，行政机关在此阶段除‘责令改正’外已无其他类型的不利益处分可以作出”。但是，为何不能没收开展禁止类医疗技术临床应用的设备等财物，上述论断似乎显得绝对了些。

再如，该文认为，行为罚、资格罚是较之责令改正更严厉的不利益评价，故在其能力或资质受限范围内，原则上不应再让相关法律行为有效。但是，即使行为罚、资格罚是较之责令改正更严厉的不利益评价，但是否严厉到让相关法律行为无效的程度，即使考虑避免抵销管制效果，为何不能让法律行为有效但配合没收？同时，该文认为“上述结论并不等同于自始欠缺相应资质或未取得相应许可所订立的合同就必然无效”，但在法律行为无效的判断上，两者为何不可同日而语？这些都需要更为细致严谨的论证。

四、此情无计可消除

该文中的观点能够给人以很大的启迪，但就问题本身而言，这些观点不仅没有减少困难，反而增加了困难。原因如下：（1）从区分强制性规范的类型到区分行政不利益处分的类型，只是难题的转移，而非难题的减缓。（2）该文所主张的行政不利益处分的类型对法律行为无效判断的影响，除那些有争议的结论之外，其他结论仍然是不确定性的。例如，单凭没收违法所得、责令改正，都不能确定地得出法律行为无效与否的结论，此时仍需要结合诸多因素予以判断。（3）民事法官不仅要判断行政责任为何，还要根据行政责任判断法律行为效力，增加了操作困难和程序困难。但如果仅将可能的行政责任作为考虑因素之一，上述困难本可减缓很多，且也不会损及法秩序的统一性。（4）该文最后也指出，尊重行政立法与行政司法的重要前提是“行政立法对包括行政处罚在内的不利益处分的合理设置”。

该文事实上也意识到这些问题，所以其指出“最后但对民事裁判也是最重要的，在于在立法时尽可能明确不利益处分的规范目的”，“否则在违法无效的问题上引入不利益处分的讨论，就只会无谓延烧强制性规定规范目的的战火，拖行政法学者下场的结果，只是让本已纷扰的规范目的争论在不利益处分的问题上继续而已。”事实上，法律行为违法无效的背后是自由与秩序或者强制之间的矛盾，其之所以困难是因为它就应当困难。这个矛盾是人类社会永恒的矛盾。既然是永恒的矛盾，所以没有适用于所有时间和空间的最优解，否则，这个矛盾就不是永恒的。因此，对相关问题的解答，就不能简单地以各个权力机关之间的功能分立或者功能合作作为前提，而应当开展实践反思，在具体场景中分析功能分立和合作的力量及限度，以最优解的场景化来寻找场景中的最优解。

类型化？跨法域？

娄爱华 *

一、类型化无法解决合同无效时的返还难题

章程博士在论文开篇提出了两个意欲解决的问题，该文的大部分内容围绕问题一展开："如何在具体案件中判断行为人承担行政责任或刑事责任能否实现强制性规定的立法目的？"为解决这一问题，作者将非制裁性行政处罚和混合性行政处罚区分为三种类型，并以表格形式清晰呈现（见原文表 1）。

如果类型化是一种可行的解决方案，确定的类型就应当与确定的结论准确对应。遗憾的是，该文区分出的三种类型，即"去除不法状态型没收、回复合法状态型责令改正、预防危险型行政处罚"，无一能做到这一点。依其论述，在确定行政处罚属于某一特定类型后，无法直接确定是否需要判决相关合同无效。

例如，在"去除不法状态型没收"的部分，该文列举了"没收违法所得"和"没收违禁品"的例子。依照该文的论证，没收违法所得后，是否需要否定合同的效力，仍处在不确定状态；而没收违禁品，对合同的效力本就没有影响，因为交易违禁品的合同本身就是确定无效的，无须考虑公法上的没收问题。在"回复合法状态型责令改正""预防危险型行政处罚"的部分，也存在相同问题，此处不再赘述。

该文提出的类型化方案并不能带来确定的结论。"管理性强制性规范"和

---

* 苏州大学王健法学院副教授。

“效力性强制性规范”二分法的历史经验告诉我们，类型化如果不能带来确定的结论，就一定会制造更多的麻烦。在1999年《合同法》第51条第5项规定“违反法律、行政法规的强制性规定”导致合同无效后，“管理性强制性规范”和“效力性强制性规范”的二分法长期困扰着理论界和实务界。所幸《合同编通则司法解释》在这一问题上实质性地拨乱反正，不再提及“违反规章会导致合同无效”。由此看来，与其苦心经营结论不确定的类型化，不如直接回归具体的个案解决问题。

二、以不当得利制度解决合同无效返还难题之可能

以时间为线索，行政处罚自然可以在面向过去和面向未来两个维度上展开，合同无效也可以有过去和将来两个面向。对于行政处罚，如该文建构的那样，“预防危险型行政处罚”面向未来，预防将来可能的危险；“去除不法状态型没收”“回复合法状态型责令改正”面向过去，去除不法所得和不法状态。与之相对应，合同因无效而不再履行对应于面向将来的部分，合同因无效而返还对应于面向过去的部分，即该文所说的“逆转已经发生变动的财产损益变动”。

该文将行政处罚与合同放在时间维度上予以类比，无疑是出色的思考。这种思考隐含了一种行政法与民法“同频共振”“琴瑟和谐”的联动。但合同无效了就一定存在针对过去的返还吗？

我国台湾地区所谓的“民法”第113条规定，“无效法律行为之当事人，于行为当时，知其无效或可得而知者，应负恢复原状或损害赔偿之责任”。王泽鉴认为，第113条之规定，不仅是赘文，无其必要，自立法政策言，亦有疑问。其主要理由在于，“应视无效或撤销之法律行为，究为债权行为抑或物权行为，分别适用不当得利或所有物返还请求权之规定，以决定返还之标的物及其范围”。[1]在他看来，第113条规定并无必要。所谓无效或被撤销的行为是债权行为，即是依照物权行为理论发生所有权移转的法律效果，进而依

〔1〕王泽鉴：《“民法”第113条规范功能之再检讨》，载《民法学说与判例研究》（重排合订本），北京大学出版社2015年版，第302页。

不当得利主张返还，问题的关键还是物权行为理论。关于第113条的争议，自史尚宽、王伯琦和洪逊欣就已经开始了，此处不赘。对王泽鉴的观点，也不乏激烈的批评观点，如陈自强认为，“与其评为一无是处，而应当赘文处理，不若努力补苴罅漏，实现立法者的遗志”。[1]

依照我国《民法典》第157条的规定，法律行为无效后有返还、折价、赔偿问题。对第157条的性质,《民法典》立法的主要参与者认为，第157条规定的“返还”构成独立的请求权基础。[2]也有学者认为，我国法对法律行为无效清算采单独立法例。[3]但也有学者认为，若我国《民法典》第157条是独立的请求权基础，则会斩断失败合同返还制度与不当得利法的关联，使失败合同的返还事项无法借力不当得利法上有关返还效果尤其是得利丧失抗辩等方面的积累。[4]落实在法技术上，也就是有的学者所主张的,《民法典》第157条只是“参引”规范，不构成独立的请求权基础的观点。[5]

如果《民法典》第157条只是“参引”规范，那么合同无效并不必然导致返还。合同无效是不当得利适用的诱因，具体能否返还，还要参酌不当得利的构成要件及抗辩事项。这一点在审判实践中也能够得到印证，常见的请托入学合同、请托入职合同，因其无效对未来不发生效力，但未必一定就发生返还的法效果。

我国《民法典》第157条的规定，有其特殊的历史背景。[6]上述关于《民法典》第157条性质的争议，也远未尘埃落定。但上述争议揭示了一种可能，亦即通过不当得利制度解决返还问题的可能。如果合同无效的返还问题应由不当得利调整，那么该文在此处的讨论，就应该在不当得利语境下进行。对强制性规定的立法目的，可以在《民法典》第122条、第985条规定的“没有法律根据”的规范结构中进行，即便第985条没有规定所谓“不法原因给

---

〔1〕 陈自强:《契约失败给付返还序说》，载《月旦法学杂志》2020年第6期，第165页。

〔2〕 参见黄薇主编:《中华人民共和国民法典释义》(上)，法律出版社2020年版，第310~311页。

〔3〕 参见叶名怡:《不当得利法的希尔伯特问题》，载《中外法学》2022年第4期，第948页。

〔4〕 参见许德风:《不当得利法的体系重构——兼论合同无效、撤销后的法律效果》，载《环球法律评论》2024年第6期，第68页。

〔5〕 参见吴香香编:《民法典请求权基础检索手册》，中国法制出版社2021年版，第25页。

〔6〕 参见王洪亮:《论合同无效财产返还规则的体系与适用》，载《法学家》2025年第3期，第131~132页。

付”的抗辩，也不妨我们在学理上展开相关的思考。

质言之，“没有法律根据”这一概念本身，似乎可以容纳该文所说的跨法域思考。例如在贩毒的情形，因为涉及双方的不法目的，合同固然无效，但不存在返还问题。贩毒情形无返还问题，固然可以用该文的解释，即“刑法规范禁止的就是法律行为本身”，但也完全可以用不当得利法固有的私法原理予以解释，而无须舍近求远地“跨法域”思考。或者说，不当得利法本身的结构将该文所说的跨法域思考内化了。

三、跨法域与法秩序的迷思

该文的研究视野一贯开阔，本文是作者跨法域研究的成果。作者在文章结尾说到，“跨法域的法律见解的不一致，远不止违法无效者这一种情形，如何体系性地解决、给当事人以统一的司法给付，恐怕就只能寄望于跨法域统一见解在司法制度上的整体焕新了”。所谓的跨法域，并非跨比较法意义上的法域（jurisdiction），而是跨公法、私法之域或部门法之域。公法和私法的区分并非从来就有，部门法的划分也一直处在历史进程中，不断有新兴的部门法出现。划分了公法私法并区分各个法律部门之后，再予以跨法域的处理，难免让人反思公私法划分及部门法区分的意义究竟何在。

“跨法域”研究的背后，是法秩序的观念。“跨法域”研究得以成立，至少需要两个前提：首先，部门法虽有区分但均构成法秩序整体一部分。其次，作为整体的法秩序是“和谐”的而非“冲突”的。只有具备了这两个前提，民法与行政法提供的解决方案才应当一体对待，且应当要求二者不矛盾、不冲突。

法秩序可以是国内法秩序，也可以是国际法秩序，欧洲共同法时代也可以称有欧洲法秩序。但作为跨法域研究之背景的法秩序，显然是指国内法秩序。法秩序是对现象的描述，但也意味着一种理念和一种方法，即法秩序统一的理念和基于法秩序统一的法学方法。循此思路，法秩序应当是统一的，在法律规范有冲突时，应依据法秩序予以取舍；在法律规范有漏洞时，应依据法秩序予以填补。此外，在欧陆成文法国家，法秩序往往意味着基于宪法的国内法秩序。在我国，宪法虽非司法的根据，但“依据宪法，制定本法”的表达，意味着我国也存在基于宪法的法秩序，学界因此也多有“宪法的部门法化”的提法，诸多的法学论文也以“法秩序统一”为名展开论证。

法秩序特指国内法秩序，与民族国家的历史紧密相关。斯奇巴尼有一段颇有意味的话与之相关，照录如下：“在20世纪上半叶末期西欧民族主义的框架内占据主流的一种新型国家‘本位主义’。这种国家—法律主义理论目前在欧洲也在衰落，但仍然普遍存在，往往与实现‘法治国’的任务相关，两种主张被怪异地焊接在一起”。所谓两种主张被怪异地焊接在一起，就是勒内·达维德指出的，“国家何以受到法的约束，如果法本身就是国家意志的体现？”[1]斯奇巴尼谈论的虽然是法源问题，但指出了民族国家、法治国、法律之间的关联。

“法秩序统一”似乎是无须论证的当然之理。即便不存在与民族国家有关的国家—法律主义，下位法也要服从上位法，不同的部门法之间也要协调。相同观念也体现在该文中，该文摘要中总结道：“民事法官在裁判中应首先识别出行政法上非制裁性行政处罚和混合性行政处罚，并根据此两类行政处罚的类型和功能，对其与法律行为无效的替代关系作出分析，从而对法律行为作出效力判断。同时，民事法官在程序上应注重整理行政机关与行政判决对行政处罚类型的判断并予参酌，以缓解民行诉讼中违反强制性规定判断的矛盾判决问题”。民事裁判顾及行政法，既各美其美，又美美与共，岂不美哉！但如果民事裁判需要考虑行政处罚的实体法后果和程序法内容，是否在某种意义上回到了民法兴盛而行政法尚未产生的时代？质言之，该文的主张到底是在开历史倒车还是在顺应历史之大势？本评议文章无意在此处对这一问题展开全面探讨，但在该文中提到的非法吸收公众存款罪的处理中，至少可以部分窥见这一方案的不切实际。

该文中提到了非法吸收公众存款罪在实践中的处理方法，援引了《合同编通则司法解释》（征求意见稿）的内容，指出其“曾拟明确规定违反构成犯罪的行为不一定会导致合同无效”。这一条似乎针对的是2014年

---

〔1〕 S. Schipani, Fondamenti romanisitici e diritto cinese, in Roma e America Diritto Romano Comune, 38/2017, p.105-106.

《最高人民法院关于刑事裁判涉财产部分执行的若干规定》第13条的规定。该条规定："被执行人在执行中同时承担刑事责任、民事责任，其财产不足以支付的，按照下列顺序执行：（一）人身损害赔偿中的医疗费用；（二）退赔被害人的损失；（三）其他民事债务；（四）罚金；（五）没收财产。债权人对执行标的依法享有优先受偿权，其主张优先受偿的，人民法院应当在前款第（一）项规定的医疗费用受偿后，予以支持。"若依该条规定，非法吸收公众存款罪中的被害人应当优先于其他民事债务的债权人优先受偿。但非吸犯罪中的被害人与其他民事债务的债权人一样，都是与犯罪主体进行交易的人，何以非吸犯罪中的被害人就一定优先呢？如果按照《合同编通则司法解释》（征求意见稿）的立场，非吸犯罪中的被害人与犯罪主体签订的并不当然是无效合同，可能构成有效合同，并进一步构成其他民事债务，并非应予退赔的损失，不当然享有优先性。2019年《四川省高级人民法院关于审理破产案件若干问题的解答》表达了与我相同的符合常识的朴素观点："在债权数额认定上，相较于因与债务人正常交易而产生债权的债权人，刑事案件被害人作为非法金融活动的参与者，其往往本身也具有一定的过错，其享有的权利依法不能优于合法的普通民事债权人，对其债权通常按民间借贷规则进行调整。"

应当说，实践中对非法吸收公众存款罪的处理，体现了一种"桥归桥、路归路"式样的"法域区隔"而非"跨法域"的处理思路。这种处理方式，会不会导致作者担心的情况，也就是该文开篇提到的核心问题二，"若当事人在进行违法无效的民事诉讼之外，就相关强制性规定的违反也进行行政诉讼或刑事诉讼，则在程序上如何避免和处理矛盾判决？"至少在该文中，我没有看到一个真实发生的存有矛盾的真实判决。这能否在某种程度上证明：就该文所及的问题而言，"跨法域"只是一个论者臆想的幻象而已。

公法（行政）引导私法（司法）？
——强制性规定私法效力判断中民事司法权的角色

聂卫锋 *

围绕着我国既有规范体系中强制性规定的私法效力问题，司法机关与立法机关的立场变动有迹可循，理论界的研究文献也数量繁多，层出不穷，研究进路各有不同。章程博士的这篇论文，可以说是其先前发表的两篇论文《从基本权理论看法律行为之阻却生效要件——一个跨法域释义学的尝试》[1]（以下简称《基本权》）和《论行政行为对法律行为效力的作用——从基本权理论出发的一个体系化尝试》[2]（以下简称《行政行为》）的向下延伸，继续了"基本权理论"的分析模式。其中，作为该文核心的第三部分内容，在《基本权》《行政行为》中或多或少有所提及，该文则做了深入细致的阐释、分析与结构化。因此，理解该文，需首先从梳理《基本权》《行政行为》的脉络开始。

一、行政处罚私法效应的理论逻辑

（一）强制性规定私法效力规则的基本权分析进路

《基本权》是在反思"跨法域法释义学的难题"和既有的两种类型论

* 西安交通大学法学院副教授。

〔1〕 参见章程：《从基本权理论看法律行为之阻却生效要件——一个跨法域释义学的尝试》，载《法学研究》2019 年第 2 期。

〔2〕 参见章程：《论行政行为对法律行为效力的作用——从基本权理论出发的一个体系化尝试》，载《中国法律评论》2021 年第 3 期。

（“基于所涉案件事实的类型化”“基于规范意旨的类型化”）方法基础之上，引入“基本权理论”以处理强制性规定（以及公序良俗[1]）的私法效力（“阻却生效”意义上）这一公私法交错问题。换成基于法源形式的表达，即试图通过宪法的基本权利条款来整合私法（民法、商法）与公法（刑法、行政法、经济法、社会法等）之关系，[2]以实现跨部门法的规范协调一致。在此理论下，宪法显然不再是通常所言的部门法，宪法也不仅仅属于通常所言的公法，而是作为某一法域法秩序整体之代表。

《基本权》首先把强制性规定对私法效力的影响，从通常理解的立法对私法自治的限制，转换成立法对基本权的限制——私法自治之前提，乃是民事主体（自然人？）[3]拥有私法自治的“基本权利”，对私法自治的限制即为对基本权的限制。至于可能受到限制的基本权的类型，则包括契约自由、婚姻自由、营业自由、职业自由、遗嘱自由等诸项“自由权”在内。

《基本权》把限制基本权的原因区分为两类，一是为了公益[4]而限制民事主体的基本权（“自由权”），二是为了保护其他（主体？类型？）基本权而限制民事主体的基本权（“自由权”），进而把影响私法效力的强制性规定区分为“基本权保护型强制性规定”和“公益实现型强制性规定”。[5]正因为所要面

〔1〕由于该文仅涉及强制性规定的私法效力问题，此处对《基本权》的引介不讨论该文公序良俗部分的内容。按照《基本权》的分析，公序良俗（或“社会公共利益”）条款仅是在“只有在法律与行政法规未成文化、但是仍需以基本权保护为由限制合同效力的情形”才有逻辑上的存在和适用空间，而基于保护公益而对基本权的限制，由于受到“法律保留原则”的再限制，只能由高位阶制定法做出，不能包含于公序良俗之下。

〔2〕不过，《基本权》并没有针对性地从我国《宪法》具体条文的角度展开讨论。

〔3〕一般而言，作为组织体的法人或非法人组织，不会享有宪法意义上的基本权。但是，私法所贯彻的私法自治原则，从整体上来看，一体适用于自然人与非自然人主体。因此，强制性规定的私法效力问题，适用至非自然人主体所从事的民事法律行为之际，不宜直接按照自然人基本权保护与限制的逻辑来说明，需要做进一步的论证——比如，把非自然人主体解释为自然人的工具性主体，进而把基本权理论适用于非自然人主体；也可以通过结社自由权论证。不过，非自然人主体的理论与制度牵涉较多，基本权理论能否丝滑地适用于其之上，超过了笔者的关注范围，此处仅简单指出可能存在的研究空间。该文的行文中，也是从自然人角度讨论基本权。

〔4〕《基本权》将“公益”界定为“无法还原于特定主体权利”的“公共利益与社会秩序”。

〔5〕《基本权》特别探讨了某项强制性规定既有基本权保护又有公益实现的双重功能的理论可能性，作者以刑法具有补充性和备位性，经由行政法即足以判断民事法律行为合法性，以及行政法具体规范通常只是侧重于基本权保护或公益实现的其中一方面（另一方面是反射性的效应）为理由，初步消解了可能具有二元属性的强制性规则在规范性质认定、适用效果、主张主体等方面可能存在的矛盾或复杂问题。

对的基本权受限的原因不同，所以《基本权》认为应当分别以“务实协调原则”和“(广义)比例原则”作为适用两类强制性规定的原则，前者对应“基本权保护型强制性规定”，后者对应“公益实现型强制性规定”。

在强制性规定的适用效果方面，由于利益主体不同、利益关系不同，《基本权》认为二者的不同之处在于：其一，“基本权保护型强制性规定”可能导致民事法律行为无效，原则上应当由该规定所要保护的基本权人主张，而“公益实现型强制性规定”则可以被任何人所主张。其二，尽管无效的法律效果均可以做柔化处理，但“基本权保护型强制性规定”所要平衡、保护或实现的是并存的基本权，绝对无效不应该成为原则，可以是一部分无效、向后无效、相对无效、一方无效、效力未定、可终止等。而“公益实现型强制性规定”旨在实现公益目的，需要基于该目的能否实现为标准在行为阶段做柔化处理，即“区分与公益相互冲突的是合同履行行为本身还是合同履行后的状态”而原则上无效或原则上有效。〔1〕其三，无效的法律效果如果存在疑问时，在“公益实现型强制性规定”之下应该认定为有效，毕竟公益对基本权的限制本身应该有克制；而在“基本权保护型强制性规定”之下，并存的基本权都需要努力实现，并不需要有疑则推定有效的原则，而是需要结合具体情况柔化处理。〔2〕二者的共通之处在于，在强制性规定的属性判断上，仍然可以沿用理论界、实务界通用的效力性规定、管理性规定的二分法，只不过判断的实质依据已经是基本权理论下的基本权保护目的与公益实现目的了。

（二）栖身于民事法律行为要件控制体系的行政行为

《行政行为》的问题意识在于，从实践来看，(在当事人未争讼至法院的前提下)行政行为对民事法律行为效力的影响，可能会比强制性规范的影响更为直接，也更为常见，尽管二者都是公权力（行政权 VS 立法权）对民事法律行为效力的影响方式。但是，理论界对后者的研究远超前者。对于后者，

〔1〕这种区分行为阶段而做无效与否的柔化处理，只是相对于统一的绝对无效而言“柔化”，在无效的效果方面却是刚性的，不同于前者的一部无效、向后无效、相对无效等效果方面的多元柔化。

〔2〕作者并没有如此表达，但结合《基本权》全文以及上文提到的“基本权保护型强制性规定”下柔化处理的内容，笔者可以形成此判断。

虽然也有了一些研究，但“为何不同行政行为对法律行为的效力会有不同的影响，行政行为的不同类型与法律行为效力形态又如何对应，这些问题始终没有得到体系性的阐释。”从民法的角度看，民事法律行为的效力一般涉及成立要件、有效要件或生效要件〔1〕两个方面，因此，《行政行为》尝试回到民事法律行为效力要件的基本原理层面对行政行为的介入环节加以探讨。

《行政行为》首先把“（效力）要件”〔2〕定性为一种“国家强制”，然后从基本权理论的角度，对既有的支持民事法律效力评价体系“三分法”的两种分类标准（“举证责任标准”〔3〕和“自治与管制关系标准”〔4〕）加以批判，并以“自治与管制关系标准”为基础建构了成立要件、一般生效要件、特别生效要件、效力阻却要件的四分法“基本权理论标准”。〔5〕“基本权理论标准”不同于传统两类三分法之处不在于分类的数量增加，而是贯彻了基本权（财产权与营业自由等〔6〕）实现/限制的理论于其中：成立要件属于意思自治层面的要件，原则上国家强制不介入；国家为保障私法秩序所设立的要件属一般生效要件；〔7〕国家为整合交易秩序与整体法秩序而设立的要件为特别生效要件，赋予行政机关事先判断权；国家为整合私法秩序与整体法秩序而设立的要件为阻却生效要件，赋予司法机关嗣后判断权。更具体而言，成立要件、一般生效要件旨在保障基本权的实现，乃是基本权的客观法秩序保障之需，特别生效要件与阻却生效要件均构成对基本权的限制，但前者的目的是维护私法交易秩序（间接保障基本权？），后者则是为了维护整体法秩序（整体法秩序的目的又为何？）。

---

〔1〕学界也存在区分有效与生效的观点，由于《行政行为》似把二者等同，此处也视二者为一。

〔2〕文章的表达并不清晰，似乎“国家管制”仅是指向了“生效要件”，与成立要件无关。但是，如果成立要件被排除在“效力评价体系”之外，那么文章中所说的“三分法”与“四分法”得相应改为“二分法”与“三分法”才妥当。进一步而言，即便是成立要件，既然立法规定其为“要件”，是不是也带有了“国家强制”意味，尽管其与“生效要件”对应的“国家强制”可能不同。

〔3〕陈自强的成立要件、效力阻却事由、积极有效要件。

〔4〕苏永钦的成立要件、阻却生效要件、特别生效要件。莱嫩的成立要件、有效障碍事由、有效要件三分法与苏永钦的三分法相类似，但也考虑了举证责任分配的因素。

〔5〕作者并未如此命名，为了行文方便，笔者暂且如此概括。

〔6〕保护其他基本权是否遵循此逻辑，《行政行为》未做探讨。

〔7〕《合同编通则司法解释》第18条可能对应此类要件。

基于民事法律效力评价体系的重新建构，《行政行为》把对相对人产生授益效果或负担效果的各类行政决定（行为[1]）比如确认性行政决定、形成性行政决定、命令性行政决定等，分别接入到四分法的“基本权理论标准”之下，探讨不同类型的行政决定及其决定方向是在何种意义上影响到民事法律行为的效力（促成生效或阻却生效[2]）。此外，《行政行为》也附带探讨了相关行政决定所依据的规范的合法合宪性控制问题，但这已经属于规范或立法层面的问题，与个别行政决定对民事法律行为效力的影响本身没有直接关系。

（三）行政处罚对民事法律行为效力判断的反作用

该文的主要问题意识在于，《合同编通则司法解释》第 16 条虽然已经努力协调了公法责任（刑事责任、行政责任）与合同效力之关系，但是“承担行政责任或者刑事责任能够实现强制性规定的立法目的”仍然需要在个案由法官来判断，即便假定该条第 1 款前 4 项在司法实践中不会存在适用上的疑问，但第 5 项的开放式规定还是为法院预设了重任。因此，需要讨论的问题在于，如果行政机关已经做了行政处罚[3]之后，法院是否应当受到该行政处罚的影响，进而对相关的合同的效力做出镜像式的反应。就此问题意识而言，《行政行为》之中已经“从功能分配最适的角度”初步表达过观点，即“如果行政行为已经对强制性规定进行具体化，司法似乎没有理由不管行政机关的专业判断，仍然直接根据其对强制性规范的理解判断法律行为的效力。”该文的突破点在于，对我国实定法上行政责任的类型进一步具体化，以探讨何种行政责任会影响到民事法律行为的效力判断，以及影响的程度。此外，为了配合实体法层面的讨论，该文也附带讨论了民事诉讼与行政（刑事）诉讼、行政程序的协调问题。

该文首先做的工作，是把泛泛意义上的行政处罚拆解为纯粹的制裁性行

---

〔1〕《行政行为》中对二者似有区分，但又混用，笔者此处暂且不做区分。

〔2〕按照《行政行为》的观点，阻却生效要件应该通过“赋予司法机关嗣后判断权”加以处理，但行政机关强制性的介入要求显然可以事前确保民事法律行为的合法性或增加合法性的概率，二者并不矛盾。

〔3〕该文认为，在行为合法性的判断方面，(就我国实定法而言）行政责任足够发挥作用了，不需要进一步考虑或依赖刑事责任成立与否的问题，刑事责任具有完全的备位性。

政处罚、纯粹的非制裁性行政处罚、混合性行政处罚三类。与合同无效的判断有关的行政处罚，仅是后两类。而基于合同无效的两类典型效果“逆转已经发生变动的财产损益变动”和“丧失法律上原因不再发生新的财产损益变动”，后两类行政处罚又可分为三种类型，分别指向我国实定法上罚款、行政拘留、滞纳金之外的不同行政处罚措施：“预防危险型行政处罚”（不再发生利益变动）包括暂扣许可证件等“资格罚”、限制开展生产经营活动等“行为罚”、没收用作违法工具和财物的合法财产等“财产罚”，“去除不法状态型没收”（消除利益变动结果）包括没收违法所得和没收违禁品，[1]“回复合法状态型责令改正”（逆转利益变动）则在广义上可以包括去除不法所得之外的其他回复措施。[2]

考虑到法律行为违法无效的前提是公法上的责任仍不足以制裁违法，而且“预防危险型行政处罚”“去除不法状态型没收”“回复合法状态型责令改正”三种类型的行政处罚的功能比较明确，民事法官似乎可以直接依据具体的行政处罚类型镜像式地否认或支持民事法律行为的效力。但是，该文认为制裁违法的目的是否已经充分实现，仍然需要结合具体的行政处罚类型加以判断，进而由民事法官做出合同有效与否的“协调”判断。不过，在制裁违法的目的实现的因素之外，该文也把“当事人之间的信义公平”因素作为合同有效与否的考虑因素。

在程序法方面，如果某项行政处罚已经确定合法有效，民事法官当然可以作为判断合同效力的重要参酌。严格来说，此时并不存在诉讼程序法上需要讨论的问题。如果行政处罚可能做出但未做出、已做出但处于复议之中或

〔1〕尽管该文注释 37 参考德国宪法法院的判例，把此类行政处罚朝着“类似返还不当得利性质”方向解释，但“没收”一般而言就是收缴国库，并非向案涉合同的某一方当事人返还，因此并不属于合同无效两类典型效果的其中之一。

〔2〕该文提道，“但是对于民事法官来说，探讨上述行政处罚类型的目的，仅是为了为违法无效提供判断的参引要素”。不过，严格来讲，从对应民事法律行为无效之后的法律效果角度区分行政处罚的类型 / 程度，是对民事法律行为效力状态选择判断的视角，而不是从行为违法性判断的视角。行政处罚类型 / 程度的选择，是在违法性判断成立之后做出的行政决定，而违法的具体原因可能会对选择产生决定性的影响。在此意义上讲，从违法原因的角度建构行政处罚的类型，或许也是一种思路。在公法上评判民事法律行为的违法性，可以考虑从民事法律行为构成要件的角度判断——构成要件一般包括主体、意思表示、标的（内容）三项（特殊情形下增加事实行为要件）。

者行政处罚已经做出但处于行政诉讼之中，此时才需要考虑民事诉讼与行政程序、行政诉讼之关系，其中又以协调民事诉讼与行政诉讼之间可能存在的矛盾为主，但该文更多是提出了问题，未给出解决方案。

（四）基本权理论下行政处罚私法效应的体系关联性

从整体上而言，《基本权》主要是从立法或规范层面（司法运作层面有示例）展开理论分析，依据引入的基本权理论，把影响民事法律行为（合同）效力的强制性规定区分为“基本权保护型强制性规定”和“公益实现型强制性规定”，然后遵循不同的适用原则探讨某一强制性规定对民事法律行为（合同）效力的应然效果。

相较于《基本权》，一方面，《行政行为》重点是在行政行为层面而非在（行政法？）规范层面探讨问题。[1]另一方面，《行政行为》是全面探讨行政机关的不同行政行为对民事法律行为效力[2]的影响，不限于在阻却民事法律行为效力的意义上探讨问题。至于《民法典》第153条第1款中的“强制性规定”与“（生效）要件”之间的关系如何，《行政行为》并未详细探讨。从行文来看，该文似乎仅把“强制性规定”与“阻却生效要件”关联在一起。此外，《基本权》中的“基本权保护型强制性规定”“公益实现型强制性规定”二分法，如何与《行政行为》的分析思路和观点一一对应，《行政行为》也未详细说明（排除适用也可以是一种说明）。

《行政行为》是按照民事法律行为开展的正常流程，逐一讨论每个效力审查环节行政行为是否会介入以及介入之后可能产生的影响，该行政行为要么是为了直接或间接保障基本权的实现，要么纯粹就是限制基本权的自由实现，与民事法律行为（合同）的效力直接相关。虽然该文重点讨论的“行政处罚”，也是具体行政行为的一种类型，但该文讨论的是行政机关针对可能在公法上承担负面法律后果的行政相对人的违法行为而采取“制裁”性的行政

〔1〕基于依法行政的行政法基本原则，行政行为的做出必须有法律依据为先，除非某一行政行为偏离了既定法规范，行政行为与行政行为所依据的规范之间应该高度吻合才对。因此，尽管相对于其规范依据而言，行政行为具象化了，但在影响民事法律行为的效力方面区分讨论二者的实践意义有多大，可能存在争议。

〔2〕按照《行政行为》对民事法律行为要件的分析，行政机关一般不会介入到成立要件的层次。

行为，被制裁的违法行为可能是民法上的民事法律行为，也可能是民法上的侵权行为，但该违法行为在民法上的属性并不是决定行政处罚是否应当做出的因素。并且，行政处罚只是从公法的角度评价被处罚行为的违法性，一般来说，行政机关并不会也无权对相对人的民事法律行为的私法效力做出评判。对比之下，行政处罚对民事法律行为效力的影响，是间接性的，也是一种事后（民事法律行为做出之后）的影响。

尚需注意的是，由于违法行为而承担公法责任，一般来说都是对公益的侵害，或者说主要是基于实现公益的目的采取制裁措施。因此，该文所讨论的问题只是衔接到了《基本权》中的“公益实现型强制性规定”,[1]不涉及“基本权保护型强制性规定”的内容。但是，即便行政处罚主要是服务于实现公益的目的，就具体内容而言，有些类型的行政处罚实际上具有了民事返还法的功能（该文也明确指出这一点），[2]而不完全以实现公益为目的，尽管其立法动机未必是为了专项保护基本权。

二、《民法典》第 153 条（非“强制性规定”）的规范属性

作为进一步评议的前提，有必要首先探讨一下《民法典》第 153 条的规范属性。对照《民法典》第 2 条调整对象条款的规定可知，第 153 条并不属于典型的“民事”规范，因为该条并非直接处理平等主体之间的事务，在文义上看起来似乎是自愿、公平、诚信（《民法典》第 5 ~ 7 条规定的基本原则）

[1] 该文注释 2 援引《最高人民法院民法典合同编通则司法解释理解与适用》（人民法院出版社 2023 年版，第 189 ~ 190 页）表述为“公法性强制性规定”，主要与民法上的强制性规定做区分（该司法解释第 18 条似乎也有此意）。一般来说，“公法性强制性规定”是为了实现公益或者以公益实现为直接目的，故而“公法性强制性规定”与“公益实现型强制性规定”似可画等号。该文所引用的现行法条文，也基本上是服务于实现公益。当然，公益的界定或许是一个永远有争议的话题。立法机关对强制性规定的类型倒是没有特别明确的限定，参见黄薇主编:《中华人民共和国民法典释义》（上），法律出版社 2020 年版，第 303 ~ 305 页。

[2] 刑事追赃、退赔具有同样的效果。进一步而言，针对此类措施，是不是可以理解为行政权或刑事司法权实际上就是否认了民事法律行为的效力，尽管没有形式上的民事判决？

之外的因素影响了民事法律行为的效力。[1]

如果把第 153 条强制性规定所要保护的利益全部理解为公益，那么该条实际上就变成了公法规范——原因或要件方面是公法性的，只是法律后果或效果方面体现在私法领域。并且，按照该文的理解，如果民事法律行为的效力状态选择还需要在公法责任之外判断公益的目的是否已经实现（《合同编通则司法解释》第 16 条及其反面解释），那么第 153 条就为规范适用者科以公益保护的职责，效力状态的判断本身就不再仅仅是公法违法性及其处罚在私法领域的效应发酵，第 153 条因而也必然就具有了（类似于）公法规范的预设功能。

此外，按照《基本权》中“基本权保护型强制性规定”和“公益实现型强制性规定”的二分法，第 153 条中的强制性规定在基本权保护的意义上还会有多种可能性，该条的规范属性就会变得更加复杂：如果民事主体之间的基本权保护可以被第 2 条所说的“人身关系和财产关系”所涵盖，那么显然仍属于民事关系的范畴，第 153 条界定为私法规范没有任何障碍。但是如果基本权保护溢出了“人身关系和财产关系”（如政治性的权利），那么第 153 条在此时就很难说还是一个典型的私法规范（倒未必变成相反的公法规范）。进而言之，如果第 153 条所关联到的强制性规定就是为了保护“人身关系和财产关系”可以涵盖的基本权，那么第 153 条该如何与第 5 ~ 7 条协调适用就是个很现实的问题，此类强制性规定存在的必要性及其效力甚至就会被怀疑。不过，如果在民事法律行为合法性之外，第 153 条还要考虑效力判断的结果对民事主体之间利益关系变动的影响是否妥当、公平的话，第 153 条就必须得具备私法规范的属性。

一般来说，公法规范都有法院之外专门的国家公权力机关代表国家主动“执法”或“追责”，法院只是事后判断这些公权力机关做出的处罚、惩罚决定，是否具有规范依据，是否符合相关立法的目的。而私法规范则需等待当

〔1〕尽管在理解和定位上存在争议，但是《民法典》第 8 条、第 9 条规定的所谓合法原则、公序良俗原则、绿色原则等，都是民事主体之外的因素对民事活动产生影响，而第 5 ~ 7 条规定的自愿、公平、诚信三项“有名化”的原则，是直接处理民事主体之间的关系。对《民法典》原则的系统性梳理，可参见聂卫锋：《论〈民法典〉的原则体系》，载《成都理工大学学报（社会科学版）》2021 年第 6 期。

事人提起民事救济程序之后，国家公权力（法院）或者国家授权的其他机构（比如仲裁机构）才有机会介入，并且私法规范是由民事裁判机关或机构直接解释适用，不会有其他公权力机关的先行介入。第153条的规范属性，影响着该条应当由法院单独适用，还是需要由法院与其他公权力机关或机构协同适用。

因此，第153条到底是公法规范还是私法规范，抑或是公私兼具的规范，并非一个无中生有、胡思乱想的问题。当然，《民法典》第1条已经明确阐释的“本法”的立法目的本来就不限于纯私法目的，法典之中即便存在公法规范实属正常，但准确理解第153条的规范属性有助于其适用，既包括适用的原则与效果，[1]也包括适用的主体与方式。

三、行政处罚私法效应的实体法面向

（一）终局状态的行政处罚对民事司法权的影响

在公法层面的行政处罚已经终局生效[2]的前提下，民事法官对同一行为在民法上的效力判断在多大程度上要受到行政权判断、行政司法权判断的影响，需要区分来看。

1. 行政权判断能否影响民事司法权的判断

行政机关对相对人的违法行为做出行政处罚之后，如果行政相对人主动接受了行政权判断的结果（包括接受行政复议的结果），即认可自己行为的违法性并接受相应的处罚，那么民事司法权行使之际，考虑到行政权与司法权的分工以及行政权行使的专业性，在行为的违法性及其效力判断方面民事司法权需要尊重行政权（即便存在疑问），此举也不会实质减损相对人的程序利益。不过，由于行政处罚措施毕竟不同于民事法律行为无效后的法律后果，后者还需要考虑平衡民事主体之间的利益关系（《合同编通则司法解释》第

〔1〕 参考《基本权》的分析。
〔2〕 或者相对人主动接受了行政处罚，或者相对人经过复议、诉讼之后被动接受了行政处罚。

16条第1款第1、3、4项有明确说明），[1]以及判断公益实现目的的达成与否，因此在效力判断以及效果选择方面，民事司法权仍然具有自主判断的很大空间。此外，在相对人错过行政诉讼时效的情形下，不能简单视为相对人主动接受了行政处罚，虽然该行政处罚同样是行政权判断终局的逻辑结果，但民事司法权的行使未必要直接镜像式做出民事法律行为同样违法和效力消减的认定，而是需要自主判断。

另需注意的是，在行政机关对民事法律行为评价之后做出不予行政处罚的前提下，[2]行政权对民事法律行为在公法层面的合法性评价是不是也应当对民事司法权对民事法律行为在私法层面的效力判断产生影响。[3]此种行政权判断之所以会形成终局判断，是因为结果有利于相对人，故而一般不会进入行政诉讼程序中接受行政司法权的审查。[4]但相关行为的合法性很难说在广义法律程序上已经形成了终局认识——可能存在做出行政权判断的执法人员包庇违法行为的情形，我国单行法的“法律责任”章一般都有针对性的惩罚性规定。既然如此，民事司法权在私法层面评判此类民事法律行为的效力时，完全依赖行政权的合法性终局判断而相应地做出合法有效的裁判结论，不能说在逻辑上形成了圆满闭环。只不过，如果民事司法权要无视行政权的判断，自主地实现强制性规定所要保护的公益，冲锋在前否定民事法律行为合法性及其有效性，把自己当作“执法者”，是否妥当？或许容忍并尊重此种行政权“表见”合法性判断的例外情况，才是更好的选择。

2. 行政司法权判断能否影响民事司法权的判断

如果行政相对人是在经历（两审）行政诉讼程序之后[5]被动接受了行政处罚的结果，虽然诉讼结果未能令其满意，但至少程序利益得到了保障——就行政处罚做出而言，相较于行政权，行政司法权具有相对的中立性，即为“裁判者”。由于行政司法权在运行中（在理论上）可对行政权行使的合法性、

〔1〕如前所述，该文也明确提到了要考虑“当事人之间的信义公平”。
〔2〕指的是行政机关立案调查之后做出合法判断，实践中发生的概率有多大，暂且不论。
〔3〕该文未在实体法层面讨论此种情况。
〔4〕检察机关介入的情形下，或有例外。
〔5〕行政复议程序仅是行政权内部的救济程序，并不具有终局性。

合比例性以及行政权行权规范依据的合法合宪性、合比例性进行分层审查，[1]再加之行政司法权的专业性与经验性，因此，行政司法权就行政处罚做出的终局判断，即便行使民事司法权的法官未必会认同，但也首先应当尊重。

在民事法律行为的合法性判断方面，民事司法权应当尊重行政司法权的理由还在于，设定行政处罚的具体规范是立法权行使的结果，即便立法刻意保有了裁量空间，也相比作为一般性条款的第 153 条在内容上（无效认定方面）更为精细。如果行政权的行政处罚判断确实是"依法行政"，那么在此意义上，立法（行政）优于司法应该可以成立。

在行政处罚的立法设定方面，可能被处罚的民事法律行为的违法原因、危害程度以及相应的处罚类型、程度（符合比例原则的要求）等，是经过复杂的民主程序才被采纳的，不同类型的行政处罚具有何种程度或意义上实现公益目的的功能，在理论上也同样被经过了充分的论证。因此，民事司法权尊重和信赖通过了行政诉讼程序或行政司法权审查的行政处罚类型及程度，以此决定案涉民事法律行为的效力状态，乍看之下，也同样具有应当性、正当性、必要性。但是，具体行政处罚的做出主要是服务于公益实现的目的，处于"公益—基本权"格局，而民事法律行为效力判断则还需要考虑民事主体之间利益的公平性（除非否认这一点），处于"基本权—基本权"格局，此种镜像式的"互动"在论证方面并不周延。况且，如果民事司法权同样还要判断公益实现的目的是否已达成，即接续行政司法权的任务对"公益—基本权"格局做出判断，此种"镜像"或许也得谨慎。因此，与某项民事法律行为相应的行政处罚即便获得了行政司法权的支持，该行为在民法层面的效力判断还是得由民事司法权自主处理。

（二）行政处罚的未决状态对民事司法权的影响[2]

如果相对人的一项可能违法的民事法律行为尚未被行政机关评价，即是否应当做出行政处罚状态不明，此时，民事司法权如何对案涉民事法律行为的合法性及其效力做出认定，需要特别讨论。按照一般的逻辑，在此种情形

〔1〕 我国《行政诉讼法》第 6 条仅要求审查行政行为的合法性。
〔2〕 对此种情形，该文在实体法层面并未太多着墨。

下，民事司法权似乎可以直接自主依照相关单行法中的强制性规定，对民事法律行为的合法性及其效力（后果）做出判断。但存有疑问的是，如果强制性规定目的是实现公益，而民事法律行为涉及的事务又有专设行政机关专门处理，在更可能、更方便代表公益的行政权未做评价的背景下，民事司法权是否有必要“第一时间”站出来作为公益的代言人，进而否认或肯定民事法律行为的效力。当然，如前所述，如果把法院也当作立法文本的贯彻执行者或“执法者”，那么法院积极主动落实预设了公益实现目的的单行法也算是应尽的职责。

在行政处罚已经做出，但相对人提起行政诉讼之后，该行政处罚在形式上也同样处于未决状态。不过，被处罚的民事法律行为已经不是未被评价过的民事法律行为，只是评价暂时不具有终局性而已。如果民事司法权必须在此阶段针对民事法律行为的有效性做出裁判，那么只能参考行政处罚是否经过复议程序、个案的具体情况、以往同类案件的经验等在概率性方面做出猜测，效力状态未决的行政处罚还是可以对民事司法权产生一定的影响。

四、行政处罚私法效应的程序法面向：坐享其成的民事司法权？

（一）司法机关对“民行关系”的态度

如该文所述，程序法层面的“民行关系”在目前的制定法环境下确实很难彻底解决。不过，针对此问题，司法机关也已经做了相当多的努力。[1]

在行政审判领域，只是对“民行交叉行政案件中，当事人对基础民事争议既不一并也不另行提起民事诉讼，人民法院对基础民事法律关系应当审查到什么程度”的问题形成了初步的意见，即“人民法院只对与被诉行政行为合法性相关联的基础民事争议的事实和法律问题进行审理”。[2]

在知识产权领域，民事方面的案件主要是处理侵权问题，而不涉及民事

〔1〕利用北大法宝“法律法规”数据库全文检索关键词“民行”“行民”得出下述文件（特别讨论的文件除外），可能遗漏了在实质上处理此类问题的其他文件。

〔2〕《最高人民法院第一巡回法庭关于行政审判法律适用若干问题的会议纪要》（2018 年 7 月 23 日）。

法律行为的合法性判断问题。[1]从目前的知识产权领域的官方文件[2]看，最高人民法院只是简单强调组成民行综合合议庭，探索专利民事与行政案件协同审理机制，尽可能实现在上诉阶段民行案件的同期到庭、协同审理、同步裁判等，并没有出台更具有可操作性的实施办法。

不过，在商事审判领域，最高人民法院针对商事案件和行政诉讼等交叉的问题形成了较有可操作性的整体意见。2015 年 12 月 24 日发布的《最高人民法院关于当前商事审判工作中的若干具体问题》认为，“要遵循基础法律关系先行处理的思路”，如果商事审判在调查案件事实、认定合同效力等方面“必须以具体行政行为内容或者行政诉讼查明的事实来认定法律行为要件事实”，行政行为（行政权）和行政诉讼（行政司法权）要前置于民事诉讼（民事司法权），民事诉讼需中止审理。当然，如果“法律、行政法规明确规定应由行政机关专门处理或先行处理的纠纷，在行政机关处理前，对当事人提起的民事诉讼应裁定不予受理。”[3]两种情况的区别点在于，第一种情况下法院仍需受理案件，是否应当遵循前置程序，需要受案法院做出判断，而第二种情况下法院在前置程序完成之前甚至都不能受理案件。反过来，如果行政行为、行政诉讼程序需要依据商事案件的裁判结果，商事审判也应当及时做出。最高人民法院也意识到一些复杂案件的审判中，完全等待整个案件都遵循行政审判前置或商事审判前置的程序，未必有利于案件的快速处理，因此也指出可以研究探索针对案件的部分问题（基于不同的前置需求）先行处理。此外，该文件还规定，“法律、行政法规明确规定行政机关批准或登记后合同才

---

〔1〕尽管侵权行为的违法性判断与民事法律行为的合法性判断之间或许具有关联性。

〔2〕参见《最高人民法院关于充分发挥审判职能作用切实加强产权司法保护的意见》;《最高人民法院对十三届全国人大五次会议第 0669 号建议的答复》;《最高人民法院对十三届全国人大四次会议第 5466 号建议的答复》;《中国知识产权司法保护纲要（2016—2020）》。

〔3〕这种前置程序不仅仅在程序法上有意义，前置实际上就意味着被顺序靠前的行政权判断、行政司法权判断或商事司法权的判断，在实体法层面会直接拘束顺序靠后的判断机关，后者不能再做出相反的判断。或许司法机关设置前置程序时，主要就是基于实体法评价相统一的动机。但是，从笔者所掌握的各类官方文件来看，司法机关对“民行关系”和下述“民刑关系”的处理，都主要是从程序法的角度考虑，并不以实体法关系评价结果的相互影响作为主要目标。

生效的，在行政机关批准或登记前，应认定合同未生效。”[1]

此外，在证券市场虚假陈述侵权民事责任处理的问题上，民事司法权与行政权之间的互动关系，则被更明确地处理过，并且经历了一个从行政权前置到行政权与司法权协同并行的过程。2001 年《最高人民法院关于受理证券市场因虚假陈述引发的民事侵权纠纷案件有关问题的通知》最先规定，只有在证券监管部门针对虚假陈述行为作出生效处罚决定之后，当事人以查处结果作为提起民事诉讼的事实依据的，人民法院方予受理虚假陈述民事赔偿案件（第 2 条），[2] 民事救济的诉讼时效也以处罚决定之日作为计算起点（第 3 条）。2003 年《最高人民法院关于审理证券市场因虚假陈述引发的民事赔偿案件的若干规定》整体延续了前述通知的基调，在诉讼时效的起算点、以查处结果作为事实依据两个方面均增加了刑事裁判的因素（第 5 条、第 6 条），把前置程序从行政处罚扩展适用到刑事责任的承担，[3] 并针对行政处罚未生效情形下的民事赔偿诉讼，区分行政处罚处于行政复议或行政诉讼、行政处罚被撤销的情形，分别规定了中止审理、终结诉讼的程序规则（第 11 条）。但是，《最高人民法院关于审理证券市场虚假陈述侵权民事赔偿案件的若干规定》放弃了前述前置程序，明确强调“人民法院不得仅以虚假陈述未经监管部门行政处罚或者人民法院生效刑事判决的认定为由裁定不予受理”（第 2 条第 2 款），前置程序下民事司法权对行政权、行政司法权以及刑事司法权在虚假陈述的合法性、损害因果关系等实体法问题方面所做判断的被动信赖，不再有制度上的依据，对应的中止审理、终结诉讼程序规则[4] 也失去了

---

〔1〕 对应于《行政行为》中作者理解的“特别生效要件”。此外，该文件还考虑到行政行为中作出的行政文书在商事审判中的证据意义，不过认为做出行政文书的行政行为本身的合法性，商事审判无权做出审查，只能认定审查该文书在证据法上是否具有合法性，是否予以采信。

〔2〕 这一要求在实体法方面的考虑可能还大于在程序法方面的考虑。

〔3〕 严格来说，该司法解释第 5 条、第 6 条未再使用“前置”的术语，但条文文义显然表达了此方面的意思，后来的《最高人民法院关于证券市场虚假陈述侵权民事赔偿案件诉讼时效衔接适用相关问题的通知》、《最高人民法院、中国证券监督管理委员会关于适用〈最高人民法院关于审理证券市场虚假陈述侵权民事赔偿案件的若干规定〉有关问题的通知》也明确承认之前是存在“前置程序”。不过，前置程序的表达用于描述刑事责任未必妥当，毕竟刑事责任不具有必然性，司法解释只是考虑到有时候会存在虚假陈述行为未被行政处罚，但被刑事处罚的特殊情况。

〔4〕 就该司法解释施行后诉讼时效的衔接适用问题，最高人民法院还专门制定了规则。参见《最高人民法院关于证券市场虚假陈述侵权民事赔偿案件诉讼时效衔接适用相关问题的通知》。

意义。这就意味着，从制度上看，民事司法权的行使需要依赖民事法官自主裁判。

但是，与证券市场虚假陈述相关的问题毕竟专业性很强，证券监管部门所具有的专业知识、能力、经验等不是民事法官所能匹配，资本市场秩序的维护，投资者权益保护等本来就是需要行政权与司法权的协力才行。因此，最高人民法院与证监会在前置程序被取消的背景下，共同发布了适用《最高人民法院关于审理证券市场虚假陈述侵权民事赔偿案件的若干规定》相关问题的通知，明确强调发挥二者的协同作用，规定法院立案后应向证券监管部门通告案情、证券监管部门应当配合法院调查收集证据、法院可以向证券监管部门针对专业问题征求意见（期间不计入案件审理期限）、证券监管部门配合法院推荐专业人士作为人民陪审员等协同工作事宜，同时还规定证券监管部门对虚假陈述行为的立案调查不是必然影响民事审判程序的进展。[1] 因此，仅就当下的制度而言，在证券市场虚假陈述民事损害赔偿责任的实体法和程序法层面，行政权处于配合民事司法权的状态，并不构成对民事司法权的拘束。很明显，这一较新的立场与前引《最高人民法院关于当前商事审判工作中的若干具体问题》中的观点似乎存在一定的矛盾之处，是否意味着最高人民法院在“民行关系”处理的立场上产生了变化，还有待进一步观察。

（二）“民行关系”类比于“民刑关系”的可能性

1. 司法机关对“民刑关系”的态度

在与“民行关系”类似的“民刑关系”方面，司法机关也通过各种方式

〔1〕“三、人民法院经审查，认为中国证监会有关部门或者派出机构对涉诉虚假陈述的立案调查不影响民事案件审理的，应当继续审理。”这句话的文义在理解上会产生疑问，因为按照反对解释，如果立案调查影响了民事案件的审理，人民法院就应当中止审理。但如此一来，就等于又恢复了行政权前置的程序，这恰恰与《最高人民法院关于审理证券市场虚假陈述侵权民事赔偿案件的若干规定》的精神和相关规则形成了矛盾。因此，这种反对解释应该不能被允许。

（司法解释及类似文件、指导性案例、典型案例等）[1]表达了相对更多、更具体的统一认识。

2019年《全国法院民商事审判工作会议纪要》在“民刑关系”上最为全面地总结了最高人民法院的立场（第105条、第128～130条），包括分别审理、不予受理、材料移送、中止审理—驳回起诉、中止审理—继续审理等多种程序设计，而2023年《最高人民法院关于优化法治环境 促进民营经济发展壮大的指导意见》则是距离当前最近的集中表达：“依法受理刑民交叉案件，健全刑事案件线索移送工作机制。如刑事案件与民事案件非‘同一事实’，民事案件与刑事案件应分别审理；民事案件无须以刑事案件裁判结果为依据的，不得以刑事案件正在侦查或者尚未审结为由拖延民事诉讼；如果民事案件必须以刑事案件的审理结果为依据，在中止诉讼期间，应当加强工作交流，共同推进案件审理进展，及时有效保护民营经济主体合法权益。”

---

〔1〕参见《最高人民法院关于优化法治环境 促进民营经济发展壮大的指导意见》;《最高人民法院发布刑民交叉案件六大典型案例》;《最高人民检察院第五十三批指导性案例》之“尹某某等人诈骗立案监督案”（检例第213号）;《最高人民检察院发布10起民事再审检察建议典型案例》之“李某与卓某婚约财产纠纷等再审检察建议系列案”;《最高人民检察院发布十起检察机关全面履行检察职能推动民营经济发展壮大典型案例》之“上海市金某、刘某某、王某某等69人合同诈骗案”;《最高人民检察院关于印发最高人民检察院第三十九批指导性案例的通知》（检例第158号）之“陈某某刑事申诉公开听证案”;《最高人民法院第二巡回法庭关于公正审理跨省重大民商事和行政案件典型案例》之“深圳市新世纪投资发展有限公司与东北石油大学合同纠纷案”【（2015）民二终字第129号】;《最高人民法院关于当前民事审判工作中的若干具体问题》（2015年12月24日）; 2015年《全国民事审判工作会议纪要》;《检察机关涉民营企业司法保护典型案例选编（第三辑）》之“简某等2人保险诈骗案——刑事案件的事实认定需要以民事判决为基础的，优先按‘先民后刑’顺序处理”;《最高人民法院第三巡回法庭发布十个典型案例》之“4. 审判实践中应区别不同情况处理民刑交叉关系 内蒙古生力资源（集团）有限责任公司与内蒙古伊东煤炭集团有限责任公司、华融金融租赁股份有限公司等确认合同无效纠纷案——【（2017）最高法民终17号】”;《最高人民法院第四巡回法庭当庭宣判十大案例（2017年度）》之“案例四 上诉人中国华融资产管理有限公司河南省分公司与上诉人中国建设银行股份有限公司珠海市分行丽景支行票据回购纠纷案【（2017）最高法民终313号】”;《全国法院民商事审判工作会议纪要》;《最高人民法院关于优化法治环境 促进民营经济发展壮大的指导意见》;《最高人民检察院发布6件检察机关依法惩治医疗美容领域违法犯罪典型案例》（2023年4月6日）之“王某、朱某等人诈骗案”;《最高人民法院关于为推动经济高质量发展提供司法服务和保障的意见》;《最高人民法院关于充分发挥审判职能作用切实加强产权司法保护的意见》等。前述文件是利用北大法宝“法律法规”数据库全文检索关键词“民刑”“刑民”得出，遗漏了在实质上处理此类问题但行文中不包括“刑民”或“民刑”的文件，比如《最高人民法院关于在审理经济纠纷案件中涉及经济犯罪嫌疑若干问题的规定》《最高人民法院关于办理非法集资刑事案件适用法律若干问题的意见》《最高人民法院关于审理民间借贷案件适用法律若干问题的规定》《最高人民法院最高人民检察院公安部关于办理非法集资刑事案件适用法律若干问题的意见》等。

作为法律监督机关，最高人民检察院关于“民刑关系”的观点，集中反映在《检察机关涉民营企业司法保护典型案例选编（第三辑）》案例四的“典型意义”之中：“办理刑民关联案件，对于刑事程序和民事程序的顺序，应立足于如何更有利于保护当事人合法权益以及更公正有效解决问题的基本立场。具体把握可参考以下几点：一是根据现行司法文件规定，总体采取‘先刑后民’原则，即刑事案件与民事案件涉及‘同一事实’的，原则上应通过刑事诉讼方式解决；二是当刑民关联案件中民事诉讼和刑事诉讼的处理不会产生矛盾，两者之间也不存在相互依赖关系的，可考虑并行审理；三是当民事诉讼和刑事诉讼可能发生冲突，相互之间需以另一方的审理结果为前提时，应根据上述前提程序来选择‘先刑后民’还是‘先民后刑’。本案保险合同中的免责条款是否无效，能否免除保险公司的赔偿义务，需要以民事上的权利确认及法律关系判断作为基础，故应当选择‘先民后刑’。”2024 年 4 月 23 日发布的指导性案例“尹某某等人诈骗立案监督案”（检例第 213 号）则反映了最高人民检察院的最新立场：“对于刑民交叉案件，应当遵循‘先刑后民’原则，区分不同情形开展立案监督工作。……既要防止和纠正以刑事手段插手经济纠纷，也要注意避免以经济纠纷为由放纵刑事犯罪。”

2.“民行关系”可以类比“民刑关系”

考虑到最高人民法院在“民行关系”上的立场可能发生了方向性的改变，而在“民刑关系”上的立场则似乎没有太大改变，并且规则也更为详细，因此，有必要对比一下“民行关系”与“民刑关系”，探讨二者之间是否具有类似性。如果答案是肯定的，那么在程序法上二者适用同样的规则，就具有正当性。〔1〕

无论是行政责任还是刑事责任的承担，一般来说，都是为了实现公益的目的而对违法行为人施加“制裁”，只是“制裁”程度有所不同，〔2〕或

〔1〕该文主要处理“民行关系”，因此笔者也以“民行关系”为主讨论，附带讨论“民刑关系”与“民行关系”在程序法层面是否可以形成一致的规则。

〔2〕如前所述，该文明确提到，行政法学界会把行政处罚区分为制裁性行政处罚、纯粹的非制裁性行政处罚、混合性行政处罚三类，并非所有的行政处罚都具有“制裁”性质。此处对“制裁”的运用，仅仅是为了说明行政处罚的强制性以及被处罚行为的违法性，不刻意追求与行政法学界的区分保持一致。

者说对行为人基本权限制的程度不同。两类责任的构成要件虽然不同，但是一旦责任确定成立，被制裁行为的违法性就是确定的，也可以说是一样的，[1]按照前文的分析，应该对民事司法权在民事法律行为合法性及效力判断上产生同样的影响（影响程度另说）。就此而言，在程序法层面让“民行关系”与“民刑关系”适用同样的规则，似乎并无不妥——如果“民刑关系”中以“先刑后民”为原则，以“先民后刑”为例外的规则具有正当性，那么可以在“民行关系”中转化为以“先行后民”为原则，以“先民后行”为例外。

（三）《民法典》第534条对民事法官的指引意义

位于《民法典》合同编通则第四章“合同的履行”第534条（对应《合同法》第127条），也是一个可能衔接到公法责任的条款。从条文文义和体系位置来看，该条强调的是对合同行为事后的行政监管或查处，一方面可以对应于该文所讨论的行政处罚，另一方面该条似乎更强调已经发生了现实的危害，[2]而不包括可能产生危害的合同行为。本条并没有直接处理民事诉讼与行政程序之间的关系，但至少在民事基本法的层面为民事法官处理民事案件提供了一个衔接行政程序或行政权的指引。并且，无论民事法官对案涉合同效力的肯定与否，都不影响把可能需要行政权监管的合同的信息（材料）移交给行政机关，[3]不限于《合同编通则司法解释》第16条第3款所限定的合同有效情形——该款虽然没有提及《民法典》第534条，但并非没有上位制定法的规范基础。[4]

（四）小结

综合来看，在我国的法律实践中，公法（行政权、公法司法权）在程序

---

〔1〕违法性的程度只是会影响到行为人具体承担何种行政责任（类型与程度）或刑事责任（类型与程度），但仅就该行为构成违法这一点而言，二者是一样的。

〔2〕可与《刑法》危害国家安全罪、危害公共安全罪、危害税收征管罪、危害公共卫生罪、危害国防利益罪中的“危害”以及其他单行法中的“危害”相对比。

〔3〕民事裁判做出的民事法律行为的有效或无效判断，是否应当对行政权对该行为在公法上的合法性判断产生影响，属于实体法层面的问题，已经超出了该文以及本文的讨论范围。

〔4〕不过，第16条第3款还提到了刑事责任，溢出了《民法典》第534条的文义范围。

法上优先于私法（民事司法权）似乎是占主导地位。如果说在效力状态方面可能还需要民事司法权自主判断的话（不管是基于公益实现目的达成与否的判断，还是当事人之间利益均衡性的判断），那么至少在民事法律行为的合法性方面，民事司法权在程序上可谓是处于“坐享其成”的状态。不过，就民事司法权在程序上积极配合行政权、行政司法权、刑事司法权行使的方面而言，民事司法权也不是全然“坐享其成”。

五、扩展性问题：消极的民事司法权

除上述实体法、程序法两个面向的分析之外，结合我国现行法规范和司法制度，至少还有三个与行政处罚私法效应紧密关联的问题需要进一步思考。

（一）原则上无效 VS 原则上有效

如果把强制性规定限定为公益实现型，并且假定民事法律行为确实违反了强制性规定，那么民事法律行为的效力评价到底是应该以无效为原则，还是以有效为原则？[1]《民法典》第153条显然是以无效为原则，[2]《合同编通则司法解释》第16条、第17条也是从公益实现的角度做出的选择。但是如果从民事主体基本权保护的角度考虑，民事法律行为有效才应当是原则，公益对基本权的限制本来就应该以“例外”为“原则”。

如果抱有最大限度实现公益的目的，那么不仅在行政处罚类型及程度的选择上，倾向于严厉制裁不法行为人，在民事法律行为的效力选择上，也会尽可能都评价为无效或都评价为全部无效。反过来，如果严格遵守比例原则，那么尽可能维持民事法律行为的有效性才是民事司法权应该持有的立场。原则定位的不同，会影响到条文适用的方方面面，第153条目前采取的民事法律行为原则上无效的立场，是否妥当，似有再进一步研究的必要。[3]

---

〔1〕不考虑同时存在其他效力障碍事由的情况。

〔2〕立法机关工作人员的官方释义书也明确指明了这一点。参见黄薇：《中华人民共和国民法典释义》（上），法律出版社2020年版，第305页。

〔3〕按照《基本权》中的观点，原则上无效不具有正当性。

（二）举证责任与证明程度

承接“原则上无效 VS 原则上有效”的讨论，在违反公益实现型强制规定的前提下，是否还需要在当事人之间分配针对违法性〔1〕的举证责任，〔2〕也是一个现实问题。针对可能无效的民事法律行为的民事诉讼，当事人有不同的诉求，〔3〕似乎应该按照民事诉讼的通行规则分配举证责任（含证明程度）。但是，行使司法权的民事法官被推定为应当掌握法秩序整体中保护公益的所有强制性规定，并且假定民事法官应当像“执法者”一样积极履行实现公益实现的“职责”，〔4〕那么在当事人之间针对民事法律行为的违法性分配举证责任（证明程度方面）的实践价值就很有限了——当事人只需证明违法事实的存在，不需要证明违法本身。〔5〕如果考虑到前述行政权判断、行政司法权判断、刑事司法权判断对民事司法权行使的影响，更是削弱了当事人在行为违法性方面承担举证责任的必要性——当事人证明有相关公法上处罚或裁判文书即可。如果存在民事司法权移送案件给行政权、行政司法权、刑事司法权的情形，公权力机关的信息反馈机制甚至都直接排除了当事人的举证必要。

但是，在合法性判断之外，违反强制性规定的民事法律行为的效力选择还涉及当事人之间利益关系的平衡。针对这一部分相关的事实，法院似乎并不适宜以职权做出判断，还是应当由当事人承担举证责任。而如果效力状态选择是基于“公益实现—基本权限制”方面的考虑，由于任何一方民事当事人都不是公益的适格代表，只能由法院代表公益（不考虑检察院行使法律监督权的情形），〔6〕如此一来，当事人与法院之间就形成了对立格局——法院

〔1〕民事法律行为在原则上推定为合法，违法性则需要被证明。

〔2〕暂且忽略举证责任与证明责任之间的差别。

〔3〕常见的情形有三：其一，当事人一方直接诉请对方或其他当事人履行民事法律行为确立的民事法律关系（给付之诉）。其二，当事人提起诉讼确认民事法律行为的效力（确认之诉）。其三，当事人请求撤销、解除、变更合同（形成之诉）。

〔4〕甚至在当事人都认可案涉行为合法性的前提下，法院仍然得主动审查民事法律行为是否违法，此时根本就谈不上当事人的举证责任分配问题了。

〔5〕朱庆育教授认为，法院也可以依职权做出判断，但是先分配了举证责任。参见朱庆育：《〈合同法〉第52条第5项评注》，载《法学家》2016年第3期。

〔6〕假定行政处罚、刑事处罚的决定已经做出，但公法上的处罚并不直接表现为对民事法律行为效力的判断与选择，此时只能由法院来代表公益。

“证明”基本权限制程度（或者公益目的实现程度）的正当性，而当事人并不需要证明基本权保护的正当性。[1]此时，按照前文的分析，如果先前已有行政处罚（以及刑事责任）做出的话，不管该处分或责任是否已经生效，都会程度不同地减轻法院的“举证责任”。

（三）行政权、行政司法权、刑事司法权是否前置于民事司法权

参考《行政行为》和该文的观点以及上文的分析，在违反（公益实现型）强制性规定的民事法律行为的合法性判断及效力选择上，基于公法做出的行政权的判断与行政司法权判断、刑事司法权判断，确实可以在很大程度上有助于民事司法权在民事法律行为效力上的判断，毕竟行政机关（做出行政处罚）、公安机关（刑事立案侦查）—检察机关（提起刑事公诉）更适合作为公益的代表。[2]既然如此，如果不想把民事法官（民事司法权）推到公益实现的第一线去积极“执法”的话，就应该考虑采取类似于前述证券市场虚假陈述问题上的“行政程序前置”“行政诉讼前置”“刑事诉讼前置”等立场，即“先行后民”与“先刑后民”，[3]该立场毕竟被前引《最高人民法院关于当前商事审判工作中的若干具体问题》（针对“先行后民”）和《全国法院民商事审

---

〔1〕《民法典》第 153 条第 1 款“原则上无效，例外则有效”式的规定，意味着需要由当事人来证明有效吗？《合同编通则司法解释》未直接处理这方面的问题，但第 16 条第 1 款的例外有效情形的规定，只能理解为由法院来证明（涉及当事人之间利益均衡、信义性的部分除外），但这与原则上无效就相反了。第 16 条第 2 款明确规定需要由当事人来证明合同之无效，是因为强制性规定本就没有指向合同相对应的履行行为，并没有背离原则上无效的逻辑（履行行为与合同行为是否应当一体化对待是另一个问题）。

〔2〕行政诉讼对行政处罚的支持，刑事诉讼对刑事责任的追究，形式上是由法院做出了终局判断，但法院在这两种诉讼中都只是（部分）支持行政机关、检察机关的意见，审查二者做出的行政处罚、刑事处罚意见是否具有合法性或规范依据，法院并不能替代二者追究行政责任、刑事责任。这是现代法治运行的基本理念。

〔3〕当然，此种前置程序必须容许例外，因为有可能出现某些民事法律行为确实违反了公益实现型的强制性规定，但无论是行政机关还是公安机关（检察机关）并不追究公法上的责任（比如包庇违法），或者迟迟不启动追责程序。在这种情形下，法院应当先行立案受理案件，然后再中止审理，但应以司法建议的方式把案件信息传递给行政机关、公安机关（或检察机关）。不过，行政机关、公安机关（检察机关）在接到司法建议之后，仍然有可能做出不追责的判断。此外，在理论上甚至可能会出现立法虽有强制性规定以实现公益，但却没有明确匹配公法责任的情形，这属于立法之疏漏。此时法院只能自行“积极”审理案件以判断民事法律行为的合法性及其效力了。因此，前文对法院是否可以或应当主动扮演公益实现或保护的“执法者”的讨论，在各种情形下都有其实践意义。

判工作会议纪要》（针对“先刑后民”）等明确支持。[1] 如此一来，在实体法、程序法层面都可以最大可能避免当下的规则不清晰，适用效果不一致。不过，这一程序协同问题，应当在立法层面做出系统性的制度安排，不宜一直由司法机关自行凭经验处理。[2] 反过来讲，如果认为民事司法权理应当冲锋向前积极实现公益的话，这一前置程序就全然没有必要了。[3]

---

〔1〕 这一立场此处仅针对第 153 条第 1 款的适用而言，不代表笔者支持普遍性的“先行后民”与“先刑后民”。此处的“先行后民”与“先刑后民”，也仅仅是指公法责任的先行认定，而不是由“行”“刑”相关的机关和程序判断民事法律行为的效力。从我国法的历史来看，在《经济合同法》时代，曾经有过合同管理机关与法院分享合同无效确认权的阶段（参见 1981 年《经济合同法》第 7 条第 3 款），这与当时的计划经济体制有关。后来合同管理机关的合同无效确认权很快就被废除（参见 1993 年《经济合同法》第 7 条第 3 款）。

〔2〕 从经验来看，肯定是存在较大的难度。最高人民法院曾经四次把制定专门的处理民刑关系的司法解释纳入年度工作规划之中，但至今仍未出台，难度可见一斑。

〔3〕 按照该文的观点，民事司法权判断民事法律行为的效力状态之际，本来就应当考虑公益实现的目的是否达成。只不过，如果没有此处论及的前置程序，民事审判权就不是备位，而是有可能全程负责公益实现目的达成与否的判断了。

刑民交叉案件中合同效力的认定*

夏昊晗**

内容摘要：刑事上行为构成犯罪和民事上认定合同有效并不违反法秩序统一性原理，因为合同有效不等于民事上认定行为合法，且刑法与民法的评价对象不一致，刑事上构成犯罪并不必然意味着合同损害社会公共利益，故而不得仅以构成犯罪为由当然否定合同效力，而应当依据民事法律进行独立判断。刑事上构成犯罪不足以说明合同仅于例外情形方可有效，应授权法官在具体个案中结合刑法的规范目的、犯罪主体、犯罪时点、保护受害人等因素进行综合权衡。诈骗类犯罪涉及的合同效力为可撤销，而非法集资类犯罪所涉合同的效力，应视集资参与人的主观状态区分处理，集资参与人明知或者因重大过失而不知借款人非法集资的，借款合同应为无效。

关 键 词：刑民交叉　合同效力　法秩序统一　规范目的　诈骗　非法集资

---

* 本文系司法部法治建设与法学理论研究项目“未成年人财产监护制度研究”（20SFB2024）的阶段性成果。

** 中南财经政法大学法学院副教授。

一、问题的提出

与合同有关的刑民交叉案件主要发生在经济犯罪领域，此类案件最为棘手也最值得关注的实体问题是：合同当事人或者第三人构成犯罪的，合同的效力应当如何认定？就此问题，“当然无效说”曾长期占据主导地位，即只要当事人构成犯罪，合同当然无效。[1]最高人民法院公报案例“吴某军诉陈某富、王某祥及德清县中建房地产开发有限公司民间借贷、担保合同纠纷案”的裁判摘要指出：“民间借贷涉嫌或构成非法吸收公众存款罪，合同一方当事人可能被追究刑事责任的，并不当然影响民间借贷合同以及相对应的担保合同的效力。”[2]该公报案例虽然引起热议，但是依然未能撼动“当然无效说”的主导地位。此后，作为参考案例，认定非法吸收公众存款罪涉及的借款合同无效的一则案例入选最高人民法院编撰的《中国案例指导》即为明证。[3]由此也可管窥最高人民法院裁判立场的摇摆不定。

直至2015年《最高人民法院关于审理民间借贷案件适用法律若干问题的规定》（以下简称《民间借贷规定》，2020年进行了修订）的颁布，“当然无效说”才在形式上被摒弃。该规定第13条第1款明确：“借款人或者出借人的借贷行为涉嫌犯罪，或者已经生效的判决认定构成犯罪，当事人提起民事诉讼的，民间借贷合同并不当然无效。人民法院应当根据《合同法》第五十二条、

---

〔1〕例如，2013年《浙江省高级人民法院、浙江省人民检察院、浙江省公安厅关于当前办理集资类刑事案件适用法律若干问题的会议纪要（三）》第10条规定，审理民间借贷纠纷案件时，如果相关刑事判决已经生效，且讼争借贷已被刑事裁判认定为非法集资犯罪事实的，为避免刑事、民事判决矛盾冲突，原则上应认定借贷合同无效。2014年《江苏省高级人民法院关于民间借贷中刑民交叉问题的纪要》第5项规定：“借款人的借款行为已经被人民法院生效判决认定构成非法集资犯罪，出借人起诉保证人要求承担保证责任的，人民法院应当认定相应的借款合同和担保合同无效。”当然，亦有少数反对意见。例如，2013年《安徽省高级人民法院关于审理民间借贷纠纷案件若干问题的指导意见》第5条规定：“主合同借款人涉嫌犯罪或构成犯罪并不必然导致担保合同无效，出借人起诉请求连带责任保证人承担民事责任的应予受理，应当在认定主合同效力的前提下，依法确定担保人的民事责任。”

〔2〕《最高人民法院公报》2011年第11期“吴国军诉陈某富、王某祥及德清县中建房地产开发有限公司民间借贷、担保合同纠纷案”，对应浙江省湖州市中级人民法院（2009）浙湖商终字第276号民事判决书。

〔3〕参见胡云腾主编：《中国案例指导》（总第1辑），法律出版社2015年版，第217～225页。对应浙江省高级人民法院（2012）浙商终字第52号民事判决书。

本规定第十四条之规定，认定民间借贷合同的效力。”[1]最高人民法院关于该规定的释义书亦明确肯定前述公报案例的裁判立场。[2]自此，“不当然无效说”成为共识，即在当事人构成犯罪的情况下，合同并不当然无效，仍然应当依据民事法律独立作出判断。

但是，《民间借贷规定》仅仅只是宣示了涉及犯罪的合同并不当然无效的裁判理念，并未提供判断合同效力的具体准则。因此，该规定的发布未能消弭纷争，裁判分歧依然严重。其一，不同区域的法院同案不同判。以轰动一时的“e租宝”非法吸收公众存款案为例，各地法院在合同效力的认定上存在截然相反的观点。[3]其二，同一区域不同级别的法院同案不同判。在“舒某凡、余某君等与郑某初等民间借贷纠纷案”中，借款人构成非法吸收公众存款罪，一审法院遵从前述公报案例的立场，认定民间借贷合同有效，然而再审法院却认定合同无效。[4]该案例入选全国法院系统2021年度优秀案例，[5]并被编入《人民法院案例选》。[6]在“於某青、中国农业银行股份有限公司台州路桥支行保证合同纠纷”案中，借款人构成贷款诈骗罪，一审法院和二审法院均认定借款合同因受欺诈的出借人未行使撤销权而有效，但是浙江省高级人民法院在再审判决中指出：“借款合同为诈骗犯罪事实的一部分，相应合同的签订系犯罪手段之一，因刑法是最严厉的强制性规范，对犯罪行为处以刑罚惩罚，意味着该犯罪行为系为法律所禁止，借款合同因违反法律的强制性规定而无效。”[7]在“汪某华、邓某诣民间借贷纠纷”案中，借款人构成诈骗罪，一审法院以出借人不知情、不构成“以合法形式掩盖非法目的”为由认

〔1〕对此规定，经过两次修正的《最高人民法院关于审理民间借贷案件适用法律若干问题的规定》均予以维持，目前对应的条文序号为第12条第1款。

〔2〕参见最高人民法院民事审判第一庭编著：《最高人民法院民间借贷司法解释理解与适用》，人民法院出版社2015年版，第249页。

〔3〕认定有效的判决：参见安徽省亳州市中级人民法院（2021）皖16民终2437号民事判决书、山东省东营市中级人民法院（2021）鲁05民终1577号民事判决书。认定无效的判决，参见浙江省杭州市萧山区人民法院（2021）浙0109民初17835号民事判决书。

〔4〕参见浙江省衢州市中级人民法院（2021）浙08民再1号民事判决书。

〔5〕参见《最高人民法院办公厅关于全国法院系统2021年度优秀案例分析评选结果的通报》。

〔6〕参见最高人民法院中国应用法学研究所编：《人民法院案例选》（2021年第12辑），人民法院出版社2022年版，第126～135页。

〔7〕浙江省高级人民法院（2019）浙民再297号民事判决书。

定合同有效；二审法院却以构成“以合法形式掩盖非法目的”为由认定合同无效；最高人民法院明确反对二审判决认定合同无效的理由，将之撤销。[1]其三，最高人民法院自己的裁判立场亦摇摆不定。以借款人构成非法吸收公众存款罪的案件为例，最高人民法院时而认定借款合同有效，[2]时而认定合同无效。[3]其四，认定合同无效所援引的法律依据五花八门，或认为构成犯罪则违反法律、行政法规的效力性强制性规定，或认为存在以合法形式掩盖非法目的，或认为有损国家利益、社会公共利益，或综而论之。

尤其需要指出的是，时至今日，“当然无效论”在实质上依然被广泛使用，如同“幽灵”一般影响着法官的判断。例如，依然有不少判决直接以构成犯罪为由认定合同无效。[4]有些判决虽然并未如此简单粗暴，而是根据《合同法》第52条认定合同无效，但是却并未进行实质说理，背后依然是“当然无效论”的传统观念作祟。[5]实务中也依然存在“合同当事人都构成犯罪了，怎么还能认定有效”的论调。[6]时任上海市高级人民法院副院长黄祥青曾撰文强调：“认定涉犯罪的合同仍然合法有效，既有法律逻辑上的悖论，也有实际操作中的困扰，并无真正必要性。”[7]此外，一些判决从“当然无效论”这个极端滑向了另一个极端，认为即便犯罪合同也有效，不再对合同效力进行实质判断。

可能正是为了纠正此种乱象，最高人民法院在《关于适用〈中华人民共和国民法典〉合同编通则部分的解释（征求意见稿）》[以下简称《合同编通则司法解释》（征求意见稿）]中于第18条第2款规定：“行为人在订立合同时

---

〔1〕参见最高人民法院（2018）最高法民再372号民事裁定书。

〔2〕参见最高人民法院（2020）最高法民申1196号民事裁定书、最高人民法院（2019）最高法民申5053号民事裁定书。

〔3〕参见最高人民法院（2019）最高法民申2645号民事裁定书、最高人民法院（2015）民申字第2160号民事裁定书。

〔4〕参见辽宁省丹东市中级人民法院（2023）辽06民终158号民事判决书、山西省吕梁市中级人民法院（2023）晋11民终203号民事判决书、辽宁省沈阳市中级人民法院（2021）辽01民终6746号民事判决书。

〔5〕参见安徽省桐城市人民法院（2023）皖0881民初4092号民事判决书。

〔6〕参见刘贵祥：《当前民商事审判中几个方面的法律适用问题》，载王利明主编：《判解研究》（2022年第2辑），人民法院出版社2023年版，第22页。

〔7〕黄祥青：《刑民交叉案件的范围、类型及处理原则》，载《法律适用》2020年第1期。

涉嫌犯罪，或者已经生效的裁判认定构成犯罪，当事人或者第三人提起民事诉讼的，合同并不当然无效。人民法院应当结合犯罪主体是一方当事人还是双方当事人、合同内容与犯罪行为的关系、当事人意思表示是否真实等因素，依据民法典的有关规定认定合同效力。”[1]最高人民法院此举显然旨在将《民间借贷规定》的规则一般化，提升为普适规则，且列举了法院判断合同效力时应予斟酌的一些因素，具有正面意义。但是，可能是因为争议太大，这一规定最终被删除，最终发布的《最高人民法院关于适用〈中华人民共和国民法典〉合同编通则若干问题的解释》（以下简称《合同编通则司法解释》）仅于第16条第1款规定：在特定情形下，由行为人承担刑事责任能够实现强制性规定的立法目的的，法院可以依据《民法典》第一百五十三条第一款关于“该强制性规定不导致该民事法律行为无效的除外”的规定认定该合同不因违反强制性规定无效。该规定过于抽象，除凸显规范目的在判断合同效力问题上的重要性之外，实在乏善可陈。可以预料的是，在个案中应当如何认定合同效力，将依然莫衷一是。

学界对此问题也有所关注，但是与该问题在实务中的重要性并不匹配。刑法学者通常在刑民交叉、法域冲突如何解决的范畴内讨论该问题，但是关注的重心往往并不是刑事犯罪对合同效力的影响，而是合同有效是否应当排除认定犯罪。民法学者在违法合同效力的认定方面倾注了极大的关注，但是专门讨论刑事犯罪是否影响合同效力问题的论著相对较少。[2]学界原则上认同“不当然无效论”，但是在具体问题的处理上依然存在分歧。以合同诈骗罪为例，陈兴良和崔建远教授支持“当然无效论”，[3]而王利明教授却认为，即

---

〔1〕《征求意见稿》第17条第2款第3项规定：“合同约定的内容本身违反禁止实施犯罪行为的强制性规定的，合同无效。”

〔2〕最新的专题研究文献，参见谢鸿飞：《违反刑法的合同的类型与效力》，载《法律适用》2024年第1期。较早期的研究文献，参见叶名怡：《涉合同诈骗的民法规制》，载《中国法学》2012年第1期；刘宪权、翟寅生：《刑民交叉案件中刑事案件对民事合同效力的影响研究——以非法集资案件中的合同效力为视角》，载《政治与法律》2013年第10期；姚辉等：《涉犯罪合同效力研究》，载《法学杂志》2017年第3期；沈伟：《涉嫌诈骗合同效力的司法认定及其处理路径》，载《法学评论》2017年第4期。

〔3〕参见陈兴良：《刑民交叉案件审理的司法规则——实体法与程序法的双重考察》，载《中国刑事法杂志》2024年第2期；崔建远：《合同法总论》（上卷），中国人民大学出版社2024年版，第602页。

使相应行为已经构成合同诈骗罪，也并不必然导致合同无效，此时认定合同有效，合同当事人仍受合同拘束，对受害人往往是有利的，在法律后果上并无不当。[1]

综上可知，在学理上有进一步厘清犯罪行为与合同效力关系之必要，以谋求学术共识，统一裁判见解。

二、"当然无效说"之再批驳

自 2015 年《民间借贷规定》发布以来，"当然无效说"已经被摒弃。但是如前所述，该说影响深远，时至今日依然在不同程度上影响着法官的判断，因为该说的一些理据颇具迷惑性，且与普通民众的朴素法感情颇为契合。为此，依然有必要对"当然无效说"进行彻底的清算，[2] 以澄清观念。

（一）合同有效不等于行为合法

"当然无效说"最重要的理论依据可能在于所谓的"法秩序统一性原理"。例如，浙江省高级人民法院、浙江省人民检察院、浙江省公安厅 2013 年《关于当前办理集资类刑事案件适用法律若干问题的会议纪要》第 10 条规定，审理民间借贷纠纷案件时，如果相关刑事判决已经生效，且讼争借贷已被刑事裁判认定为非法集资犯罪事实的，为避免刑事、民事判决矛盾冲突，原则上应认定借贷合同无效。有法官认为，"一个行为，既然在刑法上被评价为犯罪，在民事上如果认定为有效，即会产生明显的法秩序违和感"。[3] 在论及犯罪行为对合同效力的影响时，最高人民法院指出："……行为人须承担刑事责任意味着该行为的社会危害性较大，此时如果认定合同有效，就可能会带

〔1〕 王利明：《"刑民并行"：解决刑民交叉案件的基本原则》，载《中国刑事法杂志》2024 年第 2 期。
〔2〕 对"当然无效说"的批判，参见叶名怡：《涉合同诈骗的民法规制》，载《中国法学》2012 年第 1 期。
〔3〕 最高人民法院中国应用法学研究所编：《人民法院案例选》2021 年第 12 辑（总第 166 辑），人民法院出版社 2022 年版，第 133 页。类似观点，参见河南省高级人民法院（2020）豫民再 369 号民事判决书、浙江省杭州市中级人民法院（2016）浙 01 民终 3171 号民事判决书。

来评价上不一致的疑问。”[1]在论及违法无效问题时，最高人民法院明确提出：“如果违法行为可能构成刑罚处罚的，意味着此种行为具有严重的社会危害性，为避免法律体系的矛盾，并顾及通常的法律情感（一般人很难接受一个应受刑罚处罚的行为在民法上却是有效的），一般应当认定合同无效。”[2]由此可见，“当然无效论”之所以在实务中大行其道，一个很重要的原因在于，法官认为在认定构成犯罪的同时认定合同有效有违反法秩序统一性原理之虞，一旦认定构成犯罪就必须认定合同无效。[3]

实务中此种合同有效与构成犯罪互斥的见解也得到了诸多刑法学者的支持。在著名的“帅某骗保案”中，帅某虚报其母亲年龄投保，保险公司在两年除斥期间内未解除合同。[4]帅某骗保的行为是否成立保险诈骗罪，当时在刑法学界曾引起巨大争议。当时一个非常典型的论调认为：“就本案而言，问题的症结就在于该保险合同是否有效。如果合同有效，则不可能是保险诈骗犯罪行为；反之，若该保险合同无效，就谈不上依保险法保护的问题，对之依法追究刑事责任，并不能说存在冲突。”[5]此种论调背后的逻辑可以简化为：因除斥期间经过保险人丧失解除权——保险合同有效——骗保行为在民事上合法——刑法对于民事上合法的行为不得认定构成犯罪。正是囿于此种逻辑，当时诸多学者主张帅某不构成保险诈骗罪。[6]时至今日，依然有刑法学者坚

〔1〕最高人民法院民事审判第二庭、研究室编著：《最高人民法院民法典合同编通则司法解释理解与适用》，人民法院出版社 2023 年版，第 199 页。

〔2〕最高人民法院民法典贯彻实施工作领导小组主编：《中华人民共和国民法典总则编理解与适用》（下），人民法院出版社 2020 年版，第 759 页。

〔3〕有法官即认为，“当然无效论”之所以成为实务中的普遍做法，是因为其使得刑、民程序对同一法律事实的否定性评价保持一致。参见詹巍：《论商事裁判中刑民交叉案件的犯罪构成与合同效力认定》，载《法治研究》2016 年第 6 期。

〔4〕当时适用的是 2002 年《保险法》第 54 条第 1 款，即投保人申报的被保险人年龄不真实，并且其真实年龄不符合合同约定的年龄限制的，保险人可以解除合同，并在扣除手续费后，向投保人退还保险费，但是自合同成立之日起逾二年的除外（现行《保险法》第 32 条第 1 款对此略有调整）。

〔5〕陈航：《年龄误保条款与保险诈骗罪认定问题研析——以一起骗保疑案引发的民刑法关系为视角》，载《中国刑事法杂志》2006 年第 5 期。

〔6〕典型者如于改之、吴玉萍：《刑、民冲突时的法律适用——以帅英骗保案为中心》，载《法律适用》2005 年第 10 期。

持此种观点。[1] 囿于合同有效等于行为合法的成见，为了论证帅某的骗保行为构成保险诈骗罪，有刑法学者甚至不惜违反现行《保险法》第 16 条第 2 款的明文规定，[2] 主张将保险法上不可抗辩条款的适用范围限缩于投保人存在重大过失的情形。[3]

然而，民事上将合同评价为有效，刑事上认定构成犯罪，是否真的会导致民刑评价冲突，从而违反法秩序统一性原理呢？依刑法学界的通说，法秩序同一性原理要求的是，在某一法域被认为是合法的行为，在其他法域就不能认定为违法而加以禁止；如果民事上是合法的，则可以排除犯罪的存在。[4] 由此可以推断出，所谓法秩序的统一性，最核心的要求应当是不同法域向国民提供的行为指引必须是一致的。若一个行为为刑法所禁止，却为民法所允许，就将导致国民无所适从，极大危害国民的行为自由。循此逻辑，前述问题就转化为：民事上认定合同有效，是否意味着行为在民事上合法呢？若是，在刑事上认定具有违法性进而构成犯罪的情况下，民事上认定合同有效的确会导致违反法秩序统一性原理。

问题是，合同有效与行为合法根本不能画等号，二者不存在必然关系。在民事判决中，“合同合法有效”已经成为一种惯常的表述。该表述可能对刑法学者具有一定的误导性，容易让人产生这样的认识：合法的合同才可能是有效的；有效的合同必然是合法的。[5] 然而，《民法典》第 153 条第 1 款规定：“违反法律、行政法规的强制性规定的民事法律行为无效。但是，该强制性规定不导致该民事法律行为无效的除外。”但书的存在表明，违法并不必然导致

〔1〕参见王昭武：《经济案件中民刑交错问题的解决逻辑》，载《法学》2019 年第 4 期；时延安：《论刑事违法性判断与民事不法判断的关系》，载《法学杂志》2010 年第 1 期。

〔2〕《保险法》第 16 条第 2 款规定，投保人故意或者因重大过失未履行前款规定的如实告知义务，足以影响保险人决定是否同意承保或者提高保险费率的，保险人有权解除合同。同条第 3 款（不可抗辩条款）规定：前款规定的合同解除权，自保险人知道有解除事由之日起，超过三十日不行使而消灭。自合同成立之日起超过二年的，保险人不得解除合同；发生保险事故的，保险人应当承担赔偿或者给付保险金的责任。

〔3〕参见陈少青：《刑民交叉实体问题的解决路径——“法律效果论”之展开》，载《法学研究》2020 年第 4 期。

〔4〕参见陈兴良：《刑民交叉案件的刑法适用》，载《法律科学》2019 年第 2 期；周光权：《“刑民交叉”案件的判断逻辑》，载《中国刑事法杂志》2020 年第 3 期。

〔5〕参见田宏杰：《刑民交叉问题的实体法立场与分析方法》，载《政治与法律》2021 年第 12 期。

合同无效。这是因为，即使合同违法，民法完全可能基于其保护交易安全等规范目的而令合同有效。例如，《民法典》第 148 条第 1 款规定："一方以欺诈手段，使对方在违背真实意思的情况下实施的民事法律行为，受欺诈方有权请求人民法院或者仲裁机构予以撤销。"之所以将受欺诈订立的合同效力规定为可撤销而非无效，是因为欺诈行为只是侵害了受欺诈一方的意志决定自由，将合同是否有效的决定权交给受欺诈一方与私法自治的理念更为契合。[1] 只要受欺诈一方未行使撤销权或者撤销权已过除斥期间，合同便终局有效。但是，这并不意味着民法将当事人一方的欺诈行为定性为合法行为。[2] 恰恰相反，欺诈的违法性（不法性）是成立欺诈的要件之一。[3] 法律赋予受欺诈一方撤销权，本身就表明了其对欺诈行为的否定性评价。正因如此，欺诈行为往往也同时构成侵权行为，受欺诈一方可以请求欺诈方承担赔偿责任。又如，《民法典》第 172 条规定："行为人没有代理权、超越代理权或者代理权终止后，仍然实施代理行为，相对人有理由相信行为人有代理权的，代理行为有效。"依此规定，在相对人有合理理由相信无权代理人有代理权时，成立表见代理，无权代理人以被代理人名义与相对人签订的合同原则上有效。之所以作此处理，是为了保护善意相对人的合理信赖进而维护交易安全，并不意味着民法肯定无权代理行为本身。[4] 正是因为无权代理行为具有违法性，被代理人对于因此遭受的损失，有权向无权代理人主张损害赔偿责任。[5] 再如，依据《合同编通则司法解释》第 19 条的规定，以转让标的物所有权为目的的订

---

〔1〕 参见朱庆育：《民法总论》（第 2 版），北京大学出版社 2016 年版，第 279 页。

〔2〕 在"中国工商银行股份有限公司雅安分行、雅安市宏川茶业有限公司金融借款合同纠纷"再审判决中，四川省高级人民法院正确地指出，《小企业借款合同》被认定为有效，既不是对隐藏在合法行为外衣（公司贷款行为）下的实质违法行为（个人骗取贷款）的肯定，更不是试图推翻刑事责任认定，而是在合同相对方未行使撤销权情形下，出于对交易安全和善意相对人合理信赖的保护，按照民事法律规范，对表现于外的合同行为法律效力的确认，从而给予无过错一方当事人更充分的法律救济。参见四川省高级人民法院（2018）川民再 361 号民事判决书。

〔3〕 参见徐涤宇、张家勇主编：《中华人民共和国民法典评注》（精要版），中国人民大学出版社 2022 年版，第 144 页。需要说明的是，我国的教科书普遍未将不法性列为欺诈的构成要件，是因为通说认为欺诈须基于故意，而故意欺诈之恶意至为明显，其不法性不言自明，当然毋庸赘言。参见朱庆育：《民法总论》（第 2 版），北京大学出版社 2016 年版，第 286 页。

〔4〕 已经有刑法学者正确地认识到了这一点。参见钱叶六：《表见代理型骗财案被害人的认定与罪名辨析》，载《政治与法律》2023 年第 1 期。

〔5〕 参见朱庆育：《民法总论》（第 2 版），北京大学出版社 2016 年版，第 373 页。

立的合同，即使让与人在订立合同时对标的物没有所有权或者处分权，合同依然有效，即无权处分不影响合同效力；若符合《民法典》第 311 条善意取得的要求，受让人还可以取得标的物的所有权。但是，应该没有人会认为未经他人同意处分他人财产的行为属于合法行为。正是因为无权处分行为属于违法行为，丧失所有权的原所有权人才可以请求无权处分人承担侵权赔偿责任。也正是因为合同有效不等于行为合法，《合同编通则司法解释》第 16 条第 3 款规定，在合同违反法律、行政法规却被认定为有效的情况下，"当事人的行为涉嫌犯罪的，应当将案件线索移送刑事侦查机关；属于刑事自诉案件的，应当告知当事人可以向有管辖权的人民法院另行提起诉讼"。因此，认为合同有效等同于行为在民事上被评价为合法，实系刑法学者将合同有效与行为合法混为一谈的结果。〔1〕

既然合同有效并不意味着行为在民事上被评价为合法，则即使刑法认定构成犯罪而民法认定合同有效，也并不必然会在行为指引上出现民法允许刑法却予以禁止的冲突，自然就并不违反法秩序统一性原理。有刑法学者正确地指出："行为是否成立合同诈骗罪，与该合同在民法上是否有效是两个不同的问题，不能因为合同有效就否认合同诈骗罪的成立，也不能因为合同无效就肯定合同诈骗罪的成立。换言之，合同诈骗罪的成立不以合同无效为前提。"〔2〕故而，从法秩序统一性原理出发，认定行为构成刑事犯罪，并不必然要求认定合同无效。

（二）行为构成犯罪不等于合同损害社会公共利益

实务界倾向于认同"当然无效论"，还有一个很重要的原因在于，认为违反刑法构成犯罪，相关的合同必然损害社会公共利益，因而往往援引《合同法》第 52 条第 4 项（损害社会公共利益）或者第 5 项（违反法律、行政法规的强制性规定）认定合同无效。例如，实务中一些判决径直以违反法律、行

---

〔1〕 已经有刑法学者意识到了这一点。参见田宏杰：《刑民交叉问题的实体法立场与分析方法》，载《政治与法律》2021 年第 12 期。

〔2〕 张明楷：《刑法学》（下）（第 6 版），法律出版社 2021 年版，第 1087 页。

政法规的强制性规定为由认定合同无效，却未进行任何说理论证。[1]在“於某青、中国农业银行股份有限公司台州路桥支行保证合同纠纷”再审判决中，浙江省高级人民法院明确指出：“刑法是最严厉的强制性规范，对犯罪行为处以刑罚惩罚，意味着该犯罪行为系为法律所禁止，故依照《中华人民共和国合同法》第五十二条第（五）项规定，案涉借款合同因违反法律的强制性规定而无效。”[2]此种判决的裁判逻辑是，违反刑法构成犯罪必然损害国家利益或者社会公共利益，刑法中的禁止性规定应属于效力性强制性规定，因此合同无效。再如，在“彭某松与李某雄保证合同纠纷”一审判决中，法院指出：“犯罪行为损害的是国家利益和社会公共利益，刑法中的禁止性规定应属于效力性强制性规定。区某业通过签订《借款协议》从李某雄处取得款项的行为，已被认定为构成诈骗罪并被追究刑事责任，故本案所涉的李某雄与区某业等人于2015年7月9日签订的《借款协议》因违反法律、行政法规的强制性规定而归于无效。”[3]

前述裁判逻辑并不成立。姑且不论刑法保护的法益分为个人法益、国家法益、社会法益，[4]刑事犯罪并不必然损害国家利益或者社会公共利益，即使某个具体犯罪行为损害了国家利益或者社会公共利益，也并不意味着相关的合同也必然会损害国家利益或者社会公共利益。认为涉犯罪合同必然损害国家利益或者社会公共利益，实系将刑法与民法的评价对象混为一谈，以单方的犯罪行为取代双方的合同行为的结果。同样的生活事实，在刑法和民法意义上的要件事实可能不同，进而导致评价对象不同。以诈骗类犯罪为例，刑法重在评价当事人一方的诈骗行为是否构成犯罪，而民法重在评价当事人双方签订合同的行为是否系当事人双方合意的结果，是否应赋予其以私法上的

---

〔1〕参见最高人民法院（2019）最高法民申6118号民事裁定书、最高人民法院（2015）民申字第2160号民事裁定书、辽宁省高级人民法院（2020）辽民申4880号民事裁定书、浙江省杭州市中级人民法院（2020）浙01民终650号民事判决书。

〔2〕浙江省高级人民法院（2019）浙民再297号民事判决书。同样表述，参见北京市通州区人民法院（2021）京0112民初5036号民事判决书。

〔3〕广东省广州市番禺区人民法院（2020）粤0113民初9339号民事判决书。

〔4〕参见张明楷：《刑法学》（上）（第6版），法律出版社2021年版，第80页。

效力。[1]在“蒋某婕与董某民间借贷纠纷”民事判决书中，上海市第二中级人民法院指出：“唐某的诈骗行为侵害国家利益，并不意味着缔约双方的合同行为也损害国家利益，案涉合同并不因唐某合同诈骗罪成立导致无效，属于可撤销的合同。”[2]以骗取银行贷款罪为例，刑法评价的是采用虚假手段取得银行贷款的行为，而在此过程中所订立的合同本身并非刑法评价的对象。[3]认为借款合同在生效刑事判决中已经得到完整评价的观点，显然是站不住脚的。[4]在“广西壮族自治区振合供销投资有限公司等与桂林银行股份有限公司南宁分行等金融借款合同纠纷”民事判决书中，最高人民法院指出，当事人一方构成骗取票据承兑罪，破坏社会主义市场经济秩序或者金融管理秩序，系对该犯罪行为侵害客体的描述，并不意味着相关合同损害国家利益。[5]由此可见，合同行为是否侵害国家利益或者社会公共利益，应根据合同本身进行判断，与一方的行为构成犯罪并无必然关系。[6]

（三）小结

“当然无效论”意味着刑法的评价完全取代了民法的评价，在法定犯激增的时代，将导致国家管制过分介入私人生活，极大地损害了国民的行为自由，严重影响交易安全与交易秩序。因此，应在实质上彻底摒弃“当然无效论”。在刑民交叉案件中认定合同效力的逻辑起点，应当是以民事法律（以《民法典》第153条第1款为核心）为依据进行独立判断。[7]

---

〔1〕参见最高人民法院民事审判第一庭编著：《最高人民法院新民间借贷司法解释理解与适用》，人民法院出版社2021年版，第215～216页。

〔2〕上海市第二中级人民法院（2022）沪02民终3918号民事判决书。

〔3〕参见李玉林：《民刑交叉案件实体裁判规则研究——以合同效力、责任认定为中心》，载《中国应用法学》2022年第5期；北京市高级人民法院（2019）京民申251号民事裁定书。

〔4〕反对裁判立场，参见浙江省高级人民法院（2019）浙民再297号民事判决书。

〔5〕参见最高人民法院（2021）最高法民终1304号民事判决书。

〔6〕参见叶名怡：《涉合同诈骗的民法规制》，载《中国法学》2012年第1期。

〔7〕最高人民法院大法官刘贵祥指出：“人民法院对合同效力的认定，无论合同是否涉及犯罪，都应当以《民法典》及其他民事法律关于民事法律行为效力的规定作为裁判依据。”刘贵祥：《关于金融民商事审判工作中的理念、机制和法律适用问题》，载《法律适用》2023年第1期。

三、综合权衡论之提倡

既然刑事犯罪并不导致合同当然无效，进一步需要回答的问题是，在具体个案中应当如何认定合同效力。

（一）原则无效例外有效论之否定

由于刑法属于《民法典》第 153 条第 1 款所规定的“法律”，且犯罪行为具有严重的社会危害性，有论者主张涉犯罪的合同原则上无效。[1] 最高人民法院胡云腾大法官强调：“民事裁判者应当认识到，民事法律行为构成犯罪后，行为有效只能是特殊情形。只有在有利于案件公正处理或者有利于维护被害人一方利益时，才能作此种特殊认定。”[2]

《民法典》第 153 条第 1 款采用的但书立法技术的确容易令人产生违法合同原则无效例外有效的认识。[3] 在这种认识的支配下，再考虑到刑事犯罪行为是最严重的违法行为，认为刑事犯罪原则上导致合同无效，也就不足为奇了。但是，对于《民法典》第 153 条第 1 款，更妥当的理解也许是，该款旨在明示，违反法律、行政法规的强制性规定，并非一概导致民事法律行为无效，同时授权法官在具体个案中综合权衡进行判断。虽然犯罪行为具有严重的社会危害性，但是法定犯激增的事实应当让我们始终对公权力过度介入私

---

〔1〕 参见李貌：《论“管理性强制性规定”的解释标准——基于“经济公序”的分析》，载《政治与法律》2023 年第 6 期。相同观点，参见税兵：《涉罪合同的效力认定——最高人民法院公报案例“吴国军案”评析》，载《澳门法学》2014 年第 11 期。

〔2〕 此为胡云腾在武汉大学法学院于 2023 年主办的“刑、民、行交叉”类案法律适用统一高峰论坛上发表的主旨演讲。

〔3〕 主张原则无效的观点，参见最高人民法院民事审判第二庭、研究室编著：《最高人民法院民法典合同编通则司法解释理解与适用》，人民法院出版社 2023 年版，第 194 页；杨巍：《合同通则》，中国民主法制出版社 2024 年版，第 259 ~ 260 页；杨代雄：《〈民法典〉第 153 条第 1 款评注》，载《法治研究》2020 年第 5 期。更多学者持反对意见，参见王利明：《论效力性和非效力性强制性规定的区分——以〈民法典〉第 153 条为中心》，载《法学评论》2023 年第 2 期；徐涤宇、张家勇主编：《中华人民共和国民法典评注》（精要版），中国人民大学出版社 2022 年版，第 149 ~ 150 页；冉克平：《论效力性强制规范与私法自治——兼析〈民法总则〉第 153 条第 1 款》，载《山东大学学报（哲学社会科学版）》2019 年第 1 期；李宇：《民法总则要义：规范释论与判解集注》，法律出版社 2017 年版，第 636 ~ 639 页。

人生活持怵惕之心。一旦支持原则无效论，势必重新陷入当然无效论的泥淖。因为，原则无效论意味着主张合同有效者须负担论证义务，为避免承受此种负担或者避免出现偏差，法官极有可能径直认定合同无效，而不再考虑个案的具体情形。故而，原则无效例外有效论不应得到支持。

（二）应纳入综合权衡的考虑因素

学术界与实务界关于合同违法无效问题长达数十年的纷争已经充分说明，欲确立一个硬性规则一劳永逸地解决如此复杂的问题不仅是徒劳的，甚至是危险的，最终还是要依靠法官在具体个案中综合权衡多种因素予以判断。既有的研究成果已经提炼出了诸多应纳入的考虑因素，如规范目的、规范对象、违法行为的法律后果、交易安全保护等。这一切当然也适用于违反刑法时合同效力的判断。例如，目前已经达成共识的有：合同内容本身约定的就是犯罪行为的，合同无效；合同标的物属于法律、行政法规禁止或者限制流通物的，合同无效。以下仅结合刑事犯罪的特性对某些考量因素进行重点分析。

1. 刑法的规范目的

《合同编通则司法解释》第 16 条第 1 款规定，在特定情形下，由行为人承担刑事责任能够实现强制性规定的立法目的的，人民法院可以依据《民法典》第 153 条第 1 款关于“该强制性规定不导致该民事法律行为无效的除外”的规定认定该合同不因违反强制性规定无效。这表明，在判断合同是否因违反刑法规定而无效时，首先要考虑因素是刑法规定的规范目的，即是否必须通过否定合同效力来实现刑法的规范目的。若实现刑法的规范目的有必要让合同无效，就应当认定合同无效，否则应当认定合同有效。例如，《刑法》第 253 条之一侵犯公民个人信息罪规定于分则编第四章“侵犯公民人身权利、民主权利罪”，其保护的法益为公民的个人信息权。[1] 银行员工出售客户信息构成侵犯公民个人信息罪的，相关的买卖合同应当被认定为无效，否则将无法实现保护公民个人信息权的规范目的。依据《最高人民法院、最高人民检察

〔1〕刑法学界关于侵犯公民个人信息罪的保护法益，存在不同观点。鉴于此，可以参见刘艳红：《侵犯公民个人信息罪法益：个人法益及新型权利之确证——以〈个人信息保护法（草案）〉为视角之分析》，载《中国刑事法杂志》2019 年第 5 期。

院关于办理危害税收征管刑事案件适用法律若干问题的解释》第1条第2项的规定，通过签订“阴阳合同”的方式逃避缴纳税款，只要满足《刑法》第201条的构成要件，即构成逃税罪。此时，“阳合同”当然依据《民法典》第146条第1款因通谋虚伪表示而无效。至于“阴合同”的效力如何认定，则应考虑逃税罪的规范目的。若认为逃税罪的规范目的在于保障国家的税收收入，[1]则没有必要认定“阴合同”无效，毕竟依据“阴合同”约定要求犯罪行为人补缴税款即可挽回税收损失。[2]

如何认定刑法分则个罪条文的规范目的，有时候可能并不容易，因为刑法学界对于具体罪名保护的法益时有不同意见。采纳不同的观点可能会影响对合同效力问题的判断。假设，A公司向B局的局长行贿，获得承包某工程的机会，若局长构成受贿罪，而施工合同的各项约定完全符合商业逻辑，则施工合同效力如何？刑法学界关于受贿罪所保护的法益问题意见纷纭。[3]若采“职务行为的不可收买性说”，则只有认定合同无效，才能实现规范目的；若采“职务行为的公正性说”，则规范目的的实现并不要求认定合同无效。[4]囿于篇幅，本文当然不可能就如何探究规范目的问题进行深入探讨，[5]但是有必要指出的是，对于法定犯规范目的的探寻，应当坚持客观目的论，根据当前的社会现实与刑事政策对具体罪名所承担的功能进行准确界定。一般来说，如果认定合同无效会导致犯罪行为人从其犯罪行为中获利，不利于打击犯罪和预防犯罪，则该潜在后果可以作为认定合同有效的一个有利因素加以考虑。

刑法的规范目的要求认定合同无效，则应当认定无效。此种论断，究其

---

〔1〕关于逃税罪保护法益的争论，参见李貌：《论逃税罪的保护法益——基于“税收债权之履行利益”的分析》，载《清华法学》2024年第2期。

〔2〕犯罪行为人的相对人此时主张合同无效亦有违诚信原则，不应支持。鉴于此，可以参见夏昊晗：《诚信原则在“借违法无效之名毁约”案型中的适用》，载《法学》2019年第6期。

〔3〕就此问题，可以参见张明楷：《受贿犯罪的保护法益》，载《法学研究》2018年第1期；黎宏：《受贿犯罪保护法益与刑法第388条的解释》，载《法学研究》2017年第1期。

〔4〕我国实务倾向于根据贿赂行为是否违背受贿人所在单位的真实意愿、有无背离商业逻辑区分认定合同的效力。参见最高人民法院（2018）最高法民终364号民事判决书。主张一概无效论的观点，参见谢鸿飞：《违反刑法的合同的类型与效力》，载《法律适用》2024年第1期。

〔5〕关于规范目的如何确定，可以参见于改之：《法域协调视角下规范保护目的理论之重构》，载《中国法学》2021年第2期；张明楷：《具体犯罪保护法益的确定方法》，载《现代法学》2024年第1期。

实质，是令民法所追求的自由价值让位于刑法所追求的秩序或者安全价值。为避免自由被过分压制，在此过程中要妥当运用比例原则进行判断。[1]在“李某、浙江省台州电力资源开发有限公司民间借贷纠纷”民事判决书中，法院指出：“如无非常必要，或者说除了实在没有更好的选择外，不能为打击一方当事人的犯罪行为而否定私法领域民事法律行为的效力。”[2]在此，尤其需要指出的是，刑法所保护的秩序法益往往过于抽象，而保护受害人往往意味着秩序得到了维护。因此，不可动辄以保护秩序法益为由否定合同效力。

2. 犯罪主体

在判断犯罪行为是否影响合同效力时，应注意识别犯罪主体。若犯罪主体是合同当事人双方，则通常可认定合同无效，毕竟此时不会对任何一方造成不公。[3]认定合同无效的法律依据有可能是《民法典》第146条第1款（通谋虚伪表示无效），也有可能是《民法典》第153条第1款，如为行贿签订的股权转让合同无效，亦有可能是《民法典》第154条（恶意串通）。

若犯罪主体仅合同当事人一方，则需要视其相对人的主观状态进行区别处理：若相对人不知道也不应当知道另一方为实施犯罪行为而订立合同，则其属于善意无过错的一方，应尽可能维持合同效力，以保护其利益，进而维护交易安全；[4]若相对人明知或者非因重大过失而不知对方的行为违反刑法而依然签订合同，原则上可以否定合同的效力。[5]正如德国法学家弗卢梅所言：“只有当所有参与法律行为的当事人都触犯刑法规范，或明知或能够预见到其

---

〔1〕关于比例原则在合同违法无效判断上的运用，参见黄忠：《比例原则下的无效合同判定之展开》，载《法制与社会发展》2012年第4期。

〔2〕浙江省台州市椒江区人民法院（2020）浙1002民初2849号民事判决书。

〔3〕参见谢鸿飞：《违反刑法的合同的类型与效力》，载《法律适用》2024年第1期。

〔4〕有学者主张将犯罪主体是一方还是双方当事人作为认定合同效力的首要考量因素。参见税兵：《涉罪合同的效力认定——最高人民法院公报案例“吴国军案”评析》，载《澳门法学》2014年第11期。德国的主流观点根据犯罪主体是单方抑或双方进行区别处理。Vgl. MüKoBGB/Armbrüster, 9. Aufl. 2021, BGB § 134Rn.69.

〔5〕当事人一方犯罪，即使对方存在过错，只要没有达到重大过失的程度，也不应当以此为由否定合同的效力。例如，借款人构成骗取贷款罪的，即使银行的员工构成违法发放贷款罪，也不应认定借款合同无效，否则对银行会很不公平。参见刘贵祥：《关于金融民商事审判工作中的理念、机制和法律适用问题》，载《法律适用》2023年第1期；浙江省高级人民法院（2019）浙民再109号民事判决书。反对立场，参见最高人民法院（2018）最高法民申61号民事裁定书、陕西省高级人民法院（2019）陕民终1117号民事判决书。

中一人的行为触犯刑法规范，却仍然为自己的利益实施法律行为时，才能将禁止实施某一行为的刑法规范作为禁止性规范适用于该法律行为本身。”[1]在实务中，大量判决以合同当事人一方对另一方的犯罪行为不知情、未参与为由认定合同有效或可撤销，[2]原则上可资赞同。需要注意的是，实务中也有大量判决认为，合同只是当事人一方实施犯罪行为的手段或方式，其并无真实交易的动机和目的，构成以合法形式掩盖非法目的，进而援引《合同法》第52条第3项（以合法形式掩盖非法目的）认定合同无效。[3]据笔者考察，最初采取这种立场的很有可能为最高人民法院。在一则公报案例中，A公司的董事、总经理以公司名义与B银行签订以新还旧合同，构成贷款诈骗罪，最高人民法院认为犯罪行为人的真实目的是骗取银行信贷资产，签订案涉合同只是诈骗银行信贷资产的形式和手段，合同因“以合法形式掩盖非法目的”而无效。[4]不过，越来越多的判决认识到，“以合法形式掩盖非法目的”应是合同双方有共同的非法目的，应为双方通谋，相对方不知情或者未参与，则不构成。[5]理论上对此也已经达成共识，[6]此处不再赘述。当然，“以合法形式掩盖非法目的”作为认定合同无效的事由在《民法典》中已经不复存在，唯有满足第146条通谋虚伪表示或者第154条恶意串通的要求时，方可认定合同无效。

若犯罪主体是合同当事人之外的第三人，一般不宜认定合同无效。在“中国铁路物资哈尔滨物流有限公司与吉林通钢国际贸易有限公司买卖合同纠纷”案中，一方受第三人欺骗与另一方签订合同，第三人构成合同诈骗罪，

〔1〕［德］维尔纳·弗卢梅：《法律行为论》，迟颖译，法律出版社2013年版，第406页。

〔2〕参见最高人民法院（2018）最高法民终509号民事判决书、最高人民法院（2015）民申字第956号民事裁定书。

〔3〕参见最高人民法院（2020）最高法民申4709号民事裁定书、最高人民法院（2018）最高法民申61号民事裁定书、最高人民法院（2016）最高法民终800号民事判决书、河南省高级人民法院（2020）豫民再369号民事判决书、吉林省高级人民法院（2020）吉民申3254号民事裁定书。

〔4〕参见《最高人民法院公报》2009年第11期，对应最高人民法院（2008）民二终字第124号民事判决书。

〔5〕参见安徽省高级人民法院（2020）皖民申3594号民事裁定书、北京市高级人民法院（2019）京民申251号民事裁定书、江苏省高级人民法院（2019）苏民申1000号民事裁定书、甘肃省高级人民法院（2019）甘民申1957号民事判决书、浙江省高级人民法院（2018）浙民再389号民事判决书、吉林省高级人民法院（2018）吉民终550号民事判决书。

〔6〕参见姚辉等：《涉犯罪合同效力研究》，载《法学杂志》2017年第3期。

最高人民法院以第三人以合法形式掩盖非法目的为由认定案涉合同无效。[1]此种裁判立场对于无辜的诈骗受害人而言殊非允当。此时，更为妥当的做法，应当是依据《民法典》第149条第三人欺诈的规则进行处理：若当事人一方对第三人欺诈并不知情，则合同有效。实务中最典型的情形是，实施犯罪行为的第三人系合同当事人一方的法定代表人或者员工。此时，宜根据越权代表或者无权代理的相应规则进行处理，不可仅因法定代表人或者员工构成犯罪即认定合同无效。[2]若构成表见代表或者表见代理，则合同对法人发生效力，否则法人可以拒绝追认，主张合同对其不发生效力。[3]需要注意的是，即使合同当事人一方的法定代表人或者员工与另一方当事人恶意串通，也应当同样处理。依据《合同编通则司法解释》第23条第1款的规定，合同当事人一方的法定代表人或者员工与另一方当事人恶意串通属于代表权或者代理权滥用，应依据越权代表或者无权代理的规则进行处理。[4]因此，即使借款人与银行的工作人员内外勾结骗取贷款，构成骗取贷款罪，也不应当因此认定合同无效。[5]合同一方向对方当事人的法定代表人、负责人或者代理人行贿，即使恶意串通，损害对方利益，也应如此处理。

3. 犯罪时点

《合同编通则司法解释》第16条第2款规定："法律、行政法规的强制性规定旨在规制合同订立后的履行行为，当事人以合同违反强制性规定为由请求认定合同无效的，人民法院不予支持。但是，合同履行必然导致违反强制性规定或者法律、司法解释另有规定的除外。"因此，在判断犯罪行为是否影

〔1〕 最高人民法院（2015）民二终字第128号民事判决书。类似立场，参见最高人民法院（2021）最高法民申3415号民事裁定书。

〔2〕 参见最高人民法院民事审判第二庭、研究室编著：《最高人民法院民法典合同编通则司法解释理解与适用》，人民法院出版社2023年版，第200页。

〔3〕 参见最高人民法院（2018）最高法民终509号民事判决书、最高人民法院（2017）最高法民申1914号民事裁定书、最高人民法院（2017）最高法民再409号民事判决书以及《最高人民法院关于在审理经济纠纷案件中涉及经济犯罪嫌疑若干问题的规定》（法释〔2020〕17号）第3条的规定。

〔4〕 参见最高人民法院民事审判第二庭、研究室编著：《最高人民法院民法典合同编通则司法解释理解与适用》，人民法院出版社2023年版，第274页。

〔5〕 认为合同无效的裁判立场，参见最高人民法院（2020）最高法民申4709号民事裁定书、广东省高级人民法院（2021）粤民申3743号民事裁定书。

响合同效力时，应区分犯罪行为是发生在合同订立阶段还是合同履行阶段。影响合同效力的犯罪行为原则上应发生在合同订立阶段，如果是在合同的履行过程中发生犯罪行为，原则上不应影响合同效力，除非合同的履行必然导致犯罪。[1]例如，因恶意透支被判处信用卡诈骗罪的，不能因此认定之前订立的信用卡领用合同无效；当事人在商事交易中伪造货币用于支付，构成伪造货币罪的，不应认定相关的交易合同无效；当事人一方的员工非法侵占另一方当事人交付的约定货物，构成侵占罪的，不影响买卖合同的效力。

4. 保护受害人

在认定合同效力时，不少判决将更有利于保护被害人的合法权益作为认定合同有效或者可撤销的理由。[2]因为，在仅当事人一方犯罪时，认定合同无效往往对被害人不利。[3]以涉及借贷的犯罪为例，借款合同无效将导致受害人无法获得合同约定的利息、罚息等，最多只能获得本金。受先刑后民诉讼程序的制约，被害人只能通过刑事追赃、退赔程序弥补损失，即使通过刑事程序不足以弥补损失也不得再对刑事被告提起民事诉讼。就此而言，合同有效抑或无效并无实际意义。但是，依据《全国法院民商事审判工作会议纪要》第 128 条的规定，同一当事人因不同事实分别发生民商事纠纷和涉嫌刑事犯罪，受害人请求担保人、犯罪行为人所在单位承担民事责任的，民商事案件与刑事案件应当分别审理，此时合同效力问题将对当事人利益产生巨大影响。尤其在借款附有担保的情形，认定合同有效对于被害人而言结果完全不同：合同一旦被认定无效，基于担保的从属性，担保合同也随之无效，被害人将无法请求担保人承担担保责任；相反，合同一旦被认定有效，则受害人至少可以请求担保人承担担保责任，借此挽回全部的损失，甚至可以获得约定的利息收益。在目前的实务中，关于刑民交叉案件中合同效力的争议，往往出现于受害人请求担保人承担责任的场合：受害人通过刑事追赃、退赔

---

〔1〕参见最高人民法院民事审判第二庭、研究室编著:《最高人民法院民法典合同编通则司法解释理解与适用》，人民法院出版社 2023 年版，第 200 页。

〔2〕参见最高人民法院（2012）民二终字第 73 号民事判决书。

〔3〕关于非法集资案件中认定合同无效对被害人利益的影响，参见刘宪权、翟寅生:《刑民交叉案件中刑事案件对民事合同效力的影响研究——以非法集资案件中的合同效力为视角》，载《政治与法律》2013 年第 10 期。

程序通常连本金都无法追回，因此往往会选择起诉担保人承担责任，而担保人则以涉及犯罪的借款合同无效从而担保合同无效为由抗辩。许多倾向于认定合同有效（包括可撤销）的判决，在很大程度上就是为了避免因担保无效对被害人不利。[1]有论者指出，单纯从担保合同应维持有效这一角度出发，也应当抛弃合同因诈骗行为构成犯罪而当然无效的立场。[2]认定合同无效，的确可能会给被害人造成“二次伤害”。[3]在当事人一方对相对人的犯罪并不知情，且其本就属于刑法规范所要保护的对象时，一般不宜认定合同无效。当然，保护受害人并非最终目的，如此处理毋宁是保护交易安全，让市场主体放心进行交易。

在担保人因受犯罪行为人欺诈而提供担保的情形，或有人辩称，担保人与债权人均为受害人，理应依过错程度分担损失，不应厚此薄彼，令担保人最终承担全部责任。[4]首先，主债务人欺诈了担保人，依据《民法典》第149条有关第三人欺诈的规定，若债权人对欺诈行为并不知情，担保人不得主张撤销担保合同，担保合同有效。[5]其次，设定担保的目的，本就在于主债务人不能清偿时担保人代为清偿，一旦提供担保，就意味着要承担主债务人缺乏偿债能力或意愿的风险。一旦认定涉诈骗合同无效，如前所述，将导致无过错的债权人丧失担保利益，担保制度将会受到严重侵蚀和削弱。[6]虽然担保人承担责任后可能无法顺利向犯罪行为人追偿，但这本来就是担保人应当承受的风险。最后，即使担保人和债权人均为无辜的受害人，相较而言，债权人也更值得保护。毕竟，如果没有担保，债权人可能根本就不会成为诈骗

[1] 对受害人保护的考虑甚至会影响此罪与彼罪的认定。以骗取第三人提供担保的方式去骗取贷款，究竟应认定构成贷款诈骗罪还是合同诈骗罪，刑法学界颇有争议。有观点主张认定合同诈骗罪，原因就在于这样借款合同就是有效的，担保人要担责，如果定贷款诈骗罪会导致借款合同无效，担保人脱保。参见周德金：《骗取担保获取银行贷款构成合同诈骗罪》，载《人民司法·案例》2014年第16期。

[2] 参见叶名怡：《涉合同诈骗的民法规制》，载《中国法学》2012年第1期。

[3] 参见刘贵祥：《关于金融民商事审判工作中的理念、机制和法律适用问题》，载《法律适用》2023年第1期。

[4] 参见黄祥青：《刑民交叉案件的范围、类型及处理原则》，载《法律适用》2020年第1期。类似观点，参见詹巍：《论商事裁判中刑民交叉案件的犯罪构成与合同效力认定》，载《法治研究》2016年第6期。

[5] 参见谢鸿飞：《违反刑法的合同的类型与效力》，载《法律适用》2024年第1期。

[6] 参见叶名怡：《涉合同诈骗的民法规制》，载《中国法学》2012年第1期。

犯罪的受害人。

有论者认为，认定合同有效，允许被害人起诉犯罪行为人之外的担保人，存在与刑事追赃就同一损害结果进行重复保护和过度救济的问题。[1]此种担心大可不必。如果受害人通过刑事追赃退赔已部分获赔，在民事案件审理中应作为查明的事实，将其从损失中扣除；如果没有获得实际退赔，在刑民各自作出裁判后，应当通过在执行程序中合并执行或协调执行以避免发生重复受偿问题。[2]

（三）小结

在判断刑事犯罪对合同效力的影响时，不得原则上认定合同无效，而应在个案中结合刑法的规范目的、犯罪主体、犯罪时点、保护受害人等因素进行综合权衡。需要注意的是，目的因素具有决定性。在认定合同效力时，依其他因素所作考量的结果，有可能被基于目的的考量推翻。[3]例如，即使认定合同无效对受害人不利，如果刑法规范目的的实现要求认定合同无效，则应当作无效处理。

四、综合权衡论之运用

刑法分则的具体罪名众多，但在实务中与合同效力判断问题密切相关的罪名其实较为有限。下文拟结合前述综合权衡的考虑因素，就两类典型犯罪即诈骗类犯罪与非法集资类犯罪对合同效力的影响进行分析。

（一）诈骗类犯罪对合同效力的影响

此处的诈骗类犯罪主要指《刑法》第 193 条规定的贷款诈骗罪、第 224 条规定的合同诈骗罪、第 266 条规定的诈骗罪等。首先需要明确的是，合同

〔1〕 参见黄祥青：《刑民交叉案件的范围、类型及处理原则》，载《法律适用》2020 年第 1 期。

〔2〕 最高人民法院（2018）最高法民终 509 号民事判决书指出：“刑事判决确定的退赔款如果发生实际退赔，可以在本案民事判决执行程序中予以抵扣，属于应当在执行程序中解决的问题。”

〔3〕 参见易军：《论合同违反强制性规定无效的判断标准——以〈民法典合同编通则解释〉第 16 条为中心》，载《清华法学》2024 年第 1 期。

诈骗罪仅系诈骗罪的一种特殊形式，利用合同进行的金融诈骗罪本质上和合同诈骗罪并无区别，[1]因此在是否影响合同效力的问题上，诈骗类犯罪原则上应适用相同的规则。下文将以实务中频发的合同诈骗罪和贷款诈骗罪为例说明问题。

1. 学说与实务分歧

就诈骗类犯罪是否影响合同效力的问题，实务中存在“可撤销论”和“无效论”两种相左的裁判立场。“可撤销论”以刑事诈骗构成民事欺诈为由认定合同可撤销。[2]最高人民法院刘贵祥大法官曾撰文指出，一方当事人在刑法上构成金融诈骗犯罪，该犯罪行为在民法上同时构成民事欺诈，受欺诈一方享有撤销权。受欺诈一方不行使撤销权的，如无其他法定合同无效情形，法院应认定该合同有效。[3]“无效论”则往往主张合同是犯罪行为人实施诈骗犯罪的方式和手段，属于以合法形式掩盖非法目的，因而合同无效。[4]学界当前的主流观点为“可撤销论”，[5]但是亦不乏“无效论”的支持者。“无效论”支持者所持的一个重要理由是，诈骗类犯罪的行为人仅具有非法占有目的，并无签订、履行合同的真实意愿。例如，陈兴良教授认为，诈骗犯罪行为人并无签订、履行合同的真实意愿，而民事欺诈中的欺诈方有此意愿，从而主张刑事诈骗与民事欺诈互斥，在此基础上进一步指出：“在所有的经济诈骗犯罪中，欺骗行为虽然具有某种民事法律行为的外观，然而，在实质上都是行为人实施诈骗的手段，因此并不存在真实的民事法律关系，只要犯罪成立，则民事合同关系即被否定。”[6]崔建远教授对此表示支持：“合同若只是犯

---

〔1〕参见张明楷:《刑法学》（下）（第6版），法律出版社2021年版，第1083、1087页。

〔2〕参见最高人民法院（2017）最高法民申1914号民事裁定书（合同诈骗罪）、最高人民法院（2017）最高法民再409号民事判决书（贷款诈骗罪）。

〔3〕参见刘贵祥:《关于金融民商事审判工作中的理念、机制和法律适用问题》，载《法律适用》2023年第1期。

〔4〕参见最高人民法院（2015）民二终字第128号民事判决书（合同诈骗罪）、甘肃省兰州市中级人民法院（2022）甘01民终4324号民事判决书（贷款诈骗罪）。

〔5〕参见谢鸿飞:《违反刑法的合同的类型与效力》，载《法律适用》2024年第1期；王利明:《“刑民并行”：解决刑民交叉案件的基本原则》，载《中国刑事法杂志》2024年第2期；叶名怡:《涉合同诈骗的民法规制》，载《中国法学》2012年第1期。

〔6〕陈兴良:《刑民交叉案件审理的司法规则——实体法与程序法的双重考察》，载《中国刑事法杂志》2024年第2期。

罪嫌疑人用来从事犯罪活动的工具，缔约人一开始就不想承受合同项下的权利义务，不拟实际履行合同项下的义务，那么，该合同就不是缔结者的真实意思表示，而是虚伪表示，用大白话来说，该合同是假的，不是真的。将此类合同认定为无效，是正确的。”[1]

2. 可撤销论之证成

笔者认为，“可撤销论”更为可取。首先需要明确的是，虽然民事欺诈中的欺诈方通常有签订、履行合同的真实意愿，刑事诈骗和民事欺诈似乎判然有别，因为诈骗犯罪行为人往往并无签订、履行合同的真意意愿，但是，民事上认定是否成立欺诈，与一方有无签订、履行合同的真实意愿毫无关系，只要一方采取了虚构事实、隐瞒真相等手段使对方违背真实意思签订了合同即可。因此，刑事诈骗与民事欺诈并不互斥，行为构成刑事诈骗，并不影响民事欺诈的成立。[2]相反，刑事上构成诈骗，民事上必然成立欺诈。[3]其次，即使诈骗犯罪的行为人并无订立、履行合同的真实意愿，也不能单凭这一点就认定合同无效。以民法理论上的真意保留为例，当事人一方并无法效意思，但是为了保护善意相对人的合理信赖，进而维护交易安全，原则上应当认定民事法律行为有效。有论者正确地指出：“在行为人构成合同诈骗罪时，因行为人根本没有法效意思，基于意思表示的一般原理，合同本不应发生效力。将这类合同的效力认定为可撤销，其目的主要是保护受害人，即受害人可以根据自己的利益选择是否撤销合同。”[4]试想，就社会危害性而言，刑事诈骗显然比民事欺诈严重。成立民事欺诈的情形，受欺诈方得依据《民法典》第148条主张撤销合同，而在欺诈行为严重到构成刑事诈骗的情形，受欺诈方反而不享有撤销权，轻重失衡，显然有悖常理。

更为重要的是，认定合同可撤销不仅不会影响，相反有助于诈骗类犯罪规范目的的实现，且有利于保护受害人。以合同诈骗罪为例，该罪规定于《刑

---

〔1〕崔建远：《合同法总论》（上卷），中国人民大学出版社2024年版，第602页。类似观点，参见雷新勇：《涉经济犯罪的合同效力问题——兼论刑民交织案件的处理》，载《人民司法·应用》2014年第7期。

〔2〕参见张明楷：《刑法学》（下）（第6版），法律出版社2021年版，第1087页。

〔3〕参见叶名怡：《涉合同诈骗的民法规制》，载《中国法学》2012年第1期。

〔4〕谢鸿飞：《违反刑法的合同的类型与效力》，载《法律适用》2024年第1期。

法》分则编第三章“破坏社会主义市场经济秩序罪”第八节“扰乱市场秩序罪”，保护的法益包括市场秩序与财产权。所谓的市场秩序是抽象的，合同诈骗行为对市场秩序的破坏是难以具体判断的。相反，只要合同主体对合同有效、相对人将如约履行产生抽象信任，进而愿意积极从事市场交易，自然也就实现了对市场秩序的保护。正因如此，刑法学界通常侧重于从保护财产权的角度去理解合同诈骗罪，将合同诈骗罪视为诈骗罪的一种特殊形式而已。〔1〕张明楷教授认为，合同诈骗罪、金融诈骗罪虽然被规定在《刑法》破坏社会主义市场经济秩序罪一章，但是实际上应被纳入对个人法益的犯罪。〔2〕既然如此，认定诈骗类犯罪的合同可撤销，赋予受害人撤销权，由其根据自己的利益决定是否撤销合同，对受害人更有利，〔3〕也当然更有助于实现诈骗类犯罪的规范目的。相反，一旦认定合同无效，将严重影响规范目的实现。以贷款诈骗罪为例，一旦认定合同无效，意味着犯罪行为人承担的民事责任更轻，可以不必支付约定的利息，不仅不利于保护受害人，也不利于打击犯罪、预防犯罪。

有论者认为，合同诈骗罪所涉合同认定有效，将会存在逻辑悖论：成立合同诈骗罪，以非法占有目的为主观要件，且为结果犯。若认定合同有效，意味着受害人丧失财物的同时获得了相应对价即其对诈骗行为人的债权。如此一来，受害人就不存在损失，即没有出现犯罪结果，无法成立合同诈骗罪。〔4〕此种说法颇具迷惑性。究其实质，作者恐怕错误理解了诈骗犯罪中的财产损失概念。对于诈骗犯罪中财产损失的判断，刑法理论上存在个别财产说和整体财产说，前者分为形式的和实质的，后者分为传统的和修正的。〔5〕其中，实质的个别财产说为目前主流观点。该说主张，被害人财物、财产性利益的交付或丧失是否为财产损失，必须联系被害人的交易目的、财物对被

〔1〕有论者甚至认为，将合同诈骗罪从普通诈骗罪中独立出来，没有任何实质根据。参见张明楷：《合同诈骗罪行为类型的边缘问题》，载《东方法学》2020年第1期。

〔2〕参见张明楷：《刑法学》（下）（第6版），法律出版社2021年版，第845页。

〔3〕参见谢鸿飞：《违反刑法的合同的类型与效力》，载《法律适用》2024年第1期；王利明：《“刑民并行”：解决刑民交叉案件的基本原则》，载《中国刑事法杂志》2024年第2期。

〔4〕参见狄克春：《契约抑或侵权：诈骗犯罪所涉合同的请求权基础重构》，载《法治现代化研究》2023年第3期。

〔5〕关于相关学说的介绍，参见张明楷：《诈骗犯罪论》，法律出版社2021年版，第334～343页。

害人的可利用性等因素进行实质判断。依该说，被害人的交易目的落空，就意味着存在财产损失。[1] 持整体财产说的学者在这一点上的认识也并无二致。[2] 有论者即指出，“即便给付与对待给付在纸面上的经济价值大体相当，行为人若欠缺债务的履行能力与意愿，则该对待给付的实际经济价值便归于无”，此时可认定被害人存在财产损失。[3] 因此，即使合同有效，被害人取得了对诈骗行为人的请求履行合同的债权，但是由于诈骗行为人具有非法占有的目的，并无履行合同的真实意愿，被害人的交易目的落空，依然可以认为被害人存在财产损失，在满足其他犯罪构成要件时，不影响诈骗罪成立。正如有论者指出：“在私法上通过旨在保护被害人或者保护第三人的制度获得弥补，并不意味着没有发生刑法上的财产损害。”[4]

需要简单提及的是，对于是否影响合同效力的问题，应当对贷款诈骗罪和骗取贷款罪同样处理。[5]《刑法》第 175 条之一的骗取贷款罪虽然规定于第三章“破坏社会主义市场经济秩序罪”第四节“破坏金融管理秩序罪”，但是学界将其保护的法益定位为金融机构对贷款资金的所有权。[6] 将合同效力的决定权交给受骗的金融机构，显然更有利于保护其利益。此外，骗取贷款罪与贷款诈骗罪唯一的区别在于行为人是否具有非法占有的目的，其在实务中难以区分，而且骗取贷款罪的入罪门槛比较低，若认定合同无效，对金融机构将会非常不利。

（二）非法集资类犯罪对合同效力的影响

此处所谓非法集资类犯罪仅指发生率较高的《刑法》第 176 条规定的非法吸收公众存款罪与《刑法》第 192 条规定的集资诈骗罪。

---

〔1〕 参见张明楷:《诈骗犯罪论》，法律出版社 2021 年版，第 344 ~ 345 页。

〔2〕 付立庆:《财产损失要件在诈骗认定中的功能及其判断》，载《中国法学》2019 年第 4 期。

〔3〕 徐凌波:《金融诈骗罪非法占有目的的功能性重构——以最高人民检察院指导案例第 40 号为中心》，载《政治与法律》2018 年第 10 期。

〔4〕 付立庆:《论刑法介入财产权保护时的考量要点》，载《中国法学》2011 年第 6 期。

〔5〕 实务中存在不同观点。认定可撤销的判决，参见最高人民法院（2016）最高法民终 655 号民事判决书；认定无效的判决，参见最高人民法院（2018）最高法民申 61 号民事裁定书。

〔6〕 参见张明楷:《刑法学》（下）（第 6 版），法律出版社 2021 年版，第 993 页。

1. 学说与实务分歧

（1）非法吸收公众存款罪

尽管早在2011年即有最高人民法院公报案例持非法吸收公众存款罪不影响合同效力的观点，〔1〕最高人民法院在其释义书中也明确支持该观点，并详细进行了论证。〔2〕但是，实务界就此问题依然存在截然相反的两种观点，就连最高人民法院的立场也时有反复。〔3〕最高人民法院在其释义书中总结了非法吸收公众存款罪不影响合同效力的四点理由：其一，禁止非法吸收公众存款旨在规范市场准入资格，属于管理性强制性规定。其二，犯罪行为是由一方缔约主体单独实施，而非双方主体共同实施的。刑法评价的是犯罪一方单独实施的非法经营行为，而民法评价的是当事人之间具体的合同行为。其三，非法吸收公众存款罪的构成系多个借贷行为叠加而从量变到质变的过程，每一份借款合同若无特殊情形均应评价为有效。其四，作为合同相对方的债权人在行为人非法吸收公众存款中一般并无过错，其利益更应受到保护；如果认定双方之间的借贷合同无效，无过错方的利益恰恰有可能会受到损害。以非法吸收公众存款为例，合同中往往约定了较高的利息，如果认定合同无效，犯罪行为人只归还本金和占用资金期间的利息损失，却免除了归还事先约定的较高利息的合同义务，其反而获得了额外利益。这对于保护无过错的合同相对方而言，是极其不利的，也不符合民法的公平理念。〔4〕凡是认定合同有效的判决在论证时的说理均未超出上述范围。学界基本支持有效论，理由和

〔1〕参见《最高人民法院公报》2011年第11期“吴国军诉陈晓富、王克祥及德清县中建房地产开发有限公司民间借贷、担保合同纠纷案”，对应浙江省湖州市中级人民法院（2009）浙湖商终字第276号民事判决书。

〔2〕参见最高人民法院民事审判第一庭编著：《最高人民法院新民间借贷司法解释理解与适用》，人民法院出版社2021年版，第219～221页。

〔3〕认定合同有效的判决：最高人民法院（2020）最高法民申1196号民事裁定书、北京市高级人民法院（2022）京民申7294号民事裁定书。认定合同无效的判决：最高人民法院（2019）最高法民申2645号民事裁定书、最高人民法院（2015）民申字第2160号民事裁定书、贵州省高级人民法院（2023）黔民申8609号民事裁定书。

〔4〕参见最高人民法院民事审判第一庭编著：《最高人民法院新民间借贷司法解释理解与适用》，人民法院出版社2021年版，第219～221页。

最高人民法院基本一致，不过更强调对受害人的保护。[1]

认定非法吸收公众存款罪涉及的借款合同无效的主要理由是违反法律、行政法规的强制性规定，但是基本未进行任何论证。其裁判逻辑可能为：非法吸收公众存款罪旨在维护国家金融管理秩序，而金融秩序属于国家公共秩序的范畴，因此，合同损害社会公共利益，应为无效。由于前述公报案例区分刑法评价借贷集合而民法评价单个借款合同的量变引发质变的理由如此充分，为反驳有效论，有判决指出，若某一借款行为被生效刑事判决认定为犯罪行为人非法吸收公众存款事实中犯罪事实的一部分，则该借款行为就不能从整体犯罪行为中独立、分离出来。[2] 有判决则在此基础上进一步提出："根据法秩序统一原理，如果民事上认定为合法有效之行为，即便数个类同行为叠加，也不可能构成犯罪；唯有在民事上被认定为无效的违法行为，才符合叠加之后构成犯罪的基本逻辑……即便刑法评价的是被告人单方行为，但不容否认的是，该行为也系相关民事借贷合同行为之重要构成部分；即便单笔借贷行为确实不构成犯罪，但基于每一笔借贷行为都是犯罪构成不可或缺的部分，其对法益的侵害性（违法性）亦不容否认。"[3]

（2）集资诈骗罪

关于集资诈骗罪是否影响合同效力，也存在截然相反的观点。认定合同可撤销（有效）的理由主要是，刑法和民法评价的对象不同，即刑法评价的是一方的诈骗行为，而民法评价的是双方的借款合同行为。[4] 认定合同无效的主要理由是违反法律、行政法规的强制性规定。[5] 需要注意的是，不乏学者与实务人员主张区别对待非法吸收公众存款罪和集资诈骗罪，即非法集资

---

〔1〕参见谢鸿飞：《违反刑法的合同的类型与效力》，载《法律适用》2024年第1期；王利明：《"刑民并行"：解决刑民交叉案件的基本原则》，载《中国刑事法杂志》2024年第2期；于改之：《法域冲突的排除：立场、规则与适用》，载《中国法学》2018年第4期；刘宪权：《刑民交叉案件中刑事案件对民事合同效力的影响研究——以非法集资案件中的合同效力为视角》，载《政治与法律》2013年第10期。

〔2〕参见最高人民法院（2015）民申字第2160号民事裁定书。

〔3〕浙江省衢州市中级人民法院（2021）浙08民再1号民事判决书。

〔4〕参见上海市第一中级人民法院（2020）沪01民终4528号民事判决书。

〔5〕参见最高人民法院（2017）最高法民申4327号民事裁定书（明确指出违反的是《商业银行法》对任何单位和个人不得从事吸收公众存款等商业银行业务的禁止性规定）；上海市浦东新区人民法院（2023）沪0115民初51082号民事判决书。

行为构成非法吸收公众存款罪时，应认定合同有效；构成集资诈骗罪时，应认定合同无效。[1]

2. 依据集资参与人主观状态之不同区分处理的正当性

前已述及，应依据民事法律规范独立判断合同的效力。由于非法集资类犯罪涉及的借款合同均为民间借贷合同，首先自当依据 2020 年《民间借贷规定》第 13 条认定合同效力。[2]在该条规定之外的情形，则应依据集资参与人的主观状态区分处理：集资参与人明知或者因重大过失而不知借款人非法集资的，借款合同无效；集资参与人不知道或者非因重大过失而不知借款人非法集资的，非法吸收公众存款罪涉及的借款合同有效，集资诈骗罪涉及的借款合同可撤销。理由如下：

关于非法吸收公众存款罪所保护的法益，刑法学界存在分歧：或认为系金融管理秩序，或认为系公众的财产权益，或认为兼而有之。[3]最高人民法院、最高人民检察院、公安部 2019 年联合发布的《关于办理非法集资刑事案件若干问题的意见》开篇即指出制定意见的目的是“维护国家金融管理秩序，保护公民、法人和其他组织合法权益”，2021 年国务院发布的《防范和处置非法集资条例》指出制定条例的目的是“保护社会公众合法权益，防范化解金融风险，维护经济秩序和社会稳定”。由此可见，非法吸收公众存款罪保护的是复合法益，即金融管理秩序和公众财产权益。然而，非法吸收公众存款罪规定于《刑法》分则编第三章“破坏社会主义市场经济秩序罪”第四节“破坏金融管理秩序罪”，且构成要件要求“扰乱金融秩序”，笔者倾向于认为，非法吸收公众存款罪保护的核心法益为金融管理秩序，公众财产权只是应予保护的附随法益而已。[4]金融是现代经济的核心，但是金融的涉众性

---

〔1〕 参见王昭武:《经济案件中民刑交错问题的解决逻辑》，载《法学》2019 年第 4 期；詹巍:《论商事裁判中刑民交叉案件的犯罪构成与合同效力认定》，载《法治研究》2016 年第 6 期。

〔2〕 需要指出的是,《民间借贷规定》第 13 条第 4 项于此并无适用余地，因为该项规定适用于出借人事先知道或者应当知道借款人借款“用于违法犯罪活动”仍然提供借款的情形，而非法吸收公众存款是借款行为本身属于违法犯罪活动。

〔3〕 相关讨论，参见赵姗姗:《非法吸收公众存款罪法益新论及对司法适用的影响——结合货币银行学对〈刑法修正案（十一）〉的审读》，载《中国刑事法杂志》2021 年第 2 期。

〔4〕 参见时方:《非法集资犯罪中的被害人认定——兼论刑法对金融投机者的保护界限》，载《政治与法律》2017 年第 11 期。

和利诱性使其具有强烈的负外部性，维护金融安全至关重要。而维护金融安全的底线是不发生系统性金融风险，否则将会严重影响社会经济稳定和人民财产安全。[1]非法吸收公众存款行为游离于政府的审慎监管范围之外，极易累积区域性、系统性金融风险，进而危及金融安全。由此出发，可以认为非法吸收公众存款罪的规范目的在于通过市场准入限制，防范系统性、区域性金融风险，保障金融安全。而非法集资案件频发，固然有中小企业融资难等客观原因，但是集资参与人的积极参与亦是重要原因之一。[2]在集资参与人明知或者因重大过失而不知借款人非法集资的情形，一旦认定合同有效，集资参与人就会产生即使非法集资方构成犯罪也不影响其获得高额收益的心理，形同鼓励其参与非法集资活动，反而不利于打击非法集资活动，严重影响非法吸收公众存款罪规范目的的实现。由此可见，此时仅在刑事上认定非法集资人构成犯罪，而在民事上不认定借款合同无效，令集资参与人承受不利后果，不足以实现规范目的。相反，集资参与人不知或者非因重大过失而不知借款人非法集资的，在刑事上认定非法集资人构成犯罪即足以实现规范目的，自无必要再借助认定借款合同无效进行强化。其实，此时认定合同无效对于非法集资人而言更为有利，因为其可以免予支付约定的利息，反而难以遏制非法集资。因此，更为妥当的处理是，认定非法吸收公众存款罪涉及的借款合同有效。从保护受害人的角度来看，上述区分处理亦有其合理性。[3]对于明知或者因重大过失而不知借款人非法集资的集资参与人，法律自无特别加以保护的必要。

集资诈骗罪和非法吸收公众存款罪唯一的区别是，前者要求犯罪行为人

---

〔1〕 参见叶良芳：《总体国家安全观视域下非法集资的刑法治理检视》，载《政治与法律》2022年第2期。

〔2〕 参见北京市人民检察院非法集资犯罪问题研究课题组：《涉众型非法集资犯罪的司法认定》，载《国家检察官学院学报》2016年第3期。

〔3〕 不乏观点主张非法吸收公众存款罪保护的法益仅为金融管理秩序，因此认为在非法吸收公众存款罪成立的情形根本不存在所谓的刑事被害人。参见山东省高级人民法院刑事审判一庭调研组：《关于非法集资犯罪的调研报告——以山东省2013—2019年案件为例》，载《山东法官培训学院学报》2020年第2期；北京市人民检察院非法集资犯罪问题研究课题组：《涉众型非法集资犯罪的司法认定》，载《国家检察官学院学报》2016年第3期。关于集资参与人是否属于被害人的争议，参见董文蕙：《P2P模式下非法集资犯罪参与人与被害人之界分》，载《环球法律评论》2020年第1期。

具有非法占有的目的。由于在个案中认定是否存在非法占有目的异常困难，看似泾渭分明的非法吸收公众存款罪和集资诈骗罪实际上难以区分。对于非法集资行为，此罪与彼罪的认定非常混乱，以至于有学者将两罪的认定与区分称为“难啃的酸果”。〔1〕从实务来看，要么避繁就简，直接认定为非法吸收公众存款罪，要么以事后行为倒推行为人存在非法占有目的，认定为集资诈骗罪。在此背景下，坚持区分处理两罪对合同效力的影响，难谓合理。因此，集资诈骗罪对合同效力的影响，原则上应与非法吸收公众存款罪同样处理。只不过，集资参与人不知或者非因重大过失而不知借款人非法集资的，借款合同应按可撤销处理。

至于集资参与人是否明知或者存在重大过失，可以从其受教育程度、从事职业、获取非法集资人信息的渠道、非法集资人承诺的利息或回报数额与支付方式、非法集资人的宣传方式与程度等多项因素综合考量。此外，集资参与人为自然人时，宜严格认定重大过失的成立。

（三）小结

认定诈骗类犯罪所涉合同的效力为可撤销，对保护受害人更为有利，且不影响诈骗类犯罪规范目的的实现。而非法集资类犯罪规范目的的实现，要求在集资参与人明知或者因重大过失而不知借款人非法集资的情形下认定合同无效。如此一来，刑法从非法吸收资金端予以否定评价，民法从集资参与端予以否定评价，进而形成合力打击非法集资活动。

五、结论

在刑民交叉案件中认定合同的效力，应当摒弃“当然无效论”这样的几乎不经思索的先验性判断，遵循法学方法论的要求，从以《民法典》第153条第1款为核心的民事法律规范出发，在个案中进行综合判断。在此过程中，法官往往需要在民法所追求的自由价值与刑法所追求的秩序、安全价值之间

〔1〕参见李勤:《非法吸收公众存款罪与集资诈骗罪区分之间——以“二元双层次”犯罪构成理论为视角》，载《东方法学》2017年第2期。

进行权衡取舍，何种价值优先，并非一成不变，而应当由法官秉持比例原则进行合理决断，尽可能在自由与管制之间谋求妥当的平衡。需要注意的是，在法定犯激增的时代，管制思维过剩，宜尽可能维持合同的效力，除非不认定合同无效将导致无法实现刑法个罪条文的规范目的。

刑民交叉案件中犯罪行为对合同效力的影响

方新军*

据说在日本学界，关于刑民交叉问题的讨论，刑法学的单相思倾向比较明显，但是在中国学界这一倾向似乎并不存在。[1]尤其是在2020年修正《最高人民法院关于审理民间借贷案件适用法律若干问题的规定》（以下简称2020年《民间借贷规定》）以后，民法学者讨论犯罪行为对合同效力影响的热情日益高涨。夏昊晗博士的这篇论文代表了民法学者对该问题的进一步反思。

一、刑民交叉案件中关于合同效力的证明责任分配

目前学界对刑民交叉案件中的某些问题已经基本达成共识，例如“先刑后民”“先民后刑”“刑民并行”等属于程序问题。有些民事案件的审理可能需要依赖公权力机关查明案件事实，有些刑事案件的审理可能需要预先通过民事程序确定权属。但是“先刑后民”并不意味着当事人的行为构成犯罪一定会影响合同的效力，“先民后刑”也不意味着民事上确定权属能够决定犯罪的构成。而“刑民并行”已经蕴含了一定的实体法意义，因为“桥归桥、路归路”意味着犯罪构成的认定和合同效力的认定可以各自在刑法和民法的范

* 苏州大学王健法学院教授、博士生导师。

〔1〕 参见［日］内田贵、大村敦志编:《民法的争点》，张挺等译，中国人民大学出版社2023年版，第23页。

围内解决。因此在实体法的意义上,"当然无效说"——只要当事人构成犯罪,合同当然无效的观点,已经不被接受。甚至"原则无效例外有效说"——只要当事人构成犯罪,合同原则上无效,只在例外的情况下有效的观点也开始受到挑战。该文指出,《民法典》第153条第1款采用的但书立法技术容易让人产生违法合同原则无效例外有效的认识。在这种认识的支配下,再考虑到刑事犯罪行为是最严重的违法行为,认为刑事犯罪原则上导致合同无效,就不足为奇了。但是,对于第153条第1款,更妥当的理解也许是,该款旨在明示,违反法律、行政法规的强制性规定,并非一概导致民事法律行为无效,同时授权法官在具体个案中通过综合权衡进行判断。

上述观点保持对公权力过度介入私人生活的怵惕之心值得赞赏,但是我们还是必须承认"原则无效例外有效说",也许更准确的表述是"推定无效说",更加符合《民法典》第153条第1款的文义。"原则无效例外有效说"符合该款规定的证明责任分配规则。只要一方当事人能够证明某个民事法律行为违反了法律、行政法规的强制性规定,该民事法律行为就被推定为无效,除非另一方当事人能够证明该强制性规定不导致该民事法律行为无效。

如果我们将眼光扩展到整部《民法典》,根据第136条第1款的规定:"民事法律行为自成立时生效,但是法律另有规定或者当事人另有约定的除外。"因此一方当事人只要能够证明根据第134条第1款的规定,某个民事法律行为已经基于双方或者多方的意思表示一致,或者基于单方的意思表示已经成立,该民事法律行为就被推定为有效。关于合同效力的证明责任应该这样分配:如果另一方当事人能够证明某个民事法律行为违反了法律、行政法规的强制性规定,该民事法律行为就被推定为无效。此时再由主张民事法律行为有效的当事人证明该强制性规定不导致该民事法律行为无效。与行政法规不同,刑事法规属于强制性规定几乎没有疑义。因此,一旦一方当事人主张某个行为已经构成犯罪,根据第153条第1款的规定,基于该行为成立的合同应该被推定为无效。我们越是能够清晰地理解根据第153条第1款确立的证明责任分配规则,就越是能够理解第153条第1款但书规定的重要性。唯有通过对该但书条款的解释才能排除犯罪行为对合同效力的过度影响。

从比较法上观察,《民法典》第 153 条第 1 款源自《德国民法典》第 134 条，该条规定:“违反法律禁止规定之法律行为，除法律另有规定外，无效。”德国学者非常骄傲地宣称，尽管该条有罗马法的渊源，但是德国立法者有创新性的发展。因为《德国民法典》第 134 条摒弃了罗马法对自由主义的基本追求，不当然地赋予意思自治或追求法律的优先性与逻辑性中任何一方以特殊地位，而是始终在两大利益之间审慎权衡。〔1〕

关于《德国民法典》第 134 条的证明责任分配同样存在争议。德国学者弗卢梅认为,《德国民法典》第 134 条实际上什么也没有说。该条并未给出禁止性法律设立内容有疑义时，违反禁令的法律行为无效的推定或解释规则。至于无效的问题，毋宁说是完全取决于该具体的禁止性规定。〔2〕卡纳里斯则认为，上述观点掏空了《德国民法典》第 134 条的内容，正确的理解是在处理第 134 条时首先以原则上无效为前提，尔后反过来追问相关禁令的意义和目的是否例外地反对无效的规定，因为有利于无效的解释规则的存在意味着，论证的负担由虽违反禁止性法律却认为并非无效的人承担。〔3〕

我赞同卡纳里斯对《德国民法典》第 134 条的解读，但是不同意他继续推出来的结论。他认为，如果认真对待《德国民法典》第 134 条的功能，将其视作有利于无效认定的解释规则，该条就同时包含了国家经济秩序和经济控制原则上优先于私法自治的基本决定。因此，在此意义上，私法是服务于公法的，并以包含预防作用的无效后果支持公法。〔4〕但即使我们通过证明责任分配的角度将《民法典》第 153 条第 1 款解释为合同无效的推定，仍然无法得出公法优位的结论。而且这也是我们在解释第 153 条第 1 款但书规定时必须时刻保持的清醒意识。法官在具体案件中对第 153 条第 1 款但书规定的解释将会决定刑法规范对合同效力影响的范围和强度。

---

〔1〕 参见［德］阿克塞尔·贝阿特:《德国民法典第 134 条中“法律”的概念——对宪法规范、公法性自治规章、一般法律原则与避法行为的可适用性》，胡剑译，载王洪亮等主编:《中德私法研究（13）：合同因违法而无效》，北京大学出版社 2016 年版，第 87 ~ 89 页。

〔2〕 参见［德］维尔纳·弗卢梅:《法律行为论》，迟颖译，法律出版社 2013 年版，第 402 页。

〔3〕 参见［德］克劳斯 - 威廉·卡纳里斯:《法律禁令和法律行为》，赵文杰译，载王洪亮等主编:《中德私法研究（13）：合同因违法而无效》，北京大学出版社 2016 年版，第 61 页。

〔4〕 参见［德］克劳斯 - 威廉·卡纳里斯:《法律禁令和法律行为》，赵文杰译，载王洪亮等主编:《中德私法研究（13）：合同因违法而无效》，北京大学出版社 2016 年版，第 62 页。

二、关于《民法典》第153条第1款但书规定的解释论方案

尽管在犯罪行为是否影响合同效力的问题上,《民法典》第153条第1款但书的规定具有非常重要的意义，但是该但书规定在方法论上几乎没有给法官任何具体的指引。因此,《合同编通则司法解释》第16条就如何理解适用《民法典》第153条第1款但书的规定作出了具体解释。但是，该解释主要解决行政法规对合同效力影响的问题，对于犯罪行为是否影响合同效力的问题却几乎没有涉及。

该文提出了综合权衡的解释论方法，由法官在具体个案中结合刑法的规范目的、犯罪主体、犯罪时点、保护受害人等因素进行综合权衡。这种综合权衡的方法本质上属于动态体系论的方法。卡纳里斯在对《德国民法典》第134条进行教义学建构时，同样指出他提出的解释论方案与僵化的“全有—全无”模式截然不同，他提供了一种区分对待且符合禁令之规范目的的解决方案的可能。[1]

该文提出的综合权衡方法与最高人民法院原先公布的《合同编通则司法解释》(征求意见稿)第18条第2款在理论基础上是暗合的，该款规定:“行为人在订立合同时涉嫌犯罪，或者已经生效的裁判认定构成犯罪，当事人或者第三人提起民事诉讼的，合同并不当然无效。人民法院应当结合犯罪主体是一方当事人还是双方当事人、合同内容与犯罪行为的关系、当事人意思表示是否真实等因素，依据民法典的有关规定认定合同效力。”最终因为理论争议较大，该款被删除。但是，在具体讨论刑事犯罪是否影响合同效力时，该款仍然有非常重要的参考价值。

关于综合权衡因素的列举，该文提出的方案和《合同编通则司法解释》(征求意见稿)中提出的方案以及卡纳里斯提出的方案存在差异，我想重点讨论一下刑法的规范目的是否属于综合权衡的因素。

该文在综合权衡因素中首先列举的就是刑法的规范目的，若实现刑法的

[1] 参见[德]克劳斯-威廉·卡纳里斯:《法律禁令和法律行为》，赵文杰译，载王洪亮等主编:《中德私法研究(13):合同因违法而无效》，北京大学出版社2016年版，第69页。

规范目的有必要让合同无效，就应当认定合同无效，否则应当认定合同有效。但是，该文同时又认为，刑法上构成犯罪并不必然意味着合同损害社会公共利益，故而不得仅以构成犯罪为由当然否定合同效力，而应当依据民事法律进行独立判断。问题在于，依据刑法的规范目的决定合同效力和依据民事法律对合同效力进行独立判断如何兼容？为什么刑法的规范目的能够影响民法的合同效力？

《合同编通则司法解释》（征求意见稿）第 18 条第 2 款在权衡因素中没有列举刑法的规范目的，而且特别强调“依据民法典的有关规定认定合同效力”。2020 年《民间借贷规定》第 12 条第 1 款规定：“借款人或者出借人的借贷行为涉嫌犯罪，或者已经生效的裁判认定构成犯罪，当事人提起民事诉讼的，民间借贷合同并不当然无效。人民法院应当依据民法典第一百四十四条、第一百四十六条、第一百五十三条、第一百五十四条以及本规定第十三条之规定，认定民间借贷合同的效力。”该条同样强调依据《民法典》自身的规定认定民间借贷合同的效力，并没有强调要考虑刑法的规范目的。我赞同上述规定。

《民法典》第 153 条第 1 款属于转介条款。作为一种立法技术，转介条款可以实现民法典的体系开放性。在民法典的规范不敷使用时，法官可以通过转介条款援引公法规范和道德规范解决纠纷，法官解释的宽严将决定公法规范和道德规范进入民法的流量。如果我们把民法典比喻为一个自创生体系，一般条款和转介条款就是实现民法典运行封闭、认知开放的工具。[1] 但是，我们必须坚持转介进来的公法规范和道德规范应该转变为民法的基因密码，否则就会产生体系的排异。

如果一个人的行为构成犯罪，当我们考虑该犯罪行为是否影响合同效力时，应该充分考虑民法的规范目的，而不是刑法的规范目的。即使我们认定一个行为构成犯罪时合同也无效，也必须充分证立该犯罪行为导致合同无效的类型和理论依据。

以诈骗罪为例，目前的主流观点是“可撤销论”，因为《民法典》第 148

〔1〕参见［德］贡塔·托依布那：《法律：一个自创生系统》，张骐译，北京大学出版社 2004 年版，第 113 ~ 118 页。

条已经作出了独立的判断。当事人构成诈骗罪，只是有助于法院对欺诈事实的认定。法院在认定该合同可撤销时，无须考虑诈骗罪的立法目的。“无效论”则认为，诈骗人并无签订、履行合同的真实意愿，因此该合同就不是缔约人的真实意思表示，将此类合同认定为无效是正确的。[1]上述观点值得商榷。首先，根据《民法典》第142条的规定，有相对人的意思表示的解释并不能只根据诈骗人单方面的陈述来确定，而是应当按照所使用的词句，结合相关条款、行为的性质和目的、习惯以及诚信原则，确定意思表示的含义。其次，即使法院根据诈骗的事实认定诈骗人无订立合同的真实意思表示，法院也只能依据《民法典》第132条的规定认定合同不成立，不成立的合同当然也就无须考虑效力的问题。此时诈骗的事实也只是有助于法院判断缔约人的意思表示是否真实。在做上述判断时法院无须考虑刑法的规范目的。

如果说法院在判断合同是否有效时，无须考虑刑法的规范目的，那么法院在判断一个行为是否构成犯罪时，也无须考虑民法的规范目的。以“帅某骗保案”为例，帅某虚报其母亲年龄投保，保险公司在两年除斥期间内未解除合同，根据当时《保险法》的规定该合同有效。问题是，帅某是否构成保险诈骗罪？刑法学者提出了这样一个观点：不得将不具有民事违法性的行为认定为具有刑事违法性。因为保险合同有效，因此帅某的行为不构成保险诈骗罪。[2]上述观点中体现出来的刑法谦抑性值得赞赏，但是我更赞同这种观点：“行为是否成立合同诈骗罪，与该合同在民法上是否有效是两个不同的问题，不能因为合同有效就否认合同诈骗罪的成立，也不能因为合同无效就肯定合同诈骗罪的成立。换言之，合同诈骗罪的成立不以合同无效为前提。”[3]因为民法和刑法的规范目的存在本质差异，刑法保护的是抽象的公共利益，民法保护的是具体的个人利益。如果所有的犯罪都要以民事违法性为基础，那么处罚未遂犯就失去了任何正当性的基础。例如，甲持刀蓄意杀害乙，但是因为乙跑得快，甲追出100多米被警察制服。此时乙没有任何民事权利被侵害，

---

〔1〕参见陈兴良：《刑民交叉案件审理的司法规则——实体法与程序法的双重考察》，载《中国刑事法杂志》2014年第2期；崔建远：《合同法总论》（上卷），中国人民大学出版社2024年版，第602页。

〔2〕参见王昭武：《经济案件中民刑交错问题的解决逻辑》，载《法学》2019年第4期。

〔3〕张明楷：《刑法学》（第六版），法律出版社2021年版，第1087页。

但是根据《刑法》第 232 条的规定甲构成犯罪，只是根据第 23 条的规定属于未遂，可以从轻或减轻处罚。犯罪的本质不在于是否对个人的民事权益造成了具体的损害，而在于对刑法认定的社会公共秩序的违反，[1] 犯罪是对法本身的不法。[2] 从这个角度分析，即使保险合同有效，帅某的行为仍然可以构成保险诈骗罪。

该文在分析“刑法的规范目的”对合同效力影响时，举了以下几个例子：（1）银行员工出售客户信息构成侵犯公民个人信息罪的，相关买卖合同应当认定为无效，否则将无法实现保护公民个人信息权的规范目的。我认为，认定银行员工出售客户信息的合同是否有效，无须考虑该行为是否构成侵犯公民个人信息罪。因为根据《民法典》第 1038 条第 1 款的规定，信息处理者不得泄露其收集的个人信息；未经自然人同意，不得向他人非法提供其个人信息。同时《个人信息保护法》第 10 条规定，任何组织、个人不得非法买卖他人个人信息。因此出售客户信息的合同无效可以根据《民法典》的规定予以认定，也可以同时援引《个人信息保护法》的相关规定，但是无须考虑该行为是否构成犯罪，更无须考虑该罪名的规范目的。因为根据《刑法》第 253 条之一的规定，只有情节严重的才会构成犯罪。即使不构成犯罪，也不影响民法对合同无效的认定。

（2）当事人通过签订“阴阳合同”逃税，只要满足《刑法》第 201 条的构成要件，即构成逃税罪。此时阳合同依据《民法典》第 146 条第 1 款的规定因通谋虚伪意思表示而无效。至于阴合同的效力，则应考虑逃税罪的规范目的。若认为逃税罪的规范目的在于保护国家的税收收入，则没有必要认定阴合同无效，依据阴合同约定要求犯罪行为人补缴税款即可。但实际上，法院在认定阳合同无效时，无须考虑逃税罪的规范目的，甚至于无须考虑行为人是否构成逃税罪。行为人构成逃税罪只是有助于法院认定行为人的虚伪意思表示。根据《刑法》第 201 条的规定，逃税罪有非常严格的条件，即使行为人不构成逃税罪，只要有逃税的事实，法院仍然可以根据相关税收法的规

〔1〕 参见［英］J·C·史密斯、B·霍根：《英国刑法》，马清升等译，法律出版社 2000 年版，第 21 页。

〔2〕 参见［德］黑格尔：《法哲学原理》，范扬等译，商务印书馆 1961 年版，第 95 ~ 96 页。

定，认定行为人通谋虚伪意思表示的存在。至于阴合同的法律效力更无须考虑逃税罪的规范目的。

（3）A 公司向 B 局的局长行贿，获得承包某工程的机会，若局长构成受贿罪，而施工合同的各项约定完全符合商业逻辑，则施工合同的效力如何？该文认为，此时要考虑刑法学界关于受贿罪的规范目的的不同观点，观点不同合同的效力也会不同。我认为，法院认定施工合同的效力无须考虑受贿罪的规范目的。如果施工合同就是由 A 公司和 B 局签订的，A 公司行贿的目的不是获取不当利益，只是希望不要受到不公平对待，施工合同完全符合商业逻辑，此时合同有效。如果 A 公司行贿的目的是获取不当利益，最终签订的施工合同明显对 B 局不利，法院可以根据《民法典》第 154 条的规定认定合同无效，A 公司行贿的事实有助于法院认定 A 公司和 B 局局长的恶意串通。如果施工合同是 A 公司和 C 公司签订，A 公司向 B 局长行贿，是希望 B 局长向 C 公司施加影响，最终 C 公司在 B 局长施加的压力下和 A 公司签订施工合同，则无论该施工合同是否符合商业逻辑，C 公司均可以根据《民法典》第 150 条的规定主张撤销施工合同。B 局长构成受贿罪的事实有助于法院认定胁迫的事实。

犯罪行为对合同效力的影响

潘勇锋 *

刑民交叉产生的相关法律问题是长期困扰司法实践的疑难问题。刑民交叉语境下民事合同效力认定是最重要的实体问题，无论在理论研究还是审判实践中，观点都有较大差异。近年来，随着社会经济不断发展，贷款诈骗、非法集资等民刑交叉案件不断涌现，合同当事人涉嫌构成刑事犯罪，与之有关的合同效力如何认定，将对当事人权益保护产生直接影响。对此，学术界和实务界各抒己见，产生了不少争论。夏昊晗博士的这篇论文聚焦涉犯罪合同效力认定问题，关注审判实践中的热点难点，非常具有实践性和针对性。

关于犯罪对合同效力的影响问题，一直存在争议。曾经在学界及司法实践中占据主导地位的观点是：合同当事人构成犯罪导致合同当然无效。但在部分情形中，合同无效会导致当事人利益显著失衡，实践中越来越多的判决判令这类合同有效。因此，近十余年来，学术界对“当然无效说”也进行了反思，从多视角、多层面指出“当然无效说”的理论缺陷和实践弊端，并进一步探索从犯罪主体、合同时点、合同目的、合同内容等综合判断合同效力的路径以及逻辑思维、系统思维方法，非常具有参考价值。学界的研究与司法实践双重发展，推动了法律体系的逐步完善。从法律、司法解释的规定来看，《最高人民法院关于适用〈中华人民共和国合同法〉若干问题的解释（二）》第 14 条在《合同法》规定导致合同无效只能依据法律与行政法规的基

* 最高人民法院民二庭高级法官。

础上，进一步将导致合同无效的强制性规定限制为效力性强制性规定，对于确立违反法律、行政法规的强制性规定并不必然导致合同无效的观念具有重要意义。2015 年 9 月 1 日起施行的《民间借贷规定》则第一次以司法解释的形式对民间借贷案件中刑民交叉时民事合同效力认定作出了“并不当然无效”的规定（第 12 条第 1 款）。该司法解释规定具有突破性意义，但犯罪行为与合同行为交叉的刑民交叉案件种类众多，普遍适用性存疑，刑民交叉语境下民事合同效力问题仍不够清晰。最终，《民法典》第 153 条第 1 款规定法律行为因违反法律、行政法规的强制性规定而无效的同时，明确规定“但是，该强制性规定不导致该民事法律行为无效的除外”，为认定部分涉及犯罪合同有效提供了法律上的依据。而《合同编通则司法解释》第 16 条则直接对《民法典》第 153 条第 1 款规定的“但书”进行解释，具体列举了违反强制性规定不影响合同效力的 5 种情形：（1）合同的实际履行对社会公共秩序造成的影响显著轻微，且认定合同无效将导致案件处理结果有失公平公正；（2）强制性规定旨在维护政府的税收、土地出让金等国家利益或者其他民事主体的合法利益而非合同当事人的民事权益，认定合同有效不会影响该规范目的的实现；（3）强制性规定旨在要求当事人一方加强风险控制、内部管理等，对方无能力或者无义务就合同是否违反强制性规定进行审查，认定合同无效将使其承担不利后果；（4）当事人一方虽然在订立合同时违反强制性规定，但是在合同订立后已经具备补正违反强制性规定的条件却违背诚信原则不予补正；（5）法律、司法解释规定的其他情形。这一过程反映了审判实践逐步摒弃“当然无效说”，涉及犯罪的合同并不当然无效观点逐步占据主流。

从各地法院裁判情况来看，尽管还存在因构成犯罪而当然认定合同无效的情形，但占比并不高。在一项统计中，以 2021 年之前构成骗取贷款罪的民刑交叉案件为研究对象，所提取的 288 篇有具体裁判结果的民事裁判文书中，认定合同有效的为 146 篇，占 50.69%，认定合同无效的为 104 篇，占 36.11%，认定合同可撤销、不成立的分别占 6.35%、6.95%。如果在认定合同无效的裁判中再剔除依据其他法定情形认定无效的情形，仅以合同当事人构成骗取贷款罪为由认定合同绝对无效的占比并不高。目前，实务界逐步摒弃了“当然无效说”，达成的基本共识是，在合同当事人构成犯罪的情况下，合同并不当然无效，是否无效要区分不同情况，不能一概而论。从审判实践观察，此类纠纷案件目前呈现如下特点：

1. 法律规定尚不健全。已有的法律、司法解释并非直接针对涉及犯罪合同效力本身。直接涉及这一问题的只有相关会议纪要等规范性文件，效力层级相对较低且仅对某一类案件或某一程序环节做出规定，未形成原则性的规范指引。

2. 实体问题与程序问题并存，还存在民事案件与刑事案件独立判断还是存在相互影响的不同理念。民商事审判中的民刑交叉是一个比较复杂的问题，涉及刑事审判和民事审判的程序衔接，选择不同的程序路径也必将影响到最终当事人实体权利的救济。以民刑交叉案件，民商事案件能否受理问题为例，之前这一问题存在争议，后来逐步明确了如下认识：民事诉讼与刑事诉讼在价值取向、诉讼目的、诉讼原则、证据认定标准、责任构成要件等方面均存在较大的差异，刑事法律关系与民商事法律关系、刑事责任与民事责任是完全异质的两种法律关系和法律责任，两者不能相互替代。因此，一般而言，只要民商事案件的当事人之间存在民商事法律关系的，民刑案件就应遵循分别受理、分别审理原则。最终在最高人民法院 2019 年发布的《全国法院民商事审判工作会议纪要》中，重点解决了民刑交叉案件的程序处理，对刑事案件和民事案件是否涉及“同一事实”以及是否需要分别审理，规定了把握标准和主要情形。其中第 128 条规定了一般的民刑交叉案件分别受理、分别审理原则，明确了同一当事人因不同事实分别发生民商事纠纷和涉嫌刑事犯罪，民商事案件与刑事案件应当分别审理，强调了司法实务对民商事案件应予受理情形。法院不能仅因涉及刑事犯罪嫌疑而不受理民事案件。目前审判实践中均以这一规则为指导，以是否为“同一事实”判断民事案件是否能够独立于刑事案件予以受理、审理。

3. 不同地区法院认识不同。针对同一类纠纷，例如涉众型集资诈骗罪所涉民事合同效力，有的法院认为涉及的借贷合同有效，有的法院就认为涉及的借贷合同无效。

4. 不同审判条线的观点不尽一致，刑事审判部门与民事审判部门往往存在观点分歧。刑事审判部门可能倾向于认定当事人行为构成犯罪的，应当仅适用刑事规范处理，不再适用相关民事法律。而民商事法官则认为，对刑事责任与民事责任分别适用各自规范予以认定，原则上不相互干涉；对民事合同效力的判断，应当以《民法典》及其他民事法律关于民事法律行为效力及合同效力问题的规定为直接依据。在民刑交叉案件中，涉及犯罪的合同纠纷，包括认定合同效力的认定，首先应当适用民事法律规范。

该文围绕着涉犯罪合同效力认定问题，明确了刑事上行为构成犯罪和民事上认定合同有效并不违反法秩序统一性原理，不能仅以构成犯罪为由当然否定合同效力，而应当根据民事法律进行独立判断。该文认为，应从《民法典》第 153 条第 1 款为核心的民事法律规范出发，在个案中进行综合判断。个案中认定合同效力时，结合刑法的规范目的、犯罪主体、犯罪时点、保护受害人等因素进行综合权衡。这一研究成果，与目前审判实践中对涉犯罪合同效力问题的观点也是极其符合的。

首先，通过综合因素考量确定合同效力，并认为合同是否有效的综合考量因素中，认为目的因素具有决定性，这也是目前审判实践中的倾向性观点。这一观点如能真正落实，具有重要意义。从《民法典》第 153 条第 1 款的表述看，违反强制性规定并不当然导致合同无效。一般来说，合同违反公法上的强制性规定，不仅在公法上应受到否定性评价，通常也需要私法予以配合，否定其在私法上的效力，如此才能形成合力，从而实现该强制性规定的立法目的。第 153 条第 1 款规定的但书，保证了在特殊情形下，考虑到由行为人承担公法责任即能够实现该强制性规定的立法目的，而认定合同无效则可能导致案件的处理结果有失公平公正，从而基于比例原则或者其他诸如诚信原则等价值考量，允许合同例外有效。这不仅不会造成法秩序的不统一，相反恰恰是更高层次的法秩序统一。在行为人仅承担公法责任不足以保障强制性规定的目的实现时，自然就有必要通过认定合同无效来实现该强制性规定的目的。相反，在行为人承担公法责任足以保障强制性规定的目的能够实现时，也就没有必要通过认定合同无效来实现该强制性规定的目的。

其次，关于合同是否有效的考量因素。司法实践中普遍观点认为，行为人在订立合同时涉嫌犯罪，或者已经生效的裁判认定构成犯罪，当事人或者第三人提起民事诉讼的，合同并不当然无效，并应从不同角度分析考量决定合同是否有效的多种因素。例如，有观点认为，法院应当结合犯罪主体是一方当事人还是双方当事人、合同内容与犯罪行为的关系、当事人意思表示是否真实等因素，依据《民法典》的有关规定认定合同效力。还有观点认为，判断犯罪行为是否影响合同效力，应区分犯罪行为涉及的是合同内容还是订立合同的手段或者方式（如是合同内容本身违法还是订立合同过程中采取了诈骗行为）；区分实施犯罪行为的主体与合同主体是不是同一主体；区分犯罪行为是发生在合同订立阶段还是合同履行阶段，影响合同效力的犯罪行为原则上应发生在合同订立阶段，如果是在合同的履行过程中发生犯罪行为，原则上不应影响合同效力，除非合同的履行必然导致犯罪。如《全国法院民商事审判工作会议纪要》第 128 条第 1 款第 2 项规定：“行为人以法人、非法人组织或者他人名义订立合同的行为涉嫌刑事犯罪或者刑事裁判认定其构成犯罪，合同相对人请求该法人、非法人组织或者他人承担民事责任的。”与第 3 项规定：“法人或者非法人组织的法定代表人、负责人或者其他工作人员的职务行为涉嫌刑事犯罪或者刑事裁判认定其构成犯罪，受害人请求该法人或者非法人组织承担民事责任的。”第 2 项所述情形由于刑事案件的被告人是行为人，而民事诉讼的被告是法人、非法人组织或者他人，故民事诉讼和刑事诉讼的法律主体和法律关系并不相同。刑事诉讼并不解决民事诉讼被告方的责任问题，故权利人需另行提起民事诉讼救济自己的民事权利，民事案件与刑事案件应当分别受理和审理。第 3 项所述情形下分别受理和审理的法理同第 2 项情形，但其与第 2 项规定的不同之处在于：本项规定着重强调的是法人或者非法人组织的法定代表人、负责人或者其他工作人员的职务行为构成刑事犯罪，被害人以单位为被告提起民事诉讼。而第 2 项则是除此之外的行为人以法人、非法人组织名义从事行为的情形。在司法实务中，原告提起民事诉讼主要基于两种法律关系提出诉求：第一种情形是行为人涉嫌犯罪，合同相对人主张构成表见代理、表见代表，要求行为人所在单位承担合同法律关系项下的民事责任。第二种情形是合同相对人认为单位对行为人具有管理上的过错，其管理上的过错导致相对人信赖行为人可以代表或者代理单位行为而致损失，诉求单位承担侵权赔偿责任。

再次，刑法分则具体罪名众多，该文选择了实务中与合同效力判断问题密切相关的两类典型犯罪，即诈骗类犯罪与非法集资类犯罪对合同效力影响进行了分析。根据具体犯罪罪名考察犯罪行为对于合同效力的影响更具有针对性。对于诈骗类犯罪，影响的系当事人的真实意思表示。审判实践中也认为，如果因民事欺诈严重到构成诈骗类犯罪程度，不给予受害一方选择权即认定合同无效，反而对受害人利益保护显著不足。例如，骗取贷款罪中，认定合同无效，相关担保将随之无效，甚至连追究犯罪分子违约责任的可能都没有了，不利于对受害一方利益的保护。这种利益失衡在该类案件中表现极为明显，所以实践中关于涉犯罪合同认定有效的突破也是从这类案件开始的。目前的基本观点是，在诈骗类等影响合同当事人真实意思表示的民刑交叉案件处理中，如果系合同一方主体构成犯罪，应当从民法中关于可撤销合同的法定事由入手进行分析判断。构成撤销事由的，支持受害一方当事人的撤销权。也即如果犯罪行为影响的仅仅是当事人一方意思表示的真实性，即使当事人一方构成犯罪，认定合同效力仍应根据《民法典》关于意思表示瑕疵的规定认定合同效力，不能仅因行为构成犯罪就认定合同无效。

在双方都构成犯罪的情况下，从意思表示的角度判断，只有双方对犯罪行为存在意思联络或通谋，才构成《民法典》第 146 条第 1 款规定的虚假意思表示。即使双方构成犯罪，但没有对犯罪行为存在意思联络或通谋，如一方为骗取贷款罪，另一方为违法发放贷款或国有企业失职被骗罪等，双方在此不存在共同犯罪的意思联络或通谋，则不构成合同无效。在合同各方都构成犯罪且通谋的情况下，可以认定构成恶意串通，因犯罪行为本身的社会危害性，可以认定同时具备损害他人合法权益要件，进而适用《民法典》第 154 条之规定认定合同无效。

当然，如要根据具体罪名全面考察犯罪行为对民事合同效力的影响，还需要补充考虑的是，除诈骗类犯罪等主要影响当事人真实意思的犯罪类型之外，还存在合同内容本身即构成犯罪的情形。如订立违法买卖枪支的买卖合同、行贿受贿、非法请托获得不当利益的委托合同等。在这种情形下，与影响当事人真实意思表示的合同效力认定不同，这类合同应当认定无效，实践中并无争议。难以解决的是认定合同无效后，不法原因给付如何处理的问题。

然后，该文对集资诈骗、非法吸收公众存款等涉众型犯罪所涉及合同效力问题进行了相对合理的解释，非常具有实践意义。集资诈骗、非法吸收公众存款等涉众型犯罪与其他犯罪对民事合同效力影响不同。《全国法院民商事审判工作会议纪要》第129条规定，针对集资诈骗、非法吸收公众存款等涉众型经济犯罪，对于受害人就同一事实提起的以犯罪嫌疑人或者刑事被告人为被告的民事诉讼，法院应当裁定不予受理，受害人的民事权利应当通过刑事追赃、退赔的方式保护。由此可见，对涉嫌涉众型经济犯罪的民商事案件受理、审理等问题，与普通的民刑交叉案件处理显然不同，不能单独审理，这就丧失了独立于犯罪行为之外认定相关民事合同有效的可能性。对涉嫌涉众型经济犯罪的民商事案件不予受理的依据是2014年颁布实施的《最高人民法院、最高人民检察院、公安部关于办理非法集资刑事案件适用法律若干问题的意见》和2019年颁布实施的《最高人民法院、最高人民检察院、公安部关于办理非法集资刑事案件若干问题的意见》的规定。对于该类民商事案件不予受理的理由是：其所涉人数众多、当事人分布地域广、标的额特别巨大、影响范围广，严重影响社会稳定。受害人的民事权利保护通过刑事追赃、退赔的方式一体解决，有助于被害人公平受偿，维护社会稳定。

就法律性质而言，涉众型民刑交叉案件与其他民刑交叉案件并无本质区别。目前法院对涉非法集资类金融犯罪的涉众型民刑交叉案件通常不作为民事案件受理，并未从理论上就涉众型的犯罪与普通犯罪区分处理进行合理化解释。涉非法集资类案件中仍然存在投资者向犯罪分子以外的保证人求偿、刑事案件处理结束后投资者继续就其未能获得偿付的部分追偿等问题，民事纠纷的处理仍然不可回避。该文积极从非法集资类犯罪规范目的实现角度，要求认定所涉合同一概无效，集资参与人自身行为具有不正当性，刑法应从非法吸收资金端予以否定性评价，民法应从集资参与端予以否定性评价，形成合力等观点，对这一问题的解释具有重要意义。

最后，实践中，还存在一些与涉犯罪合同效力问题密切相关的问题值得认真探讨：

1. 审理程序中的民事、刑事案件的审理顺序问题。刑事与民事各有其功能与价值，对权利的保护应该是平等的，不存在先后之分，故在处理合同类刑民交叉案件时应以“刑民并行”为基本原则，以“先刑后民”为例外。

2. 基于不法原因给付的返还问题。在合同因涉及犯罪等原因被认定无效后，对于给付标的物的一方能否要求对方返还财产，实践中仍存在较大的争议。例如违法买卖国家保护动物制品的合同被确认无效后，标的物给付一方能否要求返还已经给付的标的物？自《民法总则》实施后，由法院收缴违法所得已经没有法律依据，如果接受给付的一方不再承担返还财产的义务，就可能导致其因违法行为而获益。实践中，类似案件存在判决驳回诉讼请求、裁定驳回起诉、支持返还请求权以及收缴共四类处理方式，不支持返还的占多数。我国《民法典》没有对不法原因给付做出特殊规定，未来可以在实践中探索剥夺不法给付者的返还请求权。值得注意的是，在合同因违反强制性规定或者违背公序良俗被认定无效后，如果接受给付的一方不再承担返还财产的义务，就可能导致其因违法行为获得不当利益。考虑到《民法总则》实施后，由法院收缴违法所得已无法律依据，《合同编通则司法解释》第 16 条第 3 款规定了人民法院在审理合同纠纷案件时，如果发现合同存在违反强制性规定的情形但未经有关行政管理部门处理，就应当向有关部门提出司法建议；行为人涉嫌犯罪未被追究刑事责任的，也应当将有关案件线索移送有关部门。民事审判仅处理当事人之间在私法上的权利义务关系，在合同违反强制性规定的情况下，无论合同是被认定有效还是被认定无效，都可能导致当事人一方从违法行为中获利。如果此时不通过追究行为人的公法责任予以处理，就可能产生法院似乎是在保护违法行为的假象。司法解释给出了通过追究行为人公法上责任的解决方式，实现途径是由法院向有关部门提出司法建议、移送犯罪线索、告知当事人另行提起刑事自诉等。这一问题的真正解决还值得深入研究。

3. 民事合同有效的，合同义务与刑事中退赔、退赃如何协调的问题。如果认为犯罪行为不影响民事合同效力，合同有效，行为人承担合同责任；同时刑事犯罪中合同权利人又是刑事犯罪的被害人，属于退赃、退赔对象。由于刑事案件和民事案件审理的法律关系和救济的法益不同，在刑事判决判令追赃、民事判决判令责任人承担民事责任的情形下，应对追赃与民事责任的认定和执行进行协调，避免民事权利人（刑事被害人）双重受偿。[1]

4. 财产处置的顺位问题。在财产的处置顺位上，如果犯罪分子既被判处了罚金，同时又给被害人造成了经济损失需要承担赔偿责任，另外还需要承担其他民事责任的，应当坚持赔偿经济损失与民事责任优先，只有在赔偿经济损失和承担民事责任后尚有剩余，才可以用以承担刑事罚金和没收财产。

民刑交叉问题系审判实践中的热点难点问题，尽管最高人民法院通过发布典型案例和法律适用意见等方式给予指导，但司法实践中仍有若干疑难问题亟待解决。希望有更多的学者关注这一问题，加强这一问题的研究，给实践以更多的理论支撑。

---

〔1〕 在最高人民法院（2019）最高法民终 114 号民事判决书中，借款人被生效刑事判决确认为犯骗取贷款罪，法院认定相关银行借款合同因借款人欺诈而可撤销，贷款银行不主张撤销，该合同确定有效；借款人、保证人承担相应合同责任。但法院同时指出："本案执行程序中，如果相关刑事案件执行过程中发还国开行款项，则应冲抵柏杉林公司依本判决应支付的金额，执行法院应结合民事责任、刑事责任的认定，确定民事责任人应承担的民事责任范围和赃款退还的对象，避免民事权利人（刑事被害人）双重受偿。"

罪名的规范目标与合同效力

徐凌波 *

夏昊晗博士的这篇论文针对涉刑事犯罪合同的效力问题，在批判了当然无效论与原则无效论的基础上，主张犯罪的成立并非否定合同效力的充分条件，而应结合刑法的规范目的、被害人保护需要、犯罪主体、行为时点等因素进行综合权衡。该文从综合权衡论的立场出发，探讨了涉诈骗类犯罪合同与涉非法集资类犯罪合同的效力，主张前者的合同效力应为可撤销，而后者的合同效力应为无效。本文赞成该文的基本立场，犯罪的成立并不是否定合同效力的充分条件；反之，合同的有效性也并非否定犯罪成立的充分条件。对于该文的基本立场，即合同效力应当基于民法的相关规定进行综合衡量，本文持赞同意见。但对于报告中主张涉非法集资类犯罪合同的效力应当认定为无效的观点，本文则持保留见解。

一、法秩序统一原理下合同效力与犯罪认定的关系

违法与责任是刑法中阶层犯罪论体系的两大支柱。[1] 而法秩序统一原理在不法阶层具有基础性的意义。法秩序统一原理认为，同一个行为在整体法秩序中所受到的评价应当是一致的。一个行为如果在民法上被评价为合法，则其在刑法上也应当被评价为合法。但反之，一个行为如果在民法上被评价

* 南京大学法学院副教授。

〔1〕 参见张明楷:《以违法与责任为支柱构建犯罪论体系》，载《现代法学》2009 年第 6 期。

为违法，其在刑法上是否也当然违法，则存在争议。毋庸置疑的是，行为在民法上违法，并不当然等于行为成立犯罪。但这与法秩序统一原理之间是否存在矛盾，在刑法理论上则存在不同的观点。有的学者将在刑法上违法等同于具有刑事违法性即成立犯罪，因此认为，在不同部门法中违法的判断是相对的，民事违法性不同于刑事违法性，因此对于法秩序统一原理应当做缓和的、相对的、目的性的理解。也有学者区分了违法性与犯罪（刑事不法）的概念：行为是否违法，无论在民法还是在刑法中，都应是一致的。但违法的行为并不一定构成犯罪，这与法秩序统一原理并不矛盾。例如，出于暂时使用目的而拿走他人财物的行为，无论在刑法还是民法上都是违法的，但在刑法中，该行为由于缺少非法占有目的而不成立盗窃罪。这是刑法理论上违法一元论、违法多元论、缓和一元论所争论的焦点。〔1〕甚至在民法上违法的行为，在刑法上也仍然有可能是合法的。例如，我国《刑法》第20条第2款规定，“防卫明显超过必要限度造成重大损害的，是防卫过当”。《民法典》第181条第2款则规定，“正当防卫超过必要的限度，造成不应有的损害的，正当防卫人应当承担适当的民事责任”。从字面文义上看，《刑法》和《民法典》关于防卫限度的规定是不一致的。在防卫超过必要限度但不明显的场合，在刑法上仍成立正当防卫，阻却犯罪成立，但在民法上则要承担民事责任。

由此看来，法秩序统一原理尽管对于不法阶层具有重要意义，但也无法做绝对的理解。在刑法理论上，共识仅仅在于，其他法域中的合法行为，在刑法上也应当是合法的，因此，法秩序统一是合法性的统一。这仅仅意味着，刑法以外的法领域或者法秩序整体所承认的违法阻却事由也能够适用于刑法。〔2〕例如，我国《刑法》明文规定的正当化事由只有第20条的正当防卫与第21条的紧急避险。但在其他部门法中还可能存在更多种的正当化事由，比如《人民警察法》中关于警察职务行为的规定，就可以将警察在执勤过程中对公民造成的人身、财产伤害正当化。再如，《德国民法典》关于自救行为的规定，不仅是民法上的正当化事由，也可以在债权人私力行使债权符合

〔1〕参见马春晓：《法秩序统一性原理与行政犯的不法判断》，载《华东政法大学学报》2022年第2期。

〔2〕参见［日］松宫孝明：《刑法总论讲义》（第4版补正版），钱叶六译，中国人民大学出版社2013年版，第83页。

犯罪构成要件时作为正当化事由阻却犯罪成立。刑法学者对于合同效力的关注，也是基于这种合法性的统一。正如该文所述，相当多刑法学者将合同有效等同于行为合法，进而将合同有效视为一项类似于自救行为的违法阻却事由，从而否定犯罪成立，其中“帅某骗保案”即为典型。但是，值得注意的是，在这一推论过程中，合同有效与否在逻辑上是先于犯罪成立的。尽管帅某实施了欺骗行为，但由于除斥期间经过，合同仍然有效，以阻却其行为的违法性，进而否定保险诈骗罪的成立。民法上的当然无效说尽管也以法秩序统一原理为基础，但却是以犯罪成立为前提，再借用《民法典》第153条第1款有关违反强制性规定的合同无效规则，以否定合同的效力。此时犯罪的成立反而先于合同效力进行判断。

简言之，当然无效说与将合同效力作为出罪事由的观点，尽管均看似从法秩序统一原理中推导出来，但却无法同时成立。以“帅某骗保案”为例，与刑法理论试图借助合同有效否定帅英成立犯罪不同，本案之所以会案发，恰恰是因为保险公司采取了当然无效论的思路。本案中，保险公司的合同解除权因除斥期间已经超过而失去，合同生效，保险公司应按照合同进行理赔。但是如果采取刑事途径，认定帅英成立犯罪，则可以基于当然无效论，否定保险合同的效力，拒绝理赔。从同一个大前提中推论出两个不能同时成立的推论，必然意味着推论过程出现了逻辑错误：将合同有效等同于行为合法。因此在基本立场上，本文与该文的观点一致，合同的效力与犯罪的成立是民法与刑法各自的问题，应当根据具体的民事和刑事法律规定分别进行独立判断。这种独立判断并不违背法秩序统一原理。

二、涉非法集资类犯罪合同的效力问题

在具体的涉刑合同效力问题上，该文区分涉诈骗类犯罪与涉非法集资类犯罪合同，其中非法集资类犯罪包括《刑法》第176条非法吸收公众存款罪与第192条集资诈骗罪。该文主张，涉非法集资类犯罪的借贷合同应当无效，集资参与人只能拿回本金，但不能享受利息、罚息，也不能在债务人欠缺履行能力时，以担保人的财产获得清偿。文中理由主要包括以下四点：

第一，在非法吸收公众存款案件中，集资方与集资参与人订立的借贷合同违反了《商业银行法》第 11 条第 2 款的规定，即未经批准任何人不得从事存贷款等商业银行业务。该条是有关存贷款业务的特许经营规定，只有获批设立的商业银行可以从事存贷款业务，因而属于效力性强制性规定，违反该规定将导致合同无效。

第二，非法吸收公众存款罪与集资诈骗罪的规范目标在于维护金融秩序这一公共利益，防范化解系统性金融风险。只有宣告非法集资案件中的个别借贷合同无效，才能实现这一规范目标。

第三，该文中援引了 2014 年《最高人民法院、最高人民检察院、公安部关于办理非法集资刑事案件适用法律若干问题的意见》（以下简称《非法集资意见》）的规定，“向社会公众非法吸收的资金属于违法所得。以吸收的资金向集资参与人支付的利息、分红等回报，以及向帮助吸收资金人员支付的代理费、好处费、返点费、佣金、提成等费用，应当依法追缴。”该规定表明，该司法解释否定了集资参与人对利息、分红的请求权。

第四，非法集资类犯罪中不存在真正意义上的受害人。在非法吸收公众存款罪中不存在被害人。而集资诈骗罪与非法吸收公众存款罪之间的界限非常模糊，集资诈骗的被害人也仍是出于追逐高额回报的动机而无视了显而易见的资金风险，难以称得上是值得保护的被害人。

对于此类合同最终是否有效的问题，本文在结论上持开放态度。但从刑法的角度看，该文提到的以上四点理由，存在值得商榷之处。

（一）《商业银行法》第 11 条第 2 款与非法吸收公众存款罪的关系

我国 1995 年《商业银行法》第 3 条和第 11 条明文规定，只有商业银行才具有经营吸收公众存款和发放贷款的合法资质。同年全国人大常委会通过《关于惩治破坏金融秩序犯罪的决定》第 7 条增设了非法吸收公众存款罪，并最终为 1997 年《刑法》第 176 条所吸收。从历史沿革的角度看，现行《刑法》中非法吸收公众存款罪确实与《商业银行法》第 11 条的规定密切相关。但是，随着非法集资模式的不断更新迭代，当前非法吸收公众存款罪的规制范围，已不再仅限于《商业银行法》中所规定的“未经许可从事吸收存款业务”。本罪的前置行政法律规定，也不仅限于《商业银行法》，还包括2021年国务院颁行的《防范和处置非法集资条例》。该条例第2条规定，本条例所称非法集资，是指未经国务院金融管理部门依法许可或者违反金融管理规定，以许诺还本付息或者给予其他投资回报等方式，向不特定对象吸收资金的行为。其中便不再采用吸收“存款”的表述，而是“吸收资金”的表述。从文义上看，“非法集资”“非法吸收资金”所涵盖的范围要广于“非法吸收公众存款”。尽管在理论上存在质疑的声音，[1]但当前司法实践中，非法吸收公众存款罪已经被扩张解释为非法吸收资金，其行为方式并非字面意义上的吸收存款，其非法性的判定基础也并非违反《商业银行法》第11条特许经营规定，而是《防范和处置非法集资条例》。在这种情况下，即使认为《商业银行法》第11条第2款的特许经营规定是效力性强制性规定，对于涉非法集资类犯罪合同的效力判断的影响也较为有限。

（二）非法集资类犯罪的规范目标解释问题

该文区分了涉诈骗类犯罪合同与涉非法集资类犯罪合同，其中将涉贷款诈骗犯罪合同归为前者，主张其效力为可撤销，而将涉集资诈骗犯罪合同归为后者，主张其效力应为无效。区分的理由在于，前罪的保护目标在于保护被害银行的信贷资金安全，将贷款合同效力认定为可撤销，有助于加强对银行的财产保护，而后罪的保护目标则在于维持金融秩序，防范化解系统性金融风险，只有将集资过程中的单个借款合同认定为无效，才能够实现该目标。但是在刑法解释论上，如何确定我国刑法中具体罪名，尤其是新设立的法定犯罪名的保护法益即规范目标，是存在争议的。理论上对于特定罪名的保护法益也存在不同的观点。[2]该文所涉及的两类犯罪，诈骗类犯罪与非法集资类犯罪存在密切联系，所涉合同的效力结论却大相径庭，存在疑问。

特别是《刑法》第192条集资诈骗罪与第193条贷款诈骗罪在现行刑法中的体系位置均为《刑法》分则第三章第五节金融诈骗罪，并被认为针对特定对象（银行贷款、集资款）的特殊诈骗，在构成要件上具有相同的结构，

---

〔1〕 参见王新：《非法吸收公众存款罪的规范适用》，载《法学》2019年第5期。

〔2〕 参见张明楷：《具体犯罪保护法益的确定方法》，载《现代法学》2024年第1期。

客观上要求发生财产损害，主观上要求行为人具有非法占有目的。我国传统的犯罪客体理论中，两罪的犯罪客体均为复合客体，即既保护国家的金融秩序这一公共法益，又保护财产这一个人法益。在这种体系位置完全相同、构成要件结构基本同构、只是犯罪对象存在区别的情况下，认为这两个复合客体的罪名，一个侧重于保护财产安全，另一个则侧重于保障金融秩序，这个结论有些仓促。

（三）非法集资类犯罪被害人的要保护性

关于贷款诈骗罪与集资诈骗罪规范目的侧重点的不同解读，进一步导致了两罪被害人所受保护的不平等。按照该文的观点，涉及贷款诈骗罪、骗取贷款罪的贷款合同效力应为可撤销，银行如果承认合同的效力，则仍然可以继续获得贷款利息，在债务人没有履行能力时，由于担保合同仍然有效，仍可通过担保财产保障自己的债权得到实现。相反，在涉及非法集资类犯罪时，该文则并不认为此类案件中的被害人或者说集资参与人是无辜的善意第三人，而是认为集资参与者是在国家已经通过一系列法律规定宣示了未经许可募集资金活动的非法集资性质，宣传非法集资活动的危害性的情况下，仍然出于获取高额回报的冒险投机心理，参与非法集资活动，缺乏正当性，因而不值得保护。

诚然，在非法集资类案件，该文所描述的集资参与人不在少数。然而，一方面，合同相对方是否具有逐利的动机，应该不是认定其是否善意的标准。另一方面，这种出于获取高额回报而冒险参与者也很难认为是所有集资参与人的共同特征。

特别是在集资诈骗案件中，由于集资诈骗罪的成立必须满足普通诈骗罪的基础成立条件，即被害人因为陷入认识错误而交付财产，集资诈骗案件的被害人显然与出于投机冒险心理而积极参与集资者的人物画像相去甚远。2022年最高人民检察院、最高人民法院分别发布了打击整治养老诈骗犯罪典型案例，其中有多起专门针对老年人，以投资养老产业名义实施的集资诈骗犯罪。在这些案件中，行为人利用了老年人认知能力下降、晚年缺乏关爱等弱点来实施集资诈骗犯罪，其对财产的逐利目的只是其人性的弱点，而不能成为削弱法律保护的理由。

此外，尽管国家通过各种途径宣传非法集资的危害性，但在现实的经济活动中，各类非法集资活动可能通过令人眼花缭乱的金融衍生品精心包装，难以识别。例如，2023 年最高人民法院、最高人民检察院联合发布的“依法从严打击私募基金犯罪典型案例”之一“苏某明等人非法吸收公众存款案”中，被告人作为私募基金管理人，假借私募基金的合法经营形式实施非法集资活动。在这类案件中，难以认为缺少专业金融知识的个体金融消费者是在明知存在极高投资风险的情况下仍然选择了积极追逐高额利润回报。

更何况，若将贷款诈骗罪的被害人银行与集资诈骗罪的被害人进行比较，还会凸显法律对银行与公民个人财产保护上的不平等。相较于个体公民，拥有完善的内部风控制度、专业金融知识以及较强的财产执行能力的银行，通常拥有更高的识别金融诈骗伎俩的能力。若认为前者是无辜的善意相对人，而后者则仅仅因其逐利动机就认为其缺少要保护性，恐怕是难以成立的。

（四）非法集资类犯罪案件的涉案财物处置

该文还引用了《非法集资意见》中关于依法追缴用吸收资金向集资参与人支付的利息分红的规定，认为该规定否认了集资参与人的利息请求权，相应地认为此时集资参与人的借贷合同应为无效。这里涉及涉案财物处置时刑民规则的不一致。该文的逻辑是，非法集资类犯罪的规范目标在于维护金融秩序这一公共利益，因此所涉借款合同无效，债权人只能拿回本金而不享受利息；而诈骗类犯罪的规范目标在于保护公民个人财产，所涉借款合同可撤销，债权人如果追认仍可继续获得利息收益。但在刑法上，如果所涉罪名是侵害公共法益的犯罪，涉案财物的处置规则不仅是否定利息，而且是没收后上缴国库。

《刑法》第 64 条规定：“犯罪分子违法所得的一切财物，应当予以追缴或者责令退赔；对被害人的合法财产，应当及时返还；违禁品和供犯罪所用的本人财物，应当予以没收。没收的财物和罚金，一律上缴国库，不得挪用和自行处理。”具体到非法集资类犯罪中，如果认为本罪的规范目标不在于保护个人财产安全，甚至不存在值得保护的被害人，则涉案的资金应当全部没收并上缴国库，而不是简单地对利息请求权的否定。在这种涉案财物处置规则下，需要慎重解读所涉罪名的规范目标以及参与者的要保护性。

至于《非法集资意见》中追缴利息分红的规定，我认为不宜解读为所涉借款合同无效，而是对涉案财物处置的规则。一方面，其中规定所追缴的范围是“用吸收的资金向集资参与人支付的利息、分红”，由于吸收的资金属于非法集资类犯罪的犯罪所得，《非法集资意见》只是适用了《刑法》第 64 条的犯罪所得追缴规则。另一方面，非法集资类犯罪往往具有债权人众多、牵涉范围广泛的涉众型特征，司法机关在处置涉众型经济犯罪的涉案财物时需要兼顾判决的政治效果、社会效果与法律效果。在非法集资案件中，由于所涉人数众多，集资方资金链断裂后，财产不足以清偿所有参与人的债权，此时出于平等保障大多数集资参与人利益的考虑，可能需要对涉案资金进行统筹安排，避免出现不能平等受偿的情况。

刑民交叉合同效力认定评述

蔡正华*

夏昊晗博士在论文中提到：（1）刑法与民法的评价对象不一致，刑事上构成犯罪并不必然意味着合同损害社会公共利益，故而不得仅以构成犯罪为由当然否定合同效力，而应当依据民事法律进行独立判断，在具体个案中结合刑法的规范目的、犯罪主体、犯罪时点、保护受害人等因素进行综合权衡。（2）诈骗类犯罪涉及的合同效力为可撤销，而非法集资类犯罪，无论是非法吸收公众存款罪还是集资诈骗罪，涉及的合同均应作无效认定。

对于该文提到的"刑事上构成犯罪并不必然导致合同无效"等论述，本人对此表示赞同。首先，从规范目的上看，刑法和民法的规范目的不同，评价对象也不一致。违反刑法将导致刑事制裁的适用，而认定合同无效并不是一种制裁，也不是法律责任形式，只是对当事人合意进行否定评价，是对合同内容是否符合法律的强制性规定所作的判断。民事上认定相关合同无效并不一定能够与刑罚手段相对应并起到惩罚犯罪人的效果。民事审判中给予犯罪人惩罚的方式既可以是要求其承担违约责任或缔约过失责任，也可以是要求犯罪人继续履行合同义务。合同无效不仅不是唯一的评价方式，更有可能造成适得其反的评价效果。其次，从法益保护的功能上看，一概认定违反刑法的合同无效，将混淆刑法和民法保护的法益和功能。例如，非法集资的犯罪中，贷款人对借款人的非法集资并不知情。虽然刑法要对借款人的行为予以刑事处罚，但是民法应当保护不知情的贷款人，否则不仅贷款人得不到充分保护，也会妨碍正常的交

* 盈科律师事务所全国刑民交叉法律专业委员会主任。

易安全及信赖保护。又如，构成骗取贷款罪，当然应当追究犯罪行为人的刑事责任，但不能因此就宣告借款合同无效而担保人也不再承担担保责任，否则就会损害被骗的贷款人利益，使其遭受更大的损害。最后，从损害后果来看，刑法要求行为具有社会危害性，侵犯法益的程度达到值得科处刑罚程度的行为才可能构成犯罪。从民事上看，如果该行为并未严重损害社会公共利益，也不一定导致合同无效。因此，涉嫌刑事犯罪并不必然阻却合同效力，合同效力应根据民事法律的相关规定及结合具体情形予以判断。

但对于该文主张在非法集资类犯罪中所涉及的合同均无效的观点，本人认为有三点值得讨论和商榷:（1）非法集资犯罪（包括非法吸收公众存款罪、集资诈骗罪）中涉及的借款合同、担保合同是否一定要认为无效，才能达到刑事、民事评价统一?（2）集资参与人本身行为是否一定具有不正当性，特别是在集资参与人不知晓借款人系进行非法集资类违法犯罪活动时，集资参与人的法益是否需要被保护？保护的范围及请求权基础为何?（3）对于同一法律事实下的刑民交叉案件，能否通过刑民交叉程序再改造，对集资参与人、案外第三人的实体诉权予以协调与约束，以实现公法/刑法管制目的与私人自治之间的精妙平衡?

一、非法集资类犯罪中涉及的借款合同及担保合同的效力认定

（一）对“非法吸收公众存款罪中借款合同无效认定”的再商榷

该文在分析非法吸收公众存款罪中借款合同效力的认定时，一是从《刑法》第176条非法吸收公众存款罪的刑法规范目的切入，认为此罪保护的法益为金融管理秩序，如果认定合同有效，会导致该规范目的落空；二是论述集资参与人参与非法集资活动本身缺乏正当性，认定合同有效反而不利于打击非法集资活动，进而否认在此罪中借款合同的效力。但笔者认为,《刑法》第176条不应当成为此罪中合同效力的认定依据。《刑法》对非法吸收公众存款犯罪行为的否定性评价，重点在于对违反或扰乱国家金融管理秩序行为的否定评价，而不是对双方当事人合意借贷的效力评价。合同效力判断仍应当

在民事法律规范领域进行分析，涉嫌非法集资的刑事犯罪并不必然导致民间借贷合同无效。且在集资参与人不知晓非法集资犯罪行为的情形下，如果一律认为合同无效，集资犯罪行为人将免除自身支付约定利息的合同义务，难谓合理公平。具体分析如下：

1. 主要交易模式与行为构造

对于非法吸收公众存款罪中借款合同的效力问题，主要研究的交易构造与行为模式为：出借人与集资人在集资人“他融型”集资交易模式下订立借款合同。具体如下：

集资人系借款人且同第三人签订借款合同（“他融型”集资行为），存在着两个独立的借款合同法律关系，分别是出借人与集资人之间的借款合同关系，以及借款实际使用人与集资人之间的借款合同关系。其中集资人与借款实际使用人订立的借款合同效力相对容易判断。根据2020年《民间借贷规定》第13条的规定：“具有下列情形之一的，人民法院应当认定民间借贷合同无效：……（二）以向其他营利法人借贷、向本单位职工集资，或者以向公众非法吸收存款等方式取得的资金转贷的……”集资人与借款实际使用人之间订立的借款合同明显属于“以向公众非法吸收存款等方式取得的资金转贷”而建立的民间借贷合同，应属无效合同。

难以判断的是出借人与集资人之间订立的借款合同的效力，因为此时往往出现集资人触犯非法吸收公众存款罪的情形。

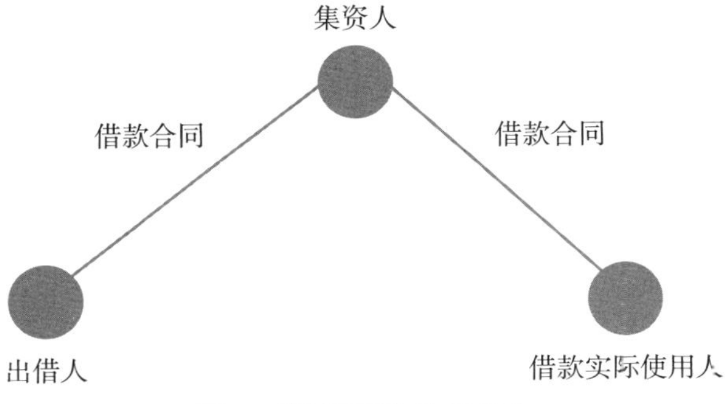

图1 “他融型”集资行为

2. 合同效力判断的应然路径

在判断合同效力的应然路径上，无论是根据《民法典》第 153 条第 1 款采用类型化抽象分析法、苏永钦提到的 8 项要素指引下之案例归纳法[1]还是公序良俗标准个案审判比对法，都无法得出合同必然无效的结论。《民法典》第 153 条起到了判断借贷合同效力的一般条款之功能。在案件出现符合《民法典》第 144 条（无民事行为能力人实施的民事法律行为的效力）、第 146 条（通谋虚伪表示中外部民事法律行为的效力）和第 154 条（双方当事人恶意串通损害第三人利益的民事法律行为的效力）等规定的情形时，即可直接根据这些特殊规定得出合同无效的结论，而无须再依据《民法典》第 153 条第 1 款进行判断，从而减轻论证负担。除此之外的其他情形，应以作为转介条款的《民法典》第 153 条第 1 款（强制性规定对于合同效力的影响）和 2020 年《民间借贷规定》第 13 条第 4 项（出借人在订立借贷合同前的主观过错程度）作为规范基础。此外，《合同编通则司法解释》第 16 条第 1 款规定重申了涉嫌刑事犯罪不必然否定合同效力，即虽然合同违反了法律、行政法规的强制性规定，但“由行为人承担行政责任或者刑事责任能够实现强制性规定的立法目的的”，法院不必宣告合同无效。

就《刑法》第 176 条规定的非法吸收公众存款罪究竟是否属于民法上的效力性强制性规定问题，刑法认定集资行为人的单方行为构成犯罪，而民法处理的是缔约双方的法律行为的有效性问题，不应当为了惩罚一方的犯罪行为而直接否定双方法律行为的效力。刑法对非法吸收公众存款犯罪行为的评价重点在于对违反或扰乱国家金融管理秩序行为的否定，而不是双方当事人合意借贷的效力。且非法吸收公众存款罪的具体行为由多个单笔民间借贷行为组成，该罪名惩罚的是“借贷的集合”，而非其中包含的单笔民间借贷。对单个民间借贷行为进行考察，完全有可能具备合同有效的全部要件。因此，《刑法》第 176 条并非否定借贷合同的效力性强制性规定，不能以集资犯罪行

---

〔1〕苏永钦教授对案例方法归纳的 8 项要素为：管制法益、管制取向、管制领域、管制重心、管制性质、管制强度、管制工具、管制本益。参见苏永钦:《以公法规范控制私法契约——两岸转介条款的比较与操作建议》，载苏永钦:《寻找新民法》，北京大学出版社 2012 年版，第 303～305 页。

为人 / 被告人构成该罪而认定借贷合同无效，否则将有违刑法的谦抑性，更可能严重扰乱市场经济秩序。同样地，《商业银行法》第 47 条规定："商业银行不得违反规定提高或者降低利率以及采用其他不正当手段，吸收存款，发放贷款。"第 74 条第 3 项规定了违反该条的行政责任。并不能想当然地认为，因公法设有行政处罚、刑罚等制裁措施，违反该规定的合同即当然在私法上发生无效的"延伸效果"。

从刑罚目的来看，在非法吸收公众存款罪中，出借人 / 集资参与人可能是证人和受害人，也可能拉拢、介绍、吸收别人的资金而成为刑事被告人。在出借人对于集资犯罪行为人的犯罪行为及全部借款并不知晓的情况下，如果认定非法吸收公众存款犯罪中的借款合同无效，那么借款合同中约定的利息和相关债权担保均无从实现。囿于"先刑后民"刑民交叉案件处理程序，受害人在刑事追赃程序中往往无法弥补自身损失。这意味着集资犯罪行为人将免除自身支付约定利息的合同义务，且担保人免除相应担保责任，最终变相地允许集资犯罪行为人从犯罪行为中获利，导致债权人的利益遭受严重损害。故不能以集资犯罪行为人 / 被告人构成该罪而认定借款合同无效。

因此，就非法吸收公众存款罪中借款合同的效力问题，应当根据出借人 / 集资参与人在合同订立之前的主观过错程度来判断：当出借人明知或应当知道借款人系进行非法集资类违法犯罪活动的，则该借款合同无效；当出借人主观上无过错或是构成一般过失时，该借款合同仍然有效。在判断出借人主观是否故意或有重大过失时，应围绕出借人是否知道或者应当知道借款人存在向不特定公众借款的事实，以及归集资金后将会用于放贷等金融资本活动等。具体可以从出借人的受教育程度、从事职业、获取借款人信息的渠道方式、借款人承诺的利息或回报数额与支付方式、借款人向出借人披露的筹借资金的未来用途、借款人对借款行为的社会宣传程度等多项因素综合考量，作出最终判断。此外，需要注意的是，在民间借贷的情形中，当出借人系自然人而非法人时，需要对其主观上的可预见能力和判断能力降低一定标准，更为审慎地认定其主观上存在故意或重大过失。

（二）对“集资诈骗罪的借款合同无效认定”的再商榷

该文在关于“集资诈骗罪的借款合同效力”的论述中，同样从此罪的刑事法律规范目的出发，认为集资诈骗罪的规范目的在于防范系统性、区域性金融风险，维护金融安全。故集资诈骗罪对合同效力的影响，应比照非法吸收公众存款罪进行认定，且集资参与人自身行为本身具有不正当性，其法益不应当受保护，进而否认涉及此罪的借款合同效力。

但笔者认为，根据前述立场，此罪中借款合同效力的认定仍应当在民事法律规范领域进行分析。刑法评价的是该集资诈骗行为是否严重到触犯刑法而需要刑罚处罚的程度，而民法评价的是合同行为是否为当事人真实意思表示一致的结果，是否要赋予该行为以私法上的效力。故涉嫌非法集资的刑事犯罪并不必然导致借款合同无效。集资诈骗也是由多个民间借贷行为组成，但与非法吸收公众存款罪不同，集资诈骗中每个民间借贷行为都属于合同欺诈，即犯罪人在订立借款合同时故意告知对方虚假情况或者隐瞒真实情况，诱使对方作出错误意思表示，与自己签订借款合同。此种情形下与《民法典》第 148 条规定的民事欺诈无异，应属于可撤销合同，受欺诈方有权请求法院或者仲裁机构予以撤销。

（三）对“非法集资犯罪中担保合同无效及担保人免责”的再商榷

该文认为在非法集资犯罪中，集资参与人本身的行为缺乏正当性，若认为担保合同有效，则集资参与人可以请求担保人承担担保责任，将自己的投资风险全部转嫁给担保人承担，难谓公平合理。但笔者认为，非法集资犯罪中涉及的担保效力系于借款合同效力的认定，在集资参与人不知晓非法集资的犯罪行为的情形下，集资参与人的利益也应当受到保护。

1. 非法集资犯罪中担保合同的效力

非法集资犯罪中担保合同的效力系于借款合同的效力。担保合同作为从合同，应当根据作为主合同的借款合同的效力有无等情况，分别讨论担保合同的效力。如果担保合同有效，担保人应当依合同约定承担担保责任自不待言。而在担保合同无效情形中，导致担保合同无效的原因有两种：第一种是主合同有效，担保合同因自身不具备有效要件而无效。担保合同自身无效包括以下三类原因：（1）担保主体不适格。例如，国家机关、企业内部职能部门、无民事行为能力人作为担保人等，属于法律规范禁止的情形，应当属于无效。（2）担保合同缺乏必备形式要件。（3）担保合同自身内容违法。第二种是主合同无效，导致作为从合同的担保合同亦无效。此时担保人是否需要承担责任，需要根据上述不同情况区分处理。

2. 非法集资犯罪中担保人的责任范围

根据《最高人民法院关于适用〈中华人民共和国民法典〉有关担保制度的解释》第 17 条第 1 款的规定可知，在借款合同有效而担保合同无效的情形中，担保人有过错而债权人无过错的，担保人对债务人不能清偿的部分承担赔偿责任；债权人与担保人均有过错的，担保人承担的赔偿责任不应超过债务人不能清偿部分的 1/2。因借款合同无效导致第三人提供的担保合同无效的，担保人无过错的，不承担赔偿责任；担保人有过错的，其承担的赔偿责任不应超过债务人不能清偿部分的 1/3。

对于担保人有无过错及过错的程度，应根据担保合同无效的具体原因、主合同与担保合同签订的过程、过错属于故意还是过失来确定，例如对借款人吸收公众存款的行为是否知晓，以及是否及时、充分地告知了债权人。担保合同无效时担保人责任的范围限于债务人无力清偿的债务，即通过强制执行或者按破产程序执行债务人的财产仍无法清偿的缺额部分。

从比较法上看，例如，《日本民法典》相关规定，对于因行为能力的限制而可撤销的债务提供保证的人，如果于保证契约订立当时知其撤销原因，在主债务人不履行或其债务被撤销的情形，推定其负担同一标的的独立债务。该规定明确，保证人知晓主合同无效的原因却仍然提供保证时，即使主债务无效，保证人也应当对此承担全部清偿责任。这是因无效债务给债权人造成损失而被强制承担的法定责任。[1]

3. 借款合同约定内容变更对担保合同效力及担保人责任范围之影响

在借款合同有效的情况下，如果出借人与借款人没有经过担保人同意，

---

〔1〕 参见刘宪权、翟寅生：《刑民交叉案件中刑事案件对民事合同效力的影响研究——以非法集资案件中的合同效力为视角》，载《政治与法律》2013 年第 10 期。

对借款合同的本金与利息做了变更，根据《民法典》第 695 条第 1 款的规定，如果该变更减轻债务的，保证人仍对变更后的债务承担保证责任；加重债务的，保证人对加重的部分不承担保证责任。

二、集资参与人的返还请求权和损害赔偿请求权

该文对于集资参与人的保护范围及请求权基础并未论及。对此，本人认为可以从以下几个方面展开。

（一）集资参与人的本金与利息请求权

1. 本金请求权

借款合同属于一类典型的消费借贷合同。当借款合同有效时，集资参与人享有的是基于合同产生的本金返还请求权；当借款合同无效时，转化为不当得利返还请求权。在借款合同无效时，参考比较法上的做法与我国实践，不应考虑不当得利法上的不法原因给付排除规则。因此，借款合同有效与否，都不影响集资参与人的本金返还请求权。

2. 利息请求权

在出借人主观系属善意的情况下，没有任何理由以《刑法》中的非法吸收公众存款罪的罪名来判定集资参与人的出借资金行为是违法行为，所以集资参与人的利息是其合法收入。集资参与人可以依据合同的约定，依法向集资人主张支付利息。易言之，在借款合同有效的情况下，集资参与人向集资人得主张的返还请求权范围涵盖了本金与合同约定的全部利息；当然，超过法定最高利率标准的部分则无权主张。因此，利息收入属于善意集资参与人的合法收入，不应被剥夺。根据 2020 年《民间借贷规定》第 25 条第 1 款，利息范围不得超过合同成立时一年期贷款市场报价利率的 4 倍。

（二）借款合同有效时集资参与人的迟延赔偿请求权

《民法典》第 676 条可以成为集资参与人向集资人主张此类迟延的损害赔偿的依据。当然，主张此类迟延损害赔偿时，需要明确借款人是否在借款期

限届满或是约定的利息给付期限届满后仍未还款或支付利息，所以还需要结合《民法典》第 674 条与第 675 条之规定来确定相应的期限。

迟延损害赔偿请求权的范围根据借款合同有无约定逾期利率分别处理。根据 2020 年《民间借贷规定》第 28 条的规定，首先应考虑借贷双方对逾期利率是否有约定，有约定的从其约定，但是以不超过合同成立时一年期贷款市场报价利率 4 倍为限。当事人未约定逾期利率的，法院可以区分两种情况处理：其一，约定了借期内利率但是未约定逾期利率的，此时集资参与人可以主张集资人自逾期还款或逾期支付利息之日起，按照借期内利率支付资金占用期间利息；其二，对借期内利率和逾期利率都未约定的，集资参与人有权要求集资人在逾期履行之日起承担逾期还款的损害赔偿责任，责任内容就是参照一年期贷款市场利率标准计算逾期内的支付义务。当然，在第一种情况下的义务范围还需要受到2020年《民间借贷规定》中有关利率上限的限制，尤其是在借款合同还约定有违约金或者其他费用的情况下，迟延履行的损害赔偿、违约金与其他费用总额合计不得超过合同成立时一年期贷款市场报价利率 4 倍，超出部分将不属于集资参与人得主张的损害赔偿请求权的范围。

（三）借款合同无效时集资参与人的侵权损害赔偿请求权

借款合同无效时，集资参与人向集资人得主张之损害赔偿请求权应为《民法典》第 157 条所规定之损害赔偿请求权。就第 157 条规定的损害赔偿请求权的性质，究竟属于缔约过失而产生的损害赔偿请求权，还是因侵权而产生的损害赔偿请求权？本文认为侵权责任相较缔约过失责任更具有合理性，具体理由为：（1）以本文所讨论的因适用《民法典》第 153 条令借款合同无效的情况，无论是集资参与人还是集资人均有过错，即故意或过失地违法、悖俗，而当事人之间并不存在着确保合同有效的义务。（2）至于因欺诈令合同可撤销的情况，欺诈行为本身即属于违反保护他人之法律的情况，故而可以落入第 1165 条第 1 款的射程范围内。（3）采侵权损害赔偿请求权说，也有助于在法律行为当事人一方与第三人共同欺诈时，根据第 1168 条之规定，令其向受欺诈方承担连带责任，更好地保护受欺诈方的权益。（4）从侵权责任的构成要件（行为、损害、因果关系、过错）来看，行为与因果关系较容易判断。就过错的判断来说，在集资参与人订立借款合同的过程中，往往是由集资人的普通职员来完成缔约的，而非集资人的法定代表人等直接缔约。在确认集资人是否构成侵权责任时，还需要视该普通工作人员的行为是否符合相关侵权责任的构成要件而定。

侵权损害赔偿请求权在范围上需要注意与有过失制度的适用，根据集资参与人与集资人各自过错程度的比较进行计算。对于实践中常见的集资人责任财产不足的情况，应当通过对《民法典》第 1191 条第 1 款的解释，认定作为用人单位的集资人与作为工作人员的集资人的实际控制者、主要组织者、主要工作人员等对集资参与人负连带责任，以实现集资参与人的追偿权。

在比较法上，这种由雇员与雇主共同向受害人承担连带侵权损害赔偿责任的情形亦非鲜见。例如，在德国法中，规定了事务辅助人责任或称雇主责任的《德国民法典》第 831 条所创立的仅是雇主对于被害人责任的规则，而未涉足辅助人责任的减轻或是免除。如果辅助人的行为同时满足《德国民法典》第 823 条以下的责任构成要件，则其就在雇主之外同时担责。就如《德国民法典》第 840 条第 1 款所明示的那样，雇主与辅助人依据《德国民法典》第 421 条以下的规则在外部关系中作为连带债务人。因此，受害人可以在辅助人或雇主之间择一请求其承担全部范围的损害赔偿责任。

三、通过刑民交叉程序再造以平衡和约束实体诉权

该文为了达到刑事、民事评价的统一性，打击集资参与人本身非法获取高额利息的不当行为，从民事实体法上对民事合同效力予以否定性评价。但笔者认为，根据上述论述立场，如果行为人已被追究刑事责任，相关刑事规定的规范目的已经实现，就无须再从民法上否定合同效力，否则不利于保护合同当事人特别是无过错的当事人利益，反而会发生违反立法目的的效果，使相关社会关系遭受更大的损害。

当前司法实践中，对于刑民交叉案件审理程序衔接问题，主要症结在于：第一，刑民交叉案件处理原则究竟是“先刑后民”，还是“刑民并行”？第二，“刑民并行原则”下是否有例外？第三，当事人在非法集资犯罪所涉财物追赃

程序中未申报债权，非法集资犯罪所涉财物已分配完毕或考处理程序终结后，应当如何救济？

笔者认为，对于第一个问题，“先刑后民”处理原则看似避免刑法与民法在解决纠纷中出现评价矛盾，以刑事纠纷的审判作为民事纠纷的调处的依据，但“先刑后民”原则有悖于法秩序所要求的“调整对象不同，应适用不同规则”的原则，亦有悖于不同事实要件将产生不同法律后果的法秩序原理，更可能导致刑事责任适用范围的不当扩张，产生以刑事责任完全替代民事责任的后果，进而导致当事人民事权利被架空，动摇法秩序统一的根基。[1] 特别是，“先刑后民”的原则有导致民事案件刑事化的趋势，变相鼓励人们通过刑事诉讼方式获得案件信息。在诉讼实践中，这种“先刑后民”常常被民事诉讼案件的被告作为拖延诉讼甚至是逃避民事责任、规避义务履行的诉讼策略。

因此，在刑民交叉案件中，“刑民并行”才是解决刑民交叉案件的基本原则，即同一案情涉及刑事犯罪与民事纠纷时，只要某一纠纷不是必须以另一纠纷的解决为前提，就应按照各自程序分别推进解决。这一点也体现在 2019 年《全国法院民商事审判工作会议纪要》第 128 条第 1 款规定中。该规定类型化了民刑交叉案件分别受理、分开审理的具体情形，明确以是否系同一主体实施的行为来判断民事案件应否分别受理、分别审理。该条第 1 款第 5 项作为兜底条款，明确规定受害人请求涉嫌刑事犯罪的行为人之外的其他主体承担民事责任的，民事案件应当分别审理。

综上，“刑民并行”原则意味着要把握好民事诉讼与刑事附带民事诉讼、追赃程序及涉众型案件之间的关系，在充分保障当事人的诉权的同时，避免救济方式上的重合，协调衔接民事诉讼与刑事诉讼的价值功能，进而达到对集资参与人、案外第三人的实体诉权予以协调与约束的目的，实现公法 / 刑法管制目的与私人自治之间的精妙平衡。

对于第二个问题，在刑事案件与民事案件非“同一事实”或民事案件无须以刑事案件裁判结果为依据的情况下，民事案件与刑事案件应分别审理。

---

〔1〕 参见王利明：《“刑民并行”：解决刑民交叉案件的基本原则》，载《中国刑事法杂志》2024 年第 2 期；易军：《论合同违反强制性规定无效的判断标准——以〈民法典合同编通则解释〉第 16 条为中心》，载《清华法学》2024 年第 1 期。

但如何避免裁判冲突，如何从程序上对刑事案件的案外人给予救济，也是刑民交叉案件面临的一个突出问题。在司法实践中遇到的问题集中在：其一，如何解决民刑分别裁判情况下被害人重复受偿的问题？其二，刑事裁判中案外人权益从程序上如何救济？其三，刑事裁判与民事裁判对同一标的物作出矛盾裁判时如何处理？

笔者认为，对于其一，如果刑事案件的受害人通过追赃退赔已部分实际获赔，在民事案件审理过程中就可作为已查明的事实，将其从损失中予以扣除。如果没有实际退赔，在各自作出刑民裁判后，通过在执行程序中合并执行或协调执行即可避免重复受偿。对于其二，2021 年《最高人民法院关于适用〈中华人民共和国刑事诉讼法〉的解释》第 297 条与第 451 条、2014 年《最高人民法院关于刑事裁判涉财产部分执行的若干规定》第 15 条给出了救济路径，即案外人对查封、扣押、冻结的财物及其孳息提出权属异议的，法院应当听取案外人的意见，必要时可以通知案外人出庭；案外人认为已经发生法律效力的裁判侵害其合法权益提出申诉的，法院应当受理；在执行程序中案外人认为刑事裁判中对是否属于赃款赃物认定错误的，可通过刑事审判部门作出补正裁定，无法作出补正裁定的，按刑事审判监督程序处理。对于其三，举例而言，刑事判决认定一房产系犯罪分子甲非法占有而追缴退赔给受害人乙，而另一民事判决判令甲向买卖合同中的买受人丙交付该房产。这就出现乙、丙对同一房产的权利冲突，而这种冲突是刑民两个判决不一致造成的。在此情况下可以通过刑事、民事审判监督程序予以救济，关键是看刑事案件的受害人是作为民事案件的案外人对民事案件申请再审，还是民事案件的当事人作为刑事案件的案外人提起申诉。但无论启动刑事还是民事审判监督程序，均应将刑事、民事案件合并审查，以判断哪个案件存在认定事实或适用法律错误，从而解决两个裁判的冲突。[1]

对于第三个问题，针对我国实践中集资财产处置程序存在的不足，应当根据非法集资类纠纷案件与企业破产案件的相似性，借鉴性地把企业破产清

---

〔1〕 参见刘贵祥：《当前民商事审判中几个方面的法律适用问题》，载《判解研究》2022 年第 2 辑；李玉林：《民刑交叉案件并行处理原则的理解与适用——以〈九民会议纪要〉第 128 条的规定为中心》，载《法律适用》2022 年第 8 期。

算程序引进非法集资财产处置程序中，在刑事追缴、退赔与破产程序的衔接上，注意做好债权申报、集资参与人通过集体会议行使权利、财产变价与发还等关键工作。在刑事案件判决之后，针对追赃止损的效果欠佳的实际情况，可以考虑深入探索的方法是，在肯定集资参与人具有类似债权人代位权的基础上，明确由人民检察院提起刑事附带民事公益诉讼。此类案件的管辖法院审级问题，应以“刑从民”的原则和标准来确定，以更好地彰显非法集资类案件处置注重的是对集资参与人权益之维护。对于人民检察院在提起刑事附带民事公益诉讼前，是否需要履行诉前公告程序的问题，在非法集资类案件中至为重要。公告程序可以起到敦促所有集资参与人尽速向人民检察院申报权利的作用。

论违反强制性规定的合同效力*

——从狭义无效到多元效力规制

于程远**

内容摘要：在《合同编通则司法解释》第 16 条颁布实施的背景下，效力性规定 / 管理性规定的二分法已经逐渐无力解释违反强制性规定合同的效力问题，应当在动态系统论的框架下建立起违反强制性规定合同的多元效力规制体系，在有效与狭义无效之外灵活运用部分无效、向后无效、效力待定等效力模式，实现对违反强制性规定合同效力的多元规制。这一规制方式既符合比较法上的发展趋势，也可以为我国《民法典》第 153 条第 1 款容纳。《民法典》第 153 条第 1 款的但书在文义上为多元效力规制提供了在解释论层面展开的基础。多元效力规制是以民法为本位对公法强制性规定目的再评价的结果,《民法典》第 153 条第 1 款授权法官在有效与狭义无效之外选择适当的方式实现公法上强制性规定的目的。

关 键 词：强制性规定　动态系统　部分无效　向后无效　效力待定

---

* 本文系 2024 年度教育部人文社会科学研究青年基金“内容、动机二元结构视角下法律行为动机规制体系研究”（24YJC820056）的阶段性研究成果。

** 中国政法大学民商经济法学院副教授。

一、多元效力规制模式的发展趋势

（一）国内法的发展历程

1. 从一律无效到效力性 / 管理性规定的二分

违反强制性规定的合同效力问题一直是困扰学界与实务界的难题，关于该问题的争议从未止息。1999 年《合同法》第 52 条第 5 项规定："有下列情形之一的，合同无效：……（五）违反法律、行政法规的强制性规定。"根据该条，违反法律、行政法规强制性规定的合同一律无效。这一规则因为过于绝对化而被司法解释加以修正，2009 年颁布的《最高人民法院关于适用〈中华人民共和国合同法〉若干问题的解释（二）》（以下简称《合同法解释（二）》）引入了效力性强制性规定的概念，其第 14 条规定："合同法第五十二条第（五）项规定的'强制性规定'，是指效力性强制性规定。"同年颁布的最高人民法院《关于当前形势下审理民商事合同纠纷案件若干问题的指导意见》第 15 条指出："人民法院应当注意根据《合同法解释（二）》第十四条之规定，注意区分效力性强制规定和管理性强制规定。违反效力性强制规定的，人民法院应当认定合同无效；违反管理性强制规定的，人民法院应当根据具体情形认定其效力。"自此，效力性强制性规定与管理性强制性规定的二分法正式被司法机关采纳。依照该分类方式，法律行为违反效力性强制性规定会导致其无效，而违反管理性强制性规定则通常不会影响法律行为的效力。效力性强制性规定与管理性强制性规定的区分因其在逻辑上陷入"以问答问"的怪圈而遭遇了诸多批判，而最终诉诸"规范目的"的解释方式也似乎无助于澄清具体规范的性质。[1] 因为意识到问题的存在，《民法典》的立法者在第

〔1〕《全国法院民商事审判工作会议纪要》（以下简称《九民纪要》）第 30 条曾对实践中就该问题产生的乱象做出生动的总结："合同法施行后，针对一些人民法院动辄以违反法律、行政法规的强制性规定为由认定合同无效，不当扩大无效合同范围的情形，合同法司法解释（二）第 14 条将《合同法》第 52 条第 5 项规定的'强制性规定'明确限于'效力性强制性规定'。此后，《最高人民法院关于当前形势下审理民商事合同纠纷案件若干问题的指导意见》进一步提出了'管理性强制性规定'的概念，指出违反管理性强制性规定的，人民法院应当根据具体情形认定合同效力。随着这一概念的提出，审判实践中又出现了另一种倾向，有的人民法院认为凡是行政管理性质的强制性规定都属于'管理性强制性规定'，不影响合同效力。这种望文生义的认定方法，应予纠正。"

153 条第 1 款为后续讨论留下了充足的空间："违反法律、行政法规的强制性规定的民事法律行为无效。但是，该强制性规定不导致该民事法律行为无效的除外。"由此，在《民法典》时代，违反强制性规定的合同效力问题的讨论仍在延续。

2. 动态系统论之下的类型化尝试

针对上述问题，既有研究有的试图通过类型化的方式对效力性规定与管理性规定的范围予以明确，[1]有的试图跳出效力性规定与管理性规定的二分法，运用比例原则对违反强制性规定合同的效力进行判断，[2]晚近的研究则越来越倾向于直接承认动态系统论在该问题上的适用性，综合考量具体个案中的若干要素对合同违反强制性规定之后是否无效进行判断。[3]2023 年 12 月颁布的《最高人民法院关于适用〈中华人民共和国民法典〉合同编通则若干问题的解释》（以下简称《合同编通则司法解释》）第 16 条罗列了若干违反强制性规定但不导致合同无效的情形，吸收了过往学术研究中关于类型化、比例原则、动态系统论的研究成果，似乎标志着违反强制性规定合同效力问题摆脱了效力性强制性规定与管理性强制性规定的概念框架，进入了全要素综合考量的时代。

但事实上，无论是采"规范目的"的解释方法，还是在动态系统论下的类型化尝试，都很难在逻辑上真正摆脱效力性规定与管理性规定的概念体系，因为这一概念体系的展开始终对应着合同有效和无效的法律后果。这意味着只要在法律后果层面有效和无效的二元体系不改变，最终在论证上就必然要回归效力性与管理性规定的概念，而顶多是在这一概念体系上进行小修小补：例如，依据《合同编通则司法解释》第 16 条第 1 款第 1 项，实际履行对社会公共秩序造成的影响显著轻微的合同虽然违反效力性规定但却不因此无效。而既有研究中，已有观点关注到违反强制性规定的合同在有效与狭义无效之

---

〔1〕 参见王利明：《论效力性和非效力性强制性规定的区分——以〈民法典〉第 153 条为中心》，载《法学评论》2023 年第 2 期。

〔2〕 参见黄忠：《比例原则下的无效合同判定之展开》，载《法制与社会发展》2012 年第 4 期；郑亚灵：《比例原则视角下违反强制性规定合同的效力判定》，载《西部法学评论》2023 年第 6 期。

〔3〕 参见易军：《论合同违反强制性规定无效的判断标准——以〈民法典合同编通则解释〉第 16 条为中心》，载《清华法学》2024 年第 1 期；谢鸿飞：《违反刑法的合同的类型与效力》，载《法律适用》2024 年第 1 期。

外尚有其他可能的效力模式,[1]这也为探索违反强制性规定合同的多元效力规制方式提供了良好的基础。

(二)比较法上的大势所趋

如果从比较法上观察，针对违反强制性规定的合同在狭义无效外兼采其他效力规制方式的并非罕见。无论是《欧洲示范民法典草案》《国际商事合同通则》还是《欧洲合同法原则》都针对违反法律强制性规定的合同确立了多元效力规制模式。例如,《欧洲示范民法典草案》第7：302条规定了“(a)宣告合同无效;(b)撤销该合同，使合同全部或部分溯及地无效;(c)变更合同或其效力”的可能;[2]《国际商事合同通则》第3.3.1条同样允许当事人“依据合同，按合理的情况行使救济”;[3]《欧洲合同法原则》15：102条则直接规定:“合同可能被认为有完整的效力、有部分效力、无效或者要求对合同进行修改。”[4]当然，上述方案都是以强制性规定本身没有针对合同的法律效果作出明确规定为前提。如果考察具体国家的法律制度，虽然各国实在法对此问题的具体规定相对较为狭窄，但理论与实践中对违反强制性规定合同的处理同样不局限于有效与狭义无效的二元论。例如,《法国民法典》第1179条规定:“若违反之规则以保护一般利益为目的，无效是绝对的。若违反之规则仅以保护私人利益为目的，无效是相对的。”[5]瑞士法上对于违反公法上的强制性规定的合同，同样存在合同狭义无效、部分无效、有效、需批准、向后无效的规制可能。[6]德国法上,《德国民法典》第134条与我国《民法典》第

---

〔1〕参见蔡睿:《违法合同的效力评价与无效类型——〈民法总则〉第153条第1款释论》，载《苏州大学学报(法学版)》2019年第1期。

〔2〕欧洲民法典研究组、欧盟现行私法研究组:《欧洲私法的原则、定义与示范规则：欧洲示范民法典草案(第1卷、第2卷、第3卷)》(全译本)，高圣平等译，法律出版社2014年版，第470页。

〔3〕张玉卿主编:《国际统一私法协会国际商事合同通则2010》(英汉对照)，中国商务出版社2012年版。

〔4〕《欧洲合同法通则》，刘生亮译，载王利明等主编:《合同法评论》(第1辑)，人民法院出版社2004年版，第197页。

〔5〕李世刚:《法律行为内容评判的个案审查比对方法——兼谈民法典格式条款效力规范的解释》，载《法学研究》2021年第5期。

〔6〕参见梁神宝:《违反强制性法规的合同效力——基于瑞士法的考察》，载《华东政法大学学报》2017年第1期，其中基于瑞士法的理论与实践讨论了合同狭义无效、部分无效、有效、需批准、向后无效五种可能。

153 条第 1 款的规定高度类似，学界亦存在观点明确主张通过部分无效的概念囊括包含部分条款无效、向后无效、效力维持的限缩（geltungserhaltende Reduktion）、单方面无效、待定地有效（schwebende Wirksamkei1t）、待定地无效（schwebende Unwirksamkeit）在内的多种效力规制方式。[1]

上述发展趋势说明，动态系统论在解决合同违反强制性规定的效力问题时或许有更为广阔的适用空间：不仅在逻辑前端对于强制性规定“是否”影响合同效力的判断处于动态系统中，而且在逻辑后端对于强制性规定确定影响合同效力后，究竟“以何种方式”施加影响（部分无效、相对无效、向后无效、效力待定或可撤销等）的判断也同样处于动态系统中。此种规制方式允许法官根据个案中合同所违反强制性规定的具体情况采取更为合理的规制方式——过往在效力性强制性规定与管理性强制性规定界定问题上的困局已经充分说明，面对公法上纷繁复杂的强制性规定，灵活多变的规制方式更能适应个案规制的具体需要。

二、《民法典》第 153 条第 1 款对多元规制模式的容纳力

比较法上的共识尚不足以论证我国民法采纳多元效力模式的正当性，仍须基于我国民法规范及理论，检视《民法典》第 153 条第 1 款容纳此种规制方式的可能。在此首先需要澄清的是，本文虽然着重考察合同违反公法上强制性规定的效力问题，但亦不排斥相关问题可能同时为私法上的强制性规定所囊括。从实在法上观察，公私法很多时候未必泾渭分明：私法中可能包含大量涉及公序良俗的规定，例如，《民法典》第 1007 条禁止器官买卖的规定、第 1009 条对基因编辑的限制等；公法中也可能包含主要保护私主体利益而仅间接涉及公共利益的规定，如《食品安全法》中规范食品生产经营行为的诸多规定。公共利益的维护需要通过规制个体行为来实现，而对单独个体利益保护的加总就会间接构成公共利益，甚至“某些个人利益涉及基本权利与人

[1] Vgl. Staudinger/Rolf Sack/Maximilian Seibl, Neubearbeitung 2011 BGB § 134, Rn.78.

权时，可被识别为公共利益”。[1]而《民法典》第153条第1款的最主要功能和意义就在于为公法上强制性规定影响民事法律行为效力提供管道，所以公法管制与民法自治的协调才在《民法典》第153条之下显得尤为重要。正如耿林教授指出：“该概括规定条款也可以被看作是私法后果的响应/协助规范。这对公法性质的强制性规范尤其适用。对私法性质的强制规范而言……自然也不成问题，只不过我们仅需要直接从私法性质上去考虑规范违反的私法后果而已。”[2]

（一）《民法典》第153条第1款但书条款的开放性

多元效力规制方式可能遭遇的首要质疑是，在解释论层面上，是否能够从《民法典》第153条第1款中解释出如此“五花八门”的法律效果？本文认为这在解释论上是完全可行的。《民法典》第153条第1款的但书在文义上为解释者留下了巨大的解释空间，其虽然在第一句规定了法律行为在违反法律、行政法规的强制性规定时无效的法律后果，却又在但书中规定“该强制性规定不导致该民事法律行为无效的除外”。此处需要尤其注意但书的措辞并非该强制性规定对法律后果“另有规定的”除外，而是该强制性规定“不导致”无效法律后果的除外，而对于该强制性规定究竟“导致”什么，则未置一词。

此处或可类比的是《德国民法典》第134条的规定，该条的文义结构与我国《民法典》第153条第1款高度类似。对于该条的理解，德国学界存在以弗卢梅为代表的引致规范说与以卡纳里斯为代表的解释规范说之争。[3]前者认为，违反强制性规定的法律行为是否无效完全取决于对强制性规定的解释，而与《德国民法典》第134条无关——《德国民法典》第134条实际上“什么都没说”。该条并不意味着任何民法上独立的法律后果，其法律后果应当完全取决于所违反的禁令自身的法律目的。而后者则指出引致规范说使

---

〔1〕 李世刚：《法律行为内容评判的个案审查比对方法——兼谈民法典格式条款效力规范的解释》，载《法学研究》2021年第5期。

〔2〕 耿林：《论商品房预售合同的效力》，载《法学家》2017年第1期。

〔3〕 相关争议的介绍参见张新：《走出效力性强制规定的误区——〈民法总则〉第153条第1款的解释与适用》，载《安徽大学学报（哲学社会科学版）》2020年第2期。

《德国民法典》第134条的文义完全失去了意义，违反了法律解释的基本原则，因此应当在解释规范的意义上理解《德国民法典》第134条的性质，即法律行为违反法律的强制性规定的原则上无效，若主张其不应无效则须承担额外的论证负担。〔1〕

然而，即便是在解释规范说的框架下，《民法典》第153条第1款的功能也仅在于推定违反强制性规定的法律行为无效，并不排斥法官基于强制性规定的目的得出法律行为无效之外的结论，《民法典》第153条第1款的但书实际上形成了一种“规范目的保留”（Normzweckvorbehalt），〔2〕也由此提供了足够的容纳力以支撑多元效力模式在解释论层面的实现。正如我国学者张新所言，《民法典》第153条第1款的功能可分为管道功能与授权功能两个层次，该款规定一方面将公法规范引入私法评价体系中，另一方面则“通过‘但书’条款授权法官依法益权衡的方式进行价值补充，权衡各方法益，作出效力决断，以使私法自治的原始理想和国家对社会、经济进行的干预得到最佳的调和”。〔3〕此种将最终法律效果的判断归于强制性规定的规范目的的做法有“双重功能”。其不仅可以借助强制性规定的规范目的在必要时排除无效的惩罚后果，还可以更进一步地赋予法官在具体个案中“另行展开合乎目的的民法惩戒”（andere normzweckgemäße zivilrechtliche Sanktionen zu entwickeln）的权力。〔4〕

（二）《民法典》第153条第1款管道功能的单向性

诉诸公法上强制性规定的规范目的对合同效力加以解释时，应当注意避免重新陷入以问答问的怪圈：《民法典》第153条第1款是以自身为管道容纳

---

〔1〕 我国的主流意见更为倾向于解释规范说，例如，《合同编通则司法解释》起草工作组便曾撰文指出“根据法秩序统一的要求，既然合同违反了公法上的强制性规定，且行为人须承担相应的公法责任，那么原则上也需要从民法上否定合同的效力，因为只有如此，才能形成合力，共同落实强制性规定的规范目的”。参见《民法典合同编通则解释》起草工作组：《最高人民法院关于适用〈中华人民共和国民法典合同编通则若干问题的解释〉重点问题解读》，载《法律适用》2024年第1期。

〔2〕 Vgl. Staudinger/Rolf Sack/Maximilian Seibl, Neubearbeitung 2011 BGB § 134，Rn.58.

〔3〕 张新：《走出效力性强制规定的误区——〈民法总则〉第153条第1款的解释与适用》，载《安徽大学学报（哲学社会科学版）》2020年第2期。

〔4〕 Vgl. Staudinger/Rolf Sack/Maximilian Seibl, Neubearbeitung 2011 BGB § 134，Rn.64.

公法上的价值进入民法的考量，这就决定了民法在做出考量时不能再反过来将公法规范的目的作为自身法律规制方式实现的管道——互为管道显然并不可取。因此，法官的论证不应止步于声称公法的规范目的在于或不在于否定合同效力，而应当将强制性规范的目的作为确定合同效力规制方式的一个重要考量因素，转而在民法自身的语境下讨论究竟应当以何种手段实现相应法益的保护。

在《民法典》第153条第1款的框架下，公法规范与民法上的合同效力规制实为目的与手段的关系，公法通常只提供目的，而究竟如何实现这一目的，尚须民法作出独立的价值判断。在多元素的动态考量中，一方面应当着重考察强制性规定所保护的法益，另一方面则需要从结果论的视角上考察民法究竟应当通过怎样的手段实现该法益的保护，这实际上已经超出了对法条目的本身的解读。例如，若强制性规定仅为了保护某一方当事人而设，那么对该方当事人而言，相较于令合同无效并依缔约过失责任实现信赖利益保护的方案，可能令合同有效从而在违约责任框架下实现履行利益的保护的方案更为有利。

在此意义上，或可跳出引致规范说与解释规范说的争议，理解《民法典》第153条第1款的适用问题。一方面,《民法典》第153条第1款并未针对违反强制性规定合同的效力做出直接判断，解释者终究要慎重考察强制性规定本身的规范目的以确定其在民法上导致的法律后果；另一方面，这也不意味着民法将对合同效力的决定权完全委诸公法，而是在承认公法设定目的的基础上独立进行评价。公法规范通常不解决民事主体间的具体利益分配问题，诉诸公法的规范目的通常无法得出如何具体调整当事人之间利益的方案。诉诸公法上强制性规范的目的，通常会顺着思维惯性得出公法“管与不管”的结论，对应着无效与有效的法律后果。因此，当人们探究“公法的规范目的”时，通常习惯性地在有效与狭义无效的二元论之间做选择，而忽略了更进一步的民法本位的具体考量——民法上对法律行为的效力做“否定性”评价至少存在无效、可撤销、效力待定等多种可能，更兼具赋予某一方当事人解除权、终止权等其他手段。对此我国学者汪绪文就曾指出：“当强制性规定未对给付做出处置，也没有对给付人设定其他制裁时，返还关系是否以及以何种内容产生，便取决于法律行为的效力受强制性规定之规范目的何种程度的影响（全部无效、部分无效、有效）。在这一问题上，应可借鉴比较法中不法结果是否产生、当事人双方的不法性程度诸因素进行考虑。”〔1〕

（三）结果论视角下的《民法典》第153条第1款

对于合同违反强制性规定是否导致其无效，应在动态系统中综合各方面要素进行判断，此点已无须赘言。《欧洲示范民法典草案》第7：302条罗列了六项要素，包括：“（a）违反该规定的目的；（b）该规定保护的人的类型；（c）根据所违反的规定可施加的制裁；（d）违法的严重程度；（e）违法是否是故意的；（f）该违法与合同之关系的密切程度。”〔2〕《欧洲合同法原则》第15：102条同样罗列了六项要素：“（a）被违反的规则的目的；（b）该规则保护的人的范畴；（c）被违反的规则可能施加的任何惩罚；（d）违法程度的严重性；（e）违法是否是故意；（f）违法和合同之间关系的紧密程度。”〔3〕《国际商事合同通则》第3.3.1条则罗列了七项要素：“（a）被违反之规则的宗旨；（b）该规则旨在保护的人群之类别；（c）依被违反之规则可以施加的制裁措施；（d）违法的严重程度；（e）当事人一方或双方是否知道或应该知道该项违法；（f）是否合同的履行必然导致该违法行为；（g）当事人的合理期待。”〔4〕本文无意于对诸多要素进行逐一检视，而在此试图指出多元效力模式之下观察此类要素的重要视角，即结果论的视角。

在判断违反强制性规定的合同效力时，结果论视角下的观察在很多情况下是难以避免的。《民法典》第153条第1款的主要功能就在于给公法规范提供管道，使之得以对民法上的合同效力进行干涉。因此，在考量妥当的干涉方式时，就必然涉及公法与民法的配合问题。黄忠教授曾指出应当区分三

〔1〕汪绪文：《论基于不法原因给付的返还》，载《华东政法大学学报》2023年第2期。

〔2〕欧洲民法典研究组、欧盟现行私法研究组：《欧洲私法的原则、定义与示范规则：欧洲示范民法典草案（第1卷、第2卷、第3卷）》（全译本），高圣平等译，法律出版社2014年版，第470页。

〔3〕《欧洲合同法通则》，刘生亮译，载王利明等主编：《合同法评论》（第1辑），人民法院出版社2004年版，第197页。

〔4〕张玉卿主编：《国际统一私法协会国际商事合同通则2010》（英汉对照），中国商务出版社2012年版，第297页。

种不同情况：其一，如果公法上已经为公共利益提供了足够的救济手段，无效的目的在于强化，如偷税漏税、挂靠、转包等问题。其二，公法手段不足以实现公共利益的保护目的，无效的目的在于补充，如近亲结婚问题。其三，公法没有规定保护社会公共利益的手段，无效的目的在于代替，如对第三者赠与等违反公序良俗的情形。对于第一种情况，民法没有必要再通过宣告合同无效的方式“自找麻烦”，而对于后两种情况，则存在令合同无效的必要。[1] 杨代雄教授亦曾指出：“如果强制性（禁止性）法律规定之目的主要在于规制一方当事人的行为，以维护社会公共秩序，则违反该规定民事法律行为是否无效，取决于该民事法律行为如果有效是否不利于此项法律目的之实现。或者说，须考察通过行政或刑事制裁是否足以保证法律目的之实现，抑或同时需要借助于民事制裁（判定法律行为无效）实现该目的。”[2] 对合同无效正当性的考察很多时候难以脱离其具体的法律效果而实现，无效只是手段而不是目的，民法上宣告某法律行为无效固然是在价值层面上表达了对其否定的态度，但更重要的是通过无效实现解脱法律拘束、返还给付以及损害赔偿的法律效果，但是此三者在具体个案中可能无法同时与强制性规定的目的相协调，此时便需要对狭义无效的规则进行修正，也由此带来了多元规制的可能。

在结果论的视角下，应当正视合同是否已经履行对其效力判断的意义。当违反强制性规定的合同已经履行或部分履行时，对狭义无效这一法律后果的疑虑会更为鲜明地凸显出来。例如，德国学者曼瑟就曾指出，如果合同已经全部履行或接近全部履行，那么可视情况（unter Umständen）不否认合同效力。[3] 如果合同尚未履行，那么法律应当更倾向于否定该合同的约束力，以避免双方当事人在合同的约束之下继续实施法律禁止的行为或引发法律禁止的后果。例如，最高人民法院（2013）民申字第 869 号民事裁定认为，《野生动物保护法》第 27 条关于禁止出售、购买、利用国家重点保护野生动物的

---

〔1〕 参见黄忠：《比例原则下的无效合同判定之展开》，载《法制与社会发展》2012 年第 4 期。

〔2〕 杨代雄：《〈民法典〉第 153 条第 1 款评注》，载《法治研究》2020 年第 5 期。

〔3〕 Jauernig/Mansel，19. Aufl. 2023，BGB § 134 Rn.14–17.

规定属于管理性强制性规定，不得以之作为认定合同效力的依据。[1]但若该合同尚未履行就发生争议而诉诸法院解决，法院亦不应以《野生动物保护法》第27条属于管理性强制性规定为由肯定一个出售、购买、利用国家重点保护野生动物的合同继续履行的效力。又如，无资质的“律师”为他人提供律师服务，在合同尚未履行或尚未履行完毕时认定合同无效以“阻止”这一交易继续进行，是最为合理的结果：“违反此种禁止性规范的合同原则上无效，否则将导致顾客接受不符合专业水准的服务并深受其害。”[2]但若该合同已经履行，且因该“律师”专业能力不足给当事人造成损失时，合同无效可能反而不利于对当事人加以保护。德国学者萨克同样认为，在某些情形下无法判断究竟强制性规定仅意图禁止缔约的种类和方式（Art und Weise）还是同时也禁止该行为本身时，那么裁判者应当考虑法律是否在宣告合同无效之外提供了其他消灭合同约束力的手段，如解除、撤销、撤回等，若没有，则仍应考虑因违反强制性规定宣告其无效的可能。[3]

对上述观点最为有力的批判是：“这种观点混淆了法律行为的效力和对当事人的救济这两个截然不同的问题。它以对当事人救济的合理性取代了对法律行为有效无效的认定。无效对交易安全的破坏程度、是否造成不公平的结果、当事人的主观状态等只能决定当事人之救济而不能决定法律行为的效力。如果已经确认法律规范的目的是禁止法律行为，违反它的行为就当然无效，不可能因为履行阶段的不同而有所差异，否则法律的规范目的就不可能实现。”[4]这一观点在逻辑上具有极强的说服力，但如果将合同无效同样视为手段而非目的，就会发现合同的效力判断及其救济之间的区分很多时候实际上并非泾渭分明。以返还财产的法律后果为例，综合个案中的具体情形，可能至少存在以下几种处理方式：其一，直接承认合同的效力，已经给付的不予返还，尚未给付的仍须给付；其二，否定合同的效力，参照客观标准（市

〔1〕“宜昌金银岗野生动物世界有限公司与宜昌三峡森林野生动物世界有限公司、三峡植物园租赁合同纠纷案”，最高人民法院（2013）民申字第869号民事裁定书。

〔2〕杨代雄：《〈民法典〉第153条第1款评注》，载《法治研究》2020年第5期。

〔3〕Staudinger/Rolf Sack/Maximilian Seibl，Neubearbeitung 2011 BGB § 134，Rn.8.

〔4〕谢鸿飞：《论法律行为生效的“适法规范”——公法对法律行为效力的影响及其限度》，载《中国社会科学》2007年第6期。

场一般价值）进行不当得利返还，即不当得利返还的常态；[1]其三，否定合同的效力，但在不当得利返还时以主观标准（合同约定价款）确定返还数额。[2]此种处理方式更类似于一种中间道路。建设工程施工合同无效的法律后果就采取了此种中间道路：建设工程合同可能因为违反《招标投标法》等法律法规的强制性规定而无效，但狭义无效的处理方式显然会在返还清算的问题上遭遇困难。经历了漫长的争论之后，《民法典》的立法者最终还是在不当得利框架下以“约定价款”为基准确定应当返还的金额，此举其实是将合同效力问题转化为不当得利返还标准（法律效果）问题，从而变相部分肯定了合同约定的效力。

由此，我们可以观察到多元规制模式在合同效力层面与法律后果层面的联动：公法上的强制性规定提供目的，而民法层面上，无论是宣告合同无效还是合同无效之后的法律后果都是手段，在实现公法上强制性规定的目的这一抽象目标面前，合同无效及其法律后果在逻辑上的层次性被模糊化了。例如，按照《合同编通则司法解释》第16条第1款第1项的规定，在“强制性规定虽然旨在维护社会公共秩序，但是合同的实际履行对社会公共秩序造成的影响显著轻微，认定合同无效将导致案件处理结果有失公平公正”的情况下，不应认定合同因违反强制性规定无效。通常认为，该项规定的正当性基础在于比例原则。而一旦承认比例原则在合同无效问题上的可适用性，实际上就在逻辑上将合同无效与返还、折价补偿、损害赔偿等法律效果放在了同一层级之上。此时人们思考的问题不再是：合同因为无可争议地违反强制性规定所保护的公序而无效之后仍应根据合同的具体情况予以（包括以约定价款结算在内的）特别救济；而是无效作为实现公法目的的手段过于严厉，或无效之后施以与《民法典》第157条规定相左的特别救济在论证上负担过重，因此无效反而会导致“案件处理结果有失公平公正”，从而将该合同作有效

〔1〕 例如，《合同编通则司法解释》第24条第1款规定：“合同不成立、无效、被撤销或者确定不发生效力，当事人请求返还财产……经审查财产不能返还或者没有必要返还的，人民法院应当以认定合同不成立、无效、被撤销或者确定不发生效力之日该财产的市场价值或者以其他合理方式计算的价值为基准判决折价补偿。”

〔2〕 这确实是不当得利理论可以容纳的一种处理方式，具体论证参见许德风：《论合同违法无效后的获益返还——兼议背信行为的法律规制》，载《清华法学》2016年第2期。

处理更为妥当。在此种将无效视为手段的结果论视角下，在狭义无效之外选取包括部分无效、向后无效、效力待定等“多元手段”的规制模式便呼之欲出了。

三、多元效力模式的可能构造：狭义无效之外的其他可能

（一）部分无效的适用可能

在诸多狭义无效之外的效力模式中，首先值得关注的是部分无效的适用可能。对于违反利率限制、租金限制、价格限制、时间限制等法定限制的合同，一般应当肯定其合法范围内的利息、租金、价格、时间限制，而不应简单地宣告整个合同无效。例如，《劳动合同法》第 24 条第 2 款规定：“在解除或者终止劳动合同后，前款规定的人员到与本单位生产或者经营同类产品、从事同类业务的有竞争关系的其他用人单位，或者自己开业生产或者经营同类产品、从事同类业务的竞业限制期限，不得超过二年。”用人单位与劳动者签订竞业禁止合同超过法定期限的，超过部分无效。[1]又如，《价格法》第 13 条第 2 款规定：“经营者不得在标价之外加价出售商品，不得收取任何未予标明的费用。”实践中，开发商在商品房标价以外加价出售商品房，则超出标价以外的部分无效。[2]本文在此处无意就部分无效的一般理论做过多探讨，而希望对部分无效理论与合同违反强制性规定的结合部分做一些更为细致的考察。

在合同违反强制性规定的语境下，部分无效理论适用的主要特殊性在于它不再取决于可推知的当事人意思，而由法官结合个案中的具体情况确定无效范围。[3]如果合同双方均不知晓合同违反强制性规定，且根据案件的具体情况可以推定当事人在知晓强制性规定的情形下愿意订立符合强制性规定要求的合同，部分无效的适用自无问题。但大量有可能适用部分无效的案件中，

---

〔1〕 参见北京市海淀区人民法院（2021）京 0108 民初 47540 号民事判决书；北京市第一中级人民法院（2017）京 01 民终 5033 号民事判决书。

〔2〕 参见湖南省高级人民法院（2020）湘民申 334 号民事裁定书。

〔3〕 Jauernig/Mansel，19.Aufl.2023，BGB § 134，Rn.14–17.

此种推定的正当性通常会受到质疑，尤其是在双方当事人明知强制性规定而依旧订立与其相悖的合同时，便很难“推知”其依旧愿意订立符合强制性规定要求的合同。对此卡纳里斯指出：“虽然私法自治受到了侵害，因为一方当事人被迫接受违背其表达出来的合同意思的规则，但此处并不直接涉及私法自治的贯彻，而是对私法自治的限制。因此，私法自治在法律效果方面必须向另一方当事人合法的保护需求让步，这才合乎逻辑。”〔1〕如果双方明知某约定违反法律的强制性规定而依旧订立该合同，则一方当事人不能主张保留合同剩余部分的效力违反其意思，判断该问题的逻辑基础是：“明知某约定无效而订立合同的双方即便无此条款亦希望订立该合同。”〔2〕决定法律行为是否在当事人知晓无效情形的情况下依旧会被订立的标准并非其真实意思，而是基于个案中具体情形以及利益状态下的理性考量。对当事人假定意思的探究本质上并非意思表示解释或合同解释，而是在对当事人利益状态的规范评价之下对双方意愿的实现。

在此意义上，部分无效可能是比无效法律行为转换更为直接且深入的对私人自治进行干涉的手段。无效法律行为的转换虽然改变了法律行为的性质，但终究指向当事人所欲的经济效果。而在经济交往中，当事人通常仅关心后者而并不在意前者。正如德国学者布舍指出，通过介入法律行为内容的方式将法律行为分割之后令其部分无效本质上是一种对合同进行效力维持的限缩（geltungserhaltende Reduktion des Vertrags），此种限缩的目的在于将过度的、导致合同无效的部分削减到可以接受的程度以维持其效力。而针对合同内容的可分性，布舍则认为：“一个合同究竟是否可以直接划分出一个无效的部分，还是仅能通过重写合同来实现部分无效，很多时候其实仅仅是一个合同表达的问题。”例如，约定可以任意开除某个合伙人（Gesellschafter）的条款无效，但却可以将其效力部分保留从而转化为在有重要原因时（bei Vorliegen eines wichtigen Grundes）的开除有效。〔3〕

〔1〕［德］卡纳里斯：《法律禁令和法律行为》，赵文杰译，张传奇校，载王洪亮等主编：《中德私法研究》（第13卷），北京大学出版社2016年版，第69页。

〔2〕MüKoBGB/Busche，9.Aufl.2021，BGB § 139，Rn.30.

〔3〕MüKoBGB/Busche，9.Aufl.2021，BGB § 139，Rn.25-28.

卡纳里斯在这一思路上走得最远，他曾提出单方无效的解决方案，其所关注的主要是违反强制性规定的暴利行为，诸如违反法律规定的高利息、高租金等。卡纳里斯认为，既有观点中令暴利行为超过法定限制部分无效之后保留其合法部分效力的做法有失妥当，因为若如此“法院将帮助暴利者获得最佳后果，且免去了他形成正确和经济上最为有利的合同内容的风险”。〔1〕对此，他提出应当将部分无效的范围从单个给付的一部分扩展到单个给付的整体，令一方当事人的给付义务无效而另一方当事人的给付义务有效，从而最终产生暴利者仅能通过不当得利制度获得相当于市场一般水平的利息或租金的后果。而与之相对的，暴利行为中的另一方当事人则依旧可以享有基于合同约定请求给付的请求权以及其他合同权利。此种合同与不当得利的混合状态被卡纳里斯称为“单方部分无效”，卡纳里斯认为此种模式可以被拓展应用至所有单方违法的情形。〔2〕

（二）向后无效的适用可能

在狭义无效之外的诸多效力模式之中，向后无效或许是可以最为有力地缓和有效与狭义无效之间紧张关系的平衡路径。例如，德国学者萨科认为，在继续性合同违反强制性规定时，尤其有必要考量向后无效适用的可能，并提出了以下具体解决思路：（1）如果合同尚未履行，则应当直接适用狭义无效的法律后果，否定一方当事人请求对方履行合同的权利。（2）如果其中一方当事人对合同的违法情形已知或应知，则另一方当事人可在缔约过失责任的框架下主张消极利益的损害赔偿。但若双方均知晓合同违反强制性规定的情形，则互相不承担缔约过失责任。（3）如果债务人已经全部或部分履行了给付，则应当区分：如果他不知道自身行为的违法性，那么他可以主张约定的报酬。但如果他知晓自身行为的违法性，则无权主张报酬，同时也无权主张不当得利的返还。〔3〕

---

〔1〕［德］卡纳里斯：《法律禁令和法律行为》，赵文杰译，张传奇校，载王洪亮等主编：《中德私法研究》（第13卷），北京大学出版社2016年版，第67页。

〔2〕同上注，第68页。

〔3〕Staudinger/Rolf Sack/Maximilian Seibl, Neubearbeitung 2011, BGB § 134, Rn.136.

向后无效适用的重要前提是公法规范的目的既不在于否定行为本身（如禁止人体器官、毒品、枪支等买卖），也不在于否定行为的后果（如进出口贸易禁令）。例如，《邮政法》第51条第1款规定：“经营快递业务，应当依照本法规定取得快递业务经营许可；未经许可，任何单位和个人不得经营快递业务。”对于该条规定的性质，实践中存在不同理解，有的法院认为该条是效力性强制性规定，违反该规定，将快递经营权承包给未取得快递经营许可证的个人的，承包协议无效。[1]也有法院认为，上述规定是对经营快递业务主体资格的限制，从而实现对经营快递业务主体及行为的管理和规制，应为管理性强制性规定，并非效力性强制性规定，因此该承包协议有效。[2]事实上，此类涉及资质的强制性规定经常面临上述困境：与人体器官的买卖相比较就会发现，快递承包经营的行为本身并不违反法律或公序良俗；与违反贸易禁令进出口商品相比较就会发现，“快递被不具备资质的人送达”的这一结果也并不违反法律或违背公序良俗。但此种违法承包行为破坏了法律设定的行业管理秩序，而该秩序可能进一步涉及人民群众的人身（如个人信息）财产安全，因此就有了被认定为无效的价值基础。此类案件中，法院通常面临价值考量上的两难抉择：一方面，如果仅因该合同挑战了公法上的行业管理秩序而认定该合同无效，实际上可能造成法律评价上的错位——在意思表示不存在瑕疵的情况下，一个已经圆满履行的合同原本意味着私人主体即合同当事人之间最公平的利益分配方案。在此种情形下，如果仅观察私人主体之间的利益状态，则没有任何一方因为该合同而受到损害从而需要法律介入进行救济，所以此种情形下无效之后的返还很多时候被认为是缺乏效率甚至无意义的。另一方面，如果从继续履行请求权的角度观察，也很难想象法官在明知该合同违法的情况下依旧赋予其法律效力，要求双方当事人继续履行一个违法的合同从而持续破坏强制性规定意图确立的行业管理秩序。

由此，向后无效或许是一种更为均衡的解决之道，它一方面肯定已经履行的合同的效力，在有效合同的规则框架下处理私人主体之间的利益分配以及损害赔偿等问题；另一方面向后否定合同的效力，不允许该合同在民法上

〔1〕参见河南省郑州市中级人民法院（2021）豫01民终2455号民事判决书。
〔2〕参见云南省高级人民法院（2017）云民终484号民事判决书。

继续生效。这意味着双方当事人无须另行诉诸解除、情势变更、撤销等其他手段以从合同约束中解脱出来，也无权依据合同继续向对方当事人主张相应权利。此种处理方式本质上是基于比例原则的价值权衡，在合同已经履行的情况下，公法强制性规定的规范目的通常已经被确定地破坏，即使判定合同无效也不能实现立法目的，那么针对已经履行的部分，民法也只能转而追求私法层面利益分配的公平性。〔1〕但这并不意味着民法完全放弃对此类行为的规制，对于合同尚未履行的部分，民法依旧不能认可其效力。当然，继续性合同已经履行的状况并不必然导致合同仅能向后无效。例如，在劳动合同领域不乏观点依据事实合同理论主张劳动合同仅能向后无效。此种观点并不准确，诸如工作内容为组织贩毒、介绍卖淫、非法行医等行为的劳动合同，法律或者否定其行为本身，或者否定其法律后果，在此种情形下，事实劳动关系的成立并不意味着成立法律认可其效力的合同。〔2〕

又如，针对物业服务企业将区域内的全部物业管理一并委托给他人的情形，《物业管理条例》第39条规定："物业服务企业可以将物业管理区域内的专项服务业务委托给专业性服务企业，但不得将该区域内的全部物业管理一并委托给他人。"2009年《最高人民法院关于审理物业服务纠纷案件具体应用法律若干问题的解释》第2条第1款曾明确规定该行为将导致合同无效，〔3〕由此，实践中法院通常遵循这一思路将此类合同认定为无效。〔4〕但该规定2020年被废止，〔5〕此后可以观察到审判实践中风向的变化，福建省高级人民法院便在2022年的一则案例中明确指出："但根据上述条例第五十九条关于'违反本条例的规定……由县级以上地方人民政府房地产行政主管部门责令限期改

〔1〕参见李貌：《论"管理性强制性规定"的解释标准——基于"经济公序"的分析》，载《政治与法律》2023年第6期。

〔2〕参见何文杰：《论劳动合同的效力》，载《求索》2023年第6期。

〔3〕2009年《最高人民法院关于审理物业服务纠纷案件具体应用法律若干问题的解释》第2条："符合下列情形之一，业主委员会或者业主请求确认合同或者合同相关条款无效的，人民法院应予支持：（一）物业服务企业将物业服务区域内的全部物业服务业务一并委托他人而签订的委托合同；（二）物业服务合同中免除物业服务企业责任、加重业主委员会或者业主责任、排除业主委员会或者业主主要权利的条款。前款所称物业服务合同包括前期物业服务合同。"

〔4〕参见浙江省高级人民法院（2018）浙民再655号民事判决书。

〔5〕《民法典》第941条第2款也并未回答此类合同的效力问题："物业服务人不得将其应当提供的全部物业服务转委托给第三人，或者将全部物业服务支解后分别转委托给第三人。"

正，处委托合同价款30%以上50%以下的罚款……'的规定，违反该条例第三十九条的行为应当由政府相关部门进行处理，并不必然导致物业服务企业将物业管理区域内的全部物业管理一并委托给他人的民事行为无效，故……《鑫泽园小区物业管理协议》并不因违反了《物业管理条例》第三十九条而无效。"[1]此类案件中，似乎公法上的行政处罚或刑事责任已经为规范目的的实现提供了手段，民法已经无须介入。但这更多的是针对返还问题而言：在公法规范已经提供足够的公法上惩罚措施的情况下，民法似乎没有必要对该行为施以无效的法律后果从而导致"双重处罚"。[2]在30%以上50%以下的委托合同价款已被罚没的情况下，再要求已经履行合同的物业服务企业在民法层面的利益分配上承受不能获得履行利益的不利后果或许是不合比例的。而如果人们将目光转向合同的履行本身，就会发现此处的评价矛盾并未因公法上提供制裁手段而彻底消解：法律是否认为这样一个违反了转委托禁令的管理协议应当在未来的时间线上继续获得法律强制力的保障，以至于合同双方依旧要继续履行该合同？答案应当是否定的。此种情形下，与简单地认定全部合同有效或无效相比，向后无效或许是一条更为均衡的解决之道。

（三）效力待定与可撤销的适用可能

如果公法上强制性规定的目的仅在于保护民事法律行为的其中一方当事人，那么此时可能不宜简单判定合同无效，效力待定或可撤销或为更佳的选择。卡纳里斯就曾指出，在背信案件中，事实上效力待定可能更好。因为在此处，法律的目的只是保护信托人，所以合乎逻辑的是和《德国民法典》第177条的类似情形相同，应让它来决定违反禁令的法律行为的效力。[3]此处需要说明的是，效力待定与可撤销在最终效果上殊途同归，前者是"不确定地

〔1〕福建省高级人民法院（2022）闽民申4757号民事裁定书。

〔2〕"由于其他法律责任与否认返还请求权的并存可能构成对给付人的'双重处罚'，故在探寻规范目的时尤其要注意比例原则，并逐步审查'合目的性''必要性''合比例性'。"汪绪文：《论基于不法原因给付的返还》，载《华东政法大学学报》2023年第2期。

〔3〕参见［德］卡纳里斯：《法律禁令和法律行为》，赵文杰译，张传奇校，载王洪亮等主编：《中德私法研究》（第13卷），北京大学出版社2016年版，第67页。

无效”，后者是“不确定地有效”。正如我国学者李世刚指出：“效力待定与可撤销均强调效力处于未定状态，在功能上具有替换性；只是后者的制度构造更简洁、清晰，且在我国法上更具普遍性。”〔1〕而在具体的法效果选择上，本文认为，在解释论上应当优先选择效力待定的法律效果，之所以不倾向于采撤销权模式，是为了避免当受损害的一方当事人怠于采取行动（撤销）时，因为除斥期间的经过而不得不承受一个违法合同带来的法律强制。就此而言，《民法典》关于欺诈、胁迫情形下撤销权除斥期间的规定或可商榷，在该行为同时构成刑事犯罪时，或应对《民法典》第 152 条的规定进行目的性限缩，以避免诈骗罪或抢劫罪的受害人仅因“怠于行使权利”就要被迫承受犯罪行为带来的不利后果。民法固然不保护在权利上睡觉的人，但更不应因此就倾向于肯定因诈骗、抢劫等犯罪行为所订立合同的效力。在解释论上，虽然效力待定在一定程度上可以被理解为不确定的“无效”，但以主流意见对无效概念的通常理解，效力待定无法被《民法典》第 153 条第 1 款第 1 句容纳，而应当属于但书适用的范畴。

事实上，在效力待定模式可能适用的案型中，另一种可能的思路是承认合同效力，但是赋予被保护的一方当事人以解除权。例如，《商业特许经营管理条例》第 7 条第 2 款规定：“特许人从事特许经营活动应当拥有至少 2 个直营店，并且经营时间超过 1 年。”该款规定并未直接回答违反该规定的合同效力问题。而《商业特许经营管理条例》第 24 条针对此种情形设定了公法上的惩罚：“特许人不具备本条例第七条第二款规定的条件，从事特许经营活动的，由商务主管部门责令改正，没收违法所得，处 10 万元以上 50 万元以下的罚款，并予以公告。”由此，实践中通常认为《商业特许经营管理条例》第 7 条第 2 款属于管理性强制性规定，从而不因合同违反该款规定便否定其效力。〔2〕但通常而言，特许人不满足该款规定条件的，不会将实情告知被特许人，因此此类案件通常同时落入《商业特许经营管理条例》第 23 条的规制范

〔1〕李世刚：《法律行为内容评判的个案审查比对方法——兼谈民法典格式条款效力规范的解释》，载《法学研究》2021 年第 5 期。

〔2〕参见河南省高级人民法院（2022）豫知民终 613 号民事判决书；广东省中山市中级人民法院（2023）粤 20 民终 1606 号民事判决书。

畴:“特许人向被特许人提供的信息应当真实、准确、完整，不得隐瞒有关信息，或者提供虚假信息……特许人隐瞒有关信息或者提供虚假信息的，被特许人可以解除特许经营合同。”这样一来，就可能形成对被保护一方当事人更为有利的情形：其不但可以行使解除权从合同约束中解脱出来，还可以主张因对方违约而造成的履行利益损害。

需要注意的是，有些强制性规定虽然仅涉及对一方当事人的保护，但是也不能适用效力待定模式允许被保护的一方当事人对合同进行追认，因为一旦如此，可能会引发该强制性规定目的系统性地落空。最为典型的例子就是《劳动法》第 72 条的用人单位缴纳社会保险的义务:“社会保险基金按照保险类型确定资金来源，逐步实行社会统筹。用人单位和劳动者必须依法参加社会保险，缴纳社会保险费。”对此，最高人民法院曾指出:“用人单位为职工缴纳各种社会保险，是完善、执行国家社会保障制度的要求，维护的不仅仅是职工个人利益，也是国家和社会的整体利益，此项法定义务不能通过用人单位和劳动者的约定进行变更或放弃。”〔1〕在谈判力量结构性不对等的情况下，如果允许劳动者以事后追认的方式放弃此类社会保障性权益，那么无异于将劳动者社会保障的实现完全寄托于用人单位的社会责任感，很可能令劳动者的社会保障实际落空。类似的情形如《建筑法》第 25 条规定:“按照合同约定，建筑材料、建筑构配件和设备由工程承包单位采购的，发包单位不得指定承包单位购入用于工程的建筑材料、建筑构配件和设备或者指定生产厂、供应商。”该条规定的目的在于“防止工程发包方利用其优势地位损害承包方的合法权益及可能存在的利益输送问题”,〔2〕其主要功能固然在于保护承包方，但在建筑市场各方力量结构性不对等的背景下，如果允许承包方通过追认赋予合同效力，那么该条的保护目的可能会实际落空。

此外，需要注意的是合同因未获行政审批而未生效的情况，此种情形下合同是否能够最终生效取决于是否能够在起诉前获得行政审批。如果合同到起诉前依旧不能获得审批，则该合同通常会被法院认定为无效，例如，未经

〔1〕 最高人民法院（2022）最高法民申 30 号民事裁定书。
〔2〕 黑龙江省高级人民法院（2020）黑民再 228 号民事判决书。

批准变更土地性质而将其转让或出租的合同，[1]未取得探矿权、采矿权而订立的开发矿产合同，[2]未取得快递经营资格承包快递业务经营的合同，[3]设置殡葬设施未经过批准，[4]未经许可的凿井取水合同，[5]未经国家许可私自买卖或抵押金银的合同，[6]建设工程承包人没有相应资质或超越资质的合同[7]等。值得注意的是，针对此类情形，《合同编通则司法解释》第16条第1款第4项作出了更具体的规定："当事人一方虽然在订立合同时违反强制性规定，但是在合同订立后其已经具备补正违反强制性规定的条件却违背诚信原则不予补正。"又如，2020年《最高人民法院关于审理建设工程施工合同纠纷案件适用法律问题的解释（一）》第3条同样规定："当事人以发包人未取得建设工程规划许可证等规划审批手续为由，请求确认建设工程施工合同无效的，人民法院应予支持，但发包人在起诉前取得建设工程规划许可证等规划审批手续的除外。发包人能够办理审批手续而未办理，并以未办理审批手续为由请求确认建设工程施工合同无效的，人民法院不予支持。"此类做法在此前的司法实践中已不乏其例，此处无须赘言。[8]

四、结论

违反强制性规定的合同效力判断面临的最大挑战是，法官经常需要以法律解释为名行法律续造之实。尽管《民法典》第153条第1款的但书为多元效力规制提供了广阔的空间，使无效之外的法律效果能够借助法条的文义在解释论上得以实现，但在选取具体的法律效果时，其在论证负担上完全不亚

[1] 参见北京市第一中级人民法院（2023）京01民终11840号民事判决书；广东自由贸易区南沙片区人民法院（2021）粤0191民初12463号民事判决书。
[2] 参见最高人民法院（2021）最高法民终1201号民事判决书。
[3] 参见江苏省高级人民法院（2019）苏民申5325号民事裁定书。
[4] 参见山东省青岛市中级人民法院（2023）鲁02民终15913号民事裁定书。
[5] 参见山东省乐陵市人民法院（2021）鲁1481民初2877号民事判决书。
[6] 参见北京市昌平区人民法院（2022）京0114民初6805号民事判决书；山东省枣庄市中级人民法院（2023）鲁04民终426号民事判决书；广东省自由贸易区南沙片区人民法院（2020）粤0191民初9590号民事判决书。
[7] 参见最高人民法院（2017）最高法民申1610号民事裁定书。
[8] 参见最高人民法院（2021）最高法民申5466号民事裁定书；吉林省高级人民法院（2023）吉民终257号民事判决书。

于目的性限缩或类推的运用。除非公法上的强制性规定写明了合同违反该规定后在民法上引发的法律后果，否则法官在逻辑上永远面临着运用民法规则对该合同的效力独立做出评价的任务。即便认为《民法典》第153条第1款具有解释规范的性质，也不意味着法官可以在逻辑上止步于因无法查明强制性规范性质导致的“推定无效”。因此，在有效与狭义无效的有限选择不足以实现公法上的管制目标和民法上的利益公平分配时，部分无效、向后无效甚至效力待定能够提供有益的补充。从效力性/管理性强制性规定的二分法到动态系统论的全面应用，民法理论在违反强制性规定合同效力的判断问题上经历了重大的变革。一方面，法官在个案的审理中获得了更为宽阔的裁量空间；另一方面，这也必将导致实践中进一步强化对案例类型化的依赖。对违反强制性规定合同效力的多元规制是一个开放的系统，其内容的丰富程度取决于进入民法评价视野的公法上强制性规定的多元性，在必要的情形下，可能有更多新的效力形态进入这一评价体系中。

动态体系在违反强行法合同多层效力建构中的运用

谢鸿飞 *

于程远博士的这篇论文，运用动态体系分析《民法典》第 153 条第 1 款，个人认为具有极其重要的理论价值和实践意义，对动态体系理论的适用也有重要的澄清功效。

一、动态体系适用于《民法典》第 153 条第 1 款的必要性

对动态体系的理论价值，我国理论界评价不一，但无论如何，没有学者认为它一文不值。颂扬派和贬低派都承认，法律适用过程不可能如基于公理的数学演绎那般干脆利落，至少在很多情形，一般条款的适用以及部分固定构成要件规则的适用，都无可避免地存在因裁判者的自由裁量权而导致裁判结果难以统一的情况，遑论裁判者面临诸价值固有冲突的人类困境时。要克服价值专断和自由裁量的恣意，就必然会出现动态体系、论题学、法律论证等各种相关理论。目前这一领域的理论目的基本一致：实现形式法治要求的安定性。《民法典》也采用了这种立法技术，如第 998 条、第 1025 条、1026 条等。

沃尔特·威尔伯格（Walter Wilburg）最初将动态体系适用于侵权赔偿领域，其目的在于为过错责任和危险责任提供统一的归责原理（元素），只不过

* 中国社会科学院法学研究所研究员。

这些原理不再是单一的基础而已。在动态体系理论的发展过程中，合同是其发挥作用的重点领域。如弗兰茨·比德林斯基（Franz Byclinski）在《私人自主权和强制性法律交易的客观基础》（Privatautonomie und objektive Grundlagen des verpflichtenden Rechtsgeschäftes）一书中，总结了与威尔伯格（Wilburg）类似的合同法四大原理:（1）意思自由形成;（2）交易安全;（3）对价均衡;（4）契约严守。此外，在具体合同领域，德语学界也运用动态体系研究了合同清算义务（Ingo Kolle）、违反善良风俗（Theo Mayer-Maly）、撤销与无效（Heinz Krejci）、继续性合同终止中的“重大理由”（Attila Fenyves）等。《合同编通则司法解释》第 62 条规定，非违约方在合同履行后可以获得的利益难以确定的，法院可以综合考虑违约方因违约获得的利益、违约方的过错程度、其他违约情节等因素予以酌定。这一规定也受到动态体系的影响。

按照弗兰茨·比德林斯基（Franz Bydlinski）的说法，动态体系中存在三种主题：一是多极主题（Pluralitätsthese）。任何法律规范都是多个要素共同作用的结果，谈不上哪个要素是正确的，只能说多个要素组成的整体是正确的，而不能说每个具体要素是正确的。二是分层主题（Abstufbarkeitsthese）。在个案中，要素有轻重之分，比如，过失就存在重大过失和轻微过错的差异。三是平衡主题（Abwagungsthese）。各要素在冲突时，需要进行权衡。在各要素相互矛盾时，各个要素之间必须让步，直到各个要素都被“最佳”实现。这些“主题”的适用思想，与法律原则的现代适用思想是一致的。

在构成要件上，动态体系的核心是“要素”。要素的内容和数量是预先确定的，要素之间的关系是动态的，依据个案改变。动态体系打破了构成要件之间的平级关系，区分各个要件的重要性，尤其是在个案中突出某个要件的重要性。若要素 A 的满足度低，但要素 B 的满足度可以弥补 A 的不足时，可以认定满足全部构成要件的要求。甚至在一个重要的要件缺失或者很不明显，但其他要素比通常情形要突出时，也可以认为全部构成要件均被满足。在法律效果上，动态体系改变了“全有全无”的局面，可分层的要素越多，法律效果就越多。[1]

---

〔1〕 Je mehr（von graduell abstufbaren Kriterien）um so mehr（um so eher）die Rechtsfolge.

正如该文所指出的，在违反强行法的合同领域，德国学界已运用动态体系对合同效力的多元效力体系做了建构，如部分条款无效、向后无效、效力维持的限缩、单方面无效、待定地有效等。苏永钦将其分为一部无效、向后无效、相对无效、一方无效、效力未定、得撤销、得终止、可转化八种，显然也是受动态体系思想影响的结果。

个人认为，一旦承认《民法典》第153条第1款至少包括了公法和私法价值的冲突以及法秩序中价值融贯性的实践难题，则对其法律适用的分析，唯一有意义的可能就是动态体系。因此，该文从这个角度切入，也就具有非常突出的理论价值。其出发点——《民法典》第153条第1款对多元规制模式具有容纳力，值得肯定。进一步地，该文认为，“不仅在逻辑前端对于强制性规定‘是否’影响合同效力的判断处于动态系统中，而且在逻辑后端对于强制性规定确定影响合同效力后，究竟‘以何种方式’施加影响（部分无效、相对无效、向后无效、效力待定或可撤销等）的判断也同样处于动态系统中”，也颇有见地。

二、多元效力模式的“多元”程度

该文中提供了狭义无效之外的部分无效、向后无效、效力待定和可撤销的多元效力体系，其统一的基础在于“在有效与狭义无效的有限选择不足以在实现公法上的管制目标和民法上的利益公平分配时，部分无效、向后无效甚至效力待定能够提供有益的补充。”其具体理由，如“如果公法上强制性规定的目的仅在于保护民事法律行为的其中一方当事人，那么此时可能不宜简单判定合同无效，效力待定或可撤销或为更佳的选择”，区分了管制法益涉及主体的范围，也值得肯定。

笔者历来认为，《民法典》第153条第1款不涉及私法中的强行法，仅仅包括公法强行法。换言之，公法强行法是国家基于公共利益等目的对私人自治的干预，特定情形也包括该文提及的基于法律父爱主义、预防权利受损等目的。若从公法和私法的关系角度出发，至少在实践中，从一方权利救济的综合角度出发，可以得出如下层次的处理结果。

（一）循名责实的攻击性惩罚

若当事人从事脱法行为，规避管理性规范的适用，裁判者应循名责实，直接认定这种行为违反公法管理性规范，从而适用《民法典》第 153 条第 1 款。如《城市房地产管理法》第 39 条规定："以出让方式取得土地使用权的，转让房地产时，应当符合下列条件：（一）按照出让合同约定已经支付全部土地使用权出让金，并取得土地使用权证书；（二）按照出让合同约定进行投资开发，属于房屋建设工程的，完成开发投资总额的百分之二十五以上，属于成片开发土地的，形成工业用地或者其他建设用地条件。转让房地产时房屋已经建成的，还应当持有房屋所有权证书。"实务中，当事人往往通过股权转让而不是资产转让来规避该条规定的适用。其交易模型为：甲对 A 项目公司有 100% 股权；A 项目公司有 X 土地的使用权，欲转让于乙；甲将 A 项目公司 100% 的股权转让于乙。在以往这种股权转让合同基本被评价为有效。然而，《合同编通则司法解释》第 14 条第 1 款规定："当事人之间就同一交易订立多份合同，人民法院应当认定其中以虚假意思表示订立的合同无效。当事人为规避法律、行政法规的强制性规定，以虚假意思表示隐藏真实意思表示的，人民法院应当依据民法典第一百五十三条第一款的规定认定被隐藏合同的效力；当事人为规避法律、行政法规关于合同应当办理批准等手续的规定，以虚假意思表示隐藏真实意思表示的，人民法院应当依据民法典第五百零二条第二款的规定认定被隐藏合同的效力。"该条规定引发的一个结论是，如果法官按照当事人的意思，直接将这种合同认定为是资产转让合同，其结果将是运用《民法典》第 153 条第 1 款对其效力进行判断。这和《国家税务总局关于以转让股权名义转让房地产行为征收土地增值税问题的批复》的立场相同："深圳市能源集团有限公司和深圳能源投资股份有限公司一次性共同转让深圳能源（钦州）实业有限公司 100%的股权，且这些以股权形式表现的资产主要是土地使用权、地上建筑物及附着物，经研究，对此应按土地增值税的规定征税。"

前述结论衍生的两个问题是：

第一，私法中的形式与实质。自《全国法院民商事审判工作会议纪要》

提出“穿透审判”以来，民商法似乎将采用“实质优于形式”的立场。这种立场是否妥当，可能是目前最值得思考的公法与私法交叉领域的问题。

第二，私法与公法的法秩序建构和评价的融贯性。对前述通过股权转让规避资产转让的行为，我国很多法院将其评价为违反《刑法》第228条的犯罪行为。例如，在“杨成美非法倒卖土地使用权案”中，法院认定“被告人杨成美等人以牟利为目的，借用他人名义受让空壳公司苍某公司股份，以苍某公司名义获取涉案土地使用权，后以转让公司股份名义转让涉案土地使用权，属于以股份转让形式掩盖非法倒卖土地使用权目的的行为，应以非法倒卖土地使用权罪论处。”[1] 这种判决对法秩序的统一价值形成有一定影响。

（二）不救济

若违反《民法典》第153条第1款的合同被认定为无效，合同没有履行时，一方自然无法请求实际履行合同。实践中的问题在于，对一些合同，法院并不评价其效力，同时拒绝受理案件。最为典型的是2020年《最高人民法院关于审理涉及国有土地使用权合同纠纷案件适用法律问题的解释》第16条第1款的规定：“在下列情形下，合作开发房地产合同的当事人请求分配房地产项目利益的，不予受理；已经受理的，驳回起诉：（一）依法需经批准的房地产建设项目未经有批准权的人民政府主管部门批准……”这种不予救济事实上产生了与未生效合同类似的效果。

（三）无效

如违反涉及公共利益的管理性规范的合同。在土地、金融等领域常见。

（四）未生效合同

实务中，对违反强行法的合同，比如违反《城市房地产管理法》第39条的相关合同，法条表述为“转让房地产时，应当符合下列条件”，一些裁判者

---

〔1〕 浙江省永嘉县人民法院刑事判决书，（2016）浙0324刑初578号；浙江省温州市中级人民法院刑事裁定书，（2017）浙03刑终399号。

不认为这种合同为无效合同，而是认定为未生效合同，等到主管机关批准以后，可以发生法律效力。

（五）效力待定、可撤销、向后无效等

目前尚未见到这方面的裁判案例。

（六）生效

违反强行法的合同可以生效，最初源于《合同法解释（二）》第14条，即认为违反管理性公法规范的合同有效。值得注意的是，最高人民法院扩张了区分原则，扩大了合同自由的范围和合同有效的范围。最初的一个案例应该是“桂馨源公司诉全威公司等土地使用权转让合同纠纷案”。[1]在该案中，法院认定:《城市房地产管理法》第38条。[2]“关于土地转让时投资应达到开发投资总额25%的规定，是对土地使用权转让合同标的物设定的于物权变动时的限制性条件，转让的土地未达到25%以上的投资，属合同标的物的瑕疵，并不直接影响土地使用权转让合同的效力。《城市房地产管理法》第38条中的该项规定，不是认定土地使用权转让合同效力的法律强制性规定。”其核心宗旨是：该条约束的并非合同当事人，而是登记机关；其针对的并非合同成立和效力，而是针对合同的履行。

〔1〕最高人民法院民事判决书，(2004)民一终字第46号。
〔2〕对应2019年《城市房地产管理法》第39条。

系统认定与后果多元

陈龙业*

认真研读了于程远博士的这篇论文，感觉受益良多，也颇受启发。该文征引文献丰富，逻辑推理缜密，对于违反强制性规定的合同效力这一抽象复杂又长青常新的合同法理论和实务共同关注的普遍性问题进行了系统阐述，并提出了从狭义无效到多元效力规制的深刻见解。文中既与现有制度规则契合，又有对前沿典型问题的破题洞见，既旁征博引，又成一家之言。其中不乏精深抽象的理论探讨，熟读起来能够给人以启发和享受，但或也因我多从事实务工作，尚有些不太懂之处。因此，对该文妄加评论，实不敢当，笔者拟不揣浅陋，在认真学习的基础上，尝试谈谈对几个相关问题的理解和体会。谬误之处，还望作者及各方前辈、同人多多批评和海涵。

一、识别强制性规定的“多元因素”

依照《民法典》第 153 条第 1 款的规定，民事法律行为违反强制性规定无效有一种例外，即当该强制性规定本身并不导致民事法律行为无效时，民事法律行为并不无效。这里实际上涉及对具体强制性规定的性质判断问题。某些强制性规定尽管要求民事主体不得违反，但违反它并不导致民事法律行为无效。违反该法律规定的后果应由违法一方承担，没有违法的当事人不应承受一方违法的后果。比如，一家经营水果的商店出售种子，农户购买了该

* 最高人民法院研究室民事处处长、审判员，法学博士。

种子。商店违法经营种子，必须承担相应违法责任。但出于保护农户的目的，不宜认定该买卖合同无效。[1]笔者完全赞成该文中提到的《民法典》第153条第1款但书条款的开放性的见解。从某种意义上讲，这一但书规定实际上形成了一种“规范目的保留”。[2]特别是该文中提到的，“如果强制性规定仅为了保护某一方当事人而设，那么相较于令合同无效之后依缔约过失责任实现此种保护，可能令合同有效从而赋予该方当事人在违约责任框架下实现履行利益的可能对其更为有利。”但是，究竟哪些强制性规定属于应当影响合同效力的规定，采取何种标准予以识别，在理论上和实务中一直都是难题。

《合同编通则司法解释》第16条第1款在综合理论研究与实务经验的基础上，对强制性规定的识别做了明确规定。笔者赞成该文中提出的“面对公法上纷繁复杂的强制性规定灵活多变的规制方式更能适应个案规制的具体需要”的论断，以及在此基础上运用比例原则、动态系统论对于合同效力予以判断的观点。《合同编通则司法解释》第16条第1款正是按照这一思路，综合考虑不同因素、不同场景来识别强制性规定对合同效力的影响。比如，某些强制性规定旨在要求当事人一方加强风险控制、内部管理等，对方无能力或者无义务审查合同是否违反强制性规定，认定合同无效将使其承担不利后果的情形。如果强制性规定规制的是一方当事人而非双方当事人，且在一方违反强制性规定的情况下，对方无能力或者无义务知道其存在违反强制性规定的情况，认定合同因违反强制性规定而无效就可能导致一方违法的后果由对方来承担，这显然是不公平的。[3]特别是未被规制一方就对方的违法行为不知情也不应当知情时，由未被规制一方承担合同无效的后果，显然不利于保障正常的交易秩序。[4]换言之，对于强制性规定的识别有必要考察该强制性规定究竟是规制一方当事人还是同时规制双方当事人，以防止违法一方通过合同无效将违法后果“转嫁”给对方承担。银行违反《商业银行法》第39

〔1〕 参见黄薇主编:《中华人民共和国民法典总则编释义》，法律出版社2020年版，第408页。

〔2〕 Vgl. Staudinger/Rolf Sack / Maximilian Seibl, Neubearbeitung 2011 BGB § 134，Rn.64.

〔3〕 参见《民法典合同编通则解释》起草工作组:《〈最高人民法院关于适用《中华人民共和国民法典》合同编通则若干问题的解释〉重点问题解读》，载《法律适用》2024年第1期。

〔4〕 参见姚明斌:《“效力性”强制规范裁判之考察与检讨——以〈合同法解释二〉第14条的实务进展为中心》，载《中外法学》2016年第5期。

条规定的资产负债比例发放贷款，因该规定旨在要求银行加强内部管理和风险控制，借款人无从获知银行是否违反该规定，自然不应仅因银行违反该规定就认定合同无效，否则借款人的交易安全将无法获得有效保障。又如，从公法的角度看，取得相应资质或者许可往往是一方当事人的法定义务，若该当事人本可取得相应资质或者许可，但因合同被认定无效对其更加有利而不申请相应资质或者许可，再以没有取得相应资质或者许可为由主张合同无效，就是极其不诚信的行为，法律自无保护的必要。[1]故该文中提到的有关未取得探矿权、采矿权而订立的开发矿产合同、[2]未取得快递经营资格承包快递业务经营的合同、未经许可的凿井取水合同也可以依据《合同编通则司法解释》第16条第1款第5项的规定来认定合同效力。

值得注意的是,《合同编通则司法解释》第16条第1款规定的出发点在于从统一法律适用的角度，针对各式各样的强制性规定如何识别其是否影响合同效力来确定的考量因素。此系识别因素的多元，而在法律效果上则指向的是对违反某一强制性规定是否影响合同效力的判断。进而言之，对某一强制性规定的违反是否影响合同效力，在通过该款规定判断后得出的结论应当是确定的，而且基于同案同判的考量，在规则设计上也不能出现某一类型、性质、情节相同或者相似的行为在违反某一强制性规定时得出合同效力不同甚至相反的情况。因此，即使效力多元，也不意味着合同效力在具体个案乃至类案中具有不确定性。对此，笔者相信该文也是这个观点。至于效力多元的问题，这对于精细化解决有关合同纠纷案件具有积极参考意义，在颇具前瞻性的同时，对于丰富和发展合同效力理论具有重要意义。但是，在规范逻辑层面的证成方面，从《合同编通则司法解释》第16条第1款的条文本意到多元效力规制尚有一段距离。

此外，对于违反强制性规定对合同效力的影响以及由此引申的有关法律后果问题,《合同编通则司法解释》还区分了权限性规定，避免与影响合同效力的强制性规定相混淆。第18条规定:“法律、行政法规的规定虽然有‘应当’‘必须’或者‘不得’等表述，但是该规定旨在限制或者赋予民事权利，

〔1〕参见刘贵祥、吴光荣:《关于合同效力的几个问题》，载《中国应用法学》2021年第6期。
〔2〕参见最高人民法院民事判决书,(2021)最高法民终1201号。

行为人违反该规定将构成无权处分、无权代理、越权代表等，或者导致合同相对人、第三人因此获得撤销权、解除权等民事权利的，人民法院应当依据法律、行政法规规定的关于违反该规定的民事法律后果认定合同效力。”比较典型的例子就是《民法典》第 443 条至第 445 条关于出质人未经质权人同意不得转让出质权利的规定。当事人订立的合同违反上述规定，充其量构成无权处分，[1]而不能简单依照上述规定认定合同无效。《合同编通则司法解释》的这一规定似对该文的研究有所助益。

二、合同无效的“多元后果”

在现行法框架下，合同无效的法律后果无疑是多元的，此在《民法典》第 157 条有明确规定。笔者粗浅地认为，该文中的合同效力多元也可以从合同无效的后果多元以及合同效力本身存在的多元情形（下一部分专门探讨）来释解。应该说，该文中提到的“向后无效”的情形，无论是实例解读还是法理分析都具有典型意义和参考价值。但从规范意义上讲，将此作为对《民法典》第 157 条规定的解释似比对第 153 条第 1 款的解释更为妥当。比如，对于返还财产的问题，第 157 条规定了“行为人因该行为取得的财产，应当予以返还；不能返还或者没有必要返还的，应当折价补偿”，此直观上体现了合同无效在返还财产上采取的不同处理模式，蕴含着对合同向后无效的容纳力。其中，“没有必要返还”，主要就是针对继续性合同而言的。除此之外，该条还规定了损害赔偿等责任承担方式。此多元法律后果的设计模式一方面是为了应对纷繁复杂的经济社会中可能出现的千差万别的合同纠纷，另一方面也能够起到对合同无效制度的柔化作用，使之在体系化适用中保持开放性和生命力。在《民法典》第 157 条规定的基础上，《合同编通则司法解释》第 24 条、第 25 条对于合同无效的法律后果作了进一步细化，由此也就使有关合同无效法律后果的规则更加完善。此外，《合同编通则司法解释》第 12 条对于批准生效合同效力，规定负有报批义务的当事人不履行报批义务或者履行

---

〔1〕 参见最高人民法院民事审判第二庭、研究室编著：《最高人民法院民法典合同编通则司法解释理解与适用》，人民法院出版社 2023 年版，第 221 页。

报批义务不符合合同的约定或者法律、行政法规的规定的法律后果，也是采取了多元化的做法。比如判令履行报批义务后的责任后果问题，根据不同场景作了相应的类型化规定：法院判令当事人履行报批义务后，当事人拒绝履行该项义务的，另一方当事人可以请求解除合同并请求其承担违约责任；当事人履行了报批义务，但批准机关不予批准的，合同确定不生效，当事人无须承担赔偿责任，但因迟延履行等可归责于该当事人的原因导致未能批准的除外。

当然，笔者深知仅通过合同无效的后果多元，不足以深刻领会该文中对“向后无效”的阐释精神。特别是该文中提到的“向后无效适用的重要前提是公法规范的目的既不在于否定行为本身（如禁止人体器官、毒品、枪支等买卖），也不在于否定行为的后果（如进出口贸易禁令）”的论断，进而以“快递被不具备资质的人送达”[1]为例进行的阐述，见解颇为深刻。至于理论上可能替代这一思路的路径，比如，对此是否能够通过取得许可予以补正，对于双方都明知情形是否可以通过“恶意不受保护”的规则予以解决，也有进一步研究论证的必要。在此笔者继续提出一个浅见供参考。对于这一情形，从规则体系上讲，并非涉及批准生效的合同，有可能纳入《合同编通则司法解释》第16条第1款规定的调整范围。通过对《邮政法》第51条第1款规定进行识别，主要来判断该强制性规定是否属于“虽然旨在维护社会公共秩序，但是合同的实际履行对社会公共秩序造成的影响显著轻微，认定合同无效将导致案件处理结果有失公平公正”而通过“由行为人承担行政责任或者刑事责任能够实现强制性规定的立法目的的”的情形。正如该文中引述的，在公法规范已经提供足够的公法上惩罚措施的情况下，民法似乎没有必要对该行为施以无效的法律后果从而导致“双重处罚”。[2]而且，对此类合同，即使认可合同有效，在违约责任承担方面也不能判决继续履行，从而就可以避免该文中提到的“要求双方当事人继续履行一个违法的合同”的局面发生。这在

〔1〕《邮政法》第51条第1款规定：“经营快递业务，应当依照本法规定取得快递业务经营许可；未经许可，任何单位和个人不得经营快递业务。”

〔2〕有学者认为，由于其他法律责任与否认返还请求权的并存可能构成对给付人的“双重处罚”，故在探寻规范目的时尤其要注意比例原则，并逐步审查“合目的性”“必要性”“合比例性”。参见汪绪文：《论基于不法原因给付的返还》，载《华东政法大学学报》2023年第2期。

某种程度上也就达到了“向后无效”的效果。

三、合同效力的“多元情形”

对于经济社会生活中有关纠纷的处理乃至相关规则的总结提炼，离不开对既有法律规则的把握。对于合同多元效力的理解和适用，离不开在《民法典》规定框架内的体系化适用。依照传统民法理论，合同效力本身就存在合同效力待定、可撤销等情形；合同无效既可能是全部无效，也可能是部分无效。比如，对于部分无效,《民法典》第 156 条明确规定:“民事法律行为部分无效，不影响其他部分效力的，其他部分仍然有效。”对于可撤销的情形，理论上又被称为相对无效的民事法律行为，[1]《民法典》第 147 条至第 151 条亦有相应规定。这些规定，在《民法典》既有框架下，与第 153 条第 1 款的规定形成了有机衔接、多元配合的关系，但在适用场景以及逻辑构架方面并非第 153 条第 1 款但书的规定所能容纳。至少在合同效力类型化方面，有关可撤销等规定还要对应《民法典》第 153 条第 2 款有关违背公序良俗无效的规定。

对于合同效力待定的问题，以往民法理论乃至有关合同法规则将此与无权处分、无权代理、无权代表等密切相连。而在无权代理采取效果归属规则后，在代理领域，在一般规则上就演变为有关合同行为在后果上对谁发生的待定，而非合同效力的待定，代表领域大致亦同。在无权处分领域，善意取得制度解决了大量物之归属问题；在合同效力层面，因在《民法典》编纂时将无权处分写入了买卖合同（第 597 条）当中，故应当依据《民法典》第 597 条认定合同效力，不能依据第 153 条第 1 款来认定该合同无效。对此，引申出比较典型的例子是《民法典》第 399 条就某些财产规定“不得抵押”的具体规定。该条第 1 项至第 3 项所列财产系法律规定的禁止流通物或者限制流通物，当事人以此为标的物进行抵押，抵押合同自然应被认定无效。但该条第 4 项、第 5 项所列财产并非禁止流通物或者限制流通物，违反该规定只是

〔1〕 参见杨立新:《民法总则》，法律出版社 2020 年版，第 259 页。

可能导致行为人构成无权处分，自无据此认定抵押合同无效之理。[1]而此无权处分的法律后果，又与上述《合同编通则司法解释》规定的对权限性规定的违反不适用《民法典》第153条第1款规定的情形相一致。

需要说明的是，该文在具体论证中对于有关限缩适用效力待定以及可撤销模式的阐述，笔者是深表赞成的。比如，就有关欺诈、胁迫情形同时构成刑事犯罪时，不应因超过撤销权行使的除斥期间就倾向于肯定因诈骗、抢劫等犯罪行为所订立合同的效力。在遵循法秩序统一原理的背景下，按照准确认识刑法属性乃至刑民法律法规在功能作用上的有机衔接的思路，这一观点能够为更广范围更深层次解决刑民交叉案件中合同效力的认定问题，提供有益参考。至于暴利行为导致合同部分无效的见解以及引证方面都非常深刻，目前理论上对此有通过违背公序良俗的通道来认定合同部分无效的见解，在具体适用上也就是通过体系化适用《民法典》第153条第2款和第156条的规定来实现。笔者认为，对此至少在理论研究方面，可以进一步引申并证成这一路径对过高违约金调整方面的参考借鉴，甚至是通过目的性扩张来予以适用。

最后，当笔者再次回味通过该文看到目前比较法上特别是新近的《欧洲示范民法典草案》（DCFR）、《国际商事合同通则》（PICC）和《欧洲合同法原则》（PECL）等均承认合同效力多元规制，尤其是作者深入阐述其合同效力多元规制的理论洞见和实务洞察时，不禁感慨本文理论研究之前瞻性与本文的学术价值。与此同时，不禁反思笔者的上述浅见是否浅至与该文之研究根本不在一个层次位阶。当然，基于现有法律规则进行延伸研究探讨，对于现实问题解决乃至立论基础牢固，应当是会有所裨益的。希望上述拙见能对作者的研究有所帮助，更希望作者能够在此研究进路上继续发扬光大，庞博证成，让作为读者的我继续从中学习、思考和受益。

---

〔1〕参见最高人民法院民事审判第二庭：《最高人民法院民法典担保制度司法解释理解与适用》，人民法院出版社2021年版，第392页。

违反强制性规定的法律行为效力评价之体系、价值和方法

李文涛*

一、问题的提出

违反强制性规定的法律行为效力评价问题一直以来都是民法领域的热点和难点问题，无论是大陆法还是英美法国家都对其展开了深入的讨论和研究。在《民法典》及《合同编通则司法解释》的背景下，该问题在我国尤其受到关注。于程远博士的这篇论文针对违反强制性规定的合同效力的多元效力评价体系展开了深入研究，并取得了一定的成果。任何一个民法疑难问题的观察都离不开对法律体系的整体把握，都需要展开法律本原的思考，更需要做出法律价值的判断，违反强制性规定的法律行为效力评价更是如此。其多元效力体系的建构，首先需要厘清法律行为效力评价的体系框架，勘定公法和私法的边界与关联，明确效力评价属于民法范畴，而非公法的任务和目标。法律行为效力评价涉及行为能力、意思表示瑕疵、代理权与处分权以及内容的合法、确定和可能等因素。[1]因此，基于违反强制性规定作出的法律行为效力评价体系与基于其他因素作出效力评价体系，共同构成了法律行为效力评价的整体体系框架。法律行为的效力评价的本原和实质是意思表示效力的评价，我国法律行为效力评价诸多难题与意思表示的区分争议直接相关，尤

* 中国劳动关系学院法学院教授。本文系中国劳动关系学院校级科研项目“新就业形态劳动者权益保护”的阶段性成果之一。

〔1〕 某些法律行为还涉及特殊的生效要素，如处分行为涉及特定、公示、类型强制等因素等。

其是涉及负担意思和处分意思的区分。意思表示的体系发展和类型区分，在某种意义上，直接影响了法律行为的效力评价规则体系。很多学者在论证违反强制性规定的合同效力问题时，都非常强调比例原则的作用和意义。但是，法律行为的无效认定，并不仅仅是采取最小损害方式的比例原则判断，还是基于民法基本价值底线的价值判断。类似合宪性审查，该效力评价基于民法中的自然法价值来研判当事人意思表示是否无效。据此，在体系框架和价值判断的指引下，基于意思表示的本原展开细致分析，可以尝试寻找违反强制性规定的法律行为效力评价的标准、路径或方法，并能勾勒出多元的无效规则图谱。

二、违反强制性规定的法律行为之效力评价是民法的任务

我国《民法典》第 153 条第 1 款规定的强制性规定，大多涉及公法上的强制性规定，尤其是刑法、行政法领域的强制性规定。民法和刑法交叉问题，也一直是我国司法实践中的难点问题。私法自治受到法律的限制，但这些限制规范在民法上很少，大多在公法领域，尤其是在刑法领域。[1]

基于法律体系的基本框架，法律行为的效力评价属于民法领域，而不属于公法领域，不是刑法、行政法的任务和目标。刑法是关于犯罪和刑罚的法。规定犯罪的要件和针对犯罪科处的刑罚都被称为刑法。[2]刑法的任务是保护法益，通过犯罪认定和刑罚来维护社会秩序，针对一些具有社会危害性的举止行为用刑罚予以禁止。[3]行政法是调整在公共行政的组织、活动、程序、监督和救济等方面产生各种社会关系的法律规范的总称，[4]其解决行政权力行使的法治化问题，针对的是行政权力的控制和规范引导。刑法和行政法一般都不涉及法律行为的效力评价问题，也没有能力完成复杂多元的法律行为效力评价的任务。因此，当法律行为违反公法上的强制性规定时，公法可以依

〔1〕 Vgl. NK-BGB/ Looschelders, 2012 § 134, Rn.1.
〔2〕 参见［日］大塚仁:《刑法概说》，冯军译，中国人民大学出版社 2003 年版，第 19 页。
〔3〕 参见［德］约翰内斯 · 韦塞尔斯:《德国刑法总论》，李昌珂译，法律出版社 2008 年版，第 4 页。
〔4〕 参见马怀德:《行政法》，中国政法大学出版社 2009 年版，第 26 页。

法科以刑罚或行政处罚，但无法也不能做出民法上的效力评价。该问题应当归属于民法领域，交由民法回答。

当强制性规定属于公法规范时，民法上无效的判断往往从公法上强制性规定的规范意旨出发展开分析，并通过解释来查明强制性规范的目的和意义。[1] 如果强制性规范的目的是使得法律行为无效，则法律行为可以认定无效。[2] 因此，《民法典》第 153 条第 1 款往往被解释为引致规范，并作为沟通私法与公法的管道。其核心的问题是：维持法律行为的有效是否会使强制性规定的规范目的落空，或者说，是否只有判定法律行为无效才能实现其规范目的。因此，对于违反强制性法律规定的合同效力确定，着重在于探寻强制性法律规定的规范目的和规范重心。[3] 如法律的目的是维持国家基本秩序，且如果不使违反该法令的法律行为无效，则该目的就无法达到，则实施的重婚行为无效。法律的目的是保护弱者，如果不使违反该法律的法律行为无效，则该目的不能达到，[4] 则损害弱者权益的合同无效。

虽然法律行为的无效判断需要考量公法上强制性规定的规范意旨，但效力判断规则依然是民法规则。法律行为的效力分析依然属于民法领域，而非公法领域。并非所有的公法规范都要指向合同效力。[5] 违反公法的法律行为是否无效，必须探究公法的目的，但更需要进一步区分公法责任与私法责任。[6] 许多公法性强制性规范，并不旨在影响合同效力，而是通过刑事责任追究或行政处罚来实现其目的。[7]

---

〔1〕 Karl Larenz, Allgemeiner Teil des Deutschen Bügerlichen Rechts, C.H.Beck‘ sche Verlagsbuchhandlung, Müchen, 1989, S.429.

〔2〕 Vgl.HKK/ Dorn, 2003, § 134-137 Rn.2.

〔3〕 参见杨代雄:《〈民法典〉第 153 条第 1 款评注》，载《法治研究》2020 年第 5 期。

〔4〕 参见［日］山本敬三:《民法讲义 I 总则》(第三版)，解亘译，北京大学出版社 2012 年版，第 205 页。

〔5〕 参见王利明:《论效力性和非效力性强制性规定的区分——以〈民法典〉第 153 条为中心》，载《法学评论》2023 年第 2 期。

〔6〕 参见谢鸿飞:《论法律行为生效的“适法规范”——公法对法律行为效力的影响及其限度》，载《中国社会科学》2007 年第 6 期。

〔7〕 参见梁神宝:《违反强制性法规的合同效力——基于瑞士法的考察》，载《华东政法大学学报》2017 年第 1 期。

虽然有时通过判令违法行为无效能更好地实现公法规范规制的目的，但是即使在此情形，在民法领域，也应当综合评价法律的目的、当事人之间的信义和公平，以决定法律行为的效力。〔1〕尽管我国《民法典》第153条第1款与诸多强制性规范的规范意旨和价值判断相关联，但是依然有其自身独特的规则内容。民法固有的价值和理念也并不完全承认公法规范足以彻底否定合同的效力，这要取决于具体情形的价值衡量结果。〔2〕在某种程度上，法律行为的效力评价具有一定的中性色彩。〔3〕《民法典》第153条第1款意味着公法上强制性规范的价值在民法领域得到延伸，但法律行为效力评价的结果依然是依据民法规则作出的。

三、法律行为无效认定的本原是意思表示的区分及其效力评价

法律行为的核心是意思表示，因此法律行为效力的评价实质和本原上是针对当事人意思表示效力的评价，即具体分析当事人意思表示是否以及如何发生其预期的法律效果。违反强制性规定的法律行为之无效认定，其实质是违反强制性规定之意思表示的效力判断。因此针对法律行为中包括之意思表示的类型、数量、特质的细致分析，是展开法律行为效力评价的前提和基础。据此，意思表示的体系结构解释直接影响着法律行为的效力评价体系的发展和变化。不同的意思表示解释体系会存在不同的法律行为效力评价结果。与此同时，意思表示的效力评价因其预期发生法律效果的不同，会直接影响法律行为效力的判断。我国司法实践中关于合同效力判断的某些难题源于对意思表示的类型区分的争议，特别是针对负担意思表示和处分意思表示的区分，同时也涉及合同订立与合同履行的区分。

负担意思表示和处分意思表示的区分，分别针对债权合同效力和处分行为效力进行评价，直接影响了合同效力的分析结构。对于某些违反强制性规

〔1〕参见［日］山本敬三：《民法讲义Ⅰ总则》（第三版），解亘译，北京大学出版社2012年版，第208页。

〔2〕参见谢鸿飞：《违反刑法的合同的类型与效力》，载《法律适用》2024年第1期。

〔3〕参见李文涛：《合同的绝对无效和相对无效——一种技术化的合同效力评价规则解说》，载《法学家》2011年第3期。

定的合同，可认可其负担意思表示的效力，使其产生债法上的约束力，但否定其处分意思表示的效力，不能通过实际履行合同来违反强制性规定，如公司法上对赌协议的效力认定。财产法上意思表示与身份法上意思表示的效力评价也存在区别，身份法上的意思表示违反强制性规定的，为维护基于身份关系产生的事实关系，一般其无效不具有溯及力，而是向未来产生无效的法律效果。如婚姻的无效。单方意思表示和双方意思表示合意的效力评价也有差异。需行政机关批准的单方法律行为，一般不适用未决的无效规则，而可径直认定无效。〔1〕

违反强制性规定的法律行为效力评价的逻辑起点是区分各种不同类型的意思表示，特别是具体区分一个法律行为或一份合同中不同的意思表示，并针对其分别展开效力评价，同时还要具体考量各个意思表示之间的效力评价结果之间的关联。〔2〕

四、违反强制性规定的法律行为之无效认定首先是价值判断

不少学者在违反强制性规定的法律行为无效认定的研究中引入了比例原则的探讨，其意义和价值不言而喻，比例原则在民法领域有广泛的应用。〔3〕但是，法律行为或曰意思表示的效力评价，尤其是无效判断，首先是一个价值判断，而不仅仅是比例原则的适用。法律行为的无效认定，表现为对当事人意思自由的限制，其实质是民法基本价值底线的恪守。将违背民法基本价值和原则的法律行为认定为无效，是在捍卫民法中自然法的精神和理想。如果将当事人作出意思表示视为“当事人造法”，则针对其效力的认定，类似合宪性审查。将当事人意思表示中触犯民法基本价值底线的部分认定为无效，

〔1〕 Vgl. PWW/ Ahrens, 2016, § 134 Rn. 25.

〔2〕 德国法上关于负担行为与处分行为效力评价之间的关联，有不少讨论。一般认为，在一个交易过程中，负担行为的无效不影响处分行为的效力，但处分行为的效力会干扰负担行为的效力。Vgl. Rüthers/ Stadler, Allgemeiner Teil des BGB, Verlag C.H.Beck oHG, 2014, S.381.

〔3〕 参见蔡睿：《违法合同的效力评价与无效类型——〈民法总则〉第153条第1款释论》，载《苏州大学学报（法学版）》2019年第1期；张新：《走出效力性强制规定的误区——〈民法总则〉第153条第1款的解释与适用》，载《安徽大学学报（哲学社会科学版）》2020年第2期。

来捍卫生命、人格尊严、身体健康、自由、财产等基本价值。违反强制性规定的法律行为的无效判断，实质上是在勘定民法基本价值和原则的底线。法律行为自始无效的原因在于其具有反社会的性质并侵害重大的国家利益和社会利益。因此，具有反社会性的法律行为被认定为无效。[1]《宪法》确认了法律秩序的首要基本原则，民法的秩序和价值正是建立在此基础之上。在司法实践中，法律行为是否违反法律秩序与道德基本原则，取决于一个国家的政治制度和相关的社会政治因素。[2]违反强制性规定的法律行为效力评价必须基于我国社会政治制度，坚持社会主义核心价值观。

在价值判断的基础上，可以进一步展开合理性、妥当性的技术分析，针对意思表示无效的空间范围、时间范围、数量范围以及无效是否确定，无效的转换问题展开具体观察，但这些都无法脱离民法的基本价值判断。[3]无效规则的技术性安排无法突破民法基本价值的底线，多元化效力规则的设计只能在基本价值共识的框架内展开。

五、违反强制性规定的法律行为无效认定之基本路径和方法

在法律体系的框架结构和法律价值判断的指引下，违反强制性规定的法律行为无效认定的基本路径可以针对意思表示的实施主体、客体（标的）、程序、时间、地点、内容、目的以及效果等依次展开具体检索。[4]

（一）主体

违反强制性规定的法律行为会涉及主体资格违法，如建设工程施工合同

---

〔1〕 参见［日］我妻荣：《我妻荣民法讲义Ⅰ：新订民法总则》，于敏译，中国法制出版社2008年版，第359～360页。

〔2〕 参见［俄］E.A. 苏哈诺夫：《俄罗斯民法》（第1册），黄道秀译，中国政法大学出版社2011年版，第338页。

〔3〕 违反强制性规范的法律行为效力判断分为两个阶段：一是着眼于强制性规范干预私法自治的正当性；二是强制性规范干预私法自治的合理性。相关论述可参见冉克平：《论效力性强制规范与私法自治——兼析〈民法总则〉第153条第1款》，载《山东大学学报（哲学社会科学版）》2019年第1期。

〔4〕 Vgl. Max Kaser, Über Verbotsgesetze und Verbotswidrige Geschäfte im Römischen Recht, Verlag der Österreichischen Akademie der Wissenschaften, 1977, S.113.

中施工单位的资质不符合法定的要求，医疗服务合同中行医者不符合法定的执业资格要求，博彩合同中博彩经营者不符合法定的资质条件等。意思表示主体的资质违反了强制性规定，并不必然导致合同无效。当事人因资质违法受到了刑法或行政法制裁，是否还需要民法上认定相关民事合同无效，则需要在民法上展开效力评价。如果不认定合同无效，就无法实现强制性规定的规范意旨，则存在认定合同无效的可能。反之，通过公法制裁已经实现了强制性规定的规范意旨，则没有必要因内容违法而认定合同无效。

（二）客体

意思表示指向的客体（标的）违法的情形也不鲜见。此时需要具体分析标的违法的不同类型。意思表示涉及的客体交易违背民法基本价值的，如买卖妇女儿童，可直接认定合同无效。对于法律规定不得转让的质押物或质押的权利（《民法典》第 443 条第 2 款第 1 句），则需要具体分析强制性规定的规范意旨，其主旨在于使得涉及标的物的法律行为（负担行为和处分行为）都无效，还是要惩戒当事人，让其承担法定的债务不履行之责任。有时强制性规定的惩罚不是针对法律行为，而是针对其获得利益的行为。[1]

（三）程序

实施法律行为的程序可能涉及违法的情形。有些法律行为需要经行政机关批准或审核，如商品房预售许可和备案。有些法律行为须经法定的报告程序或决议程序，如董事高管的自我交易行为、竞业行为（《公司法》第182条、第 184 条）；公司为股东或实际控制人提供担保（《公司法》第 15 条）。实施法律行为的程序违法，是否会导致法律行为无效，需要从强制性的程序规范的规范意旨出发，充分考虑善意相对人信赖利益和交易安全的保护。尤其是在商事领域的效力评价，应更多考虑商事交易安全的保护。

〔1〕 Vgl. Max Kaser, Über Verbotsgesetze und Verbotswidrige Geschäfte im Römischen Recht, Verlag der Österreichischen Akademie der Wissenschaften, 1977, S.38.

（四）时间

实施法律行为的时间也涉及违法的情形。[1]如公司董事在离职后半年内违反公司法强制性规定转让股份（《公司法》第160条第2款第2句）。此时需要具体区分当事人的负担意思和处分意思，转让股份的董事与买受人订立的股权买卖合同有效，而处分股权的处分行为的效力可另行分析。

（五）地点

实施法律行为的地点也存在违法的情况。如股东转让其股份，未在依法设立的证券交易场所进行，也未按照国务院规定的其他方式进行（《公司法》第158条）。禁止性规范禁止合同订立的外部条件（时间、地点等）的，法律行为的效力一般不受影响，除非法律旨在禁止双方实施该行为。[2]

（六）内容

意思表示的内容受到强制性规定的限制，违反强制性规定导致法律行为无效主要是针对意思表示内容违法而言，这涉及民法基本价值和原则的判断。强制性法规一般是指规定一定内容的法律行为无效的法规。[3]法律行为的内容应当符合法律的精神，否则法律行为会失去其有效性。[4]如果强制性规定不仅阻止法律行为的实施，而且禁止法律行为的内容，则法律行为会被认定为无效。[5]违反强制性规定的法律行为无效，主要是针对其内容违法而言的。《民法典》第153条第1款主要是针对当事人意思表示内容的控制。

（七）目的

违反强制性规定的法律行为的无效认定，不仅要考虑强制性规定的规范

---

〔1〕 Vgl. Jauernig/ Mansel, 2018, § 134，Rn.9.

〔2〕 Vgl. Staudinger/ Sack/ Seibl, 2017 § 134，Rn.81.

〔3〕 参见［日］山本敬三：《民法讲义Ⅰ总则》（第三版），解亘译，北京大学出版社2012年版，第201页。

〔4〕 参见［日］近江幸治：《民法讲义Ⅰ民法总则》（第6版补订），渠涛等译，渠涛审校，北京大学出版社2015年版，第158页。

〔5〕 Vgl. RGRK/ Küger-Nieland/ Zöller, 1982, § 134，Rn.14.

目的，同时也要考虑当事人实施法律行为的目的。〔1〕在法律行为违反强制性规定的判断上，只要客观要件符合即可，但是考虑法律行为无效时，则需要考虑当事人的主观方面。〔2〕如果当事人经由违法的法律行为意图实现违法的目的，则在其效力评价上，需要同时考虑当事人的主观方面。违法性判断是客观的，但是效力评价必须包括主观要素。

（八）效果

意思表示不仅有法律效果，而且还有经济效果。法律会因为法律行为追求的效果加以禁止。〔3〕违反强制性规定主要涉及的当事人意思表示追求的法律效果是违法的，法律不助力实现该法律效果，因此意思表示被认定为无效。但是同时意思表示还存在进一步的经济效果，此时可以进一步分析经济效果的合法性问题。如果当事人追求的法律效果违法，而追求的经济效果合法，则存在将无效法律行为转换为有效的替代行为的空间。

六、违反强制性规定的法律行为之无效规则体系

认定法律行为无效并不是《民法典》第 153 条第 1 款的唯一规范目的，违反强制性规定的法律行为并不必然无效。而且在效力认定存疑时，也不能绝对推定为无效，尤其是存在需要保护的当事人而且不涉及公法利益时。〔4〕罗马法上，针对违反强制性规范的行为做了三种区分：完全行为，该违法行为无效；次完全行为，其继续有效，但要遭受刑法制裁；不完全行为，没有上述后果。〔5〕罗马法上对强制性规范的三种区分，目前依然有现实的借鉴意义，〔6〕违反强制性规范的行为存在多种效力评价结果。显然，被认定违反强制

〔1〕参见冉克平：《论效力性强制规范与私法自治——兼析〈民法总则〉第 153 条第 1 款》，载《山东大学学报（哲学社会科学版）》2019 年第 1 期。

〔2〕Vgl. NK-BGB/ Looschelders, 2012 § 134, Rn. 51.

〔3〕Vgl. PWW/ Ahrens, 2016, § 134, Rn. 10.

〔4〕Vgl. Münchener/ Armbrüster, 2015 § 134, Rn. 103.

〔5〕Vgl. Max Kaser, Über Verbotsgesetze und Verbotswidrige Geschäfte im Römischen Recht, Verlag der Österreichischen Akademie der Wissenschaften, 1977, S. 9.

〔6〕Vgl. Werner Flume, Das Rechtsgeschäft, Springer-Verlag Berlin Heidelber GmbH, 1992, S. 341.

性规定而具有效力瑕疵的合同，绝非仅（自始、当然、确定、绝对）“无效”之一种形态，而是可能呈现为一部无效、向后无效、相对无效、一方无效、效力未定、可撤销等丰富形态。[1]

以民法的基本价值判断为基础，可以考虑多元化的技术规则处理，在实现强制性规定的规范意旨的基础上，兼顾当事人的信赖利益和事实生活基础，保护特定的善意相对人和善意第三人利益，保留有效的意思表示部分，寻找合同的替代行为实现当事人经由意思表示追求的合法经济效果，以尽可能尊重当事人的意思表示和意思自由。

违反强制性规定的法律行为的无效评价结果可以构成多元的无效规则逻辑体系。首先需要考虑无效是否确定，因此违反强制性规定的法律行为首先需要分析是否存在未决无效之情形。其次分析无效的时间范围，即考虑无效是自始无效，还是无溯及力的无效（向后无效）。之后进一步分析无效的空间范围，为保护特定的善意相对人或善意第三人利益，是否存在相对无效的情形。在商法领域，还需要考虑内部有效和外部无效问题。再次可进一步分析无效的分割问题，即部分无效问题。在去除无效部分后，剩余部分是否可以继续有效。此后针对确定无效的部分，还可以考虑转换规则的适用。最后针对无效部分，还要考虑无效法律行为的延伸效力。法律行为虽然无效，但其依然在有效的框架下为无效后的法律关系处理提供指引和参照。

（一）无效是否确定：未决的无效

未经行政机关审批的法律行为，可以适用未决的无效规则，在追认前，合同处于未决的无效状态。[2]在取得行政审批同意后确定有效，否则确定无效。如果法律行为的生效需要行政机关的批准，则未经批准的法律行为是被禁止实施的。未经批准的单方行为是无效的，双方行为和多方行为在被批准

〔1〕 参见易军：《论合同违反强制性规定无效的判断标准——以〈民法典合同编通则解释〉第16条为中心》，载《清华法学》2024年第1期。

〔2〕 Vgl.Soergel/ Hefermehl , 1978, § 134, Rn.49.

前是未决的无效。[1]在瑞士法上，须经批准的合同如申请失败，若还能再次申请的话，其效力是否不确定，需要依据诚实信用原则解释。[2]

（二）无效的时间范围：无溯及力的无效

对于继续性债务关系的事后违法，可以向未来无效。[3]为保护信赖利益，尊重继续性债务关系的事实关系基础，针对某些违反强制性规定的法律行为，在认定无效时，可让无效的效力对将来发生，而无溯及力。当无溯及力的无效同样可实现强制性规定的规范目的时，当然没有必要适用自始无效规则。

（三）无效的空间范围：相对无效和外部无效

为保护特定主体的利益，更妥当处理当事人之间的关系，无效也可以存在空间范围的区分。此处的空间是广义的概念，涉及特定人的保护范围或特定领域的交易安全保护。

为保护善意相对人或善意第三人利益，无效合同可以按照相对无效处理，该无效不能对抗善意第三人，善意第三人可主张该合同有效。另外，无效合同可以按照相对有效处理，即合同无效不能对抗合同善意相对人，善意相对人可主张合同有效。合同的无效认定，可以是针对所有人的绝对无效，还可以是相对的，在当事人之间的相对无效。[4]卡纳里斯认为，一方针对另一方实施了违法行为，为保护另一方的合同请求权，可以将合同认定为单方部分无效。[5]比较典型的情形是，合同一方当事人违法的，为保护合同另一方善意当事人的利益，其可以主张合同对其依然有效。在商事交易中，商事企业的内部关系和外部关系存在区分，如公司内部股东会决议因违法而无效，但该无效不能对抗公司外部善意第三人，公司外部与善意第三人订立之

〔1〕 Vgl.PWW/ Ahrens, 2016, § 134, Rn.25.

〔2〕 参见梁神宝：《违反强制性法规的合同效力——基于瑞士法的考察》，载《华东政法大学学报》2017 年第 1 期。

〔3〕 Vgl. NK-BGB/ Looschelders, 2012 § 134, Rn. 53.

〔4〕 Vgl. Münchener/ Armbrüster, 2015 § 134, Rn. 1.

〔5〕 Vgl. Staudinger/ Sack/ Seibl, 2017 § 134, Rn. 81.

合同的效力不受影响（《公司法》第 28 条第 2 款）。新入伙的合伙人和其他合伙人达成的其对入伙前合伙企业债务不承担连带责任的约定在合伙企业外部无效，但是在合伙人之间具有内部效力（《合伙企业法》第 44 条第 2 款）。

（四）无效部分的切除：部分无效

如当事人的法律行为具有可分性，切除无效部分后，在不违背当事人意思和法律规范意旨时，剩余部分可保留效力。针对违反强制性规定的法律行为，在做无效判断时，为更好地尊重当事人的意思表示，应当先做可分性分析，尝试探寻切除无效部分后，剩余部分保持有效的部分无效路径。在美国“管道装修合同案”（隆德诉布鲁弗拉特，292 P.112 [华盛顿 . 1930]，Lund V. Bruflat, 292 P.112 [Wash. 1930]）中，[1] 原告订立了一份管道施工合同，但因欠缺施工许可资格，而不能获得相应的报酬。美国华盛顿最高法院认为，管道装修合同的材料部分可以履行，但是其劳务部分不可以履行。法院将该合同的材料部分与劳务部分进行了分割。[2] 对同时提供原材料和劳务的承揽合同而言，原材料部分和劳务部分也是可以具有可分性的。

（五）无效的转换

违反强制性规定的法律行为无效后，当存在替代行为来实现当事人经由无效法律行为追求的合法之经济效果时，可以将无效的法律行为转换为有效的替代行为。但是，转换不是将无效行为转变有效行为，而是另外寻找其他有效的替代行为来实现当事人追求的经济效果。

（六）确定无效后的延伸效力

法律行为确定无效后，仅仅是不发生当事人预期的法律效果，但是依然发挥着延伸效力，并作为基本框架指引了无效后当事人之间的权利义务关系，如返还清算、损害赔偿等。传统观点认为，合同无效是指自始无效、当然无效、确定无效或终局无效，不发生适合于当事人意思表示内容的效

〔1〕 E. Allan Farnsworth, Contracts, Aspen Law & Business, 1999, 353-355.
〔2〕 Joseph M. Perillo, Contracts, West Publishing Corporation, 2014, 783-784.

果，[1] 其法律效果归属于法律规定，而完全不用考虑当事人的意思表示。但是在司法实践中，合同无效未必意味着当事人的意思表示完全不用考量，甚至有时虽然合同无效了，当事人的意思表示依然发挥着一定的效力和作用。比较典型的是，合同无效后，合同争议条款、清算条款继续有效（《民法典》第 507 条、第 567 条）。其实，合同无效后的延伸效力远远超出了该范围。合同虽然无效了，但合同依然可以为当事人的权利义务关系的调整和处理提供基本的框架和指引。租赁合同无效了，但是承租人对租赁物的义务依然可参照有效的租赁合同来处理。建设工程施工合同无效，但是建设工程经验收合格的，可以参照合同关于工程价款的约定折价补偿（《民法典》第 793 条第 1 款）。劳动合同无效，劳动者已经付出劳动的，其劳动报酬可以参照本单位相同或者相近岗位劳动者的劳动报酬确定（《劳动合同法》第 28 条）。无权代理合同无效后，善意相对人可参照有效合同向无代理权人主张履行利益之赔偿（《民法典》第 171 条第 3 款），如果其主张信赖利益，则信赖利益的赔偿限额以有效合同可以获得的履行利益为标准（《民法典》第 171 条第 3 款但书）。在不当得利领域，合同无效后形成的相互返还关系抗辩依然可以作为受益人对抗第三人非给付不当得利返还请求权的理由。双务合同无效后，双方当事人经由给付和对待给付形成了两个不当得利返还请求权的相互依赖关系，合同有效时的风险负担规则依然存在适用的空间。虽然合同无效了，但是合同在某些方面依然继续“有效”，其依然在某种程度上提供参照，影响并指引着当事人之间权利义务关系的法律调整。

正如《德国民法典》第 134 条具有双重功能一样，[2] 我国《民法典》第 153 条第 1 款也具有双重功能：其一，如果认定其无效不符合禁止性规范的目的，在民法领域不认定违反强制性规定之法律行为的无效。其二，通过规范目的保留或者授权法官，在个案中发展其他符合规范目的之民法惩戒方法或措施，进而观察和阐明更细致妥当的无效规则体系。因此，违反强制性规定的法律行为之无效规则体系本身是一个动态发展体系，并随着民法基本价值

---

〔1〕 参见史尚宽：《民法总论》，中国政法大学出版社 2000 年版，第 573 页。

〔2〕 Vgl. Staudinger/ Sack/ Seibl, 2017 § 134, Rn. 64.

观、价值共识的发展变化而相伴而行。

七、结语

从体系视角来看，法律行为的效力评价属于民法领域，但其涉及几乎所有的法律部门，且关涉到民法的各个方面。其针对当事人意思表示效力的观察牵连当事人私法自治和意思自由的基本价值底线判断，考验着民法的价值底线思维。在坚持民法基本价值和原则的基础上，可以进一步展开技术性的多元效力安排和考量，以更好地实现当事人的意思自治。在某种程度上，法律行为多元效力评价体系的丰富和发展，是追求私法自治和当事人意思自由的一种努力，这种努力也是民法根本的价值追求。

违反强制性规定的合同无效之“新解”抑或“重述”?

朱 涛*

《民法典》第 153 条第 1 款以但书的方式肯定了违反法律、行政法规中的强制性规定，并非均导致合同无效。然而，但书之内容意义模糊，很难提供实质性的指引。[1] 违反强制性规定哪些情形下导致合同无效，哪些情形下合同仍然有效呢?“这一问题是民商法学界公认的世界性难题”[2]。对此，于程远博士的这篇论文提出：效力性规定 / 管理性规定的二分法已经逐渐无力解释违反强制性规定的合同效力问题，应当在动态系统论的框架下建立起合同违反强制性规定的多元效力规制体系，在有效与狭义无效之外灵活运用部分无效、向后无效、效力待定等效力模式，实现对违反强制性规定合同效力的多元规制。该文针对第 153 条第 1 款进行细致分析，阐述了该款对多元规制模式的容纳力和解释论基础，并具体就多元效力模式的可能构造分别加以展开。其理论材料丰富，层次结构分明，观点具有很强的说服力。但就所述的论题而言，仍有以下理论上的疑问未解。

* 重庆大学法学院教授。

〔1〕 陈甦主编:《民法总则评注》(下册)，法律出版社 2017 年版，第 1094 页。

〔2〕 最高人民法院新闻局:《最高人民法院民二庭、研究室负责人就民法典合同编通则司法解释答记者问》，载中国法院网 2023 年 12 月 5 日，https://www.chinacourt.org/article/detail/2023/12/id/7681660.shtml。

一、“效力性强制规范与管理性强制规范”的二分结构是否导向合同在“法律后果层面有效和无效的二元体系”

该文第一部分“多元效力规制模式的发展趋势”中梳理了“国内法的发展历程”，并以此为论述的出发点。该文提出：“自此，效力性强制性规定与管理性强制性规定的二分法正式被司法机关采纳。依照该分类方式，法律行为违反效力性强制性规定会导致其无效，而违反管理性强制性规定则不会影响法律行为的效力。”“无论是采‘规范目的’的解释方法，还是在动态系统论之下的类型化尝试，都很难在逻辑上真正摆脱效力性规定与管理性规定的概念体系，因为这一概念体系的生发本质上对应着合同有效和无效的法律后果。”可见，该文对于最高人民法院司法解释和司法意见的相关规定的理解是：效力性强制性规定和管理性强制性规定的二分法对于法律行为效力影响呈现封闭的“二元结构”：“违反效力性强制性规定”→“法律行为无效”；“违反管理性强制性规定”→“法律行为有效”。正是认为“效力性规定/管理性规定的二分法已经逐渐无力解释违反强制性规定的合同效力问题”，该文才有后续建立开放的“合同违反强制性规定的多元效力规制体系”的论述。

问题在于，这一论证前提的说服力比较薄弱。一方面，根据2009年颁布的《最高人民法院关于当前形势下审理民商事合同纠纷案件若干问题的指导意见》第15条，“人民法院应当注意根据《合同法解释（二）》第十四条之规定，注意区分效力性强制规定和管理性强制规定。违反效力性强制规定的，人民法院应当认定合同无效；违反管理性强制规定的，人民法院应当根据具体情形认定其效力”。即违反管理性强制规定的，其法律行为的效力并非确定地不受该管理性强制规定的影响，而是“应当根据具体情形认定”。换言之，此时在判断合同效力的考虑因素中，“违反管理性强制规定”并未被排除在外。最高人民法院“形成的共识是：强制性规定区分为效力性强制规定和管理性强制规定，违反效力性强制规定，合同无效；违反管理性强制规定，合同未必无效”[1]，但也未必有效。另一方面，按照该文的语言表述，“违反效力性强制性规定”会导致“法律行为无效”，二者之间是引起与被引起、决定与被决定的逻辑关系；而“违反管理性强制性规定”不影响“法律行为效力”，即前者对后者不施加作用，法律行为的效力自然由“违反管理性强制性规定”以外的其他因素决定。那么“效力性规定/管理性规定的二分法”与“合同有效和无效的法律后果”就不存在对应关系。

对照该文在论证“《民法典》第153条第1款但书条款的开放性”时，对但书措辞字面含义的逐帧解析：“但书的措辞并非该强制性规定对法律后果‘另有规定的’除外，而是该强制性规定‘不导致’无效法律后果的除外，而对于该强制性规定究竟‘导致’什么，则未置一词。”该文在“（一）国内法的发展历程”部分就“效力性/管理性规定的二分”论述不够充分。更为严谨的逻辑设定应当是：在其他条件确定（当事人具有相应的行为能力、意思表示真实、不违背公序良俗）的情况下，是否违反效力性强制性规定与法律行为是否有效才构成对应且封闭的二元结构，即“违反效力性强制性规定”→“法律行为无效”，“不违反效力性强制性规定”→“法律行为有效”。[2]但这个二元结构似不能从《合同法》第52条第5项以及最高人民法院对该条款的各种司法解释和司法意见中得出。

二、“违反公法上强制性规定”与“违反私法上强制性规定”是否都为《民法典》第153条第1款所囊括

该文在第二部分探讨“《民法典》第153条第1款对多元规制模式的容纳力”时，开篇即做出澄清，“本文虽然着重考察合同违反公法上强制性规定的效力问题，但亦不排斥相关问题可能同时为私法上的强制性规定所囊括。”理由在于：“从实在法上观察，公私法很多时候未必泾渭分明：私法中可能包含

[1]《妥善审理合同纠纷案件，维护市场正常交易秩序——最高人民法院民二庭负责人就〈关于当前形势下审理民商事合同纠纷案件若干问题的指导意见〉答记者问》，载《人民法院报》2009年7月14日，第3版。

[2] 当然，《民商事合同纠纷意见》将《合同法》第52条第5项规定的“强制性规定”解释为“效力性强制规定”“管理性强制规定”，其合理性本身就值得怀疑，但这是另一个问题了。

大量涉及公序良俗的规定……公法中也可能包含主要保护私主体利益而仅间接涉及公共利益的规定……公共利益的维护需要通过规制个体行为来实现，而对单独个体利益保护的加总就会间接构成公共利益，‘甚至某些个人利益涉及基本权利与人权时，可被识别为公共利益’”。这一澄清的指向不明。该文是认为第153条第1款所规定之“强制性规定”既包括公法上的强制性规定，也包括私法上的强制性规定，还是说有一些“强制性规定”的公、私法属性不能被准确识别，抑或是该文构建的“合同违反强制性规定的多元效力规制体系”，同时囊括违反“私法上的强制性规定”的效力问题？并且，尽管公私法之间确实存在界限晦暗不明之处，但就该文所探讨的论题而言，恰恰应当着力于厘清“违反强制性规定的合同”违反的是何种强制性规定。不能简单一句“亦不排斥”，将涉及公序良俗的私法（强制性）规定、不涉及公序良俗的私法强制性规定与公序良俗本身，以及规制个体行为的公法规定、公法上的（效力性）强制性规定相混淆，否则该文对于第153条第1款的分析会与第153条第2款，《合同编通则司法解释》第16条、第17条和第18条发生不兼容。

综观该文全文，完全是立足于“《民法典》第153条第1款是以自身为管道容纳公法上的价值进入民法的考量”，认为“在《民法典》第153条第1款的框架下，公法规范与民法上的合同效力规制实为目的与手段的关系”，即该文所述第153条第1款所规定之“强制性规定”只能是公法上的强制性规定，并没有将私法上的强制性规定囊括其中，也没有留下囊括的空间。

三、“动态系统论”在解决合同违反强制性规定的效力问题中如何发挥作用

动态系统论（bewegliches System）由奥地利学者瓦尔特·威尔伯格（Walter Wilburg）首倡。该理论认为，通常情况下，法律制度的价值与目的并不是单一而是多元的，因此不能仅以单一理念对其进行阐释，需要结合

多个相关因素，综合考量，方可得出妥适的解释结论。[1]其中，相关因素被威尔伯格称之为“要素”（elements）或者“动态力量”（bewegende Kräfte, movingforces）。[2]各种要素在法律解释中的位阶与权重并不相同，需要进行动态化的衡量。[3]

该文认为，“动态系统论在解决合同违反强制性规定的效力问题时或许有更为广阔的适用空间：不仅在逻辑前端对于强制性规定‘是否’影响合同效力的判断处于动态系统中，而且在逻辑后端对于强制性规定确定影响合同效力后，究竟‘以何种方式’施加影响（部分无效、相对无效、向后无效、效力待定或可撤销等）的判断也同样处于动态系统中”。同时，该文反对“在动态系统论之下的类型化尝试”，认为它“很难在逻辑上真正摆脱效力性规定与管理性规定的概念体系，因为这一概念体系的生发本质上对应着合同有效和无效的法律后果”。所以该文提出，“对于合同违反强制性规定是否导致其无效，应在动态系统中综合各方面要素综合判断。”“在多元素的动态考量中，一方面应当着重考察强制性所保护的法益，另一方面则需要从结果论的视角上考察民法究竟应当通过怎样的手段实现该法益的保护，这实际上已经超出了对法条目的本身的解读。”

结合动态系统论的原理以及该文所阐述的动态系统论方法，我们期待该文能够阐明动态系统论在解决合同违反强制性规定的效力问题时的具体进路，包括以下几个方面：首先，动态系统的确定。“逻辑前端对于强制性规定‘是否’影响合同效力的判断”和“逻辑后端对于强制性规定确定影响合同效力后，究竟‘以何种方式’施加影响的判断”，是否处于同一套动态系统中？其次，判断要素的明确。“在逻辑前端对于强制性规定‘是否’影响合同效力的判断”要素是什么？“在逻辑后端对于强制性规定确定影响合同效力后，究竟‘以何种方式’施加影响的判断”要素又是什么？前者和后者的判断要素是否相同，或是存在交叉关系？再次，要素的位阶排序与权重分配。在动态

〔1〕参见［奥］海尔穆特·库奇奥:《动态系统论导论》，张玉东译，载《甘肃政法学院学报》2013年第7期。

〔2〕［奥］瓦尔特·威尔伯格:《私法领域内动态体系的发展》，李昊译，载《苏州大学学报（法学版）》2015年第4期。

〔3〕参见徐化耿:《信义义务的一般理论及其在中国法上的展开》，载《中外法学》2020年第6期。

系统论中，不同要素之间存在层次性或位阶关系，法律效果通常是位于不同层次的要素相互作用的结果。[1]最后，如何通过对不同的要素进行权衡，判断合同违反强制性规定的效力情况，即如何让“法官根据个案中合同所违反强制性规定的具体情况采取更为合理的规制方式”？遗憾的是，该文没有就动态系统论的适用展开分析。一方面，该文罗列了《欧洲示范民法典草案》（DCRF）、《欧洲合同法原则》（PECL）和《国际商事合同通则》（PICC）的相关要素规定，但又说“本文无意于对诸多要素进行逐一检视，而在此试图指出多元效力模式之下观察此类要素的重要视角，即结果论的视角。”另一方面，按照该文摘要的表述，该文第三部分“多元效力模式的可能构造：狭义无效之外的其他可能”，就是在展示建立在动态系统论框架下的合同违反强制性规定的多元效力规制体系，即“在有效与狭义无效之外的部分无效、向后无效、效力待定等效力模式”，可该文并没有在这些模式的建构中运用统一的动态系统论的要素判断。也就是说，该文在分析“部分无效的适用可能”“向后无效的适用可能”“效力待定与可撤销的适用可能”之时，不知道是不是处在动态系统论的框架下，看不出来是否采用了同一套要素分析系统。

根据威尔伯格动态系统论的思想，无论在合同效力还是法律后果的判断上，确定和罗列全部的相关要素是非常关键的。在个案中，不仅要确定相关的因素，同时也要尽可能地衡量不同因素在个案中的权重，这会允许我们根据规则之后的价值导向寻找一个平衡的观点。[2]该文在反对“类型化”的同时，并没有在动态系统论的框架下提供可依循的判断路线，使该文的结论实质上走向了人们对于动态系统论所批评的那一面——批评者往往认为动态系统论意在使规则尽可能地动态、不确定、模糊；[3]导致动态系统成为法官自由裁量的幌子，可能流向法官的恣意。而该文力图构建的“合同违反强制性规定的多元效力规制体系，在有效与狭义无效之外灵活运用部分无效、向后无效、效力待定等效力模式，实现对违反强制性规定合同效力的多元规制”，

---

〔1〕 参见王磊：《动态体系论：迈向规范形态的“中间道路”》，载《法制与社会发展》2021年第4期。

〔2〕 参见［奥］海尔穆特·库奇奥：《动态系统论导论》，张玉东译，载《甘肃政法学院学报》2013年第7期。

〔3〕 参见［奥］海尔穆特·库奇奥：《动态系统论导论》，张玉东译，载《甘肃政法学院学报》2013年第7期。

最后难免沦为“法官在有效与狭义无效之外”随意选择其自认为“适当的方式”，实现法官所理解的“公法上强制性规定的目的”。如此一来，问题的讨论又回到了起点，即法官该如何理解和适用《民法典》第153条第1款?

四、违反强制性规定的合同的“无效”是否还存在

通说认为，合同无效（Nichtigkeit）指当事人所缔结的合同因严重欠缺生效要件，在法律上不按当事人合意的内容赋予效力。合同无效，并非不发生任何效力；合同无效场合得依法律规定（而非依当事人的意思），发生赔偿损失等法律效果。无效合同与可撤销的合同、效力待定的有着显见的区别。[1]该文针对违反强制性规定的合同的“无效”进行了多方面的拆解和重组，提出:“如果将合同无效同样视为手段而非目的，就会发现合同的效力判断及其救济之间的区分很多时候实际上并非泾渭分明。”“而一旦承认比例原则在合同无效问题上的可适用性，实际上就在逻辑上将合同无效与返还、折价补偿、损害赔偿等法律效果放在了同一层级之上。”“多元规制模式在合同效力层面与法律后果层面的联动：公法上的强制性规定提供目的，而民法层面上，无论是宣告合同无效还是合同无效之后的法律效果都是手段，在实现公法上强制性规定的目的这一抽象目标面前，合同无效及其法律后果在逻辑上的层次性被模糊化了。”“在此种将无效视为手段的结果论视角下，在狭义无效之外选取包括部分无效、向后无效、效力待定等‘多元手段’的规制模式便呼之欲出了。”一言以蔽之，该文对于“无效”与“狭义无效”“部分无效”“向后无效”“效力待定与可撤销”，以及“合同无效与返还、折价补偿、损害赔偿等法律效果”之间的逻辑关系做出了与通说相去甚远的论述。在该文的语境中，合同的“无效”不断被替换，但是只是给出了某种提法或者论断，并没有充分展现相应的理由。

此外，该文在写作方面也存在一些小瑕疵。例如部分句式过长，标点符号使用不当，导致内容表述不够清晰；还有一些错别字等。

---

〔1〕参见韩世远:《合同法总论》(第四版)，法律出版社2023年版，第182页。

总而言之，该文花费了很大工夫，运用了不少原理，但其结论仍然没有离开以弗卢梅为代表的引致规范说的巢窠。引致规范说认为违反强制性规定的法律行为是否无效完全取决于对强制性规定的解释，而与《德国民法典》第 134 条无关——《德国民法典》第 134 条实际上“什么都没说”。该条并不意味着任何民法上独立的法律后果，其法律后果应当完全取决于所违反的禁令自身的法律目的。该文关于《民法典》第 153 条第 1 款的观点亦是如此。或者说，给读者的感受是如此。

违法合同无效规范实务疑点之新展开
——以2021年以来"效力性强制性规定"[*]的裁判实践为中心

姚明斌[**]

内容摘要:《民法典》施行后,"效力性强制性规定"这一术语已基本退出违法合同无效规范的实证法舞台,但2021年以来仍有相当数量的裁判在保持沿用。裁判实践的运用形态受司法指导性文件的影响颇深,方法论选择则大体包括"规范""体系""后果"三种取向。就《民法典》第153条第1款的适用前提而言,部分裁判仍未准确把握第153条第1款与未依法经决议而订立的合同、依法待批准合同、物权变动(行为)的效果等规范的体系分工,不当扩大了其适用范围。就《民法典》第153条第1款的适用效果而言,部分裁判开放出了部分无效、合同联立、持续性合同的无效限制等重要问题,围绕《民法典》第793条第1款的特殊后果也形成了较为明显的裁判趋势,但各问题的内部机理仍值细辨或检讨。未来的裁判实践应否保留"效力性强制性规定"的表述,并不重要;如何在个案的具体论证中避免价值误判和体系误解,才是关键。

关 键 词:《民法典》第153条第1款 违法合同无效 效力性强制性规定 裁判实践

---

* 本文系2021年度上海市"曙光计划"项目(21SG50)、2021年度华东政法大学科学研究项目(21HZK001)的阶段性成果。

** 华东政法大学法律学院教授。

引　言

我国实证法层面，“效力性强制性规定”这一术语首现于2009年《最高人民法院关于适用〈中华人民共和国合同法〉若干问题的解释（二）》（以下简称《合同法解释（二）》）第14条。[1] 2021年1月1日施行的《民法典》第153条第1款并未保留“效力性强制性规定”，[2] 加之《合同法》及《合同法解释（二）》被同时废止，[3] 围绕《民法典》而修正更新的司法解释也未继续使用“效力性强制性规定”，[4]《民法典》施行后的实证法已难觅其踪。[5] 2023年施行的《最高人民法院关于适用〈中华人民共和国民法典〉合同编通则若干问题的解释》（以下简称《合同编通则司法解释》明确放弃“效力性强制性规

〔1〕“效力性强制性规定”作为司法政策的概念工具，则可以追溯至2007年。相关评述，参见朱庆育：《〈合同法〉第52条第5项评注》，载《法学家》2016年第3期；姚明斌：《“效力性”强制规范裁判之考察与检讨——以〈合同法解释（二）〉第14条的实务进展为中心》，载《中外法学》2016年第5期。《合同法解释（二）》公布后，另有2009年《关于当前形势下审理民商事合同纠纷案件若干问题的指导意见》（以下简称《民商事合同纠纷案件指导意见》）和《全国法院民商事审判工作会议纪要》（以下简称《九民纪要》）先后对“效力性强制性规定”和“管理性强制性规定”提出司法政策层面的针对性意见，对裁判实践产生了深刻的影响。

〔2〕《民法典》第153条第1款基本承继了2017年施行的《民法总则》（已失效）第153条第1款，后者未采用“效力性强制性规定”，曾被称赞为“彻底否定了司法解释的错误”。参见陈甦主编：《民法总则评注》（下册），法律出版社2017年版，第1092页，注1（叶金强执笔）。

〔3〕参见《民法典》第1260条、《最高人民法院关于废止部分司法解释及相关规范性文件的决定》。

〔4〕例如，2015年《最高人民法院关于审理民间借贷案件适用法律若干问题的规定》第14条第5项规定“其他违反法律、行政法规效力性强制性规定的”民间借贷合同应当认定为无效，但经过两次修正后，该规定（对应2020年8月18日修正后之第14条第5项、2020年12月23日修正后之第13条第5项）未再保留“效力性强制性规定”的表述。

〔5〕2019年的《九民纪要》第30条对“效力性强制性规定”和“管理性强制性规定”的界定有较为详细的阐释性意见。《民法典》施行后，最高人民法院也提出适用指引意见，认为最高人民法院在制定《九民纪要》时，对《民法总则》第153条第1款的“法律、行政法规的强制性规定”进行了充分研究，鉴于《民法典》完全吸收了《民法总则》第153条第1款的内容，《九民纪要》第30条的精神在《民法典》施行后应当继续适用［参见最高人民法院民事审判第一庭编：《最高人民法院民事审判第一庭裁判观点·民事合同卷》（上），人民法院出版社2023年版，第9页］。但依据2016年《人民法院民事裁判文书制作规范》，《九民纪要》第30条的意见不能作为裁判依据加以援引，自然也不具有实证法意义。

定”，[1] 进一步宣告其基本退出现行违法合同无效规范的实证法舞台。[2]

对此，有观点认为，既然《民法典》第153条第1款未保留“效力性强制性规定”，也就没必要沿用之，且依该款“主文＋但书”的结构，只要未构成《合同编通则司法解释》第16条第1款之情形，则应认定合同无效，即“无效为原则，有效为例外”。[3] 也有观点认为，“效力性”和“管理性”强制性规定分别对应合同无效和非无效，而主张构成“效力性强制性规定”者，须以充分正当之理由承担论证责任，否则应当认定为“管理性强制性规定”，即“有效为原则，无效为例外”。保持“效力性强制性规定”及其与“管理性强制性规定”的区分对于说明此一论证责任配置具有重要意义。[4] 还有观点认为，《民法典》第153条第1款中蕴含了“效力性强制性规定”和“非效力性强制性规定”的区分，但该区分只是明确了存在一种被违反后合同并不当然无效的强制规范，并反对将“主文＋但书”的形式结构理解为实质上的“无效为原则，有效为例外”。[5]

《民法典》施行后学理层面的分歧认识如上，而裁判实务也并未截然放弃

〔1〕 参见《最高人民法院民二庭、研究室负责人就民法典合同编通则司法解释答记者问》，载中国法院网2023年12月5日，https://www.chinacourt.org/article/detail/2023/12/id/7681660.shtml。

〔2〕 之所以称“基本退出”，是因为“效力性强制性规定”的表述仍存在于司法解释个别“隐秘的角落”。例如，最高人民法院曾以（2010）民三他字第19号批复认为，《商业特许经营管理条例》第3条第2款关于“企业以外的其他单位和个人不得作为特许人从事特许经营活动”的规定，可以认定为行政法规的效力性强制性规定；企业以外的其他单位和个人作为特许人与他人签订的特许经营合同，可以认定为无效。

〔3〕 参见吴光荣：《违反强制性规定的合同效力——以〈民法典合同编通则解释〉的相关规定为中心》，载《法律适用》2023年第12期。另可参见杨代雄：《〈民法典〉第153条第1款评注》，载《法治研究》2020年第5期。

〔4〕 参见王轶：《民法规范论视野下的合同效力》，载《法律适用》2023年第12期。

〔5〕 参见王利明：《论效力性和非效力性强制性规定的区分——以〈民法典〉第153条为中心》，载《法学评论》2023年第2期。亦有观点类似地反对根据《民法典》第153条第1款的文义结构作“原则—例外”的割裂认定，并认为《合同编通则司法解释》第16条有助于破除该割裂思维。参见易军：《论合同违反强制性规定无效的判断标准——以〈民法典合同编通则解释〉第16条为中心》，载《清华法学》2024年第1期。

"效力性强制性规定"，仍有相当数量的裁判延续着旧法时代的实践惯性。[1]如果说考察《民法典》之前的裁判实践有助于分析当时"效力性强制性规定"的运行实况，[2]那么在其"退而不休"的当下，跟进聚焦研判相关裁判实践，或许更能进一步帮助我们把握违法合同无效规范在新法背景下的运行节奏，并检讨在规范与实践的互动中有待澄清的疑点。鉴于此，本文将以2021年《民法典》施行以来涉及"效力性强制性规定"的裁判实践为中心，以实务适用问题为导向，依托《民法典》及其司法解释之规范背景，对相关疑点展开更新考察。

一、"效力性强制性规定"的裁判实践形态与方法

（一）"效力性强制性规定"在裁判实践中的运用形态

《民法典》施行后的相关裁判实践对"效力性强制性规定"的沿用，大体呈现为如下几种形态。其一，相当普遍的表述，是直接认为《民法典》第153

〔1〕笔者基于Alpha数据平台的案例库，联立"《民法典》第一百五十三条"和"效力性强制"两个关键词，以2021年1月1日至2024年4月3日为检索期间，检索获得生效裁判文书样本，在根据裁判说理的内容剔除依法不适用《民法典》相关规定的个案后，共计有980则（其中2021年计314则、2022年计383则、2023年计259则、截至2024年4月3日计24则）。这些样本也构成本文研究的核心素材。此外，在2024年2月上线的"人民法院案例库"中，虽亦能检索获得少数使用"效力性强制性规定"相关表述的案例，但多依法适用《民法典》前的旧法，罕见适用新法的典型案例。

〔2〕关注《民法典》施行前裁判实践的总体性研究，如叶名怡：《我国违法合同无效制度的实证研究》，载《法律科学》2015年第6期；姚明斌：《"效力性"强制规范裁判之考察与检讨——以〈合同法解释（二）〉第14条的实务进展为中心》，载《中外法学》2016年第5期；石一峰：《效力性强制性规定的类型化分析》，载《武汉大学学报（哲学社会科学版）》2018年第2期；万江：《政府管制的私法效应：强制性规定司法认定的实证研究》，载《当代法学》2020年第2期；郑成良、牛安琪：《强制性规定类型识别的辨伪与存真》，载《社会科学战线》2021年第5期（该文分析样本检索于2020年）。聚焦局部裁判实践的研究，如万江：《违反价格管制的合同效力研究》，载《法律科学》2019年第6期；黄成：《民法典背景下环境资源合同案件中合同效力认定规则之完善——基于80份裁判文书的实证分析》，载《法律适用》2020年第23期。

条第1款导致法律行为无效的强制性规定限于“效力性强制性规定”。[1]此间不乏最高人民法院的表态：“导致民事法律行为无效的违反法律、行政法规的强制性规定，指的是涉及金融安全、市场秩序、国家宏观政策等公序良俗的效力性强制性规定。”[2]此种形态的另一种呈现方式，是先论证某个具体的规定属于“效力性强制性规定”，再结合《民法典》第153条第1款认定合同无效。[3]

其二，涉及“效力性强制性规定”的不少裁判意见认为，《民法典》第153条第1款本身蕴含了“效力性”和“管理性”强制性规定的区分。除了有观点直接从第153条第1款推论出两种不同的强制规范，[4]另有法院提出典型见解，认为《民法典》第153条第1款在文义上有两个“强制性规定”，就前一句的强制性规定，所违反的后果是合同无效，故属于效力性规定；而后一句的强制性规定则指的是管理性规定。[5]

其三，虽然没有正面阐明《民法典》第153条第1款内含了两种规范的区分，但以违反“管理性强制性规定”，或不违反“效力性强制性规定”为重心，认为案涉合同虽然违法，但在《民法典》第153条第1款之下，合同效

[1] 举其要者，参见（2020）苏09民初752号；（2021）湘01民终12555号（一审法院意见）；（2022）京02民终8834号；（2023）辽1481民初3982号；（2023）京74民终1720号；（2023）鄂08民终25号；（2023）鄂08民申16号；（2023）粤20民终5205号；（2023）新28民终42号；（2024）浙04民终51号。还有的裁判见解认为，就《民法典》第153条第1款之规定，“根据相关司法解释该‘强制性规定’，是指效力性强制性规定……”，但并未明示该“相关司法解释”为何。参见（2021）鲁02民终15410号。倒是有的法院特别说明了新旧法之间的关联，就《合同法解释（二）》第14条与《民法典》第153条第1款，认为“前后法律和司法解释对于合同效力的判断标准是一致的，即并非所有违反法律和行政法规强制性规定的合同均无效”。参见（2022）豫13民终2220号（为行文简便，本文引用的裁判文书均隐去法院名称及文书性质，仅保留案号）。

[2] （2023）最高法民申1748号。但就案涉强制性规定，最高人民法院一方面认为均属于涉及市场秩序、国家宏观政策等公序良俗的效力性强制性规定，故股权代持协议应认定为无效，另一方面又肯认该案二审判决认为该规定旨在对市场主体进行规范管理以及对违反规定的行为进行处罚，均属于对市场主体审批、登记、持股等事项的管理性规定，并未针对股权代持协议本身，不能作为判断协议效力的法律依据的意见。

[3] 参见（2023）甘07民终722号；（2024）粤20民终283号。

[4] 参见（2023）甘10民终574号（一审法院认为，由《民法典》第153条第1款可见，违反强制性规定的民事法律行为并不当然无效。强制性规定包括管理性强制规定和效力性强制规定。司法实践中，判断某一违反强制性规定的民事法律行为是否无效，首先应判断该强制性规定是管理性还是效力性强制规定）。

[5] 参见（2023）苏13民终178号；（2021）晋10民终2990号；（2021）陕01民终8571号；（2022）鄂08民终812号。学理上也有类似见解，参见徐涤宇、张家勇主编：《〈中华人民共和国民法典〉评注（精要版）》，中国人民大学出版社2022年版，第150页（吴京辉执笔）。

力不应当受影响。[1]

其四，在规范适用时联立了《民法典》第 153 条第 1 款和规定了无效效果的具体规范，并作出“效力性强制性规定”的认定。具体场景如建设工程施工合同的承包人无资质或超越资质，[2]未取得矿产资源勘查许可证而交他人开采，[3]建设工程发包人未取得建设工程规划许可证，[4]出租未取得建设工程规划许可的房屋等。[5]

前三种形态，无论是将《民法典》第 153 条第 1 款导致法律行为无效的强制规范限于“效力性强制性规定”，抑或进一步认为该款蕴含了“效力性”与“管理性”的二分，以及关注所违反的是哪一种强制规范，其内在精神应该是延续自《九民纪要》第 30 条中关于《民法总则》（已失效）第 153 条第 1 款的阐释性意见。部分裁判也明确了其裁判立场系“参照”《九民纪要》的结果。[6]易言之，尽管实证法层面并未保留“效力性强制性规定”，但该术语经由《九民纪要》这一具有特殊过渡意义的司法指导性文件认可，得以继续发挥对裁判实践的影响。[7]不过，即使认可“效力性”和“管理性”的区分，

---

〔1〕参见（2023）桂 01 民终 9435 号；（2023）陕 04 民终 3595 号；（2023）辽 01 民终 7791 号。

〔2〕涉及的是 2020 年《最高人民法院关于审理建设工程施工合同纠纷案件适用法律问题的解释（一）》（以下简称《建设工程合同解释（一）》）第 1 条第 1 款第 1 项。参见（2023）粤 0114 民初 13981 号；（2023）粤 01 民终 10893 号；（2023）甘 09 民终 1140 号。

〔3〕涉及的是 2020 年《最高人民法院关于审理矿业权纠纷案件适用法律若干问题的解释》（以下称《矿业权纠纷解释》）第 5 条。参见（2023）辽 13 民终 3523 号。

〔4〕涉及的是《建设工程合同解释（一）》第 3 条第 1 款。参见（2023）粤 15 民终 324 号。

〔5〕涉及的是 2020 年《最高人民法院关于审理城镇房屋租赁合同纠纷案件具体应用法律若干问题的解释》（以下简称《城镇房屋租赁合同解释》）第 2 条。参见（2022）粤 01 民终 26167 号；（2022）粤 01 民终 26155 号。

〔6〕参见（2021）豫 16 民终 6160 号；（2023）新民申 2726 号。裁判说理时虽援引了《九民纪要》但未明确系“参照”者，如（2023）云 25 民终 2118 号。

〔7〕《九民纪要》第 30 条称“涉及金融安全、市场秩序、国家宏观政策等公序良俗”之表述，模糊了违反强制规范无效和违背公序良俗无效的区分，在其影响下，个别裁判进一步认为，法律、行政法规以下的规范性文件中也存在“效力性强制性规定”，但最终又以违背公序良俗认定合同无效。参见（2023）黑 10 民终 242 号（一审法院认为，《中国银保监会办公厅关于加强小额贷款公司监督管理的通知》等“均涉及金融安全等公序良俗，属于效力性强制性规定。金融活动事关金融安全，关系社会公共利益”，案涉合同“违反了上述效力性强制性规定中涉及金融安全等公序良俗的内容”，根据《民法典》第 153 条第 2 款应认定为无效）；（2022）黑 02 民终 1819 号（一审法院认为，根据《民法典》第 153 条第 1 款，“违反的须为‘法律’和‘行政法规’中的强制性规范，若违反的系部门规章、地方法规、单行条例、自治条例中的效力性强制规范，法律行为并不因此无效”）。

也不宜直接认为《民法典》第153条第1款的前一句指向“效力性”规范，后一句指向“管理性”规范。因为在文义逻辑上，第153条第1款前一句的“强制性规定”不具有脱离但书限制而独立指称的意义，与“无效”所匹配的只能是受但书限制后的“强制性规定”；而在实质效果方面，“管理性强制性规定”也不一定不会导向合同无效。

至于在具体规范规定了无效效果的情况下，以之和《民法典》第153条第1款联立论证存在“效力性强制性规定”，其实有必要进一步观察相应具体规范的功能。例如，《建设工程合同解释（一）》第1条第1款第1项针对承包人未取得建筑业企业资质或者超越资质等级的情形，规定“应当依据民法典第一百五十三条第一款的规定，认定无效”，说明是通过解释《民法典》第153条第1款，将《建筑法》第26条第2款第1句（“禁止建筑施工企业超越本企业资质等级许可的业务范围或者以任何形式用其他建筑施工企业的名义承揽工程”）界定为“效力性强制性规定”，故《建设工程合同解释（一）》第1条第1款第1项其实是《民法典》第153条第1款的一个组成部分。有细微不同的是《矿业权纠纷解释》第5条，若未取得矿产资源勘采许可，人民法院应“依法”认定交由他人勘采的合同无效，此间的“依法”，既可以是指向《矿产资源法》第3条第3款勘采须经批准的规定，也可以兼而同时指向《民法典》第153条第1款。至于《建设工程合同解释（一）》第3条第1款和《城镇房屋租赁合同解释》第2条，涉及的是不符合规划许可要求，但在起诉前甚至一审法庭辩论终结前可供补正的情形，作为特别规定本就可以独立适用，并不需要和《民法典》第153条第1款联立援引，而进一步界定此种情况下的规划许可要求为“效力性强制性规定”，更与可供补正的规范思路有所龃龉。

（二）“效力性强制性规定”裁判实践的方法论取向

前述涉及“效力性强制性规定”的裁判中，时而可以看到裁判见解较为明确地揭示其具体的方法论取向，但在不同的交易和纠纷场景下，具体呈现的方法论选择也有所不同。虽然偶有见解认为具体规定中的“不得”或“应当”指向的是“效力性强制性规定”，[1]但文义并非裁判实践确定个案结论所倚重的线索。更为显性的方法论取向，大体可以总结出“规范”“体系”“后果”三个方面。

1. 规范目的、规制重心、保护法益

基于强制性规定的规范目的认定是否属于导致合同无效的“效力性强制性规定”，是较为普遍的说理路径。例如，关于《物业管理条例》第 24 条第 2 款第 1 分句“住宅物业的建设单位，应当通过招投标的方式选聘物业服务企业”之规定，法院会认为该规定目的系“通过市场竞争的方式保护小区业主的利益”，“不是禁止非招投标行为本身，所涉事项亦不损害国家利益和社会公共利益”，[2]故未经招投标的物业服务合同并不必然无效。又如，以土地使用为内容的合同，若涉及非法改变土地用途，由于“土地制度是我国的根本制度，土地资源的开发、利用和经营关系到国家根本利益，改变土地用途，将会损害国家、集体和社会利益”，[3]故合同无效。[4]

与规范目的相关的，是强制规范的规制重心或所保护的法益为何。前者如有的裁判认为 2016 年《机动车驾驶员培训管理规定》第 26 条第 1 句“在未取得机动车驾驶员培训许可证件前，任何单位或者个人不得开展机动车驾驶员培训经营活动”的规定，规制的并非新组建驾校合作培训，合作合同生

[1] 分别参见（2022）青 01 民终 2569 号；（2023）豫 15 民终 2149 号。

[2] 分别参见（2023）黔 03 民终 4137 号；（2024）辽 13 民终 275 号。

[3]（2022）粤 20 民终 8961 号。类似表述，还可参见（2023）黔 01 民终 2072 号。类似裁判结论，另可参见（2022）甘 01 民终 4767 号；（2021）陕 01 民终 12766 号。

[4] 其他基于规范目的的说理论证，还可见于（2023）甘 08 民终 187 号（投标人不符合招标询价函标明的资质要求，法院认为案涉项目的运维关乎水资源及生态环境安全，投标人不具备运维资质存在损害社会公共利益的潜在风险，如合同继续有效将损害社会公共利益，故《招标投标法》第 26 条关于投标人应当具备承担招标项目的能力之规定系“效力性强制性规定”）；（2022）粤 01 民终 26682 号（法院认为《水法》第 37 条第 1 款禁止在江河、湖泊、水库、运河、渠道内种植阻碍行洪的高秆作物的规定系“对水资源的开发、保护和利用的规定，涉及国家宏观政策”，案涉合同约定土地可以用于种植香蕉，香蕉属于高秆作物，故关于约定种植香蕉的部分内容无效）；（2024）辽 07 民终 113 号（《医疗机构管理条例》第 22 条第 1 款关于《医疗机构执业许可证》不得伪造、涂改、出卖、转让、出借的规定系“效力性强制性规定”，“因医院的诊疗行为不同于普通企业的经营行为，其具有很强的社会公益性，事关保障公民健康与社会公众切身利益”）。

效后若未依法申请、办理许可证件，则是经营行为违法。[1]后者如在彩票站转让的纠纷中，法院认为，国家体彩销售涉及市场秩序和国家特许经营，从保护的法益角度来说，《彩票管理条例》第16条第2句“彩票投注专用设备属于彩票销售机构所有，彩票代销者不得转借、出租、出售”的规定属于“效力性强制性规定”。[2]

2. 基于体系的体系解释和当然解释

以体系为线索作体系解释，集中表现在合同效力判定与公法责任的关系上，但裁判实践并未呈现一贯的立场。有的法院会以存在处罚措施的规定为由，认为相关强制规范并非“效力性强制性规定”，[3]也有法院反过来以公法责任规定推导强制规范事关国家和公共利益，从而构成“效力性强制性规定”。[4]甚至有裁判认为当事人因返本销售或者变相返本销售商品房的行为已被行政机关处罚，若认定该条款有效，会造成司法判决与行政管理相冲突。[5]可见，如《民法典》之前的理论见解所示，公法责任与违法合同无效之间并不存在必然对应的体系关联。

另一种体系解释的思路是在私法内部做文章。例如，未经消防验收之房屋的租赁合同效力不受影响，因为《民法典》第724条第3项规定“租赁物具有违反法律、行政法规关于使用条件的强制性规定情形”时，若租赁物无法使用非因承租人所致，承租人可以解除合同，倘因未经消防验收而认定租

[1] 参见（2021）豫15民终3608号。不过，若合作合同本就不在强制规范的规制范围内，该合同效力的评价过程本不会触及强制规范，本来也不存在对其再区分“效力性”或“管理性”的必要。此外，随着2021年7月1日起机动车驾驶员培训许可改为“备案制”，2022年11月1日施行的《机动车驾驶员培训管理规定》已经删除该规定。

[2] 参见（2022）鲁03民终906号；（2023）鲁07民终1846号。但在（2021）鲁02民终14408号案中，二审法院认为若合同内容涉及的彩票站经营权转让，不涉及设备所有权的变动，那么就不在该强制规范的禁止范围内，合同不会因违反该强制规范而无效。

[3] 参见（2023）鲁07民终6212号（一审法院意见）。

[4] 参见（2023）新40民终882号（二审法院意见）。

[5] 参见（2021）豫16民终4521号（二审法院意见）。

赁合同无效，将会出现无效合同可以被解除的体系悖论。[1]

针对类似纠纷，另有结合个案情况，基于体系思维的当然解释作业。由于未获得规划许可之房屋的租赁合同在一审辩论终结前获得许可时可以有效，“未获得规划许可的建筑本就不可能通过消防验收，举重以明轻，获得规划许可但仅未经消防验收的，在一审辩论终结前通过消防验收的租赁合同，依法当然应该认定为有效”。[2]

3. 基于无效后果的考量

若因违法而认定合同无效，相应的无效后果有失妥当，裁判实践也会予以考虑而限制合同无效的认定，其中的关键词是“诚实信用”。

例如，经村民会议讨论决定的房屋租赁合同附有优先承租权条款，后承租人与村委会订立合同续租，村委会主张续租合同未经村民会议决议而无效，法院则认为，承租人在原合同有优先承租权条款的情况下与村委会订立续租合同，已尽到合理注意义务，村民会议讨论事项本应由某村委会组织，现其签订案涉《补充合同》后，却以未组织村民会议讨论为由主张合同无效，有悖诚信原则。[3] 又如，幼儿园经营权的转让交易中，双方已经完成付款交接的情况下，受让人以无法变更办学资格为由主张合同无效，法院则认为受让人对自己取得资质的可能性若未尽注意义务，应自担风险，而且其已经实际经营一年多时间，若认定合同无效，不仅不利于保护市场交易秩序的稳定和安全，同时也极大地浪费社会成本。[4]

在基于诚实信用的“无效妥当性”之外，另有裁判考虑到个案中的“无效必要性”。例如，某市旅游局将建设于划拨国有土地上的不动产出租给旅游开发公司，合同约定旅游局在合作中的收益为合同履行完毕后该项目的全部

〔1〕 参见（2023）苏12民终4619号。未意识这种体系关联而认定合同无效者，参见（2021）湘01民终12555号。准此，有观点基于《民法典》第731条之规定，认为由于事关生命健康利益，故租赁物危及安全健康的租赁合同属于违法无效（参见王利明:《论效力性和非效力性强制性规定的区分——以〈民法典〉第153条为中心》，载《法学评论》2023年第2期），从体系上看值得商榷。

〔2〕（2022）黔05民终5992号。类似推理或见解，还可见于（2021）黔05民终6716号;（2023）新28民终42号。

〔3〕 参见（2023）鄂13民终158号（二审法院意见）。类似推理另可参见（2022）豫07民终4226号。

〔4〕 参见（2023）甘10民终574号（一审法院意见）。类似裁判立场另可参见（2021）冀10民终5016号。

资产，法院认为作为国有资产的国有土地使用权并未因此遭受损失，故基于此合作目的的租赁合同不能认定为无效。[1]

上述裁判例基于无效后果的考量，而推导相关强制规范并非“效力性强制性规定”而仅为“管理性强制性规定”，此种定性已非作为规范适用的起点，而是规范适用的结论和终点。可见，裁判实践在《民法典》施行后沿用“效力性强制性规定”，也在延续着该表述难以回避的“循环论证”。

二、适用前提之问:《民法典》第153条第1款与其他规范的体系分工

《合同编通则司法解释》第18条规定,“法律、行政法规的规定……旨在限制或者赋予民事权利，行为人违反该规定将构成无权处分、无权代理、越权代表等，或者导致合同相对人、第三人因此获得撤销权、解除权等民事权利的，人民法院应当依据法律、行政法规规定的关于违反该规定的民事法律后果认定合同效力”，首度在实证法层面明确了《民法典》第153条第1款的适用前提是有限制的，并不解决所谓的私法上的“权限性（赋权性）规定”与合同效力的关系问题。[2]

但一如《民法典》施行之前,《民法典》施行后的部分裁判似乎依然未能清晰地看待第153条第1款与其他规范的体系分工，以至于在个案中扩张了第153条第1款的适用范围。例如,《民法典》第705条第1款规定:“租赁期限不得超过二十年。超过二十年的，超过部分无效。”有的法院认为，租赁期限为50年的《土地租赁合同》“明显违背租赁合同不能超过20年的效力性强制性规定”,[3]显然忽视了第705条第1款实质上是租赁合同这一交易工具内

---

〔1〕 参见（2023）新民申2726号。

〔2〕 参见最高人民法院民事审判第二庭、研究室编著:《最高人民法院民法典合同编通则司法解释理解与适用》，人民法院出版社2023年版，第219页以下。最高人民法院的这一限制立场，还可追溯至其关于《民法典》第153条第1款的释义意见。参见最高人民法院民法典贯彻实施工作领导小组主编:《中华人民共和国民法典总则编理解与适用》(下)，人民法院出版社2020年版，第756页以下。

〔3〕（2022）豫07民终4226号。另有裁判见解认为，集体建设用地租赁合同，应通过物权编的规定（《民法典》第361条）参引适用土地管理法的特别规定，而不适用合同编租赁合同20年限制规定（《民法典》第705条第1款）。参见（2022）粤18民终27号。

在自治空间的固有限制，并不存在被“违反”的问题，也就不在第153条第1款的适用范围内。〔1〕又如，投保人使用伪造的虚假机动车行驶证投保，保险合同依受欺诈可撤销规则处理即可，即使错过了撤销权的除斥期间，也可以通过保险利益的认定来阻却保险金请求权（《保险法》第48条），没有必要基于禁止伪造机动车行驶证的强制规范而适用《民法典》第153条第1款认定保险合同无效。〔2〕

考察《民法典》施行后“效力性强制性规定”的裁判实践，明确《民法典》第153条第1款与其他规范在合同效力评价问题上的体系分工，存在以下三个领域需要澄清。

（一）《民法典》第153条第1款与未依法经决议而订立的合同

依《村民委员会组织法》第24条第1款，以租赁等方式处分村集体财产等涉及村民利益的事项，“经村民会议讨论决定方可办理”。裁判实践中，针对村委会未依法经村民会议讨论决定的土地租赁合同，法院多会以《村民委员会组织法》第24条第1款仅为“管理性强制性规定”而非“效力性强制性规定”为由，认定合同效力不受影响。〔3〕而在一起涉及矿产用地承包合同的案件中，一审法院以村小组事实上组织了讨论并确认，且《村民委员会组织法》第24条第1款不属于“效力性强制性规定”为由，认定合同有效；但二审法院认为该案同时涉及《农村土地承包法》第52条第1款“2/3同意”规则的适用，〔4〕而现有《村民集体决议书》扣除由他人代签和外迁的户数后并不满足“2/3同意”规则的要求，故合同无效。〔5〕

自规范目的和规范功能观察，《村民委员会组织法》第24条第1款只是确立了相关事项在集体组织内部达成共识的必要程序，村民会议讨论乃至形成

〔1〕类似问题，还会出现在涉及《劳动合同法》第24条第2款（竞业限制期限不得超过二年）的情形。参见（2020）渝0112民初18364号。

〔2〕此类误解参见（2021）闽07民终1366号；（2023）闽07民终665号。

〔3〕参见（2021）陕04民终4049号；（2022）豫07民终4226号。

〔4〕《农村土地承包法》第52条第1款规定：“发包方将农村土地发包给本集体经济组织以外的单位或者个人承包，应当事先经本集体经济组织成员的村民会议三分之二以上成员或者三分之二以上村民代表的同意，并报乡（镇）人民政府批准。”

〔5〕参见（2022）粤02民终2114号。

决议，与村委会作为代表对外订立的合同，当属两个不同的法律行为，故未依《村民委员会组织法》第 24 条第 1 款讨论决定而订立的合同，其效力判定本应适用《民法典》第 504 条越权代表的规则处理，[1]根本不在《民法典》第 153 条第 1 款的适用范围内，也就不存在《村民委员会组织法》第 24 条第 1 款是否属于“效力性强制性规定”的问题。

对此，个别裁判认为，《村民委员会组织法》第 24 条第 1 款是否属于效力性强制性规定尚未有定论，考虑到租赁已持续多年，村民理应知情而未提出过异议，为维护交易稳定也不宜认定租赁合同无效，[2]这一裁判见解体现出对规范定性的“宝贵”的克制。也有的法院虽然以“管理性强制性规定”论之，但兼而认为善意的相对人应依《民法典》第 504 条获得保护，故合同有效，[3]虽然未明确二者的体系分工，但也已经启用了正确的规范依据。

《农村土地承包法》第 52 条第 1 款的“2/3 同意”规则亦属同理，合同的效力应关注相对人对决议缺位情事是否善意，以及村民是否追认。不过《农村土地承包法》第 52 条第 1 款还要求“报乡（镇）人民政府批准”，属于内部决议前置和待批准生效两种限制联立的规定，故除了越权代表的规则，也应适用待批准合同的效力规则，但均与《民法典》第 153 条第 1 款无涉。[4]

类似现象也出现在物业服务企业选聘纠纷中。依据《民法典》第 278 条，选聘物业服务企业须依该条第 2 款的标准由业主表决而共同决定，但若未经依法决议而订立物业服务合同，也不必诉诸《民法典》第 153 条第 1 款，而应以业主委员会的“代理权”为中心，适用或准用无权代理规则认定合同效力。[5]

---

〔1〕类似见解，参见陈小丽：《集体土地租赁案件审判疑难问题研究——〈民法典〉实施及〈土地管理法〉修订语境下》，载《法律适用》2022 年第 7 期。

〔2〕参见（2022）豫 16 民终 1983 号。

〔3〕参见（2023）鄂 13 民终 158 号（一审法院意见）。

〔4〕有所误解者，参见（2022）宁 04 民终 813 号。

〔5〕参见（2022）湘 01 民终 1948 号。亦有判决认为，未依法决议而选聘物业服务企业后，小区部分业主已按照合同约定交纳物业服务费用，可以视为业主对业委会所订立物业服务合同的追认，“符合合同效力补正的要求”。参见（2023）青 01 民终 2945 号。不过，从意思表示的构造角度，部分业主的交费行为应该只能阻却该部分业主主张合同确定无效，而无法完全构成全体业主对物业服务合同的追认。

(二)《民法典》第153条第1款与依法待批准合同

前述《农村土地承包法》第52条第1款涉及的待批准合同效力规则，是裁判实践中体系分工问题的另一典型疑点区域。例如，针对涉及危险化学品的合作协议，当事人一方未取得危险化学品经营许可，法院认为合同无效，且无效后果涉及《民法典》第502条第2款待批准合同效力规则的适用，[1]应属误解了经营资质许可管制与待批准合同两种不同的合同效力规制路径。

经营资质的许可指向的是实施相应经营行为的“主体”，合同的批准生效要件指向的是具体的合同“行为”。虽然经营资质许可审查的也是经营主体从事某类经营行为的合法性，但显然并非针对具体情境下单一具体的合同行为。[2]未依法获得经营资质许可的主体所订立的合同，可能涉及《民法典》第153条第1款的适用，[3]但未依法获得批准的合同则应适用批准要件规范，属于未经批准则不生效力，而非违法无效。因为合同依法待批准而未经批准，并非“违反”了批准要件规范，而是不“符合”批准要件规范所设置的生效要件。[4]

---

〔1〕参见（2023）云25民终2118号。

〔2〕于此即须区分规范目的旨在规制实施某“类”法律行为，还是具体的某“项”法律行为。参见王轶:《行政许可的民法意义》，载《中国社会科学》2020年第5期。

〔3〕但也只是“可能”而非“绝对”。例如，加油站承包合同的承包人未取得相应的经营资质，不意味着合同就违法无效，而是承包人在合同生效后须取得经营资质，才能合法开展经营作业。参见（2022）豫04民终27号;（2022）陕03民终673号。

〔4〕较为完整的总结，参见谢鸿飞等:《中华人民共和国民法典合同编通则司法解释释义》（社科院版），中国法制出版社2023年版，第151页（蔡睿执笔）。若以效力待定理解待批准生效合同的效力状态，其与违法无效的区别也更加清楚。参见王文胜:《论合同生效前当事人的协作义务——以经批准或登记后生效的合同为例》，载陈小君主编:《私法研究》（第12卷），法律出版社2012年版，第67页以下。有所误解者，参见高郦梅:《违法合同无效规则的法律后果——兼论诚信原则的矫正功能》，载《北京理工大学学报（社会科学版）》2023年第4期。不过，并非所有提及“批准”的规范都涉及合同待批准生效问题。例如，《土地管理法》第41条规定，开发未确定使用权的国有荒山、荒地、荒滩从事种植业、林业、畜牧业、渔业生产的，经县级以上人民政府依法批准，可以确定给开发单位或者个人长期使用，此处涉及的是县级以上人民政府准许开发单位或者个人取得使用土地的权利。相应地，私人之间就此类土地的交易合同并不直接适用该规定。在2024年8月25日举行的第二届“中国民法青年论坛”上，王文胜教授提出了此一评议意见，特此致谢。

（三）《民法典》第 153 条第 1 款与物权变动（行为）的效果

若现行法对物权变动（行为）的效果有特别限制，在评价相应交易的合同效力时，也应当与《民法典》第 153 条第 1 款的适用相区分。例如，针对转让划拨取得的土地使用权，依《城镇国有土地使用权出让和转让暂行条例》第 45 条第 1 款，划拨土地使用权的转让仍须经批准。对该批准要件，2005 年《最高人民法院关于审理涉及国有土地使用权合同纠纷案件适用法律问题的解释》（以下简称原《国有土地使用权合同解释》）第 11 条曾规定："土地使用权人未经有批准权的人民政府批准，与受让方订立合同转让划拨土地使用权的，应当认定合同无效。但起诉前经有批准权的人民政府批准办理土地使用权出让手续的，应当认定合同有效。"但是，《国有土地使用权合同解释》2020 年经修改后，原第 11 条的规定未获保留，其背后的机理在于《城镇国有土地使用权出让和转让暂行条例》第 45 条第 1 款的批准要件，规制的是土地使用权移转的物权变动（行为）的效果，在债物二分或负担行为与处分行为二分的框架下，其规范目的不在于否定前端的"债权合同"的效力，而是控制后端的土地使用权是否发生移转。因此，未依法经批准而订立合同转让划拨土地使用权，合同本身并无是否违法无效进而适用《民法典》第 153 条第 1 款的问题。[1] 至于合同生效后的履行行为，若以独立的处分行为界定之，该处分行为的效力也是受制于批准生效要件规则，而非《民法典》第 153 条第 1 款的违法无效问题。[2] 因此，在物权变动（行为）的效果因批准生效要件而有特别限制的情形中，无论是前端的"债权合同"的效力，还是后端的处分行为的效果，都与《民法典》第 153 条第 1 款的适用无关。

有判决在上述逻辑的基础上进一步认为，划拨土地使用权转让的批准生效要件规范，意味着划拨取得的土地使用权"其处分权受到限制……转让时应经……批准，未经审批即转让属于无权处分"，依《民法典》第 597 条第 1 款，合同效力不受影响，[3] 亦即将法定的处分限制也纳入"无权处分"。但应

---

〔1〕 妥当的处理及说理，参见（2022）甘 09 民终 1728 号。

〔2〕 类似区分，参见朱庆育：《〈合同法〉第 52 条第 5 项评注》，载《法学家》2016 年第 3 期。

〔3〕 参见（2023）桂 07 民终 757 号（二审法院意见）。

注意的是，此种受限于法定批准要件的“无权处分”，未经批准也无从完成公示，相对人也应知批准生效要件之规定，基本不存在善意取得的空间。同属法定的处分限制，共有人之一以自己名义处分共有房地产原则上构成无权处分（《民法典》第301条、《城市房地产管理法》第38条第4项），若处分人虚构其他共有人之同意并触发了相对人的权利外观保护机制，则仍有可能引发物权变动。但如前所述，此间即使承认存在独立的处分行为，该法律行为的效力也与《民法典》第153条第1款无涉。〔1〕可见，有关有无必要将法定的处分限制联结“无权处分”法理及规范，还是要视具体的法定情形而定。〔2〕

前述“区分债物效果”的逻辑在裁判实践中的另一种推衍，是作用于涉及土地租赁的纠纷。在界定相关强制规范并非“效力性”或仅为“管理性”强制性规定的同时，有的法院认为村委会将非集体土地的国有土地出租，构成无权处分，但合同属于“债权行为”，无权处分并非合同无效的事由；〔3〕也有的法院认为，集体土地承租人超出自己承租的土地范围向次承租人转租集体土地，构成无权处分，但“无权处分并非合同无效情形之一”，转租合同有效。〔4〕有疑义的是，土地租赁是否也如土地使用权转让，存在无权处分的问题。

对此，可先参照现行法关于租赁国有土地的规范格局。若是由国家将国有土地出租给使用者使用，由使用者与土地行政主管部门签订一定年期的土地租赁合同并支付租金，则属于“国有土地租赁”，承租人取得“承租土地使用权”，其规范实质上是土地使用权的设立，具有处分的特点。若是土地使用者作为出租人将土地使用权租赁给承租人使用，由承租人向出租人支付租金，则属于土地使用权出租（《城镇国有土地使用权出让和转让暂行条例》第28

〔1〕反过来，以“管理性强制性规定”界定《城市房地产管理法》第38条第4项（共有房地产未经其他共有人书面同意不得转让），则属于混淆了无权处分和违法无效这两种不同的效力控制机制。参见（2021）晋10民终2990号。

〔2〕涉及批准的规范内部，其实还存在基于不同制度目的而再作细分的空间。新近的三分类型化见解，参见许德风：《合同效力的类型界分》，载《中国法律评论》2023年第6期。

〔3〕参见（2022）辽02民终10976号。

〔4〕参见（2022）闽04民终1592号。类似立场，另如（2023）新23民终1589号。

条第1款），依现行法并未发生物权变动，当事人之间仅具有债之关系。[1]在物权法定原则的框架下，不符合“国有土地租赁”规格的土地租赁，无从引发物权变动效果，相应的交易行为也就不涉及处分问题。例如，同为土地所有权人出租，若是由集体经济组织作为集体土地所有权人出租集体建设用地，并不涉及集体建设用地使用权的设立，承租人仅享有依法定和约定用途占有、使用土地的债权（《土地管理法》第63条第3款、第4款）。故无论是村委会出租集体土地，抑或集体土地承租人转租集体土地，在现行法下均引发的是债法效果。纵使其间涉及非集体土地的国有土地，或超范围转租了集体土地，由于不存在处分行为，也就没有无权处分的问题。[2]当然，相应的租赁合同作为创设债之关系的法律行为，本不以处分权之有无为要件，故其效力之所以不受影响，不是因为该交易涉及无权处分，而是因为处分权并非租赁合同的生效要件。前述裁判见解结论可资赞同，但以无权处分定论则值得商榷，另作“效力性”“管理性”的定性论证更属混淆。

三、适用效果之疑：无效评价的限度与特殊的无效后果

关于体系分工的讨论厘清的是《民法典》第153条第1款的适用前提，而在法律效果方面，“效力性强制性规定”的裁判实践也开放出若干无效后果的规范适用疑点。在无效这一效力评价层面，涉及个案中《民法典》第153条第1款之无效评价的限度。在无效的具体后果层面，则涉及《民法典》第793条第1款为代表的特别规范在清算返还、违约责任方面的特殊问题。

---

〔1〕 参见崔建远：《物权：规范与学说》（下册）（第2版），清华大学出版社2021年版，第88～89页。因此，《城镇国有土地使用权出让和转让暂行条例》第45条第1款的批准要件，在划拨土地使用权出租场合，就不是对于物权变动（行为）效果的限制规范。此时，是否应依规范目的，将该批准要件认定为租赁合同的特别生效要件（划拨土地使用权租赁合同待批准生效），值得进一步研究。

〔2〕 值得注意的是，《民法典》第339条规定“土地承包经营权人可以自主决定依法采取出租、入股或者其他方式向他人流转土地经营权”，第341条规定“流转期限为五年以上的土地经营权，自流转合同生效时设立。当事人可以向登记机构申请土地经营权登记；未经登记，不得对抗善意第三人”。故土地承包经营权人订立五年以上的租赁合同，承租人所取得的土地经营权具备登记能力。若基于此将五年以上的土地经营权界定为物权，则出租行为可能包含处分的因素。

（一）无效评价在个案中的限度

1. 部分无效与合同联立

违法无效在合同约定的内容可分的情况下，也会涉及部分无效。[1] 此反映于个案实践如，涉及 170 亩土地的转租合同中，有 102.4 亩土地系未经批准开垦，出租人和转租人均未取得土地使用权证，法院认定转租合同涉及该部分土地的内容无效。[2] 又如，土地租赁合同约定承租人可用于种植香蕉或其他农作物，但由于香蕉属于在该类区域禁止种植的“高秆作物”(《水法》第 37 条第 1 款)，故法院认定合同关于约定种植香蕉的部分内容无效。[3] 再如，当事人订立合同转让“副食品商行（包括店内所有物品、烟草证、营业执照等）”，法院认为合同中关于“营业执照、烟草专卖零售许可证等行政许可证照转让”部分无效，其他部分并不违法，依据《民法典》第 156 条应为有效，并就无效部分的价值酌定了返还金额。[4]

唯应注意的是，部分无效的处理不应无视当事人意思和合同目的，[5] 而应注意自治与管制的兼顾和平衡。[6] 若违法无效的部分内容乃合同目的之根本所系，联立《民法典》第 153 条第 1 款和第 156 条而认定部分无效，虽在无效部分落实了强制规范的目的，但残留意义有限的有效部分则有过分牺牲当事人自治之嫌。准此以言，前述“副食品商行”案中的转让合同应否认定为

〔1〕 参见杨代雄:《〈民法典〉第 153 条第 1 款评注》，载《法治研究》2020 年第 5 期。另有观点通过将《民法总则》第 153 条第 1 款主文之“无效”限缩为“全部无效”，认为其但书可以作为供给部分无效评价的规范依据。参见蔡睿:《违法合同的效力评价与无效类型——〈民法总则〉第 153 条第 1 款释论》，载《苏州大学学报（法学版）》2019 年第 1 期。此见解对《民法典》第 153 条第 1 款的解释论亦有说明价值。

〔2〕 参见（2023）甘 09 民终 1163 号。

〔3〕 参见（2022）粤 01 民终 26682 号（二审法院意见）。

〔4〕 参见（2022）浙 11 民终 779 号（二审法院意见）。有所不同的是，商业特许经营合同因特许人系个体工商户而无效，但由于被特许人已经正常经营 1 年，也未见特许人的“个体工商户主体问题对加盟店经营活动的正常开展构成了实质性障碍”，法院认为被特许人不得要求返还全部加盟费，而应依实际正常经营时间酌定返还部分加盟费［参见（2022）新 01 民初 199 号］。此并非实际正常经营期间合同部分有效，而是实际正常经营说明被特许人有所得利，其对特许人既享有基于合同无效要求返还全部加盟费的不当得利请求权，也负有返还该实际正常经营得利的义务，两个对向的不当得利请求权经抵扣，特许人即仅须返还部分加盟费。

〔5〕 参见杨代雄:《法律行为论》，北京大学出版社 2021 年版，第 379 页以下。

〔6〕 参见徐涤宇、张家勇主编:《〈中华人民共和国民法典〉评注（精要版）》，中国人民大学出版社 2022 年版，第 154 页（吴京辉执笔）。

部分无效，需要考量受让人自行申请相关证照许可所应付出的额外成本之高低。

此一思路也应贯彻于合同联立的场合。当事人订立奶茶店特许经营合同，被特许人为了经营奶茶店还向特许人购置了设备，有法院认为，商业特许经营合同因特许人并非“企业”，违反了《商业特许经营管理条例》第3条第2款而无效，但设备买卖并无主体资格的法定要求，设备也已交付并投入使用，故买卖合同有效。〔1〕独立观察设备买卖合同固然不存在无效事由，但若着眼于当事人的交易目的，被特许人倘无法顺利取得特许经营利益，单独获得设备所有权并无意义，商业特许经营合同和设备买卖合同显然系基于整体的交易目的而联立，此亦为特许人一方所明知，残留有效的买卖合同反而有悖于该交易目的。在另一起类似案件中，燃气的受让方为了使用燃气而从出让方处“租赁”了蒸汽机，后与出让方订立了燃气销售合同，一审、二审法院均认为，燃气销售合同因出让方未取得燃气经营许可证而无效。但一审法院认为“租赁”行为并无资质要求，根据意思自治原则，“租赁”条款为独立存在的有效条款；而二审法院则认为双方订立案涉合同目的在于购销天然气，蒸汽机仅是双方实现天然气购销的手段和方式，并不具有独立存在价值和意义，出让方停止供气后，蒸汽机也停止了使用，故受让方就设备闲置期间无须支付“租金”，且燃气销售合同是因出让方不符合资质要求而无效，蒸汽机租赁条款也实际无法履行，故应予解除。〔2〕显然，该案二审法院的处理更符合当事人的整体交易目的。《民法典》第153条第1款之“无效”，应以落实强制规范之目的为限，除此之外，就不存在无效事由的联立合同，可基于当事人交易目的认定存在约定解除权，赋予当事人退出整体交易的机会。〔3〕

2. 持续性合同违法无效的时间维度

在持续性合同关系中，若强制规范并非自合同生效时而是在合同履行过

〔1〕参见（2021）豫05知民初147号。

〔2〕参见（2021）闽04民终761号。

〔3〕现行法在类似的合同联立情形还会特别规定法定解除权。参见《最高人民法院关于审理商品房买卖合同纠纷案件适用法律若干问题的解释》（法释〔2020〕17号）第19条、第20条。

程中才介入合同效力评价中，那么《民法典》第153条第1款的“无效”在时间维度上应有所限制。

例如，当事人于2004年订立期限为15年的土地租赁合同，2007年国家环保总局下发通知将案涉土地划入国家级自然保护区缓冲区范围，同年不久双方又订立补充协议将租期延长了6年；一审法院认为，《自然保护区条例》第28条第1款第1句“禁止在自然保护区的缓冲区开展旅游和生产经营活动”之规定为“效力性强制性规定”，案涉租赁合同和补充协议均违法无效；二审法院则认为，2007年案涉土地被划入国家级自然保护区缓冲区范围后，原租赁合同应当终止履行，之后订立的补充协议则违法无效。[1]相较一审法院，二审法院的处理显然更为细致，但可进一步追问的是，2007年后原租赁合同终止履行的规范依据何在？是因为2007年之后的合同部分归于无效，抑或因继续履行涉及违法而履行不能（法律不能），从而可以向未来解除合同？若是解除，尚未检视当事人有无解除权以及行使解除权的意思，又如何认定合同关系已经“终止”？

依笔者所见，持续性合同的违法无效，应兼顾当事人的法律信赖和违法合同无效规范之目的而再作细分。以该案为例，原租赁合同在2004年至2007年并不涉及违法无效，当事人为了履行合同所为给付均可以租赁合同作为法律根据，不存在返还清算不当得利的问题。2007年后，原租赁合同才因违法而无效，若双方实际持续履行，则构成无效合同的实际履行，此部分是否清算返还，应结合强制规范的目的、持续性给付的清算难度综合考量；若双方在原定15年租期届满前实际停止履行，15年租期内的后续部分因合同无效均不得要求恢复继续履行。至于2007年后将原定租期延长6年的补充协议，可认定为违法无效。此方案一方面维护了前一阶段当事人的法律信赖，另一方面，以无效而非法律不能为工具，避免依赖当事人之意思来决定合同关系是

〔1〕参见（2022）苏09民终5144号。

否终止，可以更好地落实强制规范的目的。[1]

（二）《民法典》第 793 条第 1 款无效后果的特殊问题

1. 合同无效后的参照补偿与特别结算约定

若建设工程施工合同因承包人资质不足等原因而依《民法典》第 153 条第 1 款、《建设工程合同解释（一）》第 1 条第 1 款而无效，后续清算返还关系本应转进《民法典》第 157 条第 1 句。但若建设工程经验收合格，应适用《民法典》第 793 条第 1 款，“可以参照合同关于工程价款的约定折价补偿承包人”。《民法典》第 793 条第 1 款之“参照”“补偿”说明其仍属于合同无效之不当得利，[2] 只不过在“经验收合格”这一前提下，例外地以约定的额度作为不当

〔1〕在 2024 年 8 月 25 日举行的第二届“中国民法青年论坛”上，王文胜教授提出评议意见认为，法律行为无效制度中，持续性合同向后无效，和法律行为因嗣后的法律变化而有无效之虞，属于两个不同的问题，本文所论似乎将二者混为一谈。对此，有必要澄清说明如下：持续性合同仅向后无效，指的是持续性合同虽然自始存在无效事由，但双方已经有所实际履行，则已履行部分不评价为无效或不作无效清算，仅向后无效而阻却未履行部分的履行请求权；法律行为因嗣后的法律变化而有无效之虞，涉及的是法律行为成立时并不存在无效事由，但因履行过程中立法、政策发生变化而出现应否嗣后认定为无效的问题。本文所论场景，无效事由并非存在于 2004 年租赁合同成立时，故 2004 年至 2007 年的合同部分之有效，与持续性合同是否仅向后无效问题无关；2007 年后若双方实际履行，合同无效是否应波及 2007 年至停止实际履行时，则属于持续性合同是否仅向后无效问题。而就法律行为因嗣后的法律变化而无效问题，如果是一时性合同，由于合同成立时不存在无效事由，故嗣后的法律变化原则上不应导致合同无效，而是有效合同履行阶段的法律不能问题。本文此处讨论的是持续性合同关系，其特殊性在于给付随时间呈持续状态，合同效力评价也就存在依时间维度而作切割的可能，所以 2004 年至 2007 年的合同应为有效，2007 年后的合同应为无效（而非如一时性合同般只能以履行不能处理）。综合观之，持续性合同关系下，嗣后的法律变化可以引发此前合同部分和之后合同部分效力的不同评价；之后合同部分若涉及无效评价，倘当事人在法律变化后又实际履行，该无效评价会另生是否仅从停止实际履行时起向后无效的问题。因此，评议意见区分上述两个不同问题足资赞同，但本文所论方案似谈不上混淆。

〔2〕参见肖峰、韩浩：《建设工程价款结算及其优先受偿权的若干实务问题》，载《人民司法》2021 年第 22 期；李建星：《〈民法典〉第 807 条（建工价款的优先受偿权）评注》，载《南京大学学报（哲学·人文科学·社会科学）》2021 年第 4 期。对于未取得规划许可而完成的工程，有法院认为不仅合同无效，而且《民法典》第 793 条第 1 款的适用前提是工程具有使用和财产价值，违法建筑的利用价值不被法律所认可，故不能适用第 793 条第 1 款折价补偿，也属于按不当得利所作之推理。参见（2023）鄂 02 民终 60 号（二审法院意见）。

得利价额偿还的参照标准。[1]反过来，若不具备“经验收合格”之前提，逻辑上应回归《民法典》第 157 条第 1 句的一般规定。[2]不过，由于《民法典》第 793 条第 1 款未沿用原《最高人民法院关于审理建设工程施工合同纠纷案件适用法律问题的解释》（法释〔2004〕14 号，已失效）第 2 条的“经竣工验收合格”标准，仅要求“经验收合格”，[3]降低了参照约定标准补偿的适用门槛，不乏裁判以实际完成部分工程，“形成实际权利义务关系”为由，参照约定标准（包括加价约定）确定折价补偿的额度。[4]

个案中，就个别特殊的价款约定，法院时而会额外审查其“效力”。例如，工程承包方与实际施工方在合同中约定，如实际施工方领取钢筋数量小于施工图设计的数量，则就节余钢筋数量，由承包方奖励施工方其价值（按

〔1〕 参见余卫：《合同无效“参照约定折价补偿”处理规则的完善与适用——以建设工程合同为例》，载《社会科学家》2023 年第 2 期。现行法亦有未附加特别前提的类似规则，如按照《城镇房屋租赁合同解释》第 4 条第 1 款，房屋租赁合同无效，当事人请求参照合同约定的租金标准支付房屋占有使用费的，人民法院一般应予支持。个案中，即使当事人主张要求支付租金，法院也会基于租赁合同无效而认定其主张“实为房屋占有使用费”。参见（2023）粤 01 民终 1840 号（一审法院意见）；（2022）粤 01 民终 24945 号（一审法院意见）。

〔2〕《民法典》第 793 条第 2 款第 2 项明确了“修复后的建设工程经验收不合格的，承包人无权请求参照合同关于工程价款的约定折价补偿”，留有疑问的是，未经验收合格或修复后经验收不合格的情形，回归《民法典》第 157 条第 1 句之一般规定，是否仍应认可一般的不当得利返还请求权，以及具体额度如何折算？如果不考虑不法原因给付的返还限制，肯认一般的不当得利返还请求权，基于《民法典》第 793 条第 1 款防止承包人额外获利之规范目的（参见黄薇主编：《中华人民共和国民法典合同编释义》，法律出版社 2020 年版，第 668 页），该不当得利返还的额度只能是低于合同约定的额度。有观点认为，《民法典》第 793 条第 1 款的参照约定补偿谈不上是相对于第 157 条第 1 句的特殊处理［参见杨代雄主编：《袖珍民法典评注》，中国民主法制出版社 2022 年版，第 735 页，边码 3（夏平执笔）］，似乎忽视了第 793 条第 1 款“经验收合格”这一适用前提，及其反过来对不符合该前提之情形的补偿标准所形成的限制。

〔3〕《最高人民法院关于审理建设工程施工合同纠纷案件适用法律问题的解释》第 2 条规定：“建设工程施工合同无效，但建设工程经竣工验收合格，承包人请求参照合同约定支付工程价款的，应予支持。”《民法典》第 793 条第 1 款的修改，旨在回应部分工程完工但未整体竣工情形下的阶段性验收和折价补偿问题。参见最高人民法院民法典贯彻实施工作领导小组主编：《中华人民共和国民法典合同编理解与适用（三）》，人民法院出版社 2020 年版，第 1943 页；王利明主编：《中国民法典评注：合同编（三）》，人民法院出版社 2021 年版，第 1361、1363 页（黄喆执笔）。此外，《建设工程合同解释（一）》第 24 条第 1 款则保留了 2018 年《最高人民法院关于审理建设工程施工合同纠纷案件适用法律问题的解释（二）》第 11 条第 1 款，规定当事人就同一建设工程订立的数份建设工程施工合同均无效，但建设工程“质量合格”，可以参照实际履行的合同关于工程价款的约定折价补偿承包人。对该“质量合格”，应与《民法典》第 793 条第 1 款协调，理解为“经验收合格”。

〔4〕 参见（2022）鄂 08 民终 661 号（一审法院意见）。

承包方材料一览表上的价格）的50%；在合同因实际施工方资质不足而被认定为无效的情况下，一审法院进一步认为该“用材节余奖励条款”鼓励施工方低于施工图设计数量领取钢筋，会引发工程质量风险，从而违背公序良俗而“无效”。但二审法院认为，该条款旨在促进节约用材，提高效益，案涉工程竣工验收合格且等级评定为好，说明施工方“在确保施工质量的同时控制了用料成本，符合民事主体从事民事活动节约资源的要求”，故该条款“有效”。〔1〕逻辑上，既然合同因施工方资质不足而无效，其中的“用材节余奖励条款”亦为无效，不存在额外再行评估是否悖俗无效的问题。该案一审、二审所检视的，其实是假设合同有效，该条款是否应独立地无效。对此，从合同解释角度看，有效合同下“用材节余奖励条款”应以施工方按质完成建设成果为前提方可适用，如此解释则该条款并无悖俗无效之虞，在建设工程验收合格时，会产生节余奖励的请求权。但是，在合同无效时，应当检视的不是该条款是否有效，而是能否作为参照补偿的标准，即“可参照性”。由于参照约定补偿的前提是“经验收合格”，若施工方贪图奖励不惜牺牲工程质量导致经验收不合格，自然没有参照约定补偿的问题；若施工方在确保工程质量合格的前提下实现了条款所约定的节余，该条款应作为参照补偿的标准。准此，对此类条款，在合同无效的场合，其实无须作额外检视。〔2〕

此外，在完成验收的情况下，当事人经常会就后续应付工程款作特别的结算约定，裁判实践通常会承认其独立有效性，〔3〕但在验收与否未明的情形，也不乏裁判认可此种特别结算约定的效力。〔4〕在实际完成验收并达成特别结算约定的情形，特别结算约定可以被认定为在法定不当得利债权之外创设了

〔1〕参见（2022）赣10民终903号。

〔2〕反之，在合同有效时，若某类条款囿于其内容仍可能独立地违法或悖俗无效，则在合同无效时，就应另外检验其“可参照性”，否则也会引发另一种评价矛盾。由此可见，承认同一法律行为可因多种无效事由而多重无效，即所谓“法律上的双重效果”［参见王泽鉴：《无效法律行为之撤销》，载王泽鉴：《民法学说与判例研究（重排合订本）》，北京大学出版社2015年版，第285页以下］，具有一定意义，即使《民法典》第793条第1款的参照补偿规则缓和了其中一种无效事由的影响，另一种无效事由的价值判断仍不可被忽视，技术上反映为影响该约定的“可参照性”。

〔3〕参见（2021）川01民终20962号；（2022）粤13民终4050号；（2023）粤01民终10893号。

〔4〕参见（2023）鄂13民终2288号。

意定的结算债权（独立的负担行为），也可以被认定为是对法定不当得利债权在《民法典》第 793 条第 1 款所规定标准基础上的意定变更（法定之债内容的意定变更），还可以认定为系对原定合同价款约定的意定变更，并经由《民法典》第 793 条第 1 款构成法定不当得利请求权的内容，实际效果并无差异。但在未实际完成验收却达成特别结算约定的情形，欲正当化其效力，似乎只能认为虽未实际完成验收，但达成特别结算约定的举动本身，意味着当事人接受了已经完成的劳务给付，从而具有如同完成验收一样的效力。〔1〕易言之，所谓的“独立有效性”只是一种形式化的论证，事后的特别结算约定作为独立的法律行为，同样不能豁免是否违法无效的检验，还需要兼顾不法原因给付的价值观，〔2〕而具体的正当化论证需要借助《民法典》第 793 条第 1 款已经确定的立场和门槛才能实现。

2. 合同无效后违约责任的“残影”

“效力性强制性规定”的裁判实践普遍认为，合同无效后并无违约责任问题，有关违约责任的约定也一并无效。〔3〕但在建设工程施工合同领域，由于《民法典》第 793 条第 1 款的存在，个别裁判中反而能够察觉合同无效后违约责任内容的“残影”。例如，在建设工程施工合同无效但工程竣工验收合格并交付使用的情形，有的法院认为，工程质量瑕疵责任的认定，仍然可以按照

〔1〕 除此之外，并无必要诉诸《民法典》第 567 条论证合同中的结算条款或嗣后特别结算约定的效力［如（2022）琼 02 民终 54 号；（2022）鲁 03 民终 2866 号］，毕竟第 567 条“合同的权利义务关系终止”指向的是合同解除而非合同无效。

〔2〕 试想，若当事人订立毒品买卖合同，并在毒品先行交付且被消耗后另行达成独立的货款结算约定，显然不能以“独立性”论证该约定有效：若将该约定理解为在法定的不当得利债权之外创设的独立的结算债权（独立的负担行为），无论是为了防止违法无效规范被规避，还是为了避免与不法原因给付返还限制冲突，都应该认定结算约定无效；若将该约定理解为对法定的不当得利债权内容的意定变更（法定之债内容的意定变更），只要不法原因给付限制了该不当得利请求权，该约定也因欠缺作用基础而无从生效。建设工程施工合同因借用资质、违法分包、转包而无效时，对于“管理费”约定的处理亦有类似之处。相关讨论，参见刘力、禄劲松、杨劭禹：《论无效建设工程施工合同的折价补偿——〈民法典〉第 793 条第 1 款评释》，载《法律适用》2022 年第 2 期。

〔3〕 参见（2021）陕 01 知民初 1105 号；（2022）苏 09 民终 441 号；（2022）湘 11 民终 2843 号；（2023）粤 01 民终 10909 号；（2023）粤 01 民终 1840 号。租赁合同无效后，若承租人未及时恢复原状对出租人造成“损失”，有法院认定可以参照租金标准，但也明确了请求权基础是《民法典》第 157 条，而非法定的违约责任。参见（2022）豫 09 民终 10 号。另可参见罗正环：《建设工程施工合同无效折价补偿规则探析》，载《人民法院报》2021 年 12 月 30 日，第 7 版。

合同约定的付款进度和质量保证标准执行；[1]或者针对发包人关于工期延误、工程质量瑕疵的责任诉请，法院非以合同无效为由，而是认为建筑工程验收合格表明工程是按照工程合同的规定履行了合同义务，且以工期延误等情事证据不足为由否决之。[2]又如，建设工程施工合同无效且总承包人以工程质量问题诉请减少支付工程价款，法院以《建设工程合同解释（一）》第12条"因承包人的原因造成建设工程质量不符合约定，承包人拒绝修理、返工或者改建，发包人请求减少支付工程价款的，人民法院应予支持"之规定为据，认为总承包人并未通知分包人补救以及并未证明工程质量不符合约定，进而否决其诉请，[3]似乎意味着此一适用于合同有效情形的减价责任规则也可以适用于合同无效的情形。

依笔者所见，建设工程施工合同领域合同无效后是否应继续配置"实质的"违约责任内容，还是应该统合《民法典》第793条第1款的规范目的加以考量。以合同无效联结不当得利来界定《民法典》第793条第1款不见得是体系上的最优解，因为即便参照约定价额可以避免承包人在工程价款上额外获利，但合同无效会导致承包人无须承担违约责任，在资质不足的情形，承包人还是额外获得了责任豁免的利益，倒不如基于无效必要性的考量而肯定合同（哪怕是一定范围内）的效力，从而为价款请求权和违约责任提供统一的规范基础。鉴于现行法在工程经验收合格的情形仍然维持了合同无效的评价，解释论上可以考虑的是基于《民法典》第793条第1款的规范目的，将违约责任的问题个别地类推适用第793条第1款，即工程经验收合格但合同无效时，应参照合同关系下约定的责任安排或法定的责任规则，配置承包

[1] 参见（2021）晋05民终1562号。
[2] 参见（2022）粤13民终4050号。类似情形下，针对工程质保责任的诉请，也有法院以工程已过质保期，而非合同无效为由，否决该诉请。参见（2021）新31民终680号。
[3] 参见（2021）云06民终1577号。

人的后续责任。[1]

结　语

2016年笔者考察相关裁判实践时，“效力性强制性规定”已被纳入《民法总则（草案）》，大有进一步“升级入典”之势，彼时各界对《民法典》清理法源的昂扬期待犹在眼前。九年后的今天，“效力性强制性规定”隐退于实证法而化身为一种实践话语，法源清晰性的困境则以另一种面貌在持续着。自2021年《民法典》施行以来，涉及“效力性强制性规定”的裁判实践并未稳定地遵循某一种“原则—例外”倾向，而且“效力性强制性规定”的实践惯性，不仅指向术语的使用，也指向术语使用的形式化。

《九民纪要》等司法指导性文件的意见，一定程度上推动了裁判实践更积极地转向规范目的的论证，但不可否认的是，部分裁判也仅仅只是在形式性地“套用”之。

如果说违法合同的无效认定是一道待解的难题，那么部分裁判以“效力性强制性规定”作答，很多时候犹如在默写教科书的定义，并未与最终提供的答案建立起完全令人信服的论证关系。此外，裁判实践在具体论证中透射出不少关于《民法典》第153条第1款的适用前提或效果的疑点乃至误解，其诱因不仅在于违法合同无效规范方面，也涉及对《民法典》规范体系及其背后原理体系的理解问题。以“效力性强制性规定”作答，掩盖不了也无助于澄清具体论证中的价值误判或体系误解。个别裁判以妥当的价值判断、准确的体系把握完成了“高分”论证，但这个“高分”的取得，其实和答题时

〔1〕《建设工程合同解释（一）》第6条第2款规定建设工程施工合同无效后，遭受损失的一方若要求赔偿，请求“参照合同约定的质量标准、建设工期、工程价款支付时间等内容确定损失”，法院可以结合双方过错程度、过错与损失之间的因果关系等因素认定赔偿责任。此缔约过失赔偿责任规则（参见最高人民法院民事审判第一庭编著：《最高人民法院新建设工程施工合同司法解释（一）理解与适用》，人民法院出版社2020年版，第71页）或可在一定范围内实质解决工程质量瑕疵的损害赔偿问题，但违约责任中的可赔损失不见得都能和缔约阶段的过错建立起因果关系，而且该规定也无法支撑违约责任中赔偿责任以外的责任形态（如采取补救措施、减价）。指明该款内部逻辑割裂的观点，参见王利明主编：《中国民法典评注：合同编（三）》，人民法院出版社2021年版，第1365～1366页（黄喆执笔）。

默写过教科书的定义也没什么关系。

因此,《民法典》施行后，裁判实践是否应当保留“效力性强制性规定”的表述，这个问题在笔者看来不是很重要——这就好比答题时应不应当默写一遍教科书的定义，既然不是采分点，写不写都行。只是不能因为这个问题，而遮蔽掉实质论证所应具备的价值的、体系的基础性前提，这才是学理和实务需要协力精进的方向。就此而言，以《合同编通则司法解释》第16条为代表的新规则，虽有导致具体解决方案过分“一般化”之虞，但反过来或许也有助于裁判实务循之还原具体的纠纷情境和适用场景，犹如例题书，引导答题者追求更为实质的、走心的论证。而在此过程中，民法教义学可以也应当在法源体系整理、方法论总结等方面贡献自己的力量。

合同因违反强制性规定而无效的实务新问题

王文胜 *

姚明斌博士的这篇论文对 2021 年《民法典》施行以后至 2024 年 4 月写作时的裁判文书进行梳理，从案例库中选取包含“《民法典》第一百五十三条”和“效力性强制”这两个关键词的生效裁判文书进行分析，从裁判文书中总结规律、发现问题，展示出了抽象法条与具体裁判间的互动关系，尤其是法条变化在司法裁判中的惯性现象。该文的核心结论“未来的裁判实践应否保留‘效力性强制性规定’的表述，并不重要；如何在个案的具体论证中避免价值误判和体系误解，才是关键”，也值得赞同。同时，该文也引发出了需要更进一步探讨的问题。

一、关于文中案例所涉具体问题

（一）《民法典》第 153 条第 1 款与其他制度间的分工

《民法典》第 153 条第 1 款（此前《民法通则》第 58 条第 1 款第 5 项、《合同法》第 52 条第 5 项）需要与其他法律条文（被违反的强制性规定）联合适用。被违反的强制性规定本身或许规定了某种刑法或行政法上的法律后果，但并未规定相应的民事法律行为的效力，因而需要借助第 153 条第 1 款

* 湖南大学法学院教授。

才能对民事法律行为的效力产生影响。与第153条第1款或其所指向的强制性规定不同的是,《民法典》关于处分权的规则(第311条、第597条第1款)、关于代理权的规则(第171条等)、关于代表权的规则(第504条)等,在法律条文中既规定了构成要件,也规定了民事法律行为的效力。因而,上述这些规则在适用时应予区分。《合同编通则司法解释》第18条明确了这一点。《民法典》关于合同经批准后生效的规则(第502条第2款),同样需要与其他法律条文(法律、行政法规中关于合同应当办理批准等手续的条文)联合适用,但在适用逻辑上,是检索到法律、行政法规中关于合同应当办理批准等手续的条文,再经由对该条文的解释得出未办理批准等手续是否影响合同生效的结论。第502条第2款与第153条第1款所规定的是两个完全不同的制度,同样应予区分。该文通过大量裁判梳理,呈现出了此前司法实务中对上述这些制度加以混用的现象,揭示出了《合同编通则司法解释》第18条的现实指向,同时也提示出了区分第153条第1款和第502条第2款之间适用边界的现实需求。

若不区分负担行为和处分行为、不承认物权行为独立性,则在一个交易中通常仅有一个民事法律行为,针对这一民事法律行为的法律适用,在上述规则中进行选择,相对尚属简单。若承认物权行为独立性、区分负担行为和处分行为,则在具体个案中需区分应当适用上述某个规则的是负担行为还是处分行为,更为复杂,需要结合个案情况具体判断。抽象来说,在无权处分场合,第597条第1款适用于负担行为,其适用结果是无权处分对合同效力不产生影响;[1]第311条适用于处分行为,其适用结果是无权处分场合的处分行为无效("所有权人有权追回")。在合同经批准后生效、违反强制性规定、无权代理、无权代表场合,相关规则既可能适用于负担行为,也可能适用于处分行为。具体而言,就合同经批准生效的制度而言,法律、行政法规规定合同应当办理批准等手续的,若经由对相关条文的解释认为未办理批准等手续影响合同生效,所影响的可能是作为负担行为的合同的生效,也可能是作

〔1〕虽然《民法典》第597条第1款仅直接适用于买卖合同,但《合同编通则司法解释》第19条第1款已将相同规则扩大适用至"以转让或者设定财产权利为目的订立的合同",从法律方法而言该款本质上属于对第597条第1款类推适用于其他类似合同的规定。

为处分行为的合同的生效。就违反强制性规定而民事法律行为无效的制度而言，既可能是负担行为违反法律、行政法规的强制性规定因而根据第 153 条第 1 款无效，也可能是处分行为因此无效。负担行为的订立过程中可能发生无权代理或无权代表，处分行为的订立过程中也如此。当然，在具体情景中，上述规则是仅适用于负担行为或处分行为中的某一个行为，还是同时适用于负担行为和处分行为，对于违反强制性规定而无效的规则和合同经批准后生效的规则而言，是一个需要通过具体条文的法律解释给出结论的问题；对于无权代理或无权代表规则而言，则是一个需要结合个案具体情况尤其是结合民事法律行为订立过程并通过意思表示解释给出结论的问题。

按照上述分析思路，该文在第二部分尤其是其中的第（二）部分和第（三）部分中对《民法典》第 153 条第 1 款与其他几种制度的适用区分所作的分析，值得赞同。稍有疑问的是，其在第（三）部分的最后一段中，似是将《城镇国有土地使用权出让和转让暂行条例》第 45 条第 1 款（划拨土地使用权转让、出租、抵押应经批准）与共有房地产的处分限制规则一道统称为“法定的处分限制”，这是否妥当？一方面，就如该文在后续脚注中所说，在划拨土地使用权出租场合,《城镇国有土地使用权出让和转让暂行条例》第 45 条第 1 款“不是对于物权变动（行为）的限制规范”；若将同款中的转让、抵押规则解释为“处分限制”，则将导致，对于同一规范中不同词语所指向的不同情形而言，同一规范的规范目的不同、规范属性不同。另一方面，解释为合同应办理批准等手续甚至进一步解释为合同经批准后生效，而不是“处分限制”，与《城镇国有土地使用权出让和转让暂行条例》第 45 条第 1 款的文义更相契合。从这一问题中亦可见,《城镇国有土地使用权出让和转让暂行条例》第 45 条的起草者并未考虑所谓负担行为和处分行为相区分的问题，其第 1 款所针对的就是约定对划拨土地使用权进行转让、出租或抵押的合同。

同样存在疑问的是，该文在第二（三）部分中有关国有土地租赁场合下“承租人取得‘承租土地使用权’，其规范实质上是土地使用权的设立，具有处分的特点”这一结论。《土地管理法实施条例》第 17 条第 2 款规定了“国有土地租赁”作为“国有土地有偿使用的方式”，1999 年国土资源部《规范国有土地租赁若干意见》中规定国有土地租赁场合“承租人取得承租土地使用权”，并规定了“承租土地使用权”的抵押。但是，此所谓“承租土地使用权”是否属于《民法典》中所规定的建设用地使用权，是否属于物权，均存在疑问。对此尚需结合物权法定原则（《民法典》第116条）进行分析，不能因为国土资源部规范性文件中使用了“土地使用权”一词，就认为其属于《民法典》中所规定的建设用地使用权，也不能因为该规范性文件中规定了“承租土地使用权”可以抵押就认为其属于建设用地使用权。进而，若此所谓“承租土地使用权”不属于物权，则国有土地的租赁是否“具有处分的特点”，也存在疑问。

（二）合同联立场合的合同命运关联

该文在第三（一）部分的第1点中，在“合同联立”的段落中对两个案例作了分析。或是受篇幅限制，该文对这两个案例的讨论较为简单，引发出一些可进一步讨论的问题。

首先是关于“合同联立”的术语使用。该段所涉两个案例在法律关系构造上存在差异。在“奶茶店案”中，[1]当事人之间关于特许经营和关于设备买卖似分别订立了不同的合同，前者（《加盟合作协议书》）订立于8月24日，后者在判决书中语焉不详，仅表述为9月3日、9月18日和9月27日关于设备买卖分别支付了三笔款项。但无论从判决书内容还是从该文转述来看，似都是认为双方之间关于设备买卖存在独立的买卖合同。在“燃气销售案”中，[2]当事人之间关于蒸汽机租赁的约定属于双方之间订立的《燃气销售合同》的组成部分（《燃气销售合同》第九条）。当事人之间在外观上订立一个合同与分别订立两个合同，在法律术语指向和法律关系分析上，是否应作相同对待，存在疑问。经典教材中关于“合同联立”的讨论，均在讨论合同类型时于“非典型合同”项下，将“合同联立”作为“非典型合同”的一种具体类型，与“纯粹非典型合同”和“混合合同”并列。且认为“合同联立”包括两种情形：一为“单纯外观的结合，即数个独立的合同，仅因缔结

〔1〕参见河南省安阳市中级人民法院民事判决书，（2021）豫05知民初147号。
〔2〕参见福建省三明市中级人民法院民事判决书，（2021）闽04民终761号。

合同的行为而结合，相互间不具有依存关系”；二为“数个合同的结合具有一定的依存关系”。[1]将该文中关于前述两个案例的分析与经典教材中关于“合同联立”的讨论进行对照，引发出两个疑问：（1）在经典教材中所称合同联立的第一种情形，即“单纯外观结合”的场合，虽称为合同联立，但因本质上为多个合同且相互独立，故在合同效力的判断与解除上似都不应相互关联。（2）当事人之间在外观上分别订立两个合同的场合，是否应归入“合同联立”这一术语的指向范围？抑或应将之与“合同联立”相区分，并根据个案情况判断是否采用（或参照）学者针对“先签合同与后续合同”所建立的分析框架（如“交易的整体解释路径”）？[2]

其次是关于“奶茶店案”所涉合同效力的判断。该文在相关段落中仅分析了“奶茶店案”中商业特许经营合同无效是否应对设备买卖合同效力产生影响的问题，对于商业特许经营合同是否应当无效的问题未予涉及。该案中法院认定合同无效的依据是《商业特许经营管理条例》第 3 条第 2 款及《民法典》第 153 条第 1 款。《商业特许经营管理条例》第 3 条第 2 款规定：“企业以外的其他单位和个人不得作为特许人从事特许经营活动。”自然人作为特许人与他人签订特许经营合同，是否因违反该条而无效？对此，2010 年《最高人民法院关于企业以外的其他单位和个人作为特许人所签订的特许经营合同是否有效的复函》认为，《商业特许经营管理条例》第 3 条第 2 款“可以认定为行政法规的效力性强制性规定。企业以外的其他单位和个人作为特许人与他人签订的特许经营合同，可以认定为无效。”该文在引言的脚注中也提到了这一“复函”。上述“奶茶店案”中法院的判决结果也与此一致。然而，这一“复函”并不符合2021年修正的《最高人民法院关于司法解释工作的规定》第 6 条中关于司法解释形式的规定，因而不属于司法解释。虽然最高人民法

---

〔1〕 参见王泽鉴：《债法原理》（第二版）（2022 年重排版），北京大学出版社 2022 年版，第 107 页；崔建远：《合同法总论》（上卷），中国人民大学出版社 2024 年版，第 171 页；韩世远：《合同法总论》（第四版），法律出版社 2018 年版，第 73 页。

〔2〕 关于“先签合同与后续合同的关系”及“交易的整体解释路径”，详见崔建远：《先签合同与后续合同的关系及其解释》，载《法学研究》2018 年第 4 期。

院法官在近年的裁判中也仍坚持这一“复函”中的立场,[1]但也有最高人民法院法官认为，自然人在特定条件下可以作为特许人签订特许经营合同，且合同效力不受影响。[2]从相关规范的解释论来看，这一问题并非不存在讨论空间。《商业特许经营管理条例》第四章“法律责任”中规定了多个行政处罚的条文，但对于违反第3条第2款却并未直接规定任何行政处罚措施。对照《合同编通则司法解释》第16条来看，自然人（如个体工商户）作为特许人与他人签订特许经营合同，是否必将对社会公共秩序带来严重影响，也存在疑问。

最后是关于合同联立场合的效力关联与解除关联。从关于“燃气销售案”的分析中，该文得出结论:“《民法典》第153条第1款之‘无效’，应以落实强制规范之目的为限，除此之外，就不存在无效事由的联立合同，可基于当事人交易目的认定存在约定解除权，赋予当事人退出整体交易的机会。”这一结论似为抽象普适结论，并非仅针对特定个案而言。然而，就此仍有两个疑问：其一，在前文所述当事人之间在外观上仅订立一个合同、其中所包含的实质多个合同“单纯外观结合”的场合，将无效的范围限定于其中实质上的某一个合同，正当性并无疑义。在前文所述当事人之间在外观上分别订立两个合同的场合，将无效的范围限定于其中一个合同，从形式上逻辑也很顺畅。然而，若当事人之间在外观上仅订立一个合同、其中所包含的实质多个合同的“结合具有一定的依存关系”的场合，无效的范围是否仍应限于其中实质上的某一个合同？是否因实质多个合同间的依存关系而应认为无效范围及于整个合同（外观上的合同）？该文所讨论的“燃气销售案”恰好属于这种情形。其二，在如该文所说无效范围限定于其中某一个实质合同的场合，对于实质上的另一合同，若从利益衡量角度认为该合同命运也应同归于消灭，其消灭的渠道应为约定解除权的行使还是法定解除权的行使？该文认为“可基

〔1〕参见最高人民法院民事裁定书,(2021)最高法民申4413号。在该案中，法院认为,“史红芬与黎玉珍签订《特许经营许可协议书》时系个体工商户，其经营的‘无锡市滨湖区春漫里茶室’并非企业……史红芬以其个人名义与黎玉珍签订《特许经营许可协议书》系其从事的特许经营活动，该活动应受《商业特许经营管理条例》所规定的约束。故其与黎玉珍签订的《特许经营许可协议书》因违反了行政法规的效力性强制性规定，原审判决认定为无效并无不当。”

〔2〕参见最高人民法院民事裁定书,(2011)民申字第1262号。该案中，自然人谢金莲、曹火珠为某公司的特许经营体系中的地区级代理商，这两个自然人自己作为特许人与其他自然人签订特许经营合同。

于当事人交易目的认定存在约定解除权”，并在注释中提示现行司法解释“在类似的合同联立情形还会特别规定法定解除权”。问题在于，在欠缺司法解释明文规定的场合，认为“存在约定解除权”，是否遵循了有关合同解释和合同漏洞填补的方法论要求？对此，即使结论可予接受，也需要作充分和详细的论证。

（三）持续性合同的违法无效与法律上不能

关于合同无效，《民法典》第155条规定：“无效的或者被撤销的民事法律行为自始没有法律约束力。”该条仅规定了民事法律行为的自始无效，且未设但书。学说对此有不同讨论。王泽鉴在讨论法律行为无效的意义时，论述“自始无效”之例外的仅有继续性契约，其无效仅向将来发生效力。[1]韩世远在讨论合同无效的特性时，除讨论了王泽鉴所言的继续性契约的无效仅向将来发生效力外，还讨论了所谓“自始无效”和“嗣后无效”的区分，但认为“唯就我国法而言，此种区分似不具实益”，“可作为法律上不能履行处理”。[2]崔建远则讨论了因为法律的变化（国家颁行新法或修正既有法律）而导致的嗣后无效问题。[3]上述学说中所讨论的“继续性合同无效仅向将来发生效力”与“法律变化导致的嗣后无效”，是两个不同的问题，针对不同类型的法律事实。

该文在第三（一）部分的第2点所讨论的“土地租赁合同案”中，[4]当事人于2004年订立期限为15年的土地租赁合同，2007年国家环境保护总局下发通知将案涉土地划入国家级自然保护区缓冲区范围，而《自然保护区条例》第28条第1款第1句规定：“禁止在自然保护区的缓冲区开展旅游和生产经营活动。”该文以“持续性合同违法无效的时间维度”为标题统领相关讨论。在2024年8月25日举行的第二届“中国民法青年论坛”上，笔者误以为其所指的是前述学说中有关继续性合同无效仅向将来发生效力的讨论。经姚明斌在

〔1〕参见王泽鉴：《民法总则》（2022年重排版），北京大学出版社2023年版，第499页。

〔2〕韩世远：《合同法总论》（第四版），法律出版社2018年版，第214页。

〔3〕参见崔建远：《合同效力瑕疵探微》，载《政治与法律》2007年第2期；崔建远：《合同法总论》（上卷），中国人民大学出版社2024年版，第566～568页。

〔4〕参见江苏省盐城市中级人民法院民事判决书，（2022）苏09民终5144号。

正式发表的文章中以脚注加以澄清，笔者与姚明斌对于该案所涉系因法律变化导致的嗣后无效问题存在共识。不过，限于篇幅（或也限于主题），该文在脚注中仅简要表达了观点，从而仍有个别问题存在讨论空间。例如，该文认为，“就法律行为因嗣后的法律变化而无效问题，如果是一时性合同，由于合同成立时不存在无效事由，故嗣后的法律变化原则上不应导致合同无效，而是有效合同履行阶段的法律不能问题。”将此归入“法律上履行不能”加以处理，在现行法上可能适用的条文主要有《民法典》第580条第1款、第563条第1款第1项、第590条等。然而，根据这些条文，对于合同命运的处理，系以法定解除权的方式将之交给当事人自行决定，进而又引发疑虑。这种疑虑与该文针对上述“土地租赁合同案”所表达的疑虑相同：是否会导致“依赖当事人之意思来决定合同关系是否终止”？是否不足以“落实强制规范的目的”？也正是基于类似的疑虑，崔建远主张对此应当区分嗣后的法律变化导致“合同变得违法”和“使合同成为法律上的不能”这两种类型。[1]至于这两种类型具体应如何区分，尤其是结合具体案型如何区分，尚待另作细致研究。当然，该文的前述观点在表达上或许仍是严谨的，因为其在前引语句中谨慎地使用了“原则上”一词作为限定。

（四）关于合同无效后的参照补偿

该文在第三（二）部分的第1点中对一个案例[2]进行反思，进而主张，在建设工程合同无效场合参照合同关于工程价款的约定（该案中具体为“用材节余奖励条款”）进行折价补偿时，不应对关于工程价款的约定（单个条款）的效力进行“额外检视”，只应检视该种约定（单个条款）“能否作为参照补偿的标准，即‘可参照性’”。对此观点应作更详细的讨论。针对该具体案例，该文认为，“逻辑上，既然合同因施工方资质不足而无效，其中的‘用材节余奖励条款’亦为无效，不存在额外再行评估是否悖俗无效的问题”。这一逻辑可资赞同，因为，合同因施工方资质不足而无效时，是合同全部无效；

〔1〕参见崔建远：《合同效力瑕疵探微》，载《政治与法律》2007年第2期；崔建远：《合同法总论》（上卷），中国人民大学出版社2024年版，第568页。

〔2〕参见江西省抚州市中级人民法院民事判决书，（2022）赣10民终903号。

既然全部无效，那么合同中所包含的具体条款当然都无效。问题在于，在对当事人关于工程价款的约定（“用材节余奖励条款”）是否具有“可参照性”进行判断的过程中，是否仍应抛开合同整体的效力去判断个别条款的效力。该文在该处对“可参照性”进行判断时，仍是坚守《民法典》第793条第1款在文义上所表达的可参照的前提，即“建设工程经验收合格”，由此所得出的结论是，“若施工方贪图奖励不惜牺牲工程质量导致经验收不合格，自然没有参照约定补偿的问题；若施工方在确保工程质量合格的前提下实现了条款所约定的节余，该条款应作为参照补偿的标准”。需要进一步思考的是，可参照的前提是否仅有建设工程施工在结果层面上的“经验收合格”？是否还应对相应条款本身的特性加以考虑？换言之，抛开合同整体是否有效的问题不谈，当事人关于工程价款的约定（单个条款）本身是否还应不存在效力瑕疵，才可用于作为合同整体无效场合的参照补偿标准？该案一审判决和二审判决看似违背了作者所说的逻辑（合同因施工方资质不足而无效时，是合同全部无效，那么合同中所包含的具体条款当然都无效），本质上或许就是在以相关条款本身不存在效力瑕疵作为参照的前提。该文在关于这一案例讨论的段落中的最后一个脚注，似也以补充说明的方式简要表达了类似的观点。

二、从文中的研究方法与写作安排引申的思考

关于“效力性强制性规定”这一术语在裁判文书中的运用，作者的研究结论是，“《民法典》施行后，‘效力性强制性规定’这一术语已基本退出违法合同无效规范的实证法舞台，但2021年以来仍有相当数量的裁判在保持沿用”。从逻辑来说，之所以出现这种现象，有两种可能：一种可能是法官对“效力性强制性规定”这一术语在司法解释中从出现到废弃的过程没有给予足够的关注，没有意识到使用这一术语的司法解释已被废止以及取而代之的司法解释不再使用这一术语的现象，观念仍然停留于之前的司法解释之中。另一种可能是法官注意到了司法解释在术语使用上的这种变化，但仍然愿意甚至乐于以“效力性强制性规定”这一术语指代《民法典》第153条第1款主文所规定的因违反而导致民事法律行为无效的强制性规定。当然，从个案研

究的角度来说，我们大概很难分辨个案中法官对这一术语的使用究竟是出于其中哪一种原因。但是，从逻辑上来说，这两种可能对应着两种不同类型的问题。其中，前者属于法学教育（法官培训）要关注的问题，后者才属于法学研究要关注的现象。或者套用该文在结语中的表述，"部分裁判以'效力性强制性规定'作答，很多时候犹如在默写教科书的定义"。而之所以默写教科书中的这一特定的定义，有的答题者是因为其所背诵的仍是旧版的教科书（还没来得及背诵新版），有的答题者则是因为其所背诵的虽是新版教科书但新版教科书中仍作此种定义。这种区别对于该文研究结论的得出是否会有影响？学者是否可以因为无法分辨从而无视其差异？这是从该文的类案研究方法应用中引申的问题，这类问题大概在所有的类案研究中都要面对。

此外，从该文引言部分倒数第二个注释来看，该文的研究素材（裁判文书）似是同时包含有"《民法典》第一百五十三条"和"效力性强制"这两个关键词的生效裁判文书。由此推知，该文第二部分与第三部分中几个实体问题的研究，似仅基于使用了"效力性强制性规定"这一术语的裁判文书。由此引发的问题是，该文第一部分与第二、三部分之间，是何种关系？从研究对象（问题）的角度来发问，"效力性强制性规定"这一术语在裁判文书中的运用形态及背后的方法论取向，与《民法典》第153条第1款与其他规范的体系分工以及第153条第1款的适用效果之间，是什么关系？对前一问题的研究是否属于对后两个问题的研究基础和前提？从研究素材（裁判文书）的角度来看，使用了"效力性强制性规定"这一术语的裁判文书，与引发文中第二部分与第三部分中几个实体问题的裁判文书之间，在逻辑上应是并列关系还是包含关系？或者说，在未使用"效力性强制性规定"这一术语的裁判文书中，是否就不可能存在文中第二部分与第三部分中的几个实体问题？这是从该文的结构安排中引申出的问题。类似问题在以类案研究为主要研究方法的论文中大概都有所体现，或许也只能基于具体的研究对象作具体的安排，在具体的论文写作中也许难以找到周全完美的答案。

违法合同无效问题的新探索

宋 健*

强制性规定历来是研究合同无效问题的焦点对象。试图区分效力性与管理性强制性规定的文献可谓汗牛充栋。姚明斌博士撰写的此篇文章聚焦于《民法典》施行后关于效力性强制性规定的最新裁判实践。该文具体探讨的问题分别是：虽然自2021年《民法典》施行后，效力性强制性规定的概念在实证法层面已经“难觅其踪”，但与此同时，为什么还有继续沿用效力性强制性规定的案例存在？从第153条第1款的适用前提和适用效果两个方面出发，这些案例存在哪些问题？在未来涉及无效合同的裁判实践里，到底什么判断标准才是关键？在本文中，笔者将先后从该文所采用实证研究的方法，法官适用效力性强制性规范时背后的真实考量以及探索更为实质的无效论证路径对该文作出回应。

一、关于使用大量现实案例研究违法合同无效问题的必要性

为了查明效力性强制性规定在裁判实践中的运用形态，该文对2021年1月1日至2024年4月3日内的生效裁判文书样本进行了检索以及筛选。根据裁判说理内容剔除不适用《民法典》的规定之后，共计980则有效案例构成了该文研究的核心素材。

是否有必要采用如此之多的案例来研究违法合同无效问题？作为实务工

* 北京市西城区人民法院民事审判三庭副庭长，四级高级法官，法学博士。

作者，笔者非常赞同作者这种脚踏实地，一篇一篇浏览案例的研究方法。好东西是聪明人用笨办法做出来的，对无效合同问题来说，尤为如此。在合同纠纷的各种疑难问题当中，恐怕没有任何一个问题能够像违法合同无效的争议一样，涉及如此之多的具体情形。[1]因此，除非了解数量足够之多的裁判文书样本，否则难以掌握无效合同裁判实务的整体现状。既然该文决意以2021年以来的裁判实践为中心，那么也就只能通过海量案例来让大数法则发挥效力，进而确保文章能够提出并且回应实践中的真问题。

所以，从该文多达90个的脚注内容中，我们可以看到范围广泛的各种真实案例，小到彩票销售、种植香蕉、转让副食品商行；大到租赁国家级自然保护区缓冲区、转让划拨土地使用权、合作经营危险化学品等。复杂多样的合同实践必然引发复杂多样的具体争议。对于从这980则有效案例中通过提取公因式所归纳的共性问题，相信会有足够的现实代表性，并为该文结论的可靠打下坚实的基础。

二、隐藏在“效力性强制性规定”背后的思考

在关于“‘效力性强制性规定’裁判实践的方法论取向”一节，作者对检索样本总结出了“规范”“体系”“后果”三个方面的方法论取向，分别对应规范目的（规制重心、保护法益）、体系解释（当然解释）和基于无效后果的考量。以上三个方面的确重点突出，而且也都有案例支持。但对于这三种不同取向之间的关系，该文并未触及。在个案裁判层面，法官是只会从中择一适用，还是可能会叠加选择？如果进一步对此进行思考，会有助于探讨一个更为基础的问题：法官为什么，或者说依据什么将某规定解释为效力性强制性规定。在前文的基础上，笔者对此问题稍作展开。

在论述“基于无效后果的考量”时，该文提到了“诚实信用”这一关键词。诚如作者所言，不少判决在区分相关强制性规范是否属于“效力性强制

〔1〕根据不完全的统计，自1998年至2018年，北京法院至少审理过183种不同合同的不同无效情形。参见宋健：《论合同无效——以合同履行为解释进路》，中国社会科学院大学（研究生院）2020年博士学位论文，第73页。

性规范”时并未采用严格意义的演绎推理，而是基于后果的不妥当或无法接受而采用了“循环论证”的方式，借此强行认定相关规范不属于“效力性强制性规范”。这一现象的存在充分证明了合同无效问题中的一大窘境，那就是假设案涉合同的确违反公认的效力性强制性规定，那么是否必须认定合同无效？

对此问题，入库案例“某房地产开发有限公司诉李某某确认合同无效纠纷案”〔1〕很好地给出了一个回应。该案中房地产开发商因所开发房产市场价格飞升，主动以未取得商品房预售许可证明为由起诉购房者，要求确认商品房预售合同无效。对此类情形，2020年修正的《最高人民法院关于审理商品房买卖合同纠纷案件适用法律若干问题的解释》(以下简称《商品房买卖合同司法解释》)第2条非常清晰地规定应当认定相关合同无效。显然，依效力性和管理性强制性规定的区分，该条规定属于效力性强制性规定。但是，一审法院依照该规定认定原、被告之间的预售合同无效之后，引发了轩然大波。结果在二审宣判之前，当地召开了全市法院房地产案件审理工作专项会议，强调要“树立诚信原则及合同实际履行原则，坚守‘不能让违约者因违约而获益’的宗旨”。〔2〕然后，我们就看到了二审对一审的全面改判，生效判决认为：“虽然违反了有关‘商品房预售应当取得商品房预售许可证明’的规定，但并不必然导致其签订认购合同的民事法律行为无效”。此处值得注意的有两点：首先，生效判决完全没有提及《商品房买卖合同司法解释》第2条作为效力性强制性规定的强制适用力，事实上它都没有提“强制性”三个字。其次，该案承认即使违反效力性强制性规定的合同也可以被认定为有效合同。普遍规则往往在极端个案中能够得到最突出的体现。前述案例的情形虽然略显极端，但案件的审理经过以及所引发的舆情反应，使该案成为一个非常难得的、完整展现真实裁判思路的典型案例。具体而言，在个案审理中，最优先考虑的当然是案件的结果是否符合实质公平，或者说是否符合“正常人的价值判断标准”，其中自然首先考虑诚信原则。其余任何思路或规则都不能与之相悖。

---

〔1〕 入库编号：2023-07-2-091-002。

〔2〕 陈兴王、赵思维：《西安全市法院开会研判涉房地产案件：不能让违约者因违约获益》，载澎湃新闻2018年8月9日，https://www.thepaper.cn/newsDetail_forward_2332599。

据此，回归效力性强制性规定的方法论问题，我们可以得出这样一个结论：不仅是在判断特定规范是否属于效力性强制性规定方面，甚至在是否适用无争议的效力性强制性规定时，确认无效的后果是否妥当永远是最优先考量的因素。如果我们承认这一结论的正确性，那么就有可能承认《民法典》第 153 条第 1 款放弃区分效力性与管理性强制性规定的合理性，[1] 进而承认就合同是否无效的问题，在具体个案层面将永远存在不确定性。

三、关于认定合同无效规范的体系化思考

（一）规范的体系分工与法律行为构成要件之间的关系

在关于《民法典》第 153 条第 1 款与其他规范在评价合同效力问题上的体系分工部分，该文提出有三个需要澄清的领域。首先是与未依法经决议而订立的合同。该文认为《村民委员会组织法》第 24 条以及物业服务企业选聘纠纷根本不在《民法典》第 153 条第 1 款的适用范围之内，因此也就不存在是否属于效力性强制性规定的问题。笔者非常赞同这一观点，同时认为从这一误区出发，可以在合同效力的实践领域澄清更为基础的问题。

在此稍作展开。该文提到的村民委员会或业主委员会越权对外签订合同的争议，实际上同一争议早在公司越权担保合同效力的问题上也有体现。很少有问题像这一问题那样长久而又激烈地持续引发争议。随着 2019 年《全国法院民商事审判工作会议纪要》的发布（第 17 ~ 22 条），这一问题终于得到了一个确定的结论：放弃对 2018 年《公司法》第 16 条究竟是否属于效力性强制性规定进行探讨，转向以相对人是否属于善意作出区分：若善意则有效，若非善意则无效。这一转向恰好与该文的前述观点吻合。而这一类认识误区

---

〔1〕 就日本民法界而言，面对相同的问题，在 2010 年（平成 22 年）法制审议会民法（债权关系）部会第 19 次会议上，针对《日本民法典》第 91 条的不确定性，有议员提出一定要在修订民法典时将属于强行法规的法条一一列明，以此表明到底有哪些法条属于强行法规。但随即便有反对意见称“将民法中所有规定全部区分开来非常困难。就算在当前能够做到，这种固化的做法也势必会束缚法律未来的发展，称不上是妥当的做法”。参见法制審議会民法（債権関係）部会「第 10 回会議議事録」12 頁〔岡田ヒロミ発言〕（平成 22 年 6 月 8 日）（http://www.moj.go.jp/content/000050017.pdf）。

之所以长久存在，或许是因为实践层面始终未能对意思表示的真实与否与对应合同效力的关系作出准确理解。

申言之，可以将该文在此处提及的体系分工问题置于更为基础的层面，也就是法律行为构成要件层面上。依三分法的观点，可以将法律行为的构成整合为成立要件、特别生效要件（批准、附条件或期限）以及有效障碍事由（包括判断能力型、意思保留型、单方错误型、表意自由型、事务处置型与强制秩序型）。[1]而从构成逻辑来看，三个要件之间并非平等的并列关系，而是成立要件→生效要件→有效障碍事由的递进关系。采用这种审查逻辑之后，就可以用更为清晰的路径解释前述第一个和第二个误区的形成原因。也就是说，只有在“事务处置型”与“强制秩序型”的有效障碍事由中才有可能适用《民法典》第153条第1款，对属于其他要件或事由类型的争议，应当寻找其他的适用法律规范。

（二）无效认定的“逃逸”现象——对“债物效果”的区分

在体系分工的第三个误区，该文特别提到了无权处分与合同效力的关系，结论是创设债之关系的法律行为不以处分权的有无作为要件，因此效力不受影响。换言之，是否构成无权处分根本不影响合同效力。该结论在规范层面的正确性毫无争议，但笔者在此想作说明的是：对于合同效力和物权变动的关系，在合同效力的实践层面争议由来已久。补充以下问题或将有助于完善该文的论据。

针对无权处分他人财产的案件，以2020年修正的《最高人民法院关于审理买卖合同纠纷案件适用法律问题的解释》（以下简称《买卖合同司法解释》）开始施行的2012年为界，《合同法》第51条不能再用于认定无权处分他人财产合同无效的情形。但随之而来的并非立法者想要看到的物债两分的理想愿景。相反，实践中仍有大量无权处分他人财产的合同继续被认定无效，区别只是将适用依据由《合同法》第51条变更成《合同法》第52条第2项，也就是恶意串通。为了更灵活地适用恶意串通以认定合同无效，关于证明存在

〔1〕参见朱庆育:《民法总论》，北京大学出版社2013年版，第117～119页。

恶意的举证责任甚至也转向财产的受让方，要求受让方举证证明自己属于善意相对方。换言之，只要无权处分的当事人不能举证证明自己属于善意，那么便会被认定构成恶意串通。非善即恶，中间再无灰色地带。[1]究其原因，或许在于一个根深蒂固的思维范式，即“合同无效＝合同不能履行”。申言之，法官不能接受一个有效但却不能履行的合同的存在。而在无权处分他人（包括共有）财产的案例中，承认该合同可履行的后果是不能容忍的。因此，为了达到阻却合同履行的目的，如果《合同法》第 51 条被《买卖合同司法解释》第 3 条第 1 款所消解，那么宁可扩大恶意串通的认定标准，也要继续认定相关合同无效。这就是前文提及的合同无效认定的“逃逸”现象。而这种现象的存在表明在认定合同无效的规范之间存在互相可替代的关系，未来在研究规范体系分工时可以继续予以关注。

四、本体和残影的转换——无效合同有效化现象

迄今为止对合同无效的研究大多聚焦于认定合同无效的具体标准，至于无效后的具体效果则少有涉及。在实证法层面，直至《合同编通则司法解释》出台之前，关于合同无效后果的规定也常年停留在 1986 年《民法通则》第 61 条第 1 款所划定的范围。因此，作者在该文第三部分花大力气对适用效果进行的探讨实为珍贵。事实上，在相当一部分现实争议中，合同当事人或合同纠纷的参与人并不关心合同究竟有效无效，无效的后果才是真正的关键所在。

对于合同无效后的违约责任，该文所使用的“残影”一词非常形象地概括了这一类现象。如前文所述，在处理合同无效问题时，诚信原则始终是裁判者最优先需要考量的因素。由此导致的结论是：越是在无效频发的合同领域，所谓无效合同有效化处理的现象越是突出。该文此处所提及的建设工程合同纠纷即如此，在无效合同实践中占比最多的宅基地使用权转让纠纷也是如此。对于向农村集体组织之外成员转让宅基地使用权的合同，历来认为根据 2004 年《土地管理法》第 62 条、第 63 条应被认定无效。但在此类合同的

〔1〕 参见宋健：《论合同无效——以合同履行为解释进路》，中国社会科学院大学（研究生院）2020 年博士学位论文，第 93～98 页。

实际履行过程中，很大一部分宅基地的出让人早在十几年前甚至二十余年前就已经完成宅基地的交付；只是在通过土地征收可能获得巨额补偿之际才主动起诉受让人要求确认无效。在确认转让合同无效之后，通过多年的案例积累，法院发展出了非常精细的裁判规则。具体而言，关于能否返还宅基地使用权，有法院认为，虽然宅基地使用权买卖合同应被认定无效，但因该房屋是受让人及其家人的唯一住房，目前尚不具备腾退条件，据此驳回了出让人请求腾退房屋的诉讼请求。〔1〕在具备返还条件的案例中，信赖利益损失被普遍认定属于赔偿范围。例如，有法院在认定买卖合同无效的基础上，通过评估首先确定宅基地的区位补偿价以及房屋（包括附属物）的重置成新价值，然后在认定出让方（原告）违反诚信原则的基础上，判令出让方对合同无效造成受让方的损失承担 70% 的赔偿责任。〔2〕此处值得注意的是，宅基地的区位补偿价作为经济利益从属于集体成员的身份，而如果认定受让方有权获取此部分经济利益，相当于承认集体成员身份中的财产权益可被有效转让。转至建设工程合同领域，《最高人民法院关于审理建设工程施工合同纠纷案件适用法律问题的解释（一）》（法释〔2020〕25 号）第 24 条更是将建设工程质量合格认定为一方当事人请求参照实际履行的合同关于工程价款的约定折价补偿承包人的前提条件。以上各种案例和规范的目的显然在于消解已履行无效合同中一方当事人不诚信行为对另一方当事人所造成的损失。以此观之，恐怕同样的问题在任何涉及无效合同的处境中都会存在。

那么，对于该文此处对违约责任所使用的“残影”一词，能否大胆设想一种转向的可能？也就是说，通过正面承认诚信原则是合同无效问题中最重要，也是最优先的考量因素，然后最大限度地按照有效合同的规则处理合同无效的后果，因为按照当事人最初的预期才能真正在当事人之间实现利益的公平分配。如此一来，所谓的“残影”或有可能成为“本体”，围绕合同无效的规范缺位或供给不足现象有望获得根本解决。

〔1〕 参见北京市通州区人民法院（2018）京 0112 民初 5406 号民事判决书。
〔2〕 参见北京市房山区人民法院（2017）京 0111 民初 10895 号民事判决书。

五、展望“更为实质的、‘走心’的论证”

在该文结尾，作者提出在《民法典》施行后，裁判实践是否应当保留效力性强制性规定“不是很重要”；而“实质论证所应具备的价值的、体系的基础性前提，才是学理和实务需要协力精进的方向”。对此论述，笔者深以为然。无论是考虑到效力性与管理性强制性规定客观上不可能预先一一区分的现实障碍，还是在利益衡量时诚信原则的优先适用，都可能导致效力性强制性规定的适用与否成为一个伪命题。如该文所述，《合同编通则司法解释》第16条有可能引导实践回归到具体的纠纷和适用场景，追求“更为实质的、‘走心’的论证”。与其空洞地讨论特定规范究竟属于“效力性”还是“管理性”，不如摆脱桎梏，在面对具体案例之时回归合同本身，并将合同是否存在履行障碍作为切入点，借助履行障碍这一内涵丰富的法概念来应对千变万化的现实景象。

例如，对存在强制秩序型有效障碍事由的合同，可以从是否存在物理或法律不能（包括公序良俗）的给付障碍对其效力进行解释。如合同给付内容不存在上述给付障碍，或订立时存在该种障碍但履行过程（包括诉讼过程）中障碍被消除，无论合同履行与否，双方当事人均可向相对方主张给付请求权，合同应按有效处理。关于给付障碍的认定，应当从动态的视角作出审查，换言之，应摒弃合同自始无效与绝对无效的思维。反之，若给付障碍始终无法消除，或经法院审查认为消除障碍的成本高于继续给付，那么应认定合同因存在给付不能，在判断合同效力时应对此障碍予以充分考量。若认定无效，此时合同项下实体权利对应的给付请求权转化为作为替代的损害赔偿请求权，后者包括信赖利益损失或积极利益损失。合同本身对违约责任的约定可作为确定损害赔偿范围的参照依据。[1]

〔1〕 参见宋健：《论合同无效——以合同履行为解释进路》，中国社会科学院大学（研究生院）2020年博士学位论文，第211页。

合同违法无效的实务澄清与理论再探

王艺霖*

姚明斌博士的这篇论文，研究径路清晰：第一部分从裁判文书出发，总结裁判观点认定违反“效力性强制性规定”的合同无效的三个角度：目的、体系、后果。第二部分对前述司法裁判逐次梳理，随后分析裁判实务的适用谬误，指引适用方向。

一、类型化裁判案例澄清裁判逻辑

该文以实务裁判为研究问题的切入点、以引导实质正确裁判为解决问题的落脚点，在考察裁判案例的说理路径时归纳出四种案例逻辑类型。

类型1：裁判先认定某具体规定属于效力性强制性规定，继而适用《民法典》第153条第1款。其内在逻辑是认为第153条第1款中导致法律行为无效的强制性规定仅指效力性强制性规定。

类型2：裁判认定第153条第1款前半句是效力性强制性规定、但书是管理性强制性规定。

类型3：裁判先辨别某规范是否属于效力性强制性规定或管理性强制性规定，进而认定合同效力。

类型4：联立第153条第1款与某具体规定无效后果的规范，内在逻辑是通过解释第153条第1款，将具体规定定性为效力性强制性规定。

---

* 盈科律师事务所全国银行金融法律专业委员会主任。

上述前三种类型，该文认为均是延续自《全国法院民商事审判工作会议纪要》（法〔2019〕254号）第30条中关于《民法总则》第153条第1款的阐释性意见。第四种类型，该文强调应进一步观察具体规范的功能。以下列具体规范为例，笔者提供如下探讨以资参考。

第一，该文认为《建设工程合同解释（一）》第1条第1款第1项属于《民法典》第153条第1款的一个组成部分，区别于《建设工程合同解释（一）》第3条第1款、《城镇房屋租赁合同解释》第2条；后两种情形可以在起诉前甚至一审辩论终结前补正，其本身就可以独立适用，无须也不该结合《民法典》第153条第1款适用。笔者认为，其一，《建设工程合同解释（一）》第4条规定："承包人超越资质等级许可的业务范围签订建设工程施工合同，在建设工程竣工前取得相应资质等级，当事人请求按照无效合同处理的，人民法院不予支持。"该规定亦采纳了补正的观点。该条作出这样的规定，实际是吸收了学界关于合同效力补正的理论。[1]其二，《城镇房屋租赁合同解释》第2条不但无须结合《民法典》第153条第1款适用，而且该条本身就争议颇大。有观点认为，出租人就未取得建设工程规划许可证或者未按照建设工程规划许可证的规定建设的房屋，与承租人订立的租赁合同，根本就不存在违反法律或者行政法规强制性规定的问题。《城镇房屋租赁合同解释》第2条误将《城乡规划法》第40条第1款确立的简单规范当作了复杂规范，解释不当。[2]

第二，该文认为《矿业权纠纷解释》第5条与《建设工程合同解释（一）》第1条第1款第1项有细微不同，后者应当依据《民法典》第153条第1款的规定认定无效，而前者违反的法律后果是"人民法院应依法认定合同无效"。所谓"依法"，作者认为既可以是指向2009年《矿产资源法》第3条第3款关于勘采须经批准的规定，也可以兼而同时指向《民法典》第153条第1款。笔者观察到，《矿产资源法》第3条第3款第1句规范的行为是"勘查、开采矿产资源"，《矿业权纠纷解释》第5条规范的行为是"签订合同将

〔1〕参见最高人民法院民事审判第一庭编著：《最高人民法院新建设工程施工合同司法解释—理解与适用》，人民法院出版社2021年版，第52页。

〔2〕参见王轶：《行政许可的民法意义》，载《中国社会科学》2020年第5期。

矿产资源交由他人勘查开采的”。存在又一细微的不同是，“勘查、开采矿产资源”是事实行为，“签订合同将矿产资源交由他人勘查开采的”则是民事法律行为。那么，准予实施事实行为的行政许可能否成为民事法律行为违反的对象，似乎可进一步探讨。

二、适用前提评析——以未依法经决议而订立的合同为例

笔者赞同该文关于应明晰《民法典》第 153 条第 1 款的适用前提的观点，并为该文提供一些裁判参考样本。该文是以违反村民会议共同决定、业主共同决定的裁判为例予以澄清，论证未依法经决议而订立的合同不应适用第 153 条第 1 款。笔者检索北京市历年公开的针对违反村民会议共同决定、业主共同决定的全部案例，裁判观点如下。

（一）违反村民会议共同决定

近期案例中，仍有大量判决以辨别某规范是否属于效力性强制性规定或管理性强制性规定为重心，进而认定合同效力。典型表述为：《村民委员会组织法》第 24 条第 1 款第 8 项关于以借贷、租赁或者其他方式处分村集体财产，需经村民会议讨论决定方可办理的规定，“只是为了对村委会行为进行规范管理，村委会与他人签订租赁合同并不为法律所禁止，该条规定并不属于效力性强制规定”，不能作为认定村委会与李某某签署的《村民承租村住宅区内零散空闲地协议书》是否有效的法律依据。[1]亦有判决认为该规定属于管理性禁止规范，即便违反亦不影响法律行为效力，[2]典型表述为：《村民委员会组织法》关于以借贷、租赁或者其他方式处分村集体财产需经村民会议讨论决定方可办理及《北京市农村集体资产管理条例》关于农村集体主要资产处置之

〔1〕参见北京市顺义区人民法院（2023）京 0113 民初 1911 号民事判决书；北京市通州区人民法院 (2020) 京 0112 民初 11816 号民事判决书；北京市第二中级人民法院 (2018) 京 02 民终 2876 号民事判决书；北京市第一中级人民法院 (2014) 一中民终字第 02020 号民事判决书。

〔2〕参见北京市第二中级人民法院 (2021) 京 02 民终 4887 号民事判决书；北京市通州区人民法院 (2020) 京 0112 民初 10751 号民事判决书；北京市第一中级人民法院 (2015) 一中民终字第 4123 号民事判决书。

相关规定，“约束的是农村集体组织的内部管理行为，其性质应属管理性禁止规范，违反该规范并不当然产生合同无效之法律后果。”

较早的判决亦有认为“该租赁合同未经村民会议或村民代表会议民主议定为由，确认双方签订的租赁合同无效，是正确的。”〔1〕

在上述判决中，仅有个别判决从规范意旨和保护法益出发，证成上述规定是否属于效力性强制性规范：“这条规定的实质内容是对村民委员会内部决定村集体经济组织财产和成员权益事项的程序予以管理。违反该项强制性规定不必然产生损害社会公共利益或者国家利益的后果……如何区分效力性强制性规定和管理性强制性规定，应当结合法律法规的意旨，权衡相互冲突的权益诸如权益的种类、交易安全以及其所规制的对象等综合认定强制性规定的类型。”〔2〕大部分判决未进行任何论证，径直得出《村民委员会组织法》第24条是效力性强制性规范或管理性禁止性规定的结论，进而认定法律行为的效力。而“效力性强制性规定直接限制了当事人在民事领域的交往自由，因此面对同一禁止当事人采用特定行为模式的强制性规定，凡主张其为效力性强制性规定的，皆须承担论证的责任，不能提供足够充分且正当的理由，就应接受该强制性规定为管理性强制性规定的结论。”〔3〕

也有法院适用越权代表规则认定合同效力。有些法院首先推定村民会议共同决定属于相对人应当知道的规定，随即由相对人负担证明其已经对于村民会议或者村民代表会议的决定提出审查要求或尽到了审查义务的举证责任。〔4〕

（二）物业服务选聘纠纷

部分法院裁判认为，“由业主共同决定选聘或解聘工作属于效力性强制性规定。”典型说理是：选聘和解聘物业服务企业或者其他管理人由业主共同决

〔1〕 参见北京市第二中级人民法院(2011)二中民终字第02520号民事判决书。
〔2〕 参见北京市第一中级人民法院(2015)一中民终字第4123号民事判决书。
〔3〕 王轶：《民法规范论视野下的合同效力》，载《法律适用》2023年第12期。
〔4〕 参见北京市第三中级人民法院(2022)京03民终7017号民事判决书；北京市房山区人民法院(2020)京0111民初13209民事判决书。

定，应当经专有部分占建筑物总面积过半数的业主且占总人数过半数的业主同意。业委会与物业公司签订的《物业服务合同》因违反了解聘和选聘物业服务企业由业主共同决定的强制性规定而无效。[1]从公开渠道查询的案件数量的维度上看，在北京地区的类似案件中，该裁判观点占绝对多数。也有法院适用无权代理规则来认定合同效力，以相对人能否举证证明其对业主共同决定进行审查判定其善意与否，进而认定合同的效力。[2]

该文从规范目的和规范功能观察，认为“未依《村民委员会组织法》第24条讨论决定而订立的合同，其效力判定本应适用《民法典》第504条越权代表的规则处理，根本不在《民法典》第153条第1款的适用范围内，也就不存在探讨是否属于效力性强制性规定的问题。”笔者同意这一结论。第153条第1款规制对象是公共秩序，“抽象的不特定的第三人构成公共秩序，维续社会共同体以尊重必要的强制秩序为前提，该强制秩序不得为任何个别意志所改变，处于自治领域之外。”[3]第153条第1款原本就是为私人自治划定的“红线”。而所谓的无权处分、无权代理、越权代理均系仅涉及具体他人，是未经授权的处理“他人”事务，矫正方法交由“他人”决定即可。而仅涉及具体“他人”利益的事务往往不涉及公共利益，无论是迥然不同的规制对象还是规则的体系分工，该种情况下均不能适用第153条第1款。

《合同编通则司法解释》第18条规定：“法律、行政法规的规定虽然有‘应当’‘必须’或者‘不得’等表述，但是该规定旨在限制或者赋予民事权利，行为人违反该规定将构成无权处分、无权代理、越权代表等，或者导致合同相对人、第三人因此获得撤销权、解除权等民事权利的，人民法院应当

〔1〕参见北京市通州区人民法院(2020)京0112民初3498号民事判决书；北京朝阳区人民法院(2019)京0105民初49882号民事判决书；北京市第一中级人民法院(2020)京01民终6320民事判决书；北京市第一中级人民法院(2018)京01民终7057号民事判决书；北京市第一中级人民法院(2018)京01民终960号民事判决书；北京市第二中级人民法院(2017)京02民终421号民事判决书；北京市第三中级人民法院(2016)京03民终7837号民事判决书。

〔2〕参见北京市怀柔区人民法院(2021)京0116民初1055号民事判决书；北京市朝阳区人民法院(2019)京0105民初60329民事判决书；北京市第三中级人民法院(2019)京03民终15791号民事判决书。

〔3〕朱庆育：《民法总论》（第二版），北京大学出版社2016年版，第294页。

依据法律、行政法规规定的关于违反该规定的民事法律后果认定合同效力。”该规定的目的就是要求法院在认定合同效力时将强制性规定与权限性规定区分开来。也就是说，强制性规定与权限性规定的区分意味着《民法典》第153条第1款所称“强制性规定”应仅指法律、行政法规关于行为人应当实施或者禁止实施特定行为的规定，不包括法律、行政法规关于行为人无权实施特定行为的规定。〔1〕

三、适用效果评析——以无效评价的个案限度为例

（一）部分无效与整体无效的案例类型补充

对于合同内容可分时涉及的部分无效情形，除该文列举的案例外，还可以列举出如下类型：（1）转租合同部分约定的土地未取得土地使用权证，因违反《土地管理法》第17条而部分无效。（2）土地租赁合同部分约定的种植作物因违反《水法》第37条第1款而部分无效。（3）转让合同部分约定转让行政许可证照因违反《烟草专卖法》第3条而部分无效。（4）房屋租赁合同部分约定房屋未取得建设工程规划许可证因违反《城镇房屋租赁合同解释》第2条而部分无效。〔2〕（5）租赁合同部分约定超出20年的租赁期限，因违反《民法典》第705条而部分无效。〔3〕（6）民间借贷合同部分约定的出借款项来源是金融机构贷款，因违反2020年的《最高人民法院关于审理民间借贷案件适

〔1〕参见吴光荣：《违反强制性规定的合同效力——以〈民法典合同编通则解释〉的相关规定为中心》，载《法律适用》2023年第12期。

〔2〕参见北京市海淀区人民法院(2022)京0108民初28560号民事判决书；北京市丰台区人民法院(2022)京0106民初26078号民事判决书；北京市朝阳区人民法院(2022)京0105民初35812号民事判决书；北京市朝阳区人民法院(2020)京0105民初66986号民事判决书；北京市昌平区人民法院(2022)京0114民初18542号民事判决书。

〔3〕参见北京市第二中级人民法院(2023)京02民终9038号民事判决书；北京市房山区人民法院(2022)京0111民初4754号民事判决书；北京市房山区人民法院(2021)京0111民初16110号民事判决书；北京市第三中级人民法院(2022)京03民终3917号民事判决书；北京市密云区人民法院(2021)京0118民初392号民事判决书。

用法律若干问题的规定》第13条而部分无效。[1]（7）民间借贷合同部分约定利息因违反2020年《最高人民法院关于审理民间借贷案件适用法律若干问题的规定》第28条而部分无效。[2]（8）购车合同部分约定租用京牌指标违反《北京市小客车数量调控暂行规定》，“扰乱了北京市对于小客车配置指标调控管理的公共秩序，损害了社会公共利益”，该合同部分无效。[3]（9）转让/赠与协议部分约定宅基地使用权的转让/赠与，部分无效。[4]（10）服务合同部分约定因违反《最高人民法院关于审理网络消费纠纷案件适用法律若干问题的规定（一）》第9条而部分无效。[5]

对部分无效导致整体无效的裁判说理，补充如下案例类型：（1）有些法院从合同整体约定与无效条款密不可分出发认定合同整体无效。例如，当事人主张，即使认定涉案《股份认购委托协议》中股权代持部分无效，也不能直接否定委托投资内容的效力。法院认为，涉案协议委托投资的方式明确唯一，即股权代持，两者密不可分，涉案《股份认购委托协议》应整体无效。[6]（2）有些法院从相对方支付的对价及合同目的出发，认定合同整体无效。[7]

〔1〕参见北京市丰台区人民法院(2022)京0106民初28560号民事判决书；北京市昌平区人民法院(2022)京0114民初18542号民事判决书；北京市房山区人民法院(2021)京0111民初16077号民事判决书。

〔2〕参见北京市丰台区人民法院(2023)京0106民初6510号民事判决书；北京市房山区人民法院(2022)京0111民初13768号民事判决书；北京市怀柔区人民法院(2021)京0116民初4755号民事判决书。

〔3〕参见北京市通州区人民法院(2023)京0112民初19616号民事判决书；北京市丰台区人民法院(2022)京0106民初18543号民事判决书。

〔4〕参见北京市昌平区人民法院(2022)京0114民初17775号民事判决书；北京市密云区人民法院(2022)京0118民初2929号民事判决书。

〔5〕参见北京市第三中级人民法院(2022)京03民终14076号民事判决书。

〔6〕参见北京市第二中级人民法院(2023)京02民终13553号民事判决书；北京市第二中级人民法院(2022)京02民终9047号民事判决书。

〔7〕参见北京市平谷区人民法院(2023)京0117民初765号民事判决书；北京市第一中级人民法院(2022)京01民终8374号民事判决书。

（二）部分无效与整体无效的学理依据说明

就该文论述“违法无效在合同约定的内容可分的情况下，也会涉及部分无效”时的相关引注文献，补充说明以下两点意见。

第一，关于杨代雄的《〈民法典〉第153条第1款评注》一文，原文表述是“如果民事法律行为只有部分条款违反强制性（禁止性）法律规定，原则上仅此部分条款无效，除非让其他条款有效违背法律目的。”[1]即效力是否可分，取决于无效部分是否影响其余部分的效力，可分的是合同约定，并非仅标的或期限可切割即可。反面是违法无效的部分内容乃合同目的之根本所系，无效条款不具有独立性和可分性，条款无效直接导致合同目的无法实现，合同全部无效。

第二，徐涤宇、张家勇主编的《〈中华人民共和国民法典〉评注（精要版）》，总结了司法实践中部分无效的主要情形：一是当约定的利息或定金超过国家规定的标准时，超过部分无效。二是免责条款的无效不影响其他条款的效力。三是遗嘱继承中，若被继承人未保留胎儿的必要份额，则涉及胎儿的部分无效。四是结算清理条款具有独立性，不因其他部分无效而无效。[2]该评注对区分法律行为可分性的标准进行了补充，认为可分性包括各部分在“质”上可分以及在“量”上可分。前者着眼于债之关系上的义务群。就主给付义务而言，鉴于合同中的其他内容均是为了保障或辅助主给付义务的实现，故若主给付义务条款无效，则其他部分随之无效。但若从给付义务或附随义务相关条款无效，则原则上不影响其他部分的效力。后者是指数量或期限上的可分性，如合同有数个标的物的情形。[3]以上观点可供参考。

---

〔1〕杨代雄:《〈民法典〉第153条第1款评注》，载《法治研究》2020年第5期。

〔2〕参见徐涤宇、张家勇主编:《〈中华人民共和国民法典〉评注（精要版）》，中国人民大学出版社2022年版，第150页。

〔3〕参见徐涤宇、张家勇主编:《〈中华人民共和国民法典〉评注（精要版）》，中国人民大学出版社2022年版，第150页。

四、实质正确裁判，拒绝形式“套用”

该文从实证法已经取消“效力性强制性规定”表述的背景出发，以当下裁判观点为抓手，揭示违法合同无效规范在实务中延续至今的错误适用，发挥教义学指导实务的独到价值。作者的目光不断往返于规范与事实之间，总结当下裁判惯用的方法论取向（“规范”“体系”“后果”）后，回到学理基础，针对裁判惯用路径予以澄清，引导实务工作走向更为实质的、“走心”的论证。

“效力性强制性规定”的体系与目的考量

李潇洋 *

违反强制性规定的法律行为效力判断，是重要且疑难的民法基础理论问题。在《民法典》施行后，围绕这一问题的司法实践和学术讨论依然复杂多变、难有定论。姚明斌博士的这篇论文通过分析 2021 年以来我国裁判实践中的疑点，从“体系”、“规范”与“后果”三个面向总结了裁判方法、梳理和反思了理论与实践中的问题，为这一领域的研究提供了新的素材。笔者无意于全面梳理与分析该文的论点，仅是不揣浅薄，沿着体系与规范面向予以简单回应。

一、“效力性强制性规定”的名与实

该文对“效力性强制性规定”与“管理性强制性规定”的概念演进及其相关争议作了详细的梳理，此处不再赘述。对于理论上围绕这对概念产生的诸多争议，笔者有以下评述。

（一）作为描述性概念

“效力性”或“管理性”本身属于一种描述性概念，其描述的法律现象在于，并非所有违反强制性规定的法律行为都会无效，只要实然面上有此种法效果的区分，学理上就总要有对应的概念表达或总结。无论是简洁的“效力

* 上海交通大学凯原法学院副教授。

性”或“管理性”，还是《民法典》第153条第1款但书“该强制性规定不导致该民事法律行为无效的除外”这一更复杂的表述，似乎只是名称或形式上的问题，在解释结论上并不必然导致实质差异。在比较法上，只要有违法无效的一般条款，类似的概念区分亦难以避免，例如德国理论上区分“禁止性规定”（Verbotsgesetz）与“秩序性规定”（Ordnungsvorschrift），或是更抽象的“绝对禁止规定”与“相对禁止规定”。〔1〕法国法上也有“引领性”与“保护性”公共秩序。〔2〕我国台湾地区也同样存在“取缔规定”与“效力规定”的区分。〔3〕这些概念本身都有一定的说明力，但其边界本身并非完全清晰。

此外，违法无效条款作为转介条款，其本身既非被违反的对象，也不是完整规范，其存在仅是为了导入被违反的强制性规定。因此，试图将该一般条款公式化、从其衍生的抽象概念出发精准区分强制性规范并确定其效力，不仅是徒劳的，也容易使论证偏离了方向——将被违反强制性规定的实质判断导向迷惑性的概念之争。因此，对于《民法典》第153条第1款在解释论上产生的各种概念不应抱持绝对态度和过高期待，因为无论如何它们不可能普适。

（二）意义与局限

不过，作为学理概念，“效力性”与“管理性”这对直观的概念表达的确具有某种引导功能，也反映了我国向市场经济转轨的特殊历史背景。“管理”一词正确地表明，行政管理本身或其直接反映的秩序法益不能与法律行为效力完全捆绑。行政管理的主体、对象、目标、程度具有特殊性，其享有的工具箱相当丰富，效力问题在许多情况下无足轻重，立法者也大多不会专门考虑私法上的效力。同时，法律行为效力评价只是一个中间环节，后续返还、损害赔偿涉及的利益衡量更为困难，如果处理不当，对公共秩序的影响可能比维持合同效力更糟。在我国行政法规体系化尚待完善的背景下，这一概念

---

〔1〕 Vgl. Armbrüster, Kommentar zum § 134, in: Münchener Kommentar zum BGB, 9. Aufl., München: C. H. Beck, 2021, Rn 58.

〔2〕［法］弗朗索瓦·泰雷等:《法国债法 契约篇》，罗结珍译，中国法制出版社2018年版，第747页。

〔3〕 陈自强:《契约之成立与生效》，元照出版公司2018年版，第171页。

仍有其价值判断上的引领意义——不能因为一项规则贯彻着行政管理的目标就成为效力性规则，其产生私法效力必须有特殊的理由。[1]

不过，“效力性”与“管理性”的确容易产生循环论证，但更重要的问题在于，规范定性是客观的，其只能导致“全有”或“全无”，不能因具体情形中的规范需求而有所改变。而规范目的的论证则更灵活，可以适应更多的场景与规范需求。

（三）避免论证“标签化”

对于“效力性”或“管理性”这对概念的批评大多在于其内容空泛，使用者只要在预设结论后再附加一个“效力性”或“管理性”的标签即可。只要结论给定，总能找到概念论上的理由。但这种“硬拗”不仅本身难以证伪，也回避或掩饰了实质的价值判断。正如该文指出的那样，“以效力性强制性规定作答，很多时候犹如在默写教科书的定义，并未与最终提供的答案建立起完全令人信服的论证关系”。

以上“标签化”的问题并非孤例，也并不是“效力性”或“管理性”概念本身导致的。在法律行为效力评价的实践中，更具风险的则是“公共秩序”或“公共利益”这类公共标签的泛化。所有公法规定（无论位阶）都具有某种公共秩序的考量，而所有法益，无论个体还是群体，个别还是抽象，经过层层加叠总是可以推导出公共利益。公共秩序或利益本身同样不是效力论证的“灵丹妙药”。《合同编通则司法解释》第 17 条关于违背公序良俗无效的认定标准如果不能严格把握或在论证上同样“标签化”，那么理论上对于强制性规定的一系列讨论以及该解释第 16 条所作的限缩努力也就欠缺实际意义。[2]在认定标准上，法律、行政法规对法律行为效力的影响总不能比行政规章或政策更严格。

〔1〕 参见王轶：《民法规范论视野下的合同效力》，载《法律适用》2023 年第 12 期。

〔2〕 金融司法的实证研究表明，金融司法呈现“攀附”监管的趋势，行政规章成为影响合同效力判定的“影子标准”。参见张阳：《金融司法监管化的边界约束》，载《清华法学》2023 年第 2 期。

二、体系的考量

（一）基于公私法关系的体系考量

由于我国《民法典》第153条第1款并未采纳“效力性”与“管理性”的二分，且其主文明确“违反法律、行政法规的强制性规定的民事法律行为无效”，仅在但书规定“该强制性规定不导致该民事法律行为无效的除外”，因而导致了解释论上的争议。有观点依该条的文义结构将其理解为“无效为原则，有效为例外”，[1]更多的观点则反对这种形式化的解释。[2]

《德国民法典》第134条在语义结构上与我国《民法典》第153条第1款非常相似，即“违反法律禁止性规定的法律行为无效，除非法律另有规定”。我国学界上述关于原则与例外的讨论，在德国也有所体现。德国通说观点同样不采文义解释，而是将被违反的禁止性规定本身作为法律论证的起点。换言之，无效结论是需要基于特定禁止性规定作具体论证的。[3]少数观点则认为，《德国民法典》第134条的文义清楚地表明了原则例外关系，同时也确立了一项无效推定与解释规则：以法律行为无效为起点，而后再考察相关禁止性规定的目的是否在例外情况下反对合同无效，有疑义时应推定为无效。除了文义解释以及立法理由的援引，持这种观点的学者明确指出其背后的基本决策在于“国家经济秩序和管理原则上优先于私人自治”。[4]论者指出，私法通过无效后果及其所包含的预防功能支持公法的实施。对合同无效的谨慎态度，结合对禁止性规定的具体分析方法，导致私法手段在公共经济法中的补充作用被大大削弱。

---

〔1〕 参见吴光荣：《违反强制性规定的合同效力——以〈民法典合同编通则解释〉的相关规定为中心》，载《法律适用》2023年第12期；杨代雄：《〈民法典〉第153条第1款评注》，载《法治研究》2020年第5期。

〔2〕 参见王利明：《论效力性和非效力性强制性规定的区分——以〈民法典〉第153条为中心》，载《法学评论》2023年第2期；易军：《论合同违反强制性规定无效的判断标准——以〈民法典合同编通则解释〉第16条为中心》，载《清华法学》2024年第1期。

〔3〕 参见［德］维尔纳·弗卢梅：《法律行为论》，迟颖译，法律出版社2013年版，第402页；迪特尔·梅迪库斯：《德国民法总论》，邵建东译，法律出版社2013年版，第483页。

〔4〕 Vgl. Claus-Wilhelm Canaris, Gesetzliches Verbot und Rechtsgeschft, 2012, S. 10.

关于公法与私法孰轻孰重的一般性论断是无益的，因为法秩序的统一性、公私法的协力与单纯在合同效力上迎合某一具体公法规则是两回事。公法秩序也不能简单地等同于个别法规，而是一个由原则和不同位阶规则构成的整体。公法体系内部有比例原则这一核心要求。当公法规范延伸进入私法中、否定私人自治效力时，比例原则的适用就更具正当性。〔1〕更何况，许多公法要求事后可补正或有替代措施。另外，随着当代刑法在国家与社会治理中的功能扩张，相较于杀人、抢劫、盗窃等传统自然犯，行政、经济、环境、社会治安领域的法定犯或行政犯在现行刑法中已占绝对比重，多元化的法定犯在违法性程度上差别较大，社会公众的认知度和道德评价也未必一致，完全不考虑其主观可非难性有违责任原则。〔2〕

基于同样的理由，行政制裁也更考虑违法者的违法性认识，而非坚守传统的"知法推定"。〔3〕私法解释论不应片面地理解公法规则。

（二）基于私法体系内的考察

在私法体系内同样需要考察违法无效与其他相关制度的分工。该文讨论了以下三种情形：其一，未依法经决议而订立的合同；其二，依法待批准合同；其三，物权变动效果。其中，依法待批准合同是一种特殊的效力形态，其以法律、行政法规明文规定为前提，适用范围相较于违法无效更为有限；不生效与无效在规范目的判断和效果面既有许多共性，但也面临报批义务效力与违约责任等特殊问题，此处不再专门讨论。〔4〕剩余两种情形则均有进一步扩展或一般化的空间。

第一种情形属于违反权限限制规范。此类规范与违法无效的分离以公司违规对外担保的效力最为典型。2023年《公司法》第15条（2018年《公司法》

〔1〕参见黄忠：《比例原则下的无效合同判定之展开》，载《法制与社会发展》2012年第4期；郑晓剑：《比例原则在民法上的适用及展开》，载《中国法学》2016年第2期；纪海龙：《比例原则在私法中的普适性及其例证》，载《政法论坛》2016年第3期。

〔2〕参见车浩：《法定犯时代的违法性认识错误》，载《清华法学》2015年第4期。

〔3〕赵宏：《行政处罚中的违法性认识》，载《中国法律评论》2023年第1期。

〔4〕参见汪洋：《批准生效合同责任承担的体系构造——〈民法典合同编通则解释〉第12条评释》，载《法治研究》2024年第1期。

第16条）对公司为他人债务提供担保作出了明确限制，也使用了“不得”“应当”等表述。传统观点采规范性质识别进路，即先确定该条为效力性或管理性规范，再确定担保合同的效力；而新近观点则将该条理解为对公司法定代表人代表权限的法定限制，法定代表人违反该条代表公司签订担保合同构成越权代表，而后再考察该行为是否构成《民法典》第504条规定的表见代表，进而确定担保合同效力的归属。[1]后者已成为裁判实务的主流观点，为2020年《最高人民法院关于适用〈中华人民共和国民法典〉有关担保制度的解释》第7条所接受。同样，《村民委员会组织法》第24条、《农村土地承包法》第52条第1款、《民法典》第278条（物业服务企业选聘）均是对代表或代理权限的法定限制，与上述规范适用保持一致，违反其规定订立合同应属越权代表或无权代理。《合同编通则司法解释》第18条也接受了以上解释结论，除将违反权利限制规定的法效果界定为无权代理、越权代表或无权处分，从而不影响合同效力外，也确立了一项法律适用顺序规则，即法律、行政法规对其私法效果已有特别安排应优先适用，无须判断该规则的性质。[2]因此，《民法典》第724条第3项规定租赁物具有违反法律、行政法规关于使用条件的强制性规定情形时承租人享有解除权，即为一项法效果的特别规定，此时无须动用无效条款。

第三种情形则是受区分原则启发，对物权变动的限制不应影响合同效力。但该文中提到的主要是经批准生效的合同。曾有观点指出，当行政许可相关条文的规范对象是“转让”时，其规范的是权利转让行为及其效力，而非转让合同本身，只有针对合同效力的管控才有决定合同效力的法律意义。[3]这一观点颇具启发意义。同样，当强制性规定的规制目标是物权变动而非债权合同本身时，合同效力不应受到影响。对于《城市房地产管理法》第45条第1款第4项规定的商品房预售许可，2020年《最高人民法院关于审理商品房买卖合同纠纷案件适用法律若干问题的解释》第2条规定未经预售许可的商

---

〔1〕参见高圣平、范佳慧：《公司法定代表人越权担保效力判断的解释基础——基于最高人民法院裁判分歧的分析和展开》，载《比较法研究》2019年第1期。

〔2〕参见最高人民法院民事审判第二庭、研究室编著：《最高人民法院民法典合同编通则司法解释理解与适用》，人民法院出版社2023年版，第229页。

〔3〕参见蔡立东：《行政审批与权利转让合同的效力》，载《中国法学》2013年第1期。

品房预售交易合同无效，除非在起诉前补正。该条在《民法典》施行后仍然得到了延续。反对观点指出，预售许可指向合同的履行，没有预售许可证明，标的物即不具备交易条件，与出卖人的交易能力与预售资质无关。[1]这一论点即正确地区分了合同履行能力与合同本身的效力评价。

有德国学者更进一步，主张（在非刑事违法情形下）以履行不能取代传统合同无效的解释方案。在德国债法现代化后，履行不能不再影响合同效力。如果法律禁止任何人或至少债务人作出某项履行，则存在自始的法律履行不能。若合同尚未履行，则债务人的履行义务与债权人的对价义务均被排除。如果债务人已实际履行，其行为因被法律禁止而不能构成合同履行，仅能根据不当得利制度请求返还或折价补偿。如果债务人明知违反了禁止性规定，则适用《德国民法典》第817条第2款规定的不法原因给付不得请求返还。[2]在这种解释方案中，债权人无权请求被法律禁止的履行，债务人违法履行的效果也不被法律所承认，这与合同无效在法律评价上是一致的。同时，在债权人为善意时，其合同请求权也不受影响，从而形成了一种更为平衡的利益安排。在这种观点下，传统观点对于合同违法无效的前提就值得怀疑，其认为如果法律禁止人们从事某项行为，就不可能通过法律行为为人们设定从事该项行为的义务，否则即属法律矛盾。[3]但在履行不能的方案中，禁止性规定的意旨同样得以实现，法律行为中实施法律禁止行为的义务因履行不能而被免除，亦不存在法律矛盾的问题。

三、规范目的的考量

（一）规范目的对无效的证成

规范目的的论证并不仅限于其保护法益或公共秩序。如前所述，比例原

〔1〕参见常鹏翱：《行政许可与合同效力——以商品房预售为对象的分析》，载《武汉大学学报（哲学社会科学版）》2020年第4期。

〔2〕Vgl. Helmut Köhler, Wettbewerbsverstoß und Vertragsnichtigkeit, JZ 2010, 65, 767（770）; Sebastian Jäpel, Rechtliche Unmöglichkeit und gesetzliches Verbot, 2014, 33 ff.

〔3〕参见［德］迪特尔·梅迪库斯：《德国民法总论》，邵建东译，法律出版社2013年版，第484页。

则也是规范目的论证中的核心环节。[1]《合同编通则司法解释》第 16 条细化了目的论证的要素：第一，公法制裁本身是否能够实现强制性规定的立法目的；第二，违反强制性规定的严重程度；第三，强制性规定保护的是合同当事人还是非合同当事人的权益；第四，强制性规定的规制对象是单方还是双方当事人；第五，合同履行行为是否必然导致违法。[2] 其实规制对象的规定还潜藏了对违法是否知情或应当知情这一要素，保护对象也包含了当事人的期待利益是否值得被保护。不过，以上要素间的各自分量与动态关系，仍然需要在今后的具体案例中得以细化和检验。如果严格把握以上要素，恐怕许多解释结论都要发生改变。

（二）规范目的对无效范围的限制：以保护性规定为例

规范目的不仅是确定合同无效的决定性因素，也发挥限定其效力范围的作用，其中最典型的系保护性规定。相当一部分强制性规定具有保护目的，例如各种职业资质或行为限制，尽管其直接目的在于维持某种公共秩序，但本质上还是旨在保护不特定相对人免受健康、安全或财产上的风险。该类规定通常仅针对特定一方施加禁令。当该方违反禁令导致法律行为无效时，如果其尚未履行或履行有所瑕疵，受保护的相对人丧失其基于法律行为的各类请求权，违法者反而因此获益。这在利益衡量上即难谓合理。

为了避免保护性规定反而使被保护者处于不利境地，德国学者卡纳里斯曾提出所谓“单方的部分无效”（halbseitiger Teilnichtigkeit）方案。该方案属于一种独特的合同与不当得利的混合体，即违法者不得主张合同无效，受保护方则保留其合同权利，但其自身仅基于不当得利承担责任。从方法论上，该方案的论证核心在于：从被违反强制规定的保护目的出发，为了避免其适用反而影响被保护者的利益，需要以单方的部分无效代替完全无效。《德国民法典》第 134 条“另有规定”的保留条款为此保留了空间。违法者不得主张合同无

[1] 比例原则的具体展开，参见黄忠：《比例原则下的无效合同判定之展开》，载《法制与社会发展》2012 年第 4 期。

[2] 具体的论证，参见易军：《论合同违反强制性规定无效的判断标准——以〈民法典合同编通则解释〉第 16 条为中心》，载《清华法学》2024 年第 1 期。

效的价值基础在于"禁止以自身不法行为为由主张权利"的法律原则。由于合同并未全部无效（受保护方的合同权利得以保留），形式上虽不符合不当得利，但由于合同并未提供无偿使用的法律基础，适用不当得利制度仍然合乎逻辑。[1]该种解释方案与上文的履行不能方案相比，虽然形式上的效力状态不同，但在实质效果上是一致的：受保护一方可以主张合同权利，而违反的一方则只能依不当得利法主张返还且受到一系列的限制，例如在高利贷的情形下无法主张任何利息，或违法提供税务咨询服务的一方不得主张报酬。[2]

该文中指出的"合同无效后违约责任的'残影'"，特别是发包人依合同约定主张工程质量瑕疵责任即是以上理论的适用情形。不过，由于《民法典》第793条第1款的特殊规定，另一种解释方案在于"资质要求所旨在预防的工程不合格情事已被验收合格的事实推翻，此时不必否认合同效力"。[3]另外，发包人需要按照合同约定结算价款，并未得到对价上的优待。不过，第793条第1款的特殊规定毕竟属于少数，类似情形仍需要对应的解释方案。

总之，在法律行为尚未履行时，无效规定旨在剥夺当事人的履行请求权，预防违法效果的实际发生，此时的无效是绝对的。但如果当事人已经履行完毕，问题则有所不同，此时应当根据特定的无效理由及其所追求的规范目的确定无效的效力范围，因此部分无效、相对无效、待决的无效、向后的无效等一系列效力中间形态也就有其生存空间。[4]如果被违反的属针对双方的禁止性规定且违反后果严重（特别是刑法的规定），通常应当认定绝对无效，且通过不当得利法上的不法得利不得返还实现预防效果。但如果被违反的禁止性规定仅针对一方或具有保护目的，无效后果的配置却有不同：违反禁止性规定的一方不得主张合同无效；如果禁止性规定同时具有保护相对人的目的，则相对人还会受到法效果的优待。

〔1〕 Vgl. Claus-Wilhelm Canaris, Gesetzliches Verbot und Rechtsgeschäft. 2012, S. 17 ff.

〔2〕 相关讨论，参见许德风:《论合同违法无效后的获益返还兼议背信行为的法律规制》，载《清华法学》2016年第2期；王洪亮:《〈民法典〉中得利返还请求权基础的体系与适用》，载《法学家》2021年第3期。

〔3〕 姚明斌:《"效力性"强制规范裁判之考察与检讨——以〈合同法司法解释二〉第14条的实务进展为中心》，载《中外法学》2016年第5期。

〔4〕 Vgl. Cahn, Zum Begriff der Nichtigkeit im Buergerlichen Recht, JZ 1997, 8, 16.